百年南开
日本研究文库

日本现代外交史论

俞辛焞 著

江苏人民出版社

图书在版编目(CIP)数据

日本现代外交史论/俞辛焞著.—南京:江苏人民出版社,2019.7
(百年南开日本研究文库)
ISBN 978-7-214-22600-6

Ⅰ.①日… Ⅱ.①俞… Ⅲ.①外交史-日本-现代 Ⅳ.①D831.39

中国版本图书馆 CIP 数据核字(2018)第 213156 号

书　　　名	日本现代外交史论
著　　　者	俞辛焞
责 任 编 辑	史雪莲
装 帧 设 计	刘莘莘
责 任 监 制	王列丹
出 版 发 行	江苏人民出版社
出版社地址	南京市湖南路1号A楼,邮编:210009
出版社网址	http://www.jspph.com
照　　　排	江苏凤凰制版有限公司
印　　　刷	江苏凤凰数码印务有限公司
开　　　本	652毫米×960毫米　1/16
印　　　张	29.75　插页4
字　　　数	378千字
版　　　次	2019年8月第1版　2019年8月第1次印刷
标 准 书 号	ISBN 978-7-214-22600-6
定　　　价	106.00元

(江苏人民出版社图书凡印装错误可向承印厂调换)

"百年南开日本研究文库"
编辑委员会

主　编：刘岳兵
副主编：杨栋梁　李　卓　宋志勇
委　员：俞辛焞　米庆余　王振锁
　　　　杨栋梁　李　卓　赵德宇
　　　　莽景石　宋志勇　刘岳兵

"百年南开日本研究文库"出版说明

2019年南开大学建校百年校庆,作为中国教育史上的大事,当然是值得纪念的。

如何使纪念百年南开的活动具有历史意义?我们很早就开始谋划和筹备。早在2015年春节期间,南开大学日本研究院原院长、教育部人文社会科学重点研究基地南开大学世界近现代史研究中心主任杨栋梁教授,向江苏人民出版社王保顶副总编提起,想以集体展示日本研究院研究成果的形式来纪念南开百年校庆。这一提议得到了保顶同志的大力支持,也得到了研究院各位同事的积极响应。后来经过商讨,编委会一致同意以"百年南开日本研究文库"作为南开日本研究者纪念百年校庆丛书的名称,本文库由江苏人民出版社和南开大学出版社分别出版。与百年校庆相适应,"百年南开日本研究文库"也应该是百年来南开日本研究业绩的展现。为此,编委会确定本文库由以下几个方面的成果构成。

第一,从南开大学创立到抗日战争胜利时期南开的日本研究成果。刘岳兵教授搜集相关文稿四十余万字,编成了《南开日本研究(1919—1945)》。这是一本专题性的南开大学校史资料集,对于研究和总结包括南开大学在内的这一时段中国日本研究的状况和特点,具有重要的史料价值。

第二，新中国建立以来，南开大学成立的实体日本研究机构研究者的成果。实体研究机构包括1964年成立的日本史研究室、2000年实体化的日本研究中心和2003年成立的日本研究院。

第三，1988年组建的南开大学日本研究中心，是以日本史研究室成员为核心，联合校内其他系所相关日本研究者成立的综合研究日本历史、经济、社会、文化、哲学、语言、文学的学术机构。在百年南开日本研究的历史发展中，日本研究中心具有重要的意义。本文库也包括该中心成员的成果。

今后，如果条件成熟，还可以将日本研究院的客座教授和毕业生的优秀成果也纳入这个文库中，希望将本文库建设成为一个开放的、能够充分且全面反映南开日本研究水平的成果展示平台。

在中国百年来的日本研究中，南开占有重要的一席之地。历史的发展和南开的先贤告示我们：日本研究对于中国的发展至关重要。中日关系值得我们认真思考，其经验教训值得认真总结。百年来，南开大学的日本研究者孜孜以求，探寻日本及中日关系的真相，取得了一定的成绩。吴廷璆先生主编的《日本史》（南开大学出版社1994年），是南开大学与辽宁大学两校日本研究者倾注近20年心血合力打造出来的。杨栋梁教授主编的十卷本"日本现代化历程研究丛书"（世界知识出版社2010年）及六卷本《近代以来日本的中国观》（江苏人民出版社2012年），也几乎是倾日本研究院全院之力而得到了学界认可的标志性研究成果。另外，在日本国际交流基金的资助下，南开大学日本研究中心从1995年开始由天津人民出版社出版的"南开日本研究丛书"，展现了中心成员在日本研究各具体专题上的业绩，产生了积极的社会影响。这些成果都是南开日本研究者集体智慧的结晶。

"百年南开日本研究文库"是南开大学日本研究院和南开大学世界近现代史研究中心相关学术成果的集体展示。我们相信，本文库将成为南开大学日本研究和南开大学世界史学科"双一流"建设的又一项标志性成果,她将承载南开精神、贯穿南开日本研究学脉,承前启后,为客观地了解日本、促进中日关系健康发展做出新的贡献;我们也想以此为实现"发展同各国的外交关系和经济、文化交流,推动构建人类命运共同体"的理想,培养全民族的国际视野和情怀,提高广大人民群众的世界历史知识和认识水平,尽我们的一份绵薄之力。

"百年南开日本研究文库"编辑委员会
2019年3月19日

目　录

第一章　两次世界大战期间的日本外交与中日关系　1
　　一、巴黎和会与五四运动　1
　　二、吉野作造与五四运动　17
　　三、日本对直奉战争的双重外交　29
　　四、东方会议真相与"田中奏折"问题　44
　　五、试论1936年德日意《防共协定》的实质与作用　58

第二章　孙中山与日本的关系　71
　　一、孙中山对日态度再认识　71
　　二、孙日关系与矛盾论　91
　　三、孙中山的中日盟约问题辨析　96
　　四、日本对孙中山政策史论　108
　　五、孙中山与日本人士　124

第三章　辛亥革命时期的日本外交　149
　　一、辛亥革命时期日本的对华政策　149
　　二、二次革命时期孙中山的反袁策略与日本的关系　202

三、试探孙中山对"满洲租借"问题的态度　220

　四、护国运动前后黄兴与日本的关系　234

　五、南京临时政府时期的中日外交　249

第四章　"九一八"事变与伪满时期的日本外交　272

　一、"九一八"事变时期的张学良和蒋介石　272

　二、"九一八"事变与币原外交　291

　三、"九一八"事变后国联与中日的外交二重性评析　325

　四、伪满的殖民体制与日本外务省　344

　五、"满洲国问题"与日本的战时外交　366

第五章　美国对日政策与战后民主改革　386

　一、美国对日政策与太平洋战争的爆发　386

　二、美国对日占领政策转变与否辨析　401

　三、试论日本的战后改革　415

　四、日本对中东的新政策　438

后　记　453

第一章 两次世界大战期间的日本外交与中日关系

一、巴黎和会与五四运动

中国在第一次世界大战结束后召开的巴黎和会上遭到的屈辱和失败,是五四运动的直接导火线。这个事实,鲜明地揭示了这个伟大运动的反帝反封建性质。有关这些问题,许多学者已做过深入的论述,有了明确的答案,无须赘述。本节只是根据近几年日本等国公布的外交文书和档案材料,对巴黎和会的内幕、帝国主义列强相互勾结、相互争夺以及中国北洋政府的外交等问题进行一些揭露。这对于进一步了解五四运动爆发的历史必然性不是没有益处的。

1. 关于山东问题

第一次世界大战是帝国主义国家瓜分殖民地和重新划分势力范围的战争。大战爆发伊始,日本便侵占德国所霸占的中国胶州湾和胶济铁路,它夺取了德国人在山东的权益。但这并不等于日本就把山东牢牢地窃取到手。日本要想牢牢地占据山东,就必须在战后的和会中重新同列强争夺并得到它们的最后承认。于是,日本政府于1915年8月成立以币原喜重郎为主席的和会准备调查委员会。1917年1月12日,日本政府又通过了本野外相所提出的《帝国政府在战争中应执行的外交方针》。为了达到最后攫取山东的目的,日本政府决定事前同英国、法国和俄国进行秘密交易,以保证实现它在和会中的目标。

当时,英国在欧洲战场上顾此失彼,力不从心。早在1914年欧战爆发伊始,英国外交大臣和海军大臣借日英同盟条约,曾多次请求日本派军舰赴欧参战。可是,日本拒绝了这一请求。当日本占领山东后,目睹英、法、俄等国瓜分君士坦丁堡和达达尼尔海峡的协议成交,感到在战后和会角逐中需要英国的支持,于是1917年1月答应英国的请求,并趁机要英国在战后和会中支持日本攫取山东。1月26日,本野外相召见驻日英国大使,说"帝国政府就帝国政府具有最大利害关系的山东中省及现在占领中的赤道以北德国诸岛向敌国政府提出要求时,期待英国政府的支持。希望英国政府现在予以保证"①。对此,英国外交大臣格雷于2月14日正式复函日本:"对于在和会之际日本提出对德国在山东省的诸权利和德属赤道以北诸岛屿的要求时希望得到[英国]支持的保证,英国政府在此表示欣然应诺之意";同时,"英国政府要求日本政府在和会召开时,也以同样精神欢迎英国对赤道以南德属岛屿的要求"。② 对此,日本政府于21日便向英国政府表示:"贵国政府在和会中就德属赤道以南诸岛屿提出要求时,帝国政府也欣然以同样的精神,慨然予以支持。"③

接着,日本和法国、俄国及意大利也进行了同样的秘密交易。2月19日,本野外相召见法、俄驻日大使,要求两国政府效法英国,在战后和会上支持日本对山东的要求。④ 对此,法国政府于3月1日、俄国政府于3月5日分别复函保证支持日本。意大利政府也在3月28日表示了同样的态度。

---

① 日本外务省编:《日本外交文书》,大正六年,第3册,第639页。
② 日本外务省编:《日本外交文书》,大正六年,第3册,第644~660页。
③ 日本外务省编:《日本外交文书》,大正六年,第3册,第655页。
④ 日本外务省编:《日本外交文书》,大正六年,第3册,第653页。

同年9月,日本政府又派前外相石井东渡赴美,就中国问题和美国国务卿蓝辛进行交易。在双方谈判时,石井一再强调日本在中国的特殊利益;而蓝辛则强调对中国的门户开放和机会均等。经两个月的舌战,双方达成妥协。11月2日以换文的形式发表了"蓝辛—石井协定"。协定规定:"合众国承认日本国于中国有特殊之利益";"两国政府声明,在中国支持所谓的门户开放和对工商业的机会均等主义"。① 这就是说,日本承认了美国在中国的机会均等的原则。协定虽然没有具体涉及山东问题,但美国以日本承认美国在华的机会均等为交换条件,默认了日本在山东的既得权益。

这样,大战尚未结束、和会尚未召开之时,就瓜分山东问题,日本和欧美列强已达成了肮脏的秘密交易。

1919年1月18日,巴黎和会在法国外交部会议厅正式开幕。帝国主义列强都野心勃勃地力图按照自己的贪欲来瓜分战后的世界。它们在争夺和勾结中,血淋淋地宰割了约有一千三百万居民和三百万平方公里的殖民地和战败国的领土。最后,它们竟悍然践踏国际法,瓜分战胜国中国的领土山东。

巴黎和会关于山东问题,除在1月27、28日两日的第十、十一次的"十人会议"上进行讨论之外,主要是在4月22、29、30日的三次"四人会议"上决定的。"四人会议"由美国总统威尔逊、英国首相劳合·乔治、法国总理克里孟梭和意大利总理奥尔朗多组成。日本全权代表列席会议,而主权国家中国的代表却被拒之于会议大门之外,连会议记录也无权参阅。

在会议上,英国和法国按照战时诺言,支持日本对山东的要求,反对将山东归还中国。4月22日,英国首相劳合·乔治在会议上公然表示:"关于本问题,英国政府有支持日本的公约",并提醒在座的法国总理克里孟梭,"记得法国、意大利也订了同样的公约"。② 他私下也对日本全权

---

① 日本外务省编:《日本外交文书》,大正六年,第3册,第813~817页。
② 日本外务省编:《日本外交文书——巴黎和会经过概要》,1971年版,第723页。鹿岛守之助著:《日本外交史——巴黎和会》,第12卷,鹿岛研究所出版会1971年版,第141页。

代表牧野斩钉截铁地表示:"约定终究是约定,英国是遵守约定的。"①在会议上当日本和美国唇枪舌剑争夺山东时,他不是貌似公正居中调解,就是公然偏袒日本。英国的这种态度是日本在和会上胜过美国,攫取山东的重要因素。1月29日,法国总理克里孟梭对日本全权代表松井表示,关于山东问题"政府间已有约定,因此当然照此履行"②。3月4日,克里孟梭和日本首席全权代表西园寺密谈山东问题,克里孟梭再次表示,他作为日本的老朋友,当尽力帮助日本攫取山东。

美国是在"一战"中获万利而无一损的唯一国家,它通过战争获得了巨大的利润,从欠债国变成拥有达一百多亿美元的债权国。美国凭借膨胀的经济势力,到处伸手,妄图实现争霸世界的野心。在中国问题上,美国企图继承德国在山东的殖民权益,从而削弱远东的竞争者日本而加强自己的力量。甚而连"蓝辛—石井协定"也不顾,反过来又和日本争夺山东。4月15日举行五国外长会议时,美国国务卿蓝辛提议,德国的一切殖民地应先归属于即将成立的国际联盟,然后由它处理,山东也包括在其内。4月21日,美国总统威尔逊再次对日本全权代表牧野和珍田重申:"对德国所放弃的领土,按着蓝辛的方案,先把它让渡给即将成立的国际联盟,然后由国际联盟商议决定其所属。"③

日本当然不甘心吐出山东,甚至以不参加国际联盟相威胁。4月21日,日本外相内田训令日本全权代表:"若不彻底贯彻我方上述主张,则拒签国际联盟章程。"④这也就意味着拒签和约。在翌日的会议上,日本全权代表的态度异常强硬,宣称"鉴于本国训令,对于不包括满意地解决[山东]问题内容的条约草案,不能签字"⑤,同时提出了草拟写入和约的两条山东条款。

---

① 日本外务省编:《日本外交文书》,大正八年,第3册上卷,第804页。
② 日本外务省编:《日本外交文书》,大正六年,第3册,第116页。
③ 日本外务省编:《日本外交文书——巴黎和会经过概要》,1971年版,第721页。
④ 日本外务省编:《日本外交文书》,大正八年,第3册上卷。第242页。
⑤ 日本外务省编:《日本外交文书——巴黎和会经过概要》,1971年版,第726页。

威尔逊在日本全权代表的讹诈下,立即表示退让,态度变得更加温和。从此他不再提国际联盟对山东的委任统治,而把斗争目标限制于日本在山东的权益不得超过德国的权益上。德国霸占胶济铁路时,未明文规定聘用德国人当铁路警察的教官。但1918年9月24日订立的《关于山东问题换文》却规定:"巡察本部及枢要驿并巡警养成所内,应聘用日本国人。"[1]警察掌握在日人手里,就是确认日本垄断胶济铁路。因此,威尔逊力图限制日本的警察权,表示对于"承认日本超越德国既得权益的要求"[2]有困难。弦外之音是可以承认日本攫取山东,但其权益不得超过德国的既得权益。

威尔逊态度的转变,事实上是接受了劳合·乔治和克里孟梭的意见。4月22日,三国首脑召见中国全权代表时,英国首相劳合·乔治曾问道:"拟将胶州问题分两层办法:一、添中日协定凭据;二、使日本继承德国权利。中国于两法中何者为愿?"克里孟梭也同意劳合·乔治的意见,并说"此层固可虑"[3]。中国全权代表对于有损于中国主权的两项办法均拒绝接受。威尔逊倾向于英、法的意见,指令顾问专家们去研究。顾问专家们于4月29日第二次山东问题会议前就呈报其意见:"与其履行1915年中日'二十一条'内有条件交还中国之约文,毋宁将山东移交日本,以酬劳之为有利。"于是在4月29日会议上三国首脑决定日本继承德国在山东的一切权益,同意把日本提出的山东问题条款写入和约。但是,作为交换条件,日本必须发表由威尔逊起草的一则声明:"日本的政策是将山东半岛归还中国主权之下,仅保留许以德国的经济特权和一般所实行的条件下设置青岛居留地的权利""铁路所有者仅为保障运输安全使用特别警察,不得为除此之外的目的而使用""警察队以中国人组成,中国政府任命铁路公司董事所选的日本教官"。[4]

---

[1] 日本外务省编:《日本外交年表及主要文书》,上卷,第464页。
[2] 日本外务省编:《日本外交文书——巴黎和会经过概要》,1971年版,第747页。
[3] 王芸生辑:《六十年来中国与日本》,第7卷,大公报社1934年版,第315页。
[4] 美国国会图书馆复制:《日本外务省档案(1868~1945)》《Checklist of Archives in the Japanese Ministry of Foreign Affairs, Tokyo, Japan, 1868~1945, microfilmed for the Library of Congress),P50卷,PVM16,第413~414页。

日本政府自从占领山东以来，从未表示愿将山东归还给中国。这时日本表面上同意发表此声明，不过是敷衍美国。早在1914年8月，即日本占领山东前夕，加藤外相致小幡驻华代理公使的电文中就曾明确指出："鉴于各种关系，帝国政府不能做将胶州同意归还给中国之保证。"①这就是说，日本要永远霸占山东。至于警察，名为由中国人组成，实为日人掌管。劳合·乔治也说，胶济铁路的董事，华人无力承管，只能由日人担任。由日人董事选日人教官，其结果"实质上日本掌管铁路警察，而中国的地位也没有毁损"②。由此可见，美国和日本以伪善的外交辞令，牺牲中国，达到了妥协。

美国和日本何以妥协？

日本当时属于第二流的帝国主义国家，仰承欧美列强的鼻息，况且和会大权由英、法、美首脑掌管。日本深恐三国首脑最后否决日本的要求，因此不得不同意发表口是心非的上述声明。③

美国屈从日本的主要原因是：首先，它怕日本退出和会，拒绝加入国际联盟。当时意大利由于瓜分殖民地的贪欲未得满足，业已退出和会。如果日本再行退出，国际联盟便要夭折，美国通过国际联盟争霸世界的希望也会变成泡影。4月29日晚，威尔逊彻夜未眠。第二天，他对其新闻秘书巴克尔说，"唯一的希望在于把世界集合在一起，让日本加入国际联盟"④，倘若"日本退出会议，不仅会议破裂，而且会毁掉国际联盟"⑤。美国舆论也承认："总统过于想成立国际联盟，因此屈服于日本的强硬态度。"⑥牧野对天皇的奏文中也认为，威尔逊之所以同意日本的要求，原因在于"把此事（指国际联盟——笔者注）放在考虑之中"⑦。

---

① 《日本外交文书》，大正三年，第3册，第174页。
② 《日本外交文书》，大正八年，第3册上卷，第277页。
③ 《日本外交文书》，大正八年，第3册上卷，第806页。
④ R. S. 巴克尔：《伍罗德·威尔逊与世界的和解》，纽约1922年版，第266页。
⑤ R. S. 巴克尔：《伍罗德·威尔逊与世界的和解》，纽约1922年版，第262页。
⑥ 《日本外交文书》，大正八年，第3册上卷，第298页。
⑦ 《日本外交文书》，大正八年，第3册上卷，第807页。

其次，美国希望和英、法、日等帝国主义国家结成一条共同对付世界无产阶级革命的联合战线，这是其在山东问题上的又一个重要考虑。这时德国、法国、英国、意大利、匈牙利等国在十月革命的影响下先后爆发了革命和罢工。这使"威尔逊对欧洲局势感到忧虑。弥漫全欧的工人运动可能推翻法国和意大利，布尔什维克主义在全欧洲的影响更使威尔逊伤脑筋，而威尔逊要盟国在这个威胁面前保持坚强的团结一致"①。为了保证日美共同出兵西伯利亚干涉苏俄，也有必要满足日本的要求。

最后，美国在中国的利益也从这种妥协中得到了保证。威尔逊迫使日本发表的声明中有"一般实行的条件下设置青岛居留地"的内容，而"一般实行的条件"一词究竟是什么意思？他在4月29日起草的声明草案中曾写道：日本拥有"在青岛设置不垄断的居留地的特权"②。所谓"不垄断"者，即美国也在胶州湾同日本机会均等之意。

在决定山东问题后，三国首脑和日本以威逼利诱的手段迫使中国代表签字。5月1日，英国外交大臣白尔福对中国全权代表说："政治权交还中国，经济权给予日本，谅中国必可满意"③，要中国代表无条件签字。但中国代表在国内人民的压力下，不敢冒天下之大不韪，对山东条款持保留态度。中国代表"最初主张（把保留意见）注入约内，不允；改附约后，又不允；改在约外，又不允；改为仅用声明不用保留字，又不允；不得已改为临时分函声明，不能因签字而有妨将来之提请重议云云，又完全被拒"④。6月28日上午，中国代表终于决定不签字，并派代表将拒签的文件送给三国首脑。对此，号称"老虎"总理的克里孟梭怒气冲冲地斥责道，"在首相会议决定不许保留签字的今天，没有考虑的余地"⑤，不仅拒绝会见中国代表，而且连中国代表交付的文件也不屑一顾。下

---

① R. S. 巴克尔：《威尔逊在巴黎做了什么？》，纽约 1920 年版，第 102～103 页。
② 日本外务省编：《日本外交文书——巴黎和会经过概要》，1971 年版，第 748～749 页。
③ 《陆专使参与欧和会经过概要》，见张一志编：《山东问题汇刊》，上海欧美同学会 1921 会年版，第 212 页。
④ 北洋政府编：《巴黎和会关于胶澳问题交涉纪要》，第 3 部分，北洋政府档案。
⑤ 《日本外务省档案(1868～1945)》，P50 卷，PVM16，第 1709～1710 页。

午,和约签字后,克里孟梭还对西园寺说,"中国人终于没签字,但我却感觉不到何等的痛痒"①,一语道破了把中国作为分赃会议上的牺牲品的嘴脸。

列宁曾经指出,帝国主义战争只能导致帝国主义和约,也就是说,"只能巩固、扩大和加重财政资本对弱小民族和国家的压迫"②。中国虽然以战胜国的名义参加了和会,但是和约不仅没有把山东的权益归还中国,反而更加扩大和加重了帝国主义列强对中国的欺压。

2. 北洋政府对山东问题的态度

中国北洋政府是封建阶级的政府。1916年袁世凯死后,北洋政权落到皖系军阀段祺瑞手里。段祺瑞的统治,和袁世凯一脉相传。此时,欧战方酣,西方列强无暇东顾,日本对华影响独盛。日本看中段祺瑞,以重金和武器全力扶植他,以便达到独霸中国的目的。段祺瑞完全投靠在日本的怀里,公开拍卖国家主权,换取日本对他"武力统一"中国的支持,步袁世凯的后尘,把山东的权益继续奉送给日本。

日本懂得,如果中国参战,它在山东的权益在法律上就要处于被动不利的地位。所以日本一直阻止中国对德宣战。后来在美国的压力下,才不得不同意中国参战。北洋政府1917年8月对德正式宣战。宣战书宣布:"所有以前我国与德奥两国订立之条约、合同、协约及其他国际条款、国际协定属于中德、中奥间之关系者,悉依据国际公法及惯例一律废止。"③据此,1898年3月德国与中国订立的《胶澳租借条约》也随即废止;1915年5月日本基于该条约和袁世凯政府签订的《关于山东省之条约》及其换文,也自然失其效用。这正如中国代表在山东问题的说帖中所说:"德国人所享之租借权利,按法理言之,即业已回复于领土之主权

---

① 《日本外务省档案(1868～1945)》,P50卷,PVM16,第1709～1710页。
② 《列宁全集》,第22卷,第163页。
③ 王芸生辑:《六十年来中国与日本》,第7卷,大公报社1934年版,第91页。

国。易言之,即德国人业已丧失其租借地等各项权利,故已不复享有所谓关于山东省之权利可以让与他国者(指日本——笔者注)也。"①

这是中国收回山东的最有利的法理根据,是日本词穷理亏之所在。日本的全权代表也不得不承认,日本在山东问题上"从国际公法的观点来说,多少有弱点"②。因此在和会中,日本最怕中国和列强提及此事。

可是,北洋政府于对德宣战一年后的1918年9月24日,又与日本订立了济[南]顺[德]、高[密]徐[州]两条铁路借款两千万日元的协定。这一借款是西原借款的组成部分,是日本收买段祺瑞的一步棋。据统计,从1917年以来,日本和段祺瑞政府先后订立了各种名目的借款达五亿日元的协定。段祺瑞为了捞取"武力统一"中国的政治和军事资本,在订立这一铁路借款的同时,又和日本订立了关于山东问题的新协定,再次出卖了胶州湾和胶济铁路。这是日本为弥补山东问题上的理亏而设置的圈套。这一协定不仅为日本攫取山东提供了口实,而且使中国重新认可了因对德宣战而废止的1915年5月订立的"二十一条"中有关山东的条约及其换文。这就给中国在巴黎和会上立于不败之地的地位造成了困难。日本在和会上抓住这一点不放。日本全权代表说,"该宣战在任何情况下,对于1918年9月24日的协定即宣战后缔结的协定之效果,不能产生影响""中国缔结1918年9月24日协定这一事实本身,就承认了1915年5月25日条约的无可争辩性"。③

而且公然扬言"中国现在根据上述协定已经接受了两千万元的预支金"④。克里孟梭也为虎作伥地说:"这一事实对日本颇为有利。"⑤威尔逊也挖苦中国代表说:"1918年9月,当时,协约气势甚张,停战在即,日本决不能再强迫中国,何以又欣然同意与之订约?"⑥这样,1918年的两

---

① 王芸生辑:《六十年来中国与日本》,第7卷,大公报社1934年版,第263页。
② 《日本外交文书》,大正八年,第3册上卷,第805页。
③ 《日本外务省档案(1868～1945)》,P29卷,12528,第56～57页。
④ 日本外务省编:《日本外交文书——巴黎和会经过概要》,1971年版,第734页。
⑤ 《日本外务省档案(1868～1945)》,P29卷,12528,第71页。
⑥ 王芸生辑:《六十年来中国与日本》,第7卷,大公报社1934年版,第314页。

个协定便成为日本在和会上攫取山东的把柄。

北洋政府尚不止此。在和会进行期间,外交次长曹汝霖竟数次对驻华公使小幡交底说,政府对和会代表的训令中未提及山东问题,只涉及废除治外法权、撤出外国军队、关税自主等问题。① 这就表明北洋政府不打算把山东问题提交和会。据《巴黎和会中国代表团会议记录》记载,中国代表团对山东问题事前确实毫无准备,在2月21日举行的中国代表团第十四次会议上才讨论了山东问题,并起草提交和会的文件。中国代表团在和会期间的七十余次会议中,讨论山东问题仅有八九次。而且,中国首席全权代表陆征祥赴法路经东京时,还登门拜会日本外相内田和牧野。据牧野说:"会见时约定在和会中协力和衷,并在1月25日的预备会议上再次确认其态度不变。"②此事当时在巴黎闹得满城风雨,在中国代表团内部也引起轩然大波。陆征祥身居首席全权代表,经常不出席事关大局的重要会议,却去瑞士"治病",甚至扬言要辞去外交总长和首席全权代表之职。

在和会上,中国全权代表王正廷和顾维钧在中国人民的压力下,有一个阶段确为山东问题进行了力争。在1月28日的会议上,他们首次舌战日本,据理阐明胶州租借地和胶济铁路以及其他一切权益应直接交还中国之理由。对此,日本政府深感震惊。驻华公使小幡惊讶地说,这"使日本委员狼狈不堪"③。小幡遂于2月2日奉日本政府之命向北洋政府施加压力,扬言"顾氏欲假外国之势力以抑压日本,殊与日本以不快之感"④。外交次长曹汝霖卑躬屈膝地答道:"本部所得电报,亦知28日会议上顾、王两氏与贵国珍田、松井两氏颇有辩论,当呈明大总统。大总统注重两国邦交,已嘱外交部电令该代表等勿得过于激烈。今日贵使既来

---

① 《日本外交文书》,大正八年,第3册上卷,第200页。
② 《日本外交文书》,大正八年,第3册上卷,第799页。
③ 《日本外务省档案(1868~1945)》,P51卷,PVM16,第1368页。
④ 王芸生辑:《六十年来中国与日本》,第7卷,大公报社1934年版,第246页。

提及此事,本国政府应更注意。"①对此,小幡"极为满意""希望贵国政府以本国政府训令之意,电达贵国代表"。② 小幡这种态度,激起了中国人民的强烈愤慨。但北洋政府却于2月10日发表声明,隐瞒日本对中国施加压力的真相,说什么"此系不明真相之误传""中日两国现在谋亲善之实现,更不应有何误解,盼望两国代表在巴黎会议场中,勿再生何等之误会"。③ 这就是说,不许中国代表在和会上同日本代表争辩山东问题。日本对此颇为满意。小幡公使立即电告内田外相说:"该声明缓和北京各报的反日论锋的积极作用是十分明显的。"④

中国代表团向和会提交关于山东问题之说帖,理直气壮地摆出中国要求归还山东的七条理由及应该直接归还中国的五条理由,曾一度压下了日本的气焰。日本不得不请国内外的所谓专家来研究说帖,忙得不可开交。可是曹汝霖却跑到日本使馆去,诽谤中国代表,竟说"将青岛问题及山东的德国权利直接收回问题最先提交会议,并未与北府商量,纯属顾、王二人擅自行动";并向小幡公使转达大总统对日的诚意,助长日人的气焰。⑤ 顾维钧、王正廷等和会代表和北洋政府对山东问题的不同态度,一方面反映了广大人民群众的爱国和北洋政府的卖国之间的矛盾与斗争;另一方面,又反映了美国和日本在山东问题上的争夺。中国代表团的主将顾维钧等是亲美派,他们在4月24日向和会提了一个新方案,要求把德国在山东的权益先移交五大国,将来由五大国交还中国。⑥ 这实质上迎合了美国的国际联盟委任统治的需要,反映了美国的利益。

签署和约的日期日益逼近。中国人民纷纷打电报给中国全权代表,要他们拒签和约。可是北洋政府却背着全国广大民众,于5月21日密电中国代表无条件签字,不得保留。

---

① 王芸生辑:《六十年来中国与日本》,第7卷,大公报社1934年版,第245页。
② 王芸生辑:《六十年来中国与日本》,第7卷,大公报社1934年版,第247页。
③ 王芸生辑:《六十年来中国与日本》,第7卷,大公报社1934年版,第249~250页。
④《日本外交文书》,大正八年,第3册上卷,第167~176页。
⑤《日本外交文书》,大正八年,第3册上卷,第200页。
⑥ 张一志编:《陆专使等参与欧和会报告》,第210~211页。

6月5日，日人西田登临总统徐世昌的大门，劝他无条件签字。徐世昌俯首帖耳，当即表示"我最初的主张即是如此，全然同意"①。6月11、12日，陆宗舆连续两天跑到日本使馆，对小幡公使大献殷勤，密告徐世昌的意图。他说："大总统决心依然无保留签字，对其决定毫无动摇，并已将其意电训巴黎。"②他又说，假若中国国内各省督军发生异议，大总统也坚持原意，表示"除辞职之外，别无他法"③。小幡对陆的密告十分满意。上述种种表演，一笔勾销了中国代表为力争山东而做的一切努力。

在这种形势下，中国代表团内部逐渐分化。王正廷④等主张拒签。他在5月28日的代表团会议上表示："就英、法、美方而言，如果欲分划中国，此次虽签和，也无可挽回。"⑤顾维钧则开始踌躇，说："不签字则全国注意日本，民气一振，签字则国内将自相纷扰。"⑥胡惟德等主张签和，说："签字一层，苟利于国家，毅然为之，不必为个人毁誉计。"⑦这一分化，实际上是反映了帝国主义之间的争夺与妥协。亲日派主张签和；亲美的顾维钧等人开始力争山东，但随着美、日的妥协，随即改变态度，表示妥协。日本全权代表看出顾维钧的态度有变化，便设宴招待他。顾在席间对日本全权代表伊集院说，通过会谈很好地理解了日本的诚意，对相互间所引起的误会深表遗憾。⑧

这时，北洋政府一面电令在巴黎的代表签约，一面派陆宗舆去日本使馆告密，告诉日本人说若王正廷等拒签，则叫施肇基签和⑨，并嘱小幡公使保守机密。

---

① 《日本外务省档案(1868～1945)》，P52卷，PVM16，第1642～1644页。
② 《日本外务省档案(1868～1945)》，P52卷，PVM16，第1642～1644页。
③ 《日本外务省档案(1868～1945)》，P52卷，PVM16，第1642～1644页。
④ 王正廷是南方政府的外交次长。
⑤ 张一志编：《巴黎和会中国代表团会议记录》，《山东问题汇刊》，第200页。
⑥ 张一志编：《巴黎和会中国代表团会议记录》，《山东问题汇刊》，第203页。
⑦ 张一志编：《巴黎和会中国代表团会议记录》，第203页。
⑧ 《日本外务省档案(1868～1945)》，P52卷，PVM16，第1810页。
⑨ 《日本外务省档案(1868～1945)》，P52卷，PVM16，第1627～1628页。

日本政府得到上述保证后，更加有恃无恐。当28日下午中国代表拒签和约时，早已洞悉中国内情的日本全权代表毫不在意，电告内田外相说，拒签全然是当地中国代表的擅自行动，非该国政府之意。① 徐世昌惊悉拒签消息后，马上和段祺瑞策划对策。他怒气冲冲地说，这次拒签对列国似乎造成中国政府命令之误解，事关政府威信，不可等闲视之，速免和会专使，以便列国周知此次拒签并非政府之意。② 同时，他派徐树铮把此意通知日方。迄于7月初，段祺瑞还准备任命主签派的胡惟德、王广圻为全权代表，补签和约，并希望日本全权代表帮忙。③ 但此时和会已结束，此事也就不了了之。在巴黎和会期间，中国南北和会于2月20日在上海召开。段祺瑞一方面派代表参加和会，另一方面利用他参战督办的职权，依靠日本提供的军火和教官，火速建立了参战军三个师和西北边防军四个混成旅，准备推翻南北和会，再走"武力统一"中国的老路。所以，段祺瑞是以奉送山东来换取日本对他的军事援助的。这是段祺瑞和北洋政府在巴黎和会期间，投靠日本、出卖山东的国内原因。

3. 新时代——五四运动

和会外交的失败，置中国于战败国的地位。消息传来，全国群情激奋，学界情绪尤为激昂。5月4日下午，北京13所学校的三千多名学生在天安门前集会，举行了声势浩大的示威游行。学生们手持旗帜，上书"争回青岛方罢休""拒绝和约签字""头可断，青岛不可失""外争国权，内惩国贼"。游行队伍冲向赵家楼，火烧卖国贼的巢穴，痛殴章宗祥。这就是中国近代革命历史上伟大的五四运动的开端。它以中国在巴黎和会外交的失败为导火线，揭开了中国人民彻底反帝反封建的新民主主义革

---

① 《日本外交文书》，大正八年，第3册上卷，第355页。
② 《日本外务省档案(1868～1945)》，P52卷，PVM16，第1752页。
③ 《日本外务省档案(1868～1945)》，P52卷，PVM16，第1728页。

命的序幕。

天安门前的星星之火,迅猛形成燎原之势,席卷了大江南北、长城内外。5月7日,天津、上海、南京、武汉、长沙、广州、重庆等地的学生分别举行集会和示威游行,全国二十多个省的几十万学生相继投入了五四革命风暴之中。6月3日,中国工人阶级也投入了斗争,作为一支独立的政治力量登上了政治舞台。

中国在巴黎和会上的外交失败与五四运动的爆发,两者具有深刻的内在联系。五四运动是1911年辛亥革命失败以来中国社会阶级矛盾和民族矛盾日益激化的必然产物。五四运动爆发的历史必然性中包含着和会外交失败的原因,因此,和会外交的失败能在较短的时间内迅猛地点燃新的反帝反封建运动的革命烈火,并且使它具有彻底的反帝反封建的历史意义。

和会外交的失败打破了部分国人对和会和威尔逊的幻想,极大地提高了中华民族反对帝国主义的民族觉悟。当巴黎和会开幕时,中国有一些资产阶级和小资产阶级知识分子在帝国主义的宣传和"威尔逊十四条"的迷惑下,为巴黎和会的召开庆幸,对英、美等国抱有不切实际的幻想。代表资产阶级改良派的上海《时事新报》,在一篇社论中写道:"欧战结束,和会开始,凡为弱小之国,莫不思借威尔逊之宣言,力求国际之平等,如民族自决,外交公开,国际弭兵等项,尤为着者也。"[1]陈独秀和他主编的《每周评论》也曾对和会和威尔逊抱有很大的幻想,要求和会通过取消中国和外国订立的丧权辱国条约,承认中国收回山东的权利。他还主张,亚洲各国联合起来,向和会提出"人类平等一概不得歧视"的意见,如这一意见能通过,那"他种欧美各国对亚洲人不平等的待遇,和各种不平等的条约,便自然从根消灭"[2]。他甚至把威尔逊捧为"现在世界上第一个大好人"[3]。巴黎和会上帝国主义分割弱小民族的丑恶嘴脸以及和会

---

[1]《时事新报》,1919年2月11日。
[2]《每周评论》,第20号。
[3]《每周评论》,第20号。

对山东问题的无理决定,这些严酷的事实,彻底打破了某些中国人对和会和威尔逊所抱有的幻想。陈独秀说:"巴黎的和会,各国都重在本国的权利,什么公理,什么永久和平,什么威尔逊总统十四条宣言,都成了一文不值的空话。"[1]由此他进一步认识到,和会是分赃会议,"分赃会议,与世界永久和平、人类真正幸福,隔得不止十万八千里,非全世界的人民都站起来直接解决不可"[2]。李大钊也愤怒地揭露:"巴黎会议所议决的事,哪一件有一丝一毫人道、正义、平和、光明的影子,哪一件不是拿着弱小民族的自由、权利,作几大强盗国家的牺牲!"[3]而且质问威尔逊道:"威尔逊!你不是反对秘密外交吗?为什么他们解决山东问题,还是根据某年月日的伦敦密约,还是根据某年月日的某某军阀间的秘密协定?"[4]对和会和威尔逊的这种新认识,激发了中国人民反对帝国主义的民族觉悟,点燃了熊熊的"五四"革命烈火。

  这时,以李大钊为代表的初步具有共产主义思想的知识分子,在十月革命和马列主义的指引下,用无产阶级宇宙观观察帝国主义世界,从巴黎和会失败的教训中得出帝国主义世界是强盗世界的结论。"五四"前,人们认为"抱侵略主义的日本人,是我们莫大的仇敌"[5],李大钊于和会外交失败不久的 5 月 18 日,在《秘密外交与强盗世界》一文中明确地指出:"日本所以还能拿他那侵略主义在世界上横行的缘故,全因为现在的世界,还是强盗世界。那么不止夺取山东的是我们的仇敌,这强盗世界中的一切强盗团体,秘密外交这一类的一切强盗行为,都是我们的仇敌。"[6]这强盗集团就是包括欧美列强在内的一切帝国主义国家,中国人民要反对日本的侵略,就要反对在其幕后支持它的一切帝国主义。李大钊根据对于帝国主义强盗世界的新认识,进一步提出了"把这强盗世界

---

[1] 《每周评论》,第 20 号。
[2] 《每周评论》,第 20 号。
[3] 《李大钊选集》,第 212 页。
[4] 《每周评论》创刊号。
[5] 《李大钊选集》,第 213 页。
[6] 《李大钊选集》,第 214 页。

推翻""改造强盗世界"的彻底反帝的革命口号,这就使得中国人民对帝国主义本性的认识从感性认识上升到理性认识,完成了一次具有重大历史意义的飞跃,给五四运动赋予了彻底反帝的革命性质,推动了五四运动的发展。

中国和会外交失败,不仅剖示了帝国主义侵略、瓜分中国的本质,而且也把北洋军阀政府在山东问题上出卖民族主权的行径,赤裸裸地暴露在光天化日之下,使中国人民进一步认清了封建军阀政府的本性。《每周评论》严词斥责北洋军阀"引狼入室""有意卖国",卖国不仅是曹、章、陆三人,而且是整个反动军阀。通过1914年日本侵占山东到1919年中国和会外交失败的全过程,中国人民认清了帝国主义勾结中国封建买办阶级侵略中国的实质,同时也认清:要彻底反帝就必须彻底反封建,要彻底反封建就必须彻底反帝的道理。

不仅如此,李大钊等从帝国主义强盗世界这一认识出发,进一步揭露和批判了封建阶级的所谓"以夷制夷"的本质。袁世凯1914年让日本占领山东时曾辩解说是为了以东洋的黄种人驱逐西方的白人,结果引狼入室,日本不费吹灰之力占领了胶州湾和胶济铁路。李大钊指出:"这回青岛问题,发生在群'夷'相争,一'夷'得手的时候。"[1]在"群'夷'相争"的时代,"以夷制夷""是根本的大错""在那'以夷制夷'四个大字下讨一种偷安苟且的生活,这真是民族的莫大耻辱"。[2] 这是对封建阶级的投降主义的新认识,它提高了人民群众反帝必反封建的觉悟。中国人民从和会外交失败这一莫大的刺激中总结出了新思想、新认识。五四运动就是在这一新认识、新思想的指引下,以历史上不曾有的彻底的、不妥协的姿态,猛烈地冲击了帝国主义和封建主义,为中国人民的大革命开辟了一个新的时代。

---

[1]《李大钊选集》,第213~214页。
[2]《李大钊选集》,第213~214页。

二、吉野作造与五四运动

吉野作造(1878—1933)是日本的民本主义者,是大正民主运动的主要宣传者。

当前,日本史学界对于他的评价褒贬不一。松尾尊允、增岛宏等认为,吉野的民本主义是反对日本帝国主义对中国的侵略,反对殖民主义,主张民族自决;而宫木又久、小林幸男等与此相反,认为它起了"拥护帝国主义的作用"和"帝国主义精神支柱的作用"①。

由此可见,对民本主义和吉野作造的研究及其评价,是直接涉及中日关系史的一个重要问题。吉野作造对中国和日本帝国主义侵略中国的态度可分为三个时期:一是五四运动之前;二是五四运动时期;三是五四运动之后。本节拟就吉野作造对五四运动的态度及其民本主义思想基础等问题加以探讨。

1. 吉野对五四运动的认识

1919年五四运动的革命洪流犹如大浪淘沙,不仅使中国而且使日本的各阶级、阶层显现出对它的态度。

日本统治阶级从其侵略本性出发,极端仇视五四爱国运动,一面通过外交途径提出"抗议",要求北洋政府采取坚决措施取缔学生运动;另一方面则指使日本特务分子和亲日派对学生运动进行直接破坏。

日本国内则舆论大哗。5月6日,大阪《每日新闻》发表社论,攻击和诬蔑五四运动,说什么它"好比妇女犯精神病后,放火烧家,自身投井"②;5月10日,该报又攻击五四运动是"华人自危其国家"③。

6月3日后,中国工人阶级作为独立的政治力量登上政治舞台,五四

---

① 由井正臣编:《论集日本历史第12卷——大正民主》,有精堂1977年版,第243页。
② 吉野作造:《中国、朝鲜论》,平凡社1974年版,第371页。
③《五四爱国运动》,上卷,中国社会科学出版社1979年版,第303页。

运动进入新的阶段。大阪《每日新闻》又叫喊,运动激化后变成第二个俄国革命,要求政府与中国军阀相勾结镇压爱国运动,①甚至主张借此向中国宣战。对此,当时日本内部意见分歧。有的主张袖手旁观,有的则坚决反对日本对中国的侵略,反对灭亡中国的"二十一条",满腔热情地声援朝鲜的"三一"爱国运动。但对五四运动却无动于衷,仅想通过四国借款团来解决山东问题。②

这便说明,日本在巴黎和会上攫取山东为己有的帝国主义外交的"胜利",引起了日本朝野的民族沙文主义的狂热。

此刻,担任东京帝国大学教授的吉野作造博士,伸张正义,挥笔撰写《勿要谩骂北京学生团的行动》,发出正义心声:"中华民众一般反日,不过是对官僚、军阀以及财阀代表的日本的反感""邻邦的一般民众恐怕不知道我国有'侵略的日本'和'和平的日本'。如果知道了,他们必定立即会隐忍反日的声音的"。③ 接着他又在《东方时论》7月号上撰写《中国的反日骚乱与根本解决之策》一文,进一步阐述了他的两个日本论。他写道:"在中国排斥日本的事实是排斥侵略的日本。但日本本身绝不是侵略主义国家,官僚军阀的日本具有浓厚的侵略色彩……可是,现在[日本]国民的多数是爱好和平、爱好自由、爱好共存主义的。这就是说,今日的日本有侵略的日本和和平的日本。"④吉野先生的这些论述说明,他通过五四运动而对日本有了新的认识。吉野从这种认识出发,进一步探讨中国人民为什么反对日本的官僚、军阀?中国人民所反对的日本和中国的官僚军阀是个什么关系?他认为,两国的官僚、军阀互相狼狈为奸,日本的官僚、军阀在中国政府中扶植中国的官僚、军阀,通过他们图谋自己的利益;而中国官僚、军阀依靠日本官僚、军阀的御用商人主义外交的

---

① 吉野作造:《中国、朝鲜论》,第371页。
② 井上清、渡部彻:《大正时期的急进的自由主义》,东洋经济新报社1972年版,第165页。
③ 《勿要谩骂北京学生团的运动》,见《中国、朝鲜论》,第207页。
④ 《中国的反日骚乱与根本解决之策》,见《中国、朝鲜论》,第226页。

支持,巩固自己的地盘。① 因此,他再次指出:"他们呐喊的反日是反对操纵和笼络中国官僚、军阀的官僚、军阀的日本,而不是怀疑和他们(指中国人——笔者注)产生共鸣的日本国民的公正性"②,进而承认和支持中国人民反对日本官僚军阀的行动。

不仅如此,吉野从这种认识中进一步发现日中两国人民之间是存在共同点的。他说:"在冷静地想一想他们的要求时,认识到他们和我们之间有一个共同的生命的萌芽。"③这一生命的萌芽是两国人民联合起来共同反对日本官僚、军阀的可能性。他指出:"这一侵略性日本,就是我们和平的日本极力要反对的。他们要反对的和我们要反对的完全是一样的。"④此外他还从五四运动中看出两国人民结成友好的萌芽。他说:"我们从藏在邻邦青年暴动影子中的精神中不能不看出,发展日中真正友好的种子。据[我]考虑,同官僚、军阀一起进行着恶战苦斗的我们与他们,以同一个精神进行着同一种工作。"⑤他殷切地"期待他们和我们两国民众之间出现站在和平主义、自由主义、人道主义的基础上逐渐地共同开展改造社会的运动"⑥。吉野的这种建立友好的种子和改造社会的想法,当时和中国人民的想法有相近之处。"五四"时期的周恩来于1919年8月谈及日本学生,谴责日本军阀的侵略主义时说道,"实在让我们觉得东亚两国国民的前途,尚有一点亲善的希望""两国国民真正的亲善,万不是口舌、文字所能表达出的,紧要的就是双方国民对内对外,要有一个社会根本改造的实现"。⑦

吉野认为,解决中国反日问题的途径,是从官僚、军阀统治下解放两国人民。⑧ 这一看法是很高明的。他迫切地希望两国人民"取得成功"⑨。他

---

① 《中国的反日骚乱与根本解决之策》,见《中国、朝鲜论》,第226页。
② 《关于北京大学骚乱事件》,见《中国、朝鲜论》,第215页。
③ 《中国的反日骚乱与根本解决之策》,见《中国、朝鲜论》,第228页。
④ 《中国的反日骚乱与根本解决之策》,见《中国、朝鲜论》,第226页。
⑤ 《确立日中人民友好的曙光》,见《中国、朝鲜论》,第231页。
⑥ 《中国的反日骚乱与根本解决之策》,见《中国、朝鲜论》,第229页。
⑦ 《天津学生联合会报》,1919年8月9日。
⑧ 《勿要漫骂北京学生团的运动》,见《中国、朝鲜论》,第207页。
⑨ 《勿要漫骂北京学生团的运动》,见《中国、朝鲜论》,第207页。

指出：两国官僚、军阀的"友好"，实际上是阻碍真正友好的大障碍。①

一个人的正确认识，来源于对一个历史事件的正确理解。吉野之所以同情、声援五四运动，是因为他认识到五四运动是中国千疮百孔的社会各种矛盾激化的必然产物，是在十月革命的号召下发生的。

他曾写道："骚扰直接发端于山东问题的巴黎外交的失败。但根本的原因在于最近一两年北京学界的飞跃性的确信。由于欧洲战争而引起的思想激变的波涛也波及中国，对青年学生中的启发显著……其结果对社会各方面的事物进行敏锐的批判，进而成为对最毒害中国的官僚政治的剧烈的不满。这是理所当然的。而且很明白，今日的北京官僚政府久久依靠我国阀族的支持而存在，因此邻邦青年把矛头指向我国也是不得已的……如果站在中国人的立场来考虑，就有可以谅解的理由。"②

吉野从对五四运动的这种认识出发，批驳所谓五四运动是"某国煽动"的谬论，说"他们的运动全然是自发的，不被任何人煽动"。③ 并指出日本报刊的宣传是无事生非。同时他又抨击五四运动是"盲目反日运动"④的错误说法。他认为"他们首先着眼于革除认为是祸根的东西"⑤，其目的是消灭官僚、军阀；其反日原因是因为日本援助他们的官僚政府；在他看来如果中国青年知道日本有帝国主义日本和和平主义日本，"他们必然高兴地不推辞和后者友好的"⑥。不仅如此，他还认为五四"在精神上仍然不外乎是政治性的启蒙运动"⑦。吉野对五四运动的这种看法基本上是正确的。他虽然没有直接用反帝反封的词句，但基本意思是反对帝国主义、反对封建军阀官僚的。

正确认识是正确行动的先导。吉野不仅思想上同情、声援五四运

---

① 《勿要漫骂北京学生团的运动》，见《中国、朝鲜论》，第207页。
② 《确立日中人民友好的曙光》，见《中国、朝鲜论》，第230~231页。
③ 《关于北京大学骚乱事件》，见《中国、朝鲜论》，第209页。
④ 《关于北京大学骚乱事件》，见《中国、朝鲜论》，第209页。
⑤ 《关于北京大学骚乱事件》，见《中国、朝鲜论》，第210页。
⑥ 《确立日中人民友好的曙光》，见《中国、朝鲜论》，第231页。
⑦ 《关于北京大学骚乱事件》，见《中国、朝鲜论》，第212页。

动,而且付诸行动。他为了声援中国的青年运动,为了建立两国人民的友好往来,6月5日在黎明会讲演会上提出邀请北京大学一名教授和两三名青年学生访日的倡议,并勇敢地给李大钊写了一封信。写信本身就说明了他对李大钊的理解和相信。这一珍贵的书简如今已失传。《东方杂志》1919年7月号刊载了《日人吉野作造之中国最近风潮观》一文,其中引用了吉野博士致北京大学某君书。中国的全国学生联合会致日本黎明会的信也引了吉野信的一段。两者基本上相同:"我知贵国虽盛倡排日,所非之日,必为野心的、侵略的、军阀主义的日本,而非亲善的、平和的、民主主义的日本。侵略的日本,不独为贵国青年所排斥,亦我侪所反对者也。侵略的日本,行将瓦解;未来平和人道之日本,必可与贵国青年提携。"① 这是充满战斗情谊和友好之情的信。此信在中国人民中引起强烈的反响和共鸣。全国学生联合会致日本黎明会书中写道:"博士此语,我国人士实不胜其感佩之情。盖此皆我国人士心坎中所欲发者。"②

不久,吉野收到李大钊的回信。信中表示,北京学界非常高兴地盼望他访华,如他今年夏天和秋天来华,用数个月时间能把日本国民的真意和民主精神披示给中国人民,这对东亚黎明运动的前途甚有影响。③ 通过李大钊的信,吉野加深了对中国人民的理解,确信了中国人民"持有非常希望和我们(指日本人民——笔者注)联合的本能的热情"④;此外,吉野又接到北京清华学校骆启荣的一封信。信中表示,中日两国真正的善良国民,必须彼此相爱,立于彼此互助主义。如欲享持久的、真正的人类和平的幸福,中日两国人民首先非改良各自的政府不可。⑤ 这一信的内容便和他的两国民众"开展改造社会的共同运动"的思想吻合。吉野通过这些信,"大体知道了北京的风潮"⑥。

---

① 《五四爱国运动》,上卷,中国社会科学出版社1979年版,第411页。
② 《五四爱国运动》,上卷,中国社会科学出版社1979年版,第411页。
③ 《确立日中人民友好的曙光》,见《中国、朝鲜论》,第234页。
④ 《确立日中人民友好的曙光》,见《中国、朝鲜论》,第235页。
⑤ 《确立日中人民友好的曙光》,见《中国、朝鲜论》,第237页。
⑥ 《确立日中人民友好的曙光》,见《中国、朝鲜论》,第237页。

是年夏天,吉野借其弟子冈山守道出差中国路经北京之机,又叫他在北京拜访李大钊,再次转达他对中国人民的友好情谊,并再请北大教授和青年学生东渡访日。当时李大钊对冈山表示,为派北大教授和青年学生东渡访日做积极的努力。①

不久,日本黎明会接到中国全国学生联合会的信:"彼谓持侵略政策者,为日本军阀派政府,日本人民无与也";"诸君须知我中日两国人民,本无深仇宿恨,徒以两国军阀政府之狼狈要结,遂致互相嫉视,苟一日不解脱此万恶之军阀,则两国人民,永无亲善之望。若欲解脱其军阀政府,则非互助不可。"②接着,北京学生也发表了告日本国民书:"吾中日两国国民地位相同,利害一致,吾国民谓欲谋东亚真正之和平,中日两国间真正之亲交,首在促贵国国民之觉醒,共起而反抗侵略主义。"③这些信,以高度的热情,倾注了中国青年学生对日本人民的友好情谊和两国人民携手反对官僚军阀的共同心愿。通过这些信,吉野对中国"学生的意向也清楚了""邻国的多数青年也毕竟是我们可以信赖的朋友,绝不是敌人"。④ 他满腔热情地说:"他们和我们友好合作的可能已经不可怀疑了。现在起难道不是建立国民的真正友好,真正的东洋和平之花开放的时候吗?"⑤

通过吉野作造的努力,1919年底和1920年初,中国人民的老朋友宫崎滔天之子宫崎龙介抵达上海访问,在上海学生联合会召开的大会上发表讲演,表达了日本人民对中国反日斗争的同情和声援。他曾写《日人口中之破坏和平的资本主义外交》一文,猛烈地抨击了日本官僚军阀对中国的侵略。周恩来把声援中国人民的这一文译成中文,刊载在他主办的《天津学生联合会报》上。5月,北京大学的教授和学生一行6人⑥东

---

① 《确立日中人民友好的曙光》,见《中国、朝鲜论》,第238页。
② 《五四爱国运动》,上卷,中国社会科学出版社1979年版,第411页。
③ 《五四爱国运动》,上卷,中国社会科学出版社1979年版,第414页。
④ 《确立日中人民友好的曙光》,见《中国、朝鲜论》,第241页。
⑤ 《确立日中人民友好的曙光》,见《中国、朝鲜论》,第241页。
⑥ 这6人分别是:高一涵教授和学生方豪、徐彦之、康白情、孟寿椿、黄日葵。他们是李大钊影响下的进步的教授和学生。

渡访日,在东京和京都跟日本的教授、学生及工人举行座谈和联欢。吉野也数次会见他们,进一步增进了两国人民的友谊和相互了解,为中日两国人民的友好往来打下一定的基础。日本统治阶级对此暴跳如雷,认为这是阻碍两国国交,禁止两国人民和青年学生的交流。由于统治阶级的阻挠,吉野先生来中国的愿望未能实现。吉野先生从这些事实中认识到,"实际上阻碍两国真正友好的、威胁东洋和平的是联系着官僚军阀的丑恶的关系"①,并愤怒抨击日本和中国的官僚军阀的勾结。他从这一事例中切身体会到,正是日中两国的官僚军阀的这种勾结,激起了中国人民的猛烈的反日,并从中进一步理解了中国人民反日的深刻的社会根源。

吉野作造在抨击两国官僚军阀的同时,主张建立真正友好的途径是"从充分承认侵略性的对华政策的不对开始。这样,我们能够得到中国的谅解"②。他曾数次提到"侵略"二字,但有时模棱两可。③ 后来的文章把"侵略"二字提得较突出,把反对侵略主义作为两国人民的共同任务。他于1920年6月在《日中学生协作运动》一文中提出:"协作运动首先要指向的敌人是官僚军阀的侵略主义。"④这就是说,中日两国人民的共同敌人是日本官僚军阀的侵略主义。几十年前吉野先生提出的日中友好的宗旨非常正确。

吉野先生提出的中日友好的这一宗旨,当时遭到一些人的非难,说什么中国青年运动的背后有过激派(指共产主义者——笔者注)。吉野横眉冷对,严肃指出这是"非常愚蠢的疑惑"⑤。有的人爱面子,认为日本人在中国人面前说日本的坏话是不好的。吉野认为这种"家丑不能外扬"的思想是封建的东西,"我们对自己的坏事要彻底地予以承认。如果

---

① 《日中学生协作运动》,见《中国、朝鲜论》,第244页。
② 《日中学生协作运动》,见《中国、朝鲜论》,第245页。
③ 《确立日中人民友好的曙光》,见《中国、朝鲜论》,第230~248页。
④ 《确立日中人民友好的曙光》,见《中国、朝鲜论》,第246页。
⑤ 《日中学生协作运动》,见《中国、朝鲜论》,第247页。

他们的非难中有相应的理由,要自动地倾听它并明确自己改正的理由,进而进行对话,这是真正解决问题的唯一途径"①,批判了掩盖自己民族过错的民族主义情绪。

五四运动虽然没有完成彻底反帝反封建这一历史使命,但它沉重地打击了日本帝国主义和中国的封建军阀。吉野作造估计到了五四运动的这一历史意义。他认为,中国人民的斗争"在一种意义上是对日本的一大警告;在一种意义上又是对开辟日中两国的真正友好的一大障碍物发起攻击的呼声"②。"对我国官僚军阀来说不外乎是要求改变对华外交的实物性教育。如果受到这种实物性教育后还不醒悟,我们日本永远失去向中国伸长的机会。"③

这种看法虽然未能充分评价五四运动反帝斗争的彻底性和不妥协性,但还是认识和肯定了中国人民的这一反帝斗争。他认为:中国民众"给[中国]军阀、财阀的政治地位以全民性的一大铁锤"④。

2. 吉野作造的民本主义与人道主义

吉野作造对五四运动的同情、声援和建立日中友好关系的殷切希望,绝不是先知先觉的。他是经过曲折的社会实践逐步产生的,他的人生道路是坎坷不平的。他曾经是日本帝国主义侵略中国的拥护者和支持者,曾经写了不少为日本帝国主义的侵华政策出谋划策的文章。例如日本政府向袁世凯的北洋政府提出灭亡中国的"二十一条"时,他说"和列国竞争,建立在中国的帝国势力和帝国的利权,绝不是无用不及之事"⑤,"这次要求(指"二十一条"——笔者注)大体上是最少限度的要求,对日的生存来说必不可缺,删除第五项[要求]是甚为遗憾的"⑥。不仅如

---

① 《日中学生协作运动》,见《中国、朝鲜论》,第 247 页。
② 《中国反日骚乱与根本解决之策》,见《中国、朝鲜论》,第 228 页。
③ 《关于北京大学骚乱事件》,见《中国、朝鲜论》,第 214 页。
④ 《关于北京大学骚乱事件》,见《中国、朝鲜论》,第 214 页。
⑤ 《帝国对中国的实际态度》,见《中国、朝鲜论》,第 23 页。
⑥ 《帝国对中国的实际态度》,见《中国、朝鲜论》,第 23 页。

此,在《关于决定对华根本外交政策中的日本政客的昏迷》一文中,极力主张日本支持袁世凯,以达到其侵略目的。吉野的这种立场和观点,当然是和在培养日本官僚的最高学府东京帝国大学接受的教育分不开的。然而学校教育固然对一个人的人生观之形成会起很大作用,但是在广阔的社会实践中又会使人的认识发生变化。

　　吉野对五四运动的同情、声援和共鸣及建立日中友好的理想,来自两种因素:一是其思想本身的进步和发展,一是对中国旧民主主义革命的理解。1910年,吉野远渡重洋留学西方,受到欧美民主主义思想的影响。1913年7月回国。这时正是大正初"打倒阀族,拥护宪法"的护宪运动时期,改良官僚军阀的专制主义的大正民主运动在兴起。此时回国的吉野在《中央公论》上发表《论群众的示威运动》一文,标志他开始登上大正民主运动的政治舞台。他嫌恶官僚军阀的"暗室政治",主张民本主义,并为实现这一目的积极宣传民本主义思想,成为大正民主运动的理论大师。这一主义在20世纪初期的日本盛极一时,颇有影响。它在当时的历史条件下,和官僚军阀对立,具有一定的革新的气息。

　　其次,他对中国革命的理解也加深了。他于1906年至1908年,在中国住过3年。但他那时"全然不知道中国的事情",认为"中国没有人物,因而大为失望而归"。[①] 这时,孙中山先生已经登上了民主主义的政治舞台。但吉野当时尚未成为民本主义者,对中国革命运动和革命领导人毫无认识,因而不可能产生共鸣。他自己也曾经说,当时"对中国革命等事情完全没有兴趣"[②]。

　　可是,从1914年起他开始关心中国革命。1913年二次革命失败后,不少中国革命党人亡命日本。这时正好是吉野的民本主义思想形成时期。吉野通过和他们的接触了解到,"最近在中国有一个大的蓬勃兴起的伟大精神"[③]。这是他对中国的新发现。此时,大陆浪人头山满、寺尾

---

① 《关于中国》,见《中国、朝鲜论》,第199页。
② 《关于中国》,见《中国、朝鲜论》,第199页。
③ 《关于中国》,见《中国、朝鲜论》,第199页。

亨等请吉野先生编写一部中国革命史，并向他介绍了戴天仇和殷汝耕。上述两位在介绍中国革命史时，向他推荐了宫崎滔天的《三十三年之梦》。但直到1916年吉野才看见这本书，并一口气把它读完。这本书用不少篇幅叙述了孙中山和宫崎滔天的战斗友谊。因此，吉野在明治文化研究会重刊该书时写道："他（宫崎）的自传本身就具有日中交涉史第一章的意义。"①他把《三十三年之梦》爱如至宝。1917年6月，他终于写出《中国革命小史》。他在该书的开头写道："近代中国运动的根本思想在于改革弊政，图谋新中国的复兴"，并批评了对中国革命的种种错误看法。② 他对这一革命采取的态度是"向中华民族致以很大同情和敬意"，写这本书的目的是"在直截了当地论述中国民族复兴的努力的同时，说明著者为何向中华民族致敬的理由"③，这几句简明的言语，倾吐了吉野对中国革命和中华民族之同情。此时他对孙中山的三民主义也有了认识，"现在三民主义成为中国青年的国民性的口号"④，赞赏孙中山的远见卓识。

　　五四运动前夕，即4月30日他在黎明会的第四次讲演会上发表了《关于中国》的演说。他在演讲中批判专制主义的秘密外交，主张国民外交，要对中国采取共存主义。他还特别地指出："最近在中国，改革过去政治的国民要求，作为一个新的力量蓬勃兴起。这是非常明显的。"⑤而且强调要重视这一力量。他说："把国民不放在眼中的政策不能取得友好之实。"⑥因此他提出"在日本也好，在中国也好，要反对的是这一官僚思想"⑦。这便说明，他此时已经洞察到了像火山一样爆发的一股力量和这股力量将要冲击的是什么。

　　吉野作造是在什么样的思想指导下同情、声援五四运动的？

---

① 宫崎滔天：《三十三年之梦》，平凡社1979年版，第255页。
②《中国革命小史》，见《吉野作造博士民主主义论集》，第7卷，新纪元社1948年版，第5页。
③《中国革命小史》，见《吉野作造博士民主主义论集》，第7卷，第2页。
④《日华国交论》，同上书第6卷，第101～102页。
⑤《关于中国》，见《中国、朝鲜论》，第198页。
⑥《关于中国》，见《中国、朝鲜论》，第202页。
⑦《关于中国》，见《中国、朝鲜论》，第205页。

首先,如前所述,他的思想是民本主义。吉野认为,民主主义是主张"国家主权在民"的思想,平民主义是主张使平民和贵族对立起来的思想。他说,民本主义是和这两种思想不同的,因而起名为民本主义。吉野则主张"民有"。因此,这种思想是日本天皇专制向近代化过渡的一种过渡性思想。这种思想虽然不是激进的资产阶级民主思想,但和"五四"时期的"民主与科学"的口号有相近之处。他认为,宪法应具有保障人民权利、三权分立、民选议院制等内容,但在从封建时代遗留下来的特权阶级掌权的国家里,虽在世界形势的敦促下公布了宪法,但不实行宪法应有的基本内容,并阻碍以立宪的思想来解释宪法。① 他所说的便是日本。吉野的这种思想是继承和发展了美浓部达吉的天皇机关说的。日本由于明治维新的不彻底,1889年制定的钦定宪法在天皇制、内阁、议会等政治体制上保存了封建的残余,与资本主义结合成为专制主义。因此,吉野的民本主义反对官僚军阀的专制主义中就包含着反封建的因素。而中国辛亥革命虽然推翻了清朝的封建统治,但封建官僚军阀袁世凯、段祺瑞之流篡夺了政权,封建专制主义依然如故地被保存下来了。五四运动对内就是反对这一封建专制主义,因此在反对封建专制主义残余这一点,吉野的民本主义和五四运动就有共同之处。

因此,吉野非常赞赏中国的新文化运动。1915年9月《新青年》杂志的创刊吹响了新文化运动的号角。吉野在《关于北京大学学生骚扰事件》和《在北京大学的新思想的蓬勃兴起》文中就介绍了中国的新文化运动。② 他认为,开明思想是勃兴于民间的,国立大学是与之斗争,进而保护官僚阶级的,但"现在国立大学的学生,在中央政府所在地,最热烈地、最彻底地成为自由思想的鼓吹者,正说明中国青年在世界形势转变之机善于利用着今日时势",这便"开辟了全体中国民众,举国上下,朝着开明的目标前进的开端"。③ 由此可见,他对新文化运动的共鸣和声援,从中

---

① 田中愁五郎:《吉野作造》,未来社1958年版,第173页。
②《关于北京大学骚乱事件》,见《中国、朝鲜论》,第210~212页。
③《关于北京大学骚乱事件》,见《中国、朝鲜论》,第211页。

看出他的民本主义思想和五四运动的内在联系。

其次,吉野先生的另一种思想是人道主义或道义主义。这种思想是和民本主义有关系的。民本主义是资产阶级民主思想,它本身包含着资产阶级人道主义的思想,但和基督教也有关系。吉野是基督教徒,1917年3月任东京帝大学生基督教青年理事会理事长。吉野先生承认:"我迄今从道义的立场评论内外的各种政治问题。尤其是最近一两年来,从这种立场出发,对中国、西伯利亚等问题加以痛激的批判。"①他还说:"归根到底,我们是站在人道主义立场,从自主共存的根本出发,拟订一切对华政策。"②他对一切劳动问题上的主张是站在人道主义来解决的。

吉野作造的民本主义和人道主义思想虽然同情、声援五四运动,在建立两国人民的友好关系方面是有意义的,但它毕竟是属于资产阶级范畴的意识形态,因此它除历史的局限性之外,还具有阶级的局限性。

民本主义,如前所述,不是改革绝对专制主义的革命理论,而是保存、改良天皇制的改良主义理论;不是主张共和制的、革命的民主主义,而是主张君主主义、自由主义的民主主义。③ 他的民本主义虽然反对官僚、军阀的专政,但并不反对日本的"军国"化,如果说反对"军国"化,这是因为"军国"化和官僚军阀专制结合在一起。④ 吉野的人道主义对日本的野蛮侵略和残酷的殖民统治表示义愤和抗议,但他不能认识到产生这些现象的社会根源,因此找不到消灭这些现象的现实途径。日本对中国侵略的根源在于军事封建的日本帝国主义;五四运动的反帝主要是反对日本帝国主义强加给中国的"二十一条"和日本对青岛的侵占。但吉野没有公然地谴责日本攫取山东、强加"二十一条"的侵略罪行,没有明确地支持要求日本放弃在中国的殖民权益。1920年他在《关于朝鲜统治政策答丸山君》一文中写道:"希望恢复祖国,不论是日本人、朝鲜人、中国

---

① 《对外的良心的发挥》,见《吉野作造博士民主主义论集》,第4卷,第9页。
② 《关于北京大学骚乱事件》,见《中国、朝鲜论》,第214页。
③ 信夫清三郎:《大正民主史》,第2卷,日本评论社1964年版,第355页。
④ 信夫清三郎:《大正民主史》,第2卷,日本评论社1964年版,第365页。

人都普遍地承认的道德的立场。可以说，由此看出共同的或最高的原理。"①松尾认为这一"最高的原理"就是吉野的民族自决思想。但尽管如此，吉野的反帝思想依旧是不彻底的。

当时，日本社会中也有彻底反帝的力量。鹫尾正五郎1919年1月在《中央公论》上发表的《战后世界亦依然是国际竞争的舞台》一文中，坚决主张对中国实行民族自决，"青岛问题，按着中国的要求，无条件地归还给中国"②。这种思想，显然比吉野高明得多。这就说明，吉野的局限性不仅是历史性的，而且是阶级的局限。

至于北京的青年学生痛打章宗祥问题，吉野一再表示"甚为遗憾"，认为"极为狂暴""不文明"等等。这是因为人道主义不分革命暴力和反革命暴力，是暴力者都要反对。中国人民就靠暴力即武装斗争驱逐了一切帝国主义侵略者，恢复了民族主权的完整。显然，吉野先生的指责是错误的。

五四运动后，马列主义思想逐步传播，工农运动形势高涨。日本的一些民主主义者变成社会主义者，跟上了时代发展的步伐。但吉野作造的思想依然停留在民本主义，而且受了20年代社会民主主义思想的影响。于是民本主义和马列主义，革命和改良的矛盾日趋激化。因此，五四后吉野对中国革命和日本侵略中国的态度，不像五四时期那样明确。对中国的北伐，他希望取得胜利，但又不主张日军撤出山东；对九一八事变，虽然怀疑动武的必要，否定伪满洲国的建立，但又不主张日本放弃在东北的权益。这便说明，五四后吉野的思想不仅没有进步，反而有所倒退。

三、日本对直奉战争的双重外交

1922年4～5月和1924年9～10月的两次直奉战争都和日本有着密切关系。在这两次战争中，日本外务省和军部分别对奉系军阀张作霖

---
① 由井正臣编：《论集日本历史第12卷——大正民主》，第261页。
② 井上清、渡部彻：《大正时期的急进的自由主义》，东洋经济新报社1972年版，第167～168页。

和直系军阀吴佩孚采取了什么政策？第一次和第二次又有何区别？奉张和直吴又对日本采取了什么态度？这些都是本节要探讨的问题。

1. 第一次直奉战争

辛亥革命后，中国军阀林立，混战不休。利用军阀混战维护和扩大在华殖民权益，是帝国主义列强对中国采取的新政策。

1916年袁世凯死后，日本积极扶植皖系军阀段祺瑞，以西原借款之名，向他提供巨额贷款和军械。但段在1920年的直皖战争中被直系军阀吴佩孚和曹锟打败。段的倒台，使日本在中国失去了其侵华的马前卒。于是，日本转过来扶植曾协助打段的奉系军阀张作霖。

张作霖和日本，自从日俄战争以来早有往来。但张当时不是日本所依靠的一支力量。辛亥革命后，日本军部和大陆浪人主要依靠宗社党人，掀起满蒙独立运动，以便建立满蒙亲贵的傀儡政权。因此，当时日本和张之间常常发生冲突，甚至日本人想把他炸死，可是两次满蒙独立运动均归失败，段也倒台。于是日本不得不依靠张作霖来维护和扩大在满蒙的权益。而张作霖为了巩固和扩大自己的军阀势力，也需要进一步投靠日本。1920年11月，张派于汉中去日本，表明他对日本的进一步投靠。日本政府对其以贵宾相待。内阁首相原敬认为："张是想靠日本伸张势力，而我们在东三省的发展需要好好对待张。我们双方的利益是不谋而合的。"①这便道出了张和日本相互依靠的关系。接着，1921年5月16日，日本政府召开东方会议。出席会议的除首相和内阁成员之外，还有朝鲜总督斋藤实、关东厅长官山县、驻华公使小幡。在这次会议上，日本政府正式决定了对张的政策："援助掌握满蒙实权的张，以便巩固我在满蒙的特殊地位。"②

在直皖战争中，张援助吴打段，坐收渔人之利。他不仅插手北京政

---

① 《原敬日记》，第9卷，第136页。
② 日本外务省编：《日本外交年表及主要文书》，上卷，第524页。

权,而且扩大自己的势力范围,壮大了奉系的军事力量。这便加剧了直系的曹、吴和奉张之间争权夺利的斗争。尤其是1921年12月梁士诒内阁的成立,更加激化了两者的矛盾。直奉战争迫在眉睫。

张在东北称王主要依靠日本,要打败依靠英美的直吴,一定要争取日本的支持。于是,张在准备对直战争的同时,乞求日本对他的援助。1922年1月8日,张派其日人顾问町野中佐向驻华公使小幡转达他的旨意:"我(张)没有和吴合作之意。当此之际,有两种途径。一、暂时静观形势,等待吴积极行动,消极防卫;二、张全然积极行动。日本政府的意见如何?"①这是张刺探日本对即将爆发的直奉战争的态度。对此,小幡公使表示,进入中原地区要慎重考虑,先要确保北京、奉天间的联络,不要随意采取行动。张对此表示不满。过两天,即10日,张又派于汉中向奉天特务机关长贵志少将要求日本供应武器、弹药。于还对贵志说:"如张为了维护现内阁(指梁士诒内阁——笔者注)出动军队时,满洲的治安至少由日军来担任。"②贵志少将对此没有予以可否。于是,14日张又派于汉中到奉天的日本总领事馆,通过赤冢总领事,向日本政府转达要求援助的意见。于汉中说:"直奉之争并非单纯的政权争夺,而是和排日派之争。贵国政府应考虑到这一点,以便决定援助张巡阅使之策。"③于汉中要求日本提供步枪1万支,弹药1000万粒,炮弹10万发,机枪一二百挺,子弹500万粒。15日,张又派其日人顾问本庄繁大佐和町野中佐,向小幡公使提出同样要求。

对张的这种急切要求,日本在华的外务省机构和陆军省机构分别采取了如下态度:

如前所述,小幡公使采取静观态度。但赤冢奉天总领事却支持张的要求,"给张提供武器,以便使之下断然的决心"④。而陆军在华机构的军

---

① 《日本外务省档案(1868~1945)》,MT137卷,MT:161411,第241~258页。
② 《日本外务省档案(1868~1945)》,MT137卷,MT:161411,第307~308页。
③ 《日本外务省档案(1868~1945)》,第261~269页。
④ 《日本外务省档案(1868~1945)》,第261~269页。

官,除坂西利八郎中将之外,都主张援助张。他们认为:"英美和直派合作,力图驱逐日本在华势力,使帝国丧失对中国的权威,使我对华尤其是满蒙政策有从根底上被推翻而不可挽回之虞。"①因此,"当此之际,帝国应支持张作霖,压制吴的野心,打破英美以吴为傀儡的阴谋,相信这是为了维护帝国地位不可避免地采取的正当防卫手段"②。可是坂西利八郎中将③则反对援助张。他认为,如轻率地援张,使张产生误解,促使不测之乱的发生,援助张不是巩固日本在华地位的有力措施。这种情况说明日本尚未决定对即将爆发的直奉战争的态度。

可是,直奉关系急剧恶化。3月22日,张发出向关内调兵遣将的命令,26日起奉军越过山海关向关内进发。这时,张设宴招待赤冢总领事等日本官员。张在宴席上大谈他对日本的效忠和英美对北满的野心,再次请求日本对他援助。他说:"当此之际,我想看看日本政府在中国人中将认定谁为朋友和日本对老朋友的态度。这次行动是足以窥视日本真意的试金石。"④对此,赤冢总领事代表赴宴的日本官员回答道:"因对东三省的特殊关系,日本人都抱有援助张巡阅使的强烈希望。但鉴于国际关系及中国混乱的现状,不能积极地予以援助,只是抱有消极的满腔好意。请见谅。"⑤这就是说,精神上积极支持,但行动上却采取消极态度。这当然不是赤冢本人的真意,作为外交官他要受外务省的约束。

到4月中旬,直奉战争一触即发。日本不能不表态了,外务省于4月21日起草《帝国政府对直奉战争引起的中国局势的方针》。该方针规定三条:

第一条:"为目前中国局势的安定,召回张作霖的顾问贵志少将、町野大佐、本庄大佐。如召回有困难时,至少他们作为张作霖的顾问,在只

---

① 《日本外务省档案(1868~1945)》,第530~533页。
② 《日本外务省档案(1868~1945)》,第328~329页。
③ 坂西利八郎是陆军参谋本部的特派员,任曹锟总统府的军事顾问,在北京设有坂西公寓。
④ 《日本外务省档案(1868~1945)》,MT138卷,MT:161411,第1662~1672页。
⑤ 《日本外务省档案(1868~1945)》,MT138卷,MT:161411,第1662~1672页。

限于中国内战的情况下,不要干预张的任何军事行动。"①

第二条:"以适当的方法和吴佩孚进行联系,努力使他对我方针不至于误解,以便使他谅解我国的公正不倚的态度。"②

第三条:"在北京,按着既定方针尤其是《九国公约》的宗旨,由我方主动采取措施,使英国公使和外交使团在协商的基础上对中国时局采取共同措施。"③

当初,这一方案是作为内阁的方针起草的。后经研究修改为外务省的方案,把"召回"张的日人顾问改为使他们"采取慎重的态度"。尽管如此,日本外务省还是没有采取积极援张的态度。

在第一次直奉战争中,日本外务省为什么没有积极支持张作霖?这有如下几方面的原因。

首先,国际上,欧美列强结束第一次世界大战后,重新回到亚洲,和日本进行新的争夺。在华盛顿会议上,列强打着"门户开放,机会均等"的旗号,订立了《九国公约》,建立共同侵略和控制中国的新体制,迫使日本放弃了利用一战时期欧美列强无暇东顾之际在华攫取的殖民权益。因此,这时日本正受欧美列强和《九国公约》的限制,不敢为所欲为地侵略中国。如果日本不顾欧美列强,公然支持张来扩大在华权益,则欧美列强一定会联合起来制裁日本。内田外相在1922年1月19日对奉天总领事赤冢的密电中曾提及援张给日本带来的严重后果。他说:"如援张,日本则冒很大风险。提供武器之事,不会不在外部泄露……如此事被揭露,日本不仅会招来张的政敌,而且会招来中国国民和世界舆论的非难和反对,影响我国外交立场。英美方面为对抗日本对张的援助,又援助吴佩孚,进而出现日英对峙的形势。有必要甘冒这种风险而援张吗?"④因此,4月21日外务省起草的方针,一开头就写道,"尊重《九国公约》及

---

① 《日本外务省档案(1868~1945)》,MT139卷,MT:161411,第2083~2093页。
② 《日本外务省档案(1868~1945)》,MT139卷,MT:161411,第2083~2093页。
③ 《日本外务省档案(1868~1945)》,MT139卷,MT:161411,第2083~2093页。
④ 《日本外务省档案(1868~1945)》,MT137卷,MT:161411,第408~422页。

关于中国的决议精神",要和列强采取协调行动。

其次,日本和张之间有矛盾,对张不大信任。内田外相1月19日的密电中写道:"张虽然标榜亲日,但看他的实际行动时不能立即信赖他。他的亲日是从他自己的打算中来的,而不是从一定主义的信念中来的。"①内田还认为张在中国的"威望"不高。他说:"张在目前中国政局中的处境,作为军阀的巨头在国民中没有威望,而且张在外国人中的人缘也不是好的。照华盛顿会议来看,他那种立场将日益遇到困难,是否能维持其地位颇有疑问。"②

可见,日本确实对张是半信半疑的。所以1921年5月东方会议虽然决定支持张,但支持张"并非对张个人的"支持,而是为了确保日本在满蒙的权益,因此"对于和张一样地位者,不论何人,都和他合作,彼此为共享其利而努力"③。这说明,日本援张是留有余地的。

最后,日本不能不考虑到对吴佩孚的政策。如日本积极支持张,必然得罪吴。因此,日本尽量缓和对吴的矛盾,而且对他抱有一定的希望。内田外相致赤冢总领事的密电中说:"吴不一定是排日分子。他是否成为排日分子,是由今后日本的所作所为决定的。鉴于他现在是中国的一方势力,因此尽量避免因援张而可能明显地挑起他反感的行动,是否得策?"④日本当时认为,吴虽然和英美有联系,可是如果把他置之度外,他就日益疏远日本,最后明确地表示排日的态度。所以内田外相训电小幡驻华公使,选择适当人选,和吴接触。小幡不大同意内田的意见,认为这时对吴的接近反而抬高他身价,使他更傲慢。可是,小幡还是遵照内田的训令,选派寺西秀武⑤到保定,对吴进行工作。

这说明,日本虽和奉张关系密切,但又力争直吴。日本支持军阀的

---

① 《日本外务省档案(1868~1945)》,MT137卷,MT:161411,第408~422页。
② 《日本外务省档案(1868~1945)》,MT137卷,MT:161411,第408~422页。
③ 日本外务省编:《日本外交年表及主要文书》,上卷,第524页。
④ 《日本外务省档案(1868~1945)》,MT137卷,MT:161411,第408~422页。
⑤ 寺西秀武是日本陆军中佐(1914年退役),曾任黎元洪、王占元的军事顾问,来往于奉直之间,与吴关系甚好。

目的是为了维护和扩大在华的权益。为此目的,鉴于当时的具体历史条件,有时支持这个军阀打那个军阀,有时支持那个军阀打这个军阀;有时脚踏两只船;有时以支持一方为主,另一方为辅。日本和某一军阀虽有相对的稳定关系,但不是固定不变的。

日本外务省的态度虽然如此,但奉天总领事赤冢、公使馆武官东少将、关东军参谋长福原少将、奉天特务机关长贵志少将等却主张积极援助张。他们认为,直奉战争不仅是军阀间的内战,而且是依靠吴的英美对依赖张的日本满蒙政策的挑战,把战争的性质提高到英美和日本的争夺上,因此主张应该给张援助武器,击败吴及其背后的英美势力。其次,他们认为,张是可靠的,要充分相信他,冒着风险也要支持他。

在积极主张援助张的人中也有一些分歧。是援助张巩固其在东三省的地盘,还是支持他打入关内,争夺北京政权?赤冢总领事等积极支持张把势力扩展到关内,争夺北京政权,进而称霸全中国。赤冢于1922年1月在园田龟一写的《怪杰张作霖》一书的序言中写道:"我们切望张作霖以旭日东升之势,君临于全中国,和其他志士一道完成南北统一的艰苦事业,将四百余州的国民引至安稳之境。"① 可是陆军省军务局在4月23日起草的《帝国对握有东三省实权的张作霖的态度》一文中则主张让张先巩固其在东北的地盘。该文写道:"帝国让张先充实东三省的内政和军备,努力培植其实力,不让他在东三省的基础确立前过早地争夺中央政界的地位。在这种宗旨下要援助他。"② 当时军部认为,张的势力尚未达到统一全中国的地步。因此先充实东三省的势力,在中国政局的变化和他地位及威望提高之后,再认真地援助他争夺中央政界的地位。

综上所述,在第一次直奉战争时期,就援张问题日本统治阶级内部有分歧。但他们维护日本在满蒙的权益是共同的、一致的。可见,这种分歧是为共同目的而采取的策略上的分歧。

---

① 栗原健编:《对满蒙政策史的一个侧面》,第181页。
② 《日本外务省档案(1868～1945)》,MIT139卷,MT:161411,第2153～2157页。

由于上述分歧,日本在第一次直奉战争中没有直接支持张作霖。结果,张在5月4日长辛店附近的战斗中吃了败仗,5月7日把指挥部从军粮城撤退到滦县,19日完全撤回关外。直军没有追击奉军。

第一次直奉战争的结果是:张所支持的梁士诒内阁垮台,张的东三省巡阅使、奉天督军兼省长及蒙疆经略使之职均被罢免。但日本在满蒙的权益丝毫没有受到损失。

在这种形势下,直奉两系6月17日至18日在英美传教士的调停下,在秦皇岛的英国军舰上签订了三项停战协定:一、直奉两军为中华民国的统一而努力合作;二、奉军撤出二郎庙以南阵地,直军集中于滦州后方;三、直军不得进东三省。这是直奉的暂时妥协。这种妥协酝酿着更大的第二次直奉战争。

2. 第二次直奉战争

第一次直奉战争中吴胜张败,战争有了胜负。但直奉两军阀争权夺利的斗争并没有休止。

张虽然被打败,但没有受到更大的打击。他依然割据东北,保存奉军主力。他以此为资本,于5月下旬宣布东北独立和自治,和北京政权断绝关系。张退到东三省后,整军备战,兴办军工厂,设立航空处,积极准备对直军的新的战争。

对张作霖的整军备战,日本采取何种态度?1922年12月内田外相致赤冢奉天总领事的密电中就对张的政策作了指示。密电写道:"如张作霖维持其势力之下的东三省的治安,专心努力于和平政策,则能巩固和维持其在东三省的势力。一旦张依靠其武力,将野心扩大到中央,试图武力统一或远征,其结果最终必然失败。这在直奉战争(指第一次——笔者注)中已经清楚证实了的……如果张专心治理东三省的治安,这不仅是张本身的利益和幸福,而且也是在满蒙拥有错综复杂利害关系的日本最希望的。因此对张的东三省和平政策,日本以同情之心欢迎,不惜予以尽可能范围的援助。"①这就是说,日本希望张不要打进关内,专心统治东三省。

日本外务省虽然采取这种态度,但军部暗中支持张的整军备战。据中国《申报》的揭露,1922年10月日本将存于海参崴的两万支步枪及炮弹、炸弹、飞机等价值达100万元的军械卖给张。1923年2月,日本又把从意大利购买的13000支步枪、800颗炸弹、12尊大炮转卖给张。8月把价值达368万元的22000件军械运入奉天。同时日本采取助张自办兵工厂的办法,协助张扩建军工厂。在扩建中,聘请日本技术员设计,由大仓洋行承担施工,主要机器均由日本提供。

1924年9月1日,江浙战争爆发。这是直奉战争的前奏,促进了第二次直奉战争的早日爆发。

张为了再次打吴,进一步争取日本的支持和援助。9月5日和8日,张分别通过其军事顾问本庄繁和松井七夫,就以下三个问题向币原外相和关东厅长儿玉征询日本政府的态度:

一、直军打到东三省时,日本采取何种态度?是否予以我(张)所希望的援助?想了解日本的具体方针。

二、最近英国人和美国人压反直隶派来完成中国的统一。我希望以亲日派之手统一中国。对英国的行动,日本有何种想法?

三、最近北京政府接近俄国政府,孙中山赤化一半,因此我腹背受直派和工农俄国的压力。对此日本有何种想法?②

到14日,张作霖亲自找船津奉天总领事就与日的关系问题进行会谈;15日,奉军参谋长杨宇霆又设宴招待船津总领事和天津总领事吉田茂及四名军事顾问,再次请求日本对张的援助。

直军方面也积极做对日工作。9月16日,北京政府国务院秘书长孙润宇拜访芳泽驻华公使,提出两点要求:一、日本新闻媒体不要报道不利

---

① 日本外务省编:《日本外交年表及主要文书》,下卷,第31页。
②《日本外务省档案(1868～1945)》,MT172卷,MT:161867,第160～163,172～174页。

于直军的消息；二、日本劝张不要南下。时过3天即19日，吴佩孚亲自找芳泽公使会谈，并指责日本对张的援助。芳泽在吴的面前，接受了孙润宇提出的第一条要求，但对第二条要求，芳泽以不干涉中国内政为由予以拒绝。

这时，张把所部25万人编为六个军，向直方进发。吴将所部编为三个军，向奉军进击。直奉两军于9月17日在山海关、九门口附近交火，第二次直奉战争爆发。

同时，本庄军事顾问奉命回国，松井七夫大佐接替为张的军事顾问。两军开战后，松井直接参与作战指挥，并向奉军的各军分别派遣是永中佐、权我少佐、滨本少佐、荒木少尉等日人军事顾问，且聘请日本空军军官协助奉军的空军。①

可是日本外务省于9月22日以亚洲局局长出渊的名义，发表了对第二次直奉战争的声明。声明说，日本"对这次内乱，采取不干涉的方针，严持公正态度"②，但驻华公使芳泽则提出不同意见。他认为，这次战争是吴实现其侵满野心的战争，其背后有英美的支持，力图驱逐日本在满蒙的势力，因此，要在战火波及满洲之前，表明日本的强硬态度。奉天总领事船津也要求"发相当强硬的警告"③。他在江浙战争爆发后，预见第二次直奉战争，并提出自己的意见。他主张：如战争中张作霖胜利，则尽量促使段祺瑞出山，引导张援助段。如美国为阻止吴的完全失败而出面调停双方时，日本则先采取居中调停，防止直方的完全失败，以留日本牵制张和段的余地。如张在战争中失败而直军进犯辽河以东地区时，则向中外声明日本在满蒙的权益，为维护日本权益行使必要的武力。④ 船津的献计是日本在两个军阀混战中既能维护其在满蒙的权益，又能控制和牵制吴、张双方的一举两得的措施。可是币原外相坚持不干涉方针，

---

① 东亚同文会编：《续对华回忆录》，原书房1974年版，第900页。
② 《日本外务省档案(1868～1945)》，MT172卷，MT：161857，第273页。
③ 《日本外务省档案(1868～1945)》，MT172卷，MT：161857，第294～299页。
④ 《日本外务省档案(1868～1945)》，MT172卷，MT：161857，第167～171页。

要芳泽公使和船津总领事采取静观形势的态度。

日本直接插手直奉战争,对直军的作战是不利的。因此,吴的北京政府采取种种措施阻止日本干涉战争。国务院总理颜惠庆通过芳泽公使和顾问冈野增次郎给元老西园寺公望、船津奉天总领事、白川义则关东军司令官、安广伴一郎满铁社长等写了六十余封信,希望他们谅解直军的军事行动。10月9日,吴佩孚亲自和天津总领事吉田茂会谈。会谈中吴表示,直军进入满洲后尊重日本在满权益,而且在条约中已有规定的权益中张尚未许可的权益也予以许可。当时吉田茂非常同情吴。①

中国军阀为了维护和扩大自己的地盘,有时投靠这个列强,有时投靠那个列强;有时脚踏两只船;有时投靠一方为主,另一方为辅。这是根据当时的具体情况而定的。上述事实说明,直吴虽和英美的关系密切,但也和日本有往来,力图利用日本达到其目的。

这时,日本国内舆论对币原的不干涉政策提出种种指责,对币原施加种种压力。国策研究会、贵族院研究会、东亚联盟协会、在野党三派院外团等纷纷开会或发表声明指责不干涉政策,要求政府采取积极的强硬政策。

在这种情况下,日本政府于10月13日对直奉双方发出唤起注意的劝告。劝告指出,在满蒙居住日本臣民数十万,日本的投资和企业也较多,因此"在此唤起两军对上述明确事实的严肃注意,且如此重要的日本权利和权益,应受到十分尊重和保护。对此表示最重视之意"②。在第一次直奉战争中,日本没有发表过这种声明,这说明日本对直奉战争的态度进了一步。

当时,内阁成员中,也有不少人主张援张。他们主张,直军进犯东三省之前,派兵到奉天和山海关之间,设立缓冲地带,以便阻止直军。一些人则主张,给张以武器和贷款,直接援助张。于是10月23日日本内阁

---

① 猪木正道:《评传·吉田茂》,上卷,读卖新闻社1978年版,第259页。
② 《日本外务省档案(1868~1945)》,MT172卷,MT;161857,第457页。

开会研究直奉战争的问题。会上曾反对援张的高桥是清农商大臣也主张援张,但币原外相还是反对。他说:"当此之际,我们采取稳如泰山的态度是最好的政策。"①他提出反对干涉的三条理由:

一、援助一方是明显的干涉,这违反政府的决定和声明,并失去国际的信义。是否遵守国际信义,是关系到国家命运的重大问题。言外之意是要遵守华盛顿会议所通过的《九国公约》,和英美等欧美列强进行协调。

二、直军要进入奉天,一定要跨越满铁,和我精锐的部队兵戎相见。但直军没有这种力量。即使吴占领满洲,使他尊重我既得权益也是可能的。

三、冯与吴有矛盾。他说:现在,冯玉祥把兵马驻扎在张家口方面。冯与吴有宿怨。吴在东三省称霸,冯决不会袖手旁观。张与吴在山海关之险生死决战的一刹那,就是冯崛起的机会。如果是那样,吴佩孚后方被切断,不得不撤兵,张作霖也将重整旗鼓。②

这三条理由中,前两条和第一次直奉战争时期日本没有直接干涉的原因大致相同。第三条则是新的理由。币原作为日本的外相,把维护日本在满蒙的既得权益作为他的使命。维护权益是日本外交的目的,但采取什么手段,则是根据内外形势而定。也许采取武装侵略、武装干涉或者援助交战中的一方,也许采取不干涉手段。当时币原认为不干涉是维护日本权益的最好办法。他主张不干涉的原因中最重要的是第三条。如冯举兵倒戈,日本即使不干涉也能达到维护其满蒙权益的目的。这种手段既可以不激化与英美的矛盾,又维护了其在满蒙的权益。这对日本是最上策。

那么,事实如何呢?果真如日本所料。

10月23日上午即币原外相在内阁会议上陈述其不干涉的三条理由

---

① 币原喜重郎:《外交五十年》,原书房1975年版,第100～101页。
② 币原喜重郎:《外交五十年》,原书房1975年版,第100～101页。

时,冯玉祥在北京举行了政变。① 冯的倒戈是冯与吴矛盾激化的产物。但日本巧妙地利用这一矛盾,以金钱手段加速了这一矛盾的爆发。

在日本人中,最早插手此事的是寺西秀武。1924年,他在东京获悉第二次直奉战争即将爆发的消息后,用大仓洋行的暗号电报,立即打电报给在天津的段祺瑞,告诉他奉军将向直军开战。尔后他火速跑到奉天。途中,他遇见奉军第六军副军长吴光新,和他一起去见张作霖。他见张作霖时,劝张联合段祺瑞打吴佩孚,并献计拉冯玉祥。尔后,他转赴天津,和段策划拉冯的计划。他们决定,由段写信给张,要所需的钱。寺西在天津安排拉冯计划后,到京见北京警备区副司令孙岳,从他那里得知冯准备倒戈的消息。于是,他又找冯在京代表,并告诉他们"孙岳已和段合作啦,你们也要迅速采取果断行动"②。时过不久,段果然给张写信,要100万元,说如有这笔钱能拉冯、孙岳、胡景翼等人倒戈。张犹豫不决。于是日本军事顾问松井七夫和坂东劝张出钱。他们对张说:"用100万元能战胜[直军],比这更便宜的是没有的。即使徒劳,白扔100万元就是啦。"③张在他们的劝告下同意出钱,但明天才能拿。他们怕张过夜变卦,促张当即拿出。张的这笔款,经三井银行奉天支店长天野悌二之手,交到日本驻天津司令官吉冈显作,由吉冈交给段。④ 段又派冯的日人军事顾问松室考良少佐和王乃模、段其澍三人,交给冯玉祥。⑤

另一方面,任曹锟总统府军事顾问的坂西利八郎少将和土肥原贤二中佐也从中起了很大作用。当时坂西搞到一则情报:曹锟为了维持总统的宝座,通过秘书长王兰亭和顾维钧,企求美国的援助。如曹的这一计划实现,对日本和奉军大为不利。于是,土肥原把此情报告诉颜惠庆内阁的教育总长黄郛,并说服他打乱这一计划。黄赞成土肥原的意见,当

---

① 冯玉祥北京政变的内幕:请参阅鹿钟麟、刘骥、邓哲熙:《冯玉祥北京政变》。
② 《续对华回忆录》,下卷,原书房1974年版,第807~808页。
③ 东亚同文会编:前引书下卷,第900~901页。
④ 《续对华回忆录》,下卷,第900~901页。
⑤ 栗原健编:《对满蒙政策史的一个侧面》,第218页。

即跑到北苑的冯军驻地高丽营,转达土肥原的意见,并敦促冯火速举兵倒戈。他替冯起草和印刷冯军进城时的布告,并且做组织新内阁的准备工作。

尔后,日驻京公使馆、日军驻天津司令部和北京的日军警备队把冯倒戈的消息,通过跟随吴的日人军事顾问冈野增次郎,于当天下午转告吴。翌日,驻天津司令部又电告吴,撤退时不得使用秦皇岛码头。战争爆发后,日本曾派关东军的一个步兵大队驻扎秦皇岛,六艘驱逐舰游弋在该地区海域。① 这便切断了直军的海上退路。此外,日军的一位少佐率领黑龙江军的骑兵队,直插滦河流域,力图堵住直军的陆上退路。这使得吴感到"……好像是我跟日本人打仗了"。吴突破包围,于10月26日抵津。这时日本反过来又拉吴。驻天津总领事吉田茂通过冈野向吴传递冯军逼近天津和奉张要吴脑袋的消息,以便把吴诱进日本租界。另一方面,吉田茂劝吴和段合作,企图把直、皖两大系都控制在其手中。但吴没有听吉田的劝告,于11月13日经塘沽、浮海南下。

此外,日本在第二次直奉战争中攫取到额外的"战果"。冯玉祥占据北京后,把溥仪从皇宫赶出,溥仪在醇亲王府逗留数天后,便投奔日本公使馆。日本公使芳泽谦吉和日军步兵队长竹本把他安置在公使馆一个月。后来把他秘密护送到天津日租界。②

在华日本军人对冯的策动,和陆军本部有直接的关系。当时任陆军大臣的宇垣一成的日记和陆军元帅上原勇作在传记中都谈到这次政变问题。据《元帅上原勇作传》,驻华公使馆武官林少将也直接参与了此事。传记写道:"冯玉祥之所以断然下决心和奉军里应外合,是林少将的奇策妙计打动了冯玉祥,使他改变了态度。"③可见,这是在陆军本部的指令下策划的一次行动。

冯的倒戈虽然不是日军的直接军事行动,但日本军部借冯猛击了直

---

① 江口圭一著:《日本帝国主义史论》,青林书店1979年版,第14~15页。
② 东亚同文会编:《续对华回忆录》,下卷,第976~977页。
③ 元帅上原勇作传记编纂委员会编:《元帅上原勇作》,第279~280页。

军。因此这事实上是日本军部变相的军事行动,是对中国内战的公然干涉。

至于币原外相是否直接参与此事,尚无确实的材料。可是,币原本人也盼望这一倒戈的早日到来。冯政变的那一天晚上,他正出席全国商业会议所举行的招待会。外务省值班员打电话报告北京政变的消息后,他心想,"该来的就来了"①。他立即把此事告诉加藤首相,并召开临时内阁会议报告此消息。听到此消息的农商大臣高桥是清紧握币原之手,说:"好!好!由于你的奋斗日本得救了。如果和我们主张的那样秘密援助张作霖,则了不得啦。我们没有脸见列国,进退维谷了。这样,保全了日本的权益。维护了日本的信用。如此高兴的事再也没有了。"②高桥的这一番话,形象地概括了币原外交在第二次直奉战争中的作用。

币原喜重郎是加藤高明内阁的外相。加藤内阁是经过第二次护宪运动建立的日本第一届政党内阁。政党内阁是第一次世界大战后日本垄断资本主义进一步发展的产物,是垄断资产阶级的政治地位提高的具体表现。政党内阁同官僚、军阀内阁相比较,更善于玩弄两手政策。币原自1924年至1932年的政党内阁时期,任四届内阁外相4年零3个月。他主张和英美协调及对华内政的不干涉。他于1924年7月1日在众议院发表外交演说时说:"至于中国问题,这也是我们极为重视的问题……列强尤其是日本,当然希望中国政局有朝一日宣告安定。但遗憾的是未见到显著效果……我们带着同情和希望,观望中国国民的努力,并祝愿其成功。而且对中国求助于我们的友好合作,在我们力所能及的限度内,不惜提供协助。对中国内政问题,我们不应干涉。我们不采取无视中国合理立场的任何行动。与此同时,相信中国也不会采取无视我们合理立场的任何行动。"③币原虽然口口声声说不干涉中国内政,但极力主

---

① 币原喜重郎著:《外交五十年》,原书房1975年版,第102～103页。
② 币原喜重郎著:《外交五十年》,原书房1975年版,第102～103页。
③ 币原和平财团编:《币原喜重郎》,币原和平财团1955年版,第265～266页。

张维护日本在华的权益。"不干涉"不过是维护权益的掩人耳目的一种手段。干涉或不干涉手段虽不同,但维护日本在华权益的目的是共同的。日本外务省在直奉战争中主张不干涉中国内政的原因,已如前所述。这是当时的国内外形势所决定的。币原外交不是币原外相个人的外交,而是执行了日本政府的对外政策。

在直奉战争中,外务省高唱不干涉政策,但军部却暗中支持张。从现象来看,外务省和军部之间有政策上的差异。在日本称这种差异为双重外交,或二元外交。这是一个问题的两个方面。外务省和军部是日本推行侵略政策的两个主要机构,也是日本对外政策的两翼。一般情况下,战前主要由外务省出面,力求以外交手段达到其侵略目的。如以外交手段达不到目的时,军部则动用武力。因此,军部所采取的军事行动或者其他举动,是外务省的对外政策的继续和发展。从这种意义上来说,军部的行动是带有外交性的行动,用军事手段扫除在推行外交政策上的障碍。障碍扫除后,外交目的达到,军事行动也结束。可见,对于日本来说,外交是不流血的军事行动,军事行动是流血的外交行动。直奉战争时期日本外务省和军部的对华政策正是如此。

四、东方会议真相与"田中奏折"问题

《田中奏折》一向被中国方面认为是日本侵华"大陆政策"的纲领性文件,对中日关系产生过重要影响。日本方面则不但官方一直未予确认,史学界也众说纷纭,对《奏折》本身真伪莫辨。

信其有者均断定《奏折》是1927年6月27日至7月7日召开的东方会议的产物。该会议由同年4月20日任首相兼外相的田中义一主持,专事讨论中国第一次国内革命战争大转折时期的侵华对策。据说,田中根据会议讨论和决定的内容起草奏章,7月25日通过宫内大臣一木喜德郎上奏。但会议内容从未公布。

笔者最近(1984年——编者注)在美国国会图书馆复制的《日本外务省档案》(缩微胶卷)中查到有关东方会议的部分记录和《东方会议经过报告》及会议发的一些文件。其中一些是原始文件,但《东方会议经过报告》是会后综合写成的。① 此外,1981年原书房出版的《田中义一传记》下卷中也有东方会议的日程表。其内容和《东方会议经过报告》的日程表大致相同,可以印证。不同之处是《田中义一传记》下卷没有注明材料的出处。其中一些我们在查档中也未见到,是否东方会议的一些档案还有未发现者,仍待考释。

介绍东方会议真相不仅有助于进一步探讨《田中奏折》的真伪,而且对于了解中国及远东1927年以后历史的发展有重要参考价值。

1. 东方会议

会议采取委员制,设委员长1人,委员19人,临时委员2人,共22人。此外,干事4人,旁听者数人。委员长是首相兼外相田中义一;委员中外务省5人,驻华公使和总领事4人,殖民地官员3人,陆军省3人,海军省3人,大藏省1人;临时委员中外务省1人,陆军省1人。旁听的是陆军、海军、铁道、文部、农林等大臣。会议主要成员是外务、陆军、海军等省次官和陆军参谋本部、海军军令部的次长以及有关局的局长和驻华公使及总领事。可见这次会议是次官、次长和局长一级的事务性会议,而不是最高的决策性会议。

开幕前,即6月21日至24日外务省的有关人员在外务省召开了四

---

① 现在外务省档案中见到的《东方会议经过报告》是《松本记录》。美国国会图书馆复制的《日本外务省档案(1868~1945)》(缩微胶卷)中标有"PVM"证号的就是《松本记录》。松本指松本重雄(1889—1947)。他于1907年东亚同文书院毕业,数次任众议院议员。1924年至1926年任总理大臣秘书,1933年12月,任外务省参议官,1937年6月至1939年1月任外务省次官。他在外务省任职期间,利用工作之便,抄写复制了一批外务省档案,并把它保存在自己家里。1945年8月日本投降时烧毁了一批档案,但松本的手抄档案依然留下来。1947年7月松本死后,其家属把这批档案赠送给日本外交史料馆。

45

次预备会。①

东方会议是分为几种形式召开的。一是大会,由田中首相兼外相亲自主持,如他不出席,由森恪外务省次官主持;二是特别会议,由外务省亚洲局局长木村锐市主持。关于东方会议的日程,《东方会议经过报告》(简称《报告》)和《田中义一传记》(简称《传记》)的记载有所不同,比较如下:

日期	《东方会议经过报告》	《田中义一传记》
6月27日	上午11时至11时40分,田中外相致开幕词,说明会议日程	上午11时至11时40分,田中外相致开幕词,亚洲局局长木村说明会议日程
6月29日	上午9时开会 矢田、高尾委员:中国政治形势报告及其意见陈述 下午2时至4时 高尾、矢田、松井陆军参谋部第二部长:中国政治形势报告及其意见陈述	上午9时开会 矢田上海总领事:《以南京政府为中心的中国政治形势》 下午 高尾汉口总领事:《武汉政府的组织情况及4月3日汉口骚动实践前后》 吉田奉天总领事:《东三省事情》松井部长讲话

---

① 预备会议的日程如下:
 6月21日上午9时至12时,经济特别委员会第一次会议
 出席者:外务省次官森恪、外务省参议植原悦喜郎、驻华公使芳泽谦吉、上海总领事矢田七太郎、亚洲局局长木村锐市及山本。
 地点:外务省第一会议室
 议题:通商局提出的《发展对华经济政策》。
 6月22日上午9时至中午,满蒙委员会
 出席者:森恪、芳泽、植原、木村、奉天总领事吉田茂、欧美局局长堀田正昭、外务省次官出渊胜次。
 地点:外务省第一会议室
 议题:外务省提出的《关于满蒙政治形势的安定及解决悬案问题》。
 6月23日上午9时至中午,经济特别委员会第二次会议
 出席者:森恪、出渊、吉田、植原、汉口总领事高尾亨、木村等。
 地点:外务省第一会议室
 议题:《发展对华经济政策》;《关于长江流域日侨的经济及复归对策》。
 6月24日下午2时至5时,经济特别委员会第三次会议
 出席者:森恪、芳泽、出渊、吉田、植原、高尾、矢田、木村。
 议题:《关于长江流域日侨的救济及复归对策》。

续表

日期	《东方会议经过报告》	《田中义一传记》
6月30日	上午9时至11时武藤关东军司令官、儿玉关东厅长、左近司海军省军务局长:中国政治形势报告及其意见陈述 下午2时30分至4时 就中国的排日、抵制日货及山东派遣军的撤回问题交换意见	上午9时15分开会 武藤关东军司令官:关于《从军事上看的满蒙政策和交通经济关系及满族资源》的说明 左近司海军省军务局长:关于《海军对这次中国动乱所采取的措施》的报告 儿玉关东厅长官:《对满铁沿线、关东州租借地行政的意见》 芳泽驻华公使:《对中国一般形势特别是中国南北双方势力对立的近期预测》 下午 各委员讨论近几天报告和说明
7月1日	上午:特别委员会讨论满蒙悬案(铁路问题) 浅利朝鲜总督府警务局长:《关于指导和发展在满朝鲜人的希望》 下午1时至4时:特别委员会 一、继续讨论满蒙悬案(铁路、商租、财政整顿等) 二、救济从长江流域撤回的日侨问题 三、禁止武器输出问题	上午9时半开会 研究满蒙问题 下午 研究满蒙问题 审议长江一带的复兴及救济撤回侨民的政策
7月7日	下午2时至3时半:闭幕 外务大臣:关于《对华政策纲领》的训示①	下午2时开会 木村亚洲局局长:《经过报告》;田中外相关于《对华政策纲领》的训示 儿玉关东厅长官的答词②
7月2日	上午9时至11时 一、继续讨论救济从长江一带撤回的居留民问题; 二、《发展对华经济政策》(事变保险制及金融机关整顿问题); 三、投资问题; 四、松井委员:《俄国策动状况报告》; 五、儿玉委员:《关于关东州行政统一的希望》;	上午9时开会 审议复兴长江一带我国经济问题 下午休会

续表

日期	《东方会议经过报告》	《田中义一传记》
7月4日	上午9时至中午：特别会议 一、继续讨论禁止武器输出问题； 二、继续讨论投资问题； 三、修改不平等条约及违反条约问题； 四、海军军备问题； 五、儿玉委员：《关于对华文化事业的希望》； 六、南委员：《对俄警告的希望》 七、南委员：《指导和取缔国内山东出兵问题言论的希望》	上午9时20分开会 一、研究对华投资问题； 二、研究修改日中通商条约及违反现行条约问题 下午：休会

注：①见《会议经过简明表》，美国国会图书馆复制《日本外务省档案(1868～1945)》，P64卷，PVM41，第317～322页。②高仓彻一编：《田中义一传》下卷，原书房1981年版，第645～651页。

会议期间外务省发了10份文件①；参谋本部发了4份材料②；关东厅发了2份材料③；此外，还发了数份参考资料。

为什么召开这次会议？田中外相在开幕词中简要说道："最近中国的局势极为混乱，因此政府在执行对华政策时要慎重考虑。现中国战局一时得到平稳，所以借此机会征求诸君的坦率意见，以供政府参考。同时想得到诸君对政府所执行的政策的充分理解，以便执行统一的彻底的政策。为此召开了这次会议。"④据现有档案材料，会议主要讨论包括满蒙问题在内的对华政策。

---

① 一、东方会议出席者名单。二、东方会议日程表(密)。三、支那政治情况概观(1927年6月25日，密)。四、田中总裁1927年4月16日在政友会临时大会和6月12日该会关东大会上的讲话；4月22日田中就职声明。五、关于满蒙政治形势的安定及解决悬案问题(绝密)。六、救济长江流域侨民问题。七、发展对华经济政策(绝密)。八、山东出兵的反响。九、日本在华投资、贷款、贸易额概况表。十、7月7日田中外相《对华政策纲领》训示。

② 一、派往中国各军一览表(密)。二、苏联对北满的企图(密)。三、苏军在贝加尔湖以东地区部署图(密)。四、从北京劳农大使[馆]没收的秘密文书(密)。

③ 一、南满附属地地方行政统一案(密)。二、民间对华(字迹不清)。

④ 《日本外务省档案(1868～1945)》，P64卷，PVM41，第322～326页。高仓彻一：《田中义一传》，下卷，第644页。

东方会议研究讨论的问题,归纳起来大约有五大问题。

第一个大问题是中国的政局。

分析和判断中国形势是决定对华政策的基础,因此,东方会议首先讨论了中国的政局。如日程表所示,上海总领事矢田、汉口总领事高尾、奉天总领事吉田、驻华公使芳泽、陆军参谋本部第二部部长松井分别作了报告和发言。他们的报告和发言,从不同的角度分析了南京、武汉、北京政权及其相互关系和变化趋势。

(1) 对南京政府的分析

"四一二"政变后,蒋介石在南京成立了国民政府。这是新军阀反共、反人民的独裁政权。可是矢田则认为,"从广东崛起的新兴势力不管怎样,给中国民众带来变化,和过去封建势力的争夺大不相同""不论其善与恶,不可忽视这一势力",因为"中国本土最终被南方势力所占有"。[①]他认为,南京政权"在政治、经济及社会体制上和日本大体相同,且具有相当的持久性"[②],因此主张"将南京政权承认为交涉的对象,予以他们一种援助"[③]。至于南京政府的政治倾向,松井部长则认为,"南京派排斥共产主义,采取纯国民主义,逐渐变成稳健"[④],"目前蒋介石的这种稳健对我们是有利的"[⑤]。所谓稳健是指不反帝,镇压人民的反帝斗争。对南京政权的看法,基本上和前外相币原的看法一致,一直贯穿在日本的对华政策之中。

(2) 对武汉政府的分析

国民政府1926年12月从广州迁都武汉。后期,在汪精卫等人的把持下迅速向右转化,镇压工农革命运动,捕杀共产党员。对武汉政府的这种转变,东方会议是如何看待的? 汉口总领事高尾认为:"现在武汉政

[①]《日本外务省档案(1868~1945)》,P64卷,PVM41,第327~328页。
[②]《日本外务省档案(1868~1945)》,P64卷,PVM41,第347页。
[③]《日本外务省档案(1868~1945)》,P64卷,PVM41,第347页。
[④]《日本外务省档案(1868~1945)》,P64卷,PVM41,第332页。
[⑤]《日本外务省档案(1868~1945)》,P64卷,PVM41,第351页。

府坚决取缔[共产党],非常努力改善事态,如共产党员不附从国民党,则采取加以处理的方针。"①上海总领事矢田也认为:"武汉派将来和共产主义分子分手之可能不是没有的。"②但这时汪精卫还没有公开叛变,因此,松井部长认为,武汉政府"容忍共产主义。武汉派表面上虽有稳健政策的倾向,但和第三国际的关系依然没有断"③。

(3) 对宁汉政权合流的分析

汪精卫叛变后,以蒋介石、胡汉民为代表的南京派和以汪精卫、唐生智为首的武汉派在反共反人民的基础上开始合流。东方会议上,汉口总领事高尾认为,"南京、武汉政府将来都是和共产党绝缘的以纯国民党为基础的政府""其内部均有不良分子,如能横扫他们,则有南方稳定派大同团结的充分可能性。"④上海总领事矢田说得更肯定。他说:"南京、武汉两政府的联合有十分的可能性,武汉政府不久会合流于[南京政府]。"⑤他们对宁汉合流抱有很大希望,准备援助他们。高尾总领事直言不讳地说:"将来南方稳健分子达成大同团结,则承认他们为一个政权,予以直接或间接的援助。"⑥可是松井部长却认为,"南方派的一致是困难的"⑦。

(4) 宁汉政府是否"北伐"?

这是日本极为关切的问题,因为"北伐"直接关系到日本在华北及满蒙的权益和张作霖的命运。高尾总领事认为:"南方派对北伐不会死心,如南方形势允许,就着手进行北伐。"⑧松井部长持有不同意见。他认为,南方由于宁汉对立,在安定南方地盘前不会急于"北伐",且南北双方有

---

① 《日本外务省档案(1868~1945)》,P64卷,PVM41,第330页。
② 《日本外务省档案(1868~1945)》,P64卷,PVM41,第329~330页。
③ 《日本外务省档案(1868~1945)》,P64卷,PVM41,第332~333页。
④ 《日本外务省档案(1868~1945)》,P64卷,PVM41,第330~331页。
⑤ 《日本外务省档案(1868~1945)》,P64卷,PVM41,第328~329页。
⑥ 《日本外务省档案(1868~1945)》,P64卷,PVM41,第349页。
⑦ 《日本外务省档案(1868~1945)》,P64卷,PVM41,第333~334页。
⑧ 《日本外务省档案(1868~1945)》,P64卷,PVM41,第330页。

可能进行妥协。① 芳泽公使也同意松井的意见，认为宁汉两派"都处于需要整顿其内部的时期，所以当此之际是否立即出动颇有疑问"②。可是，蒋介石打着"北伐"旗帜，继续北上。7月底8月初在徐州一带被直鲁联军打败后才返回长江以南。

（5）对北京政权和张作霖的分析

日本对张作霖进关把持北京政权不是积极支持的，而且劝他返回东三省巩固其统治。外务省提交东方会议《关于满蒙政治形势安定及解决悬案问题》的文件写道："当前中国形势对张作霖不利"，张作霖"应充实东三省的基础，维持治安，安定人心，以便尽可能防止动乱的波及。这是当务之急"。③ 吉田茂奉天总领事也认为，如南军北上，张作霖"早晚失去在京津的地位"，逃回东三省，"东三省目前的政治组织使张一时能维持其地位。然而……对其前途不能乐观"④。芳泽说得更清楚。他说：如南北决战，"胜利的可能，北方三，南方七""如能保住安国军的现状，就形成南北对峙，一时维持稳定。其间可进行妥协运动。但经济状况能否维持较长时间，颇有疑问"⑤。至于张作霖问题，吉田则认为："目前东三省维持其现行制度对我们虽然是方便的，但我们不可能把重点放在张作霖命运的如何上。如张自己有力量支撑自己则可支持他；如张自己没有力量支撑自己时支持他，则有百害无一益。这就是说，张的命运将听凭张自身的力量，这是很重要的。"⑥吉田的意见实际是，如能对日有用则支持他，无用则踢开他，不要过分地依赖张。

第二个大问题是维护和扩大在华经济权益问题。

维护和扩大在华经济权益是日本对华政策的最终目的，在中国南北政局动荡的历史时期如何实现这一目的，是东方会议讨论的中心议题之一。

---

① 《日本外务省档案（1868～1945）》，P64卷，PVM41，第334页。
② 《日本外务省档案（1868～1945）》，P64卷，PVM41，第335页。
③ 《日本外务省档案（1868～1945）》，P64卷，PVM41，第177页。
④ 《日本外务省档案（1868～1945）》，P64卷，PVM41，第331～332页。
⑤ 《日本外务省档案（1868～1945）》，P64卷，PVM41，第337页。
⑥ 《日本外务省档案（1868～1945）》，P64卷，PVM41，第351～352页。

在经济问题中,占据首位的是满蒙经济权益问题。外务省提案《关于满蒙政治形势的安定及解决悬案问题》提出:(一)"鉴于目前东三省财政金融形势,由东三省当局本身确立和整顿财政,这样才能巩固内政的基础";(二)"借此机会促使解决日中双方在该地的经济发展所需的诸悬案"。① 此提案,附加了三个附件。

附件一是《关于东三省的财政整顿问题》。这时,由于连年的军阀混战,张作霖乱印钞票,结果奉票不值钱,通货恶性膨胀,引起东三省财政金融的混乱,金本位的日币和奉票汇率跟不上通货膨胀的速度。这直接影响了日本对满蒙的经济侵略。因此日本急于整顿东三省的财政金融。要整顿财政,需要一批资金。外务省在此案中提出由大仓组、满铁和东亚劝业公司向张作霖提供整顿财政的一笔贷款。但贷款条件苛刻。大仓组要求延长本溪湖煤矿的开采期限;满铁要求新的筑路权;东亚劝业公司要求商租权及共同经营蒙古农业,开放既成铁路和新修铁路沿线土地及土地出租权。② 作为具体交涉的程序,先由政府和奉张交涉,如张同意,则由奉天总领事和张作霖缔结贷款协定。如外务省的这一计划得以实现,日本既扫除经济侵略上的障碍,又能扩大对东三省的资本输出。但因动荡的中国政局及张作霖命运的朝不保夕,东方会议最后决定,"东三省财政整顿问题,鉴于张作霖目前的行动,难于迅速实现"③。因此这一计划暂时搁浅。

附件二是《关于满蒙铁路问题》。铁路是日本侵略满蒙的开路先锋,因此铁路成为经济权益中的核心问题。在这一附件中,外务省提出对七条线的筑路权:1. 长春—大赉线;2. 呼兰—绥化线;3. 新邱线;4. 白音太拉—开鲁线及其延长线;5. 吉林—会宁线(包括图们铁桥);6. 齐齐哈尔—昂昂溪线;7. 洮南—索伦线。④ 东方会议大致同意了这一提案。但

---

① 《日本外务省档案(1868~1945)》,P64卷,PVM41,第177~178页。
② 《日本外务省档案(1868~1945)》,P64卷,PVM41,第179~184,422~425页。
③ 《日本外务省档案(1868~1945)》,P64卷,PVM41,第362页。
④ 《日本外务省档案(1868~1945)》,P64卷,PVM41,第185~195,430~441页。

对齐齐哈尔—昂昂溪线和洮南—索伦线提出了一些不同意见。陆军认为，洮南—索伦线将来对苏作战很有用，因此应及早修筑。但外务省的一些人认为，苏联对这一铁路会敏感，怕影响刚建立的日苏关系，要求慎重对待。至于齐齐哈尔—昂昂溪线，此线要越过中东铁路，解决横跨问题后再修这一条线。[1] 东方会议认为，"现在是实现筑路方案的好时机"[2]，如张作霖同意这七条线，日本则同意他修彭武—白音太拉线。

附件三是《关于吉林、海龙铁路问题》。吉林—海龙线是日本根据1918年9月24日中国驻日公使章宗祥和日本外相后藤新平签署的《满蒙四条铁路协定》攫取的。可是张作霖不答应日本修，且从1926年6月起自己动手修。因此，日本想抢过来修这条铁路，以便和奉天—海龙线相接，成为满铁的支线。

东方会议决定的这一筑路计划是日本攫取满铁以来的最大一次筑路计划，赤裸裸地露出了日本的侵略野心。

除以上三个附件外，东方会议就满蒙的经济侵略还讨论了以下三个问题：

首先是对土地的商租问题。如铁路是日本侵略满蒙的开路先锋，商租地则是经济侵略的据点。会议认为，日本在满蒙的经济侵略迟缓的原因之一是未解决土地的商租权。因此把商租权当作"发展[在满蒙]日侨经济的极为重要的问题"[3]，因此，1928年要解决土地商租权。

其次是"满铁中心主义"。满铁是日本在东三省的殖民权益的化身，是综合经营铁路和其他各行业的国家垄断财团。但随着日本经济侵略的扩大，因各财团的竞争，让满铁只经营铁路和矿山，其他行业独立于满铁，由其他财团和企业来经营。至于铁路，除满铁外，其他铁路公司也可参加经营。

最后是"大连港中心主义"。大连港是日本掠夺满蒙的主要海港。

---

[1]《日本外务省档案(1868～1945)》，P64卷，PVM41，第229,361,362页。
[2]《日本外务省档案(1868～1945)》，P64卷，PVM41，第362页。
[3]《日本外务省档案(1868～1945)》，P64卷，PVM41，第378～379页。

但随着掠夺的扩大,需要开放新的港口。因此,要开朝鲜东北部的清津港。

后两个问题,只是讨论,没有作出决定。

此外,会议还讨论了通商局提出的《发展对华经济政策》《关于救济长江流域日侨问题》。其主要目的是支持和保障日本大小资本家的对华经济侵略活动,对可能受到中国人民和北伐战争冲击的日本资本家"实行保险"和予以"救济"和"补偿"。①

第三个大问题是山东撤兵和排日、抵制日货问题。

1927年4月前,中国人民主要反对英帝国主义。1927年5月28日日本政府决定出兵山东,6月1日日军两千人登陆青岛,这激起了中国人民反日和抵制日货运动。因此,东方会议把山东撤兵和反日、抵制日货联在一起讨论。在中国人民的反日和抵制日货运动的打击下,一些人主张撤回山东的侵略军,但在何时如何撤兵问题上有分歧。第一种意见是,"反日的原因在于山东出兵。反日对我们在华经济发展予以很大影响,因此应迅速撤回山东派遣军,消除反日原因"②。第二种意见认为,除上述原因外,"似乎还有中国内部的政治关系",因此在撤军的同时,提出严重抗议,下令镇压反日运动。③ 第三种意见认为,反日和出兵虽有联系,但立即撤兵是不合适的,得到充分的保证后才能撤兵。④ 第四种意见主张,使中方认清日本出兵的目的后,"避开反日高潮时期,借适当机会,以适当方法迅速撤回是可以的"。⑤ 第五种意见认为:"反日的原因是南方把我出兵疑为对北方的援助。在南京、武汉两政府抗衡的情况下,我们的出兵正被他们的政治活动所利用,因此,撤兵有利于消除这一疑虑。"⑥

但一些人反对撤兵,说出兵的目的是为了"保护"侨民,这一目的尚

---

① 《日本外务省档案(1868~1945)》,P64卷,PVM41,第445~446,451、459~464页。
② 《日本外务省档案(1868~1945)》,P64卷,PVM41,第367页。
③ 《日本外务省档案(1868~1945)》,P64卷,PVM41,第368页。
④ 《日本外务省档案(1868~1945)》,P64卷,PVM41,第372页。
⑤ 《日本外务省档案(1868~1945)》,P64卷,PVM41,第372页。
⑥ 《日本外务省档案(1868~1945)》,P64卷,PVM41,第373~374页。

未达到。甚至说"反日运动高涨时,如怕反日而撤兵,却增长中国人的事大主义"①。

在东方会议上就山东撤兵问题虽有分歧,但7月7日会议结束时,日本政府决定登陆青岛的日军进一步进犯济南,并于7月10日又增派2200人。

第四个问题是对华武器输出问题。

在军阀林立的中国,列强向军阀提供大量军械武器。列强为牵制对方的武器输出,曾约定禁止向中国输出武器,但暗中依然输出。如何对待?会上有四种意见:解除禁令;默认;维持现状;严加禁止。结果多数人认为,如解除禁令,拥有大战中过剩武器的列国在武器输出中占主导地位,日本在竞争中被压倒,因此同意维持现状。

第五个问题是各委员向政府提出的四条建议和四条批评。

其中有一条是批评政府对张作霖的援助。他们认为,日本援助张作霖,英国援助段祺瑞,苏联援助南方国民政府,都失败了。这是因为:第一,一国的援助"招来他国的嫉妒和阻碍";第二,"以个人为目标的援助,没有民众的基础,缺乏持久性";第三,"在民众力量伟大的今天,武器、金钱等物资的援助已经过时了",即使提供武器和金钱也不能抵挡群众的力量。② 因此政府应放弃援助政策。

2.《对华政策纲领》

7月7日会议闭幕时,田中外相做了《对华政策纲领》的训示。③ 并把这一训示作为185号和亚机密636号文件,7日和11日电训在北京的堀义贵代理公使。训电写道:"东方会议,在本大臣的主持下,召集本省干部,驻华公使,驻上海、汉口、奉天各总领事以及陆海军、大藏、关东厅、

---

① 《日本外务省档案(1868~1945)》,P64卷,PVM41,第369~370页。
② 《日本外务省档案(1868~1945)》,P64卷,PVM41,第339~346页。
③ 《日本外务省档案(1868~1945)》,P64卷,PVM41,第383~390页。高仓彻一编:《田中义一传》,下卷,原书房1981年版,第652~654页。以下有关引文,均见该档案和书。

朝鲜总督府的代表,自6月27日以来就中国时局以及对它的对策征取坦率的意见。在此基础上,7日结束会时,本大臣作为对华政策纲领,做了如下的训示。"《对华政策纲领》由简明的前言和八条原则性意见组成。外务省次官森恪对这八条逐条作了解释。①

纲领的前文写道,"鉴于日本在远东的特殊地位,对中国本土和满蒙的情形自然不同",因此对本土和满蒙分别采取不同的政策。纲领一至五条,主要说对中国本土的对策,六至八条是对满蒙的政策,为攫夺满蒙埋下伏笔。《对华政策纲领》内容如下:

第一条:"中国国内政治形势的安定和秩序的回复虽然是当务之急,但其实现应由中国国民自己来实现,这是最好的方法。因此,对中国内乱及政治性争论,不要偏一党一派,专门尊重民意,严格避免对各派分离结合的干涉。"

第二条:"对基于中国稳健分子觉悟的、国民的正当愿望,以满腔同情协助其合理的实现。"所谓稳健分子是谁? 森恪解释其含意时说,它是指"在国民党中其主义和主张跟共产党相反,经济上、社会上和我国利害没有大冲突,而且其实行手段也不过分激烈的所谓稳健分子"。这就是国民党的右翼蒋介石集团,公然表示了对南京政权的支持。但支持是一种手段,其目的是为了侵略。驻华公使芳泽在东方会议上说,"日本不能不利用丰富的中国资源",如未能得到中国人的充分谅解就不能实现这一目的,因此"对中国国民运动……尽可能以同情的态度对待"②。可见其险恶用心。

第三条:"上述目的是依靠巩固的中央政府的成立才能达到。据目前政治形势看,不易成立这种政府。因此,在各地暂时和稳健的政权外适当地接洽,等待全国逐渐统一的趋势。"

第四条:"因对外关系,出现成立联合政府的趋势时,不论它在何地

---

① 《日本外务省档案(1868~1945)》,第391~405页,高仓彻一编:《田中义一传》,下卷,第654~658页。以下有关引文均见此档案和此书。
② 《日本外务省档案(1868~1945)》,P64卷,PVM41,第332~344页。

成立,日本和列强一起欢迎其成立,并表示帮助统一政府发展的意图。"这两条的主要意思是日本支持统一政府的成立。军阀割据对列强侵略中国虽有有利的一面,但接连不断的军阀混战对列强的经济侵略尤其对贸易带来不利的影响,因此,希望建立统一的政府。上海总领事矢田在东方会议上说,"日本对华的主要目的在于我们的贸易与投资得到中国方面的公平、公正的保护"①,为此需要建立维持秩序的统一的政府。这一政府是指哪一个政府? 森恪在解释中说,这一统一政府不一定在北京成立,在南京成立也可。这显然是指南京政权,由它统一中国。

第五条:"最近,乘中国政局不稳之机,不逞之徒往往蠢动。扰乱治安,有发生不幸国际事件之虞。帝国政府虽然希望中国政府予以取缔,并依靠国民的自觉,对这些不逞之徒进行镇压,维持秩序。但我帝国在中国之权益及日侨之生命财产,有受非法侵害之虞时,将断然采取自卫措施,以维护之。"这里的"不逞分子"是指谁? 森恪在解释这一词时公然说,是"共产主义者"。这便露出他们的反共反人民的面目。

第六条:"满蒙特别是东三省,在国防和国民的生存上有着重大的利害关系,所以我国不仅要予以特殊的考虑。而且在该地维持和平,发展经济,使它成为国内外人士安居的地方。对此,作为接壤邻邦之我国,不能不感到特殊的责任。"这是日本要独霸满蒙的自白。

第七条:"对于尊重我国在满蒙之特殊地位,并认真采取安定该地政局措施之东三省实力派,帝国政府应予以适当的支持。"这是支持张作霖之意? 森恪在解释这一条时说,这"既不意味着支持张作霖,又不意味着排斥张,我们以独自的立场来行动"。可见,东方会议对支持张作霖与否没有作出决定,而是随着形势演变和张作霖的态度如何而定的。

第八条:"万一动乱及满蒙治安混乱,我国在该地之特殊地位与权益受侵害之虞时,不问它来自何方,均将予以防护。且为把该地保护为内外人士安居、发展之地,要有不失时机地采取适当措施的思想准备。"森

---

① 《日本外务省档案(1868～1945)》,P64 卷,PVM41,第 346～349 页。

恪在解释这一条时说,"何方"是指中国本土即南京政府、北方的苏联和中国以外的一切外国以及东三省内部;"不问其何等理由,断然采取措施",这就是警告蒋介石的南京政权不得进入满蒙,不得把它置于其管辖之下。可见,日本支持蒋介石统一和管辖长城内的中国,而满蒙是由日本来控制。

一种政策的产生,总有其客观形势。形势是制定政策的基础,政策要解决形势所提出的问题。东方会议是在1927年中国第一次国内革命战争失败,新兴军阀蒋介石取代旧军阀即将统一包括东三省在内的中国的形势下召开的。东方会议所讨论或决定的问题,正是这一形势所提出的新问题。东方会议的内容和客观形势较为吻合。这就是从现有的史料中得出的结论。

至于《田中奏折》中所写侵吞全中国、征服亚洲、称霸世界等全球性战略问题,据现有史料考释,东方会议没有涉及。但仅就东方会议的内容下全面的结论,为时尚早。6月28日,7月3日(星期日)、5日、6日是否开过会?对此《东方会议经过报告》没有记载。《田中义一传记》下卷的日程表写的是只开过七天会,其中7月2日、4日下午休会,7日上午无记载。无记载的这几天是否真的没有开过会?也有待考释。

五、试论1936年德日意《防共协定》的实质与作用

1.

众所周知,1895年中日甲午战争后,德伙同俄法,迫使日本吐出战争中攫取的辽东半岛,相互争夺在华权益。在第一次世界大战中,日向德宣战,攫取德在山东的权益,瓜分太平洋上的德属岛屿。并且在凡尔赛会议上制裁过德国。

可是,曾经相互厮杀的两国为什么三十年代结成同盟?日德两国都是军事、封建的帝国主义,进入资本主义较晚。当它们进行对外扩张时,

世界几乎被英法等老牌殖民帝国瓜分完毕,因此只好用武力和它们重新争夺和瓜分世界。对此,日本外交史权威鹿岛守之助直言不讳地说道,"若把世界分为'持有(殖民地)国'和'不持有(殖民地)国',我国和这次缔结协定的德国、意大利则同属后者。要和这些国家相互合作,重新分配殖民地和资源"①。这是它们结成同盟的历史根源。但这一同盟之所以在三十年代结成,是因为帝国主义各国的发展在此时出现了新的不平衡。如果以1929年几个主要资本主义国家的工业产量为100,那么到1936年,美国是88.1,英国是115.9,法国是79.3,而日本是151.1,德国是106.3。② 斯大林说:"各个帝国主义集团间势力范围的旧的划分常常和世界市场上新的力量对比发生冲突,为了在势力范围的旧的划分和新的力量对比之间求得'平衡',必须用帝国主义战争来周期性地重分世界。"③所谓旧划分,就是按照第一次世界大战后的力量对比瓜分殖民地的凡尔赛—华盛顿体系。三十年代初席卷资本主义世界的经济危机,缩短了重新瓜分世界的这一周期性,新膨胀起来的日本和德国要结成同盟,打破旧体系,按新的力量对比,重新瓜分世界。

在东方,1931年9月日本悍然侵占中国东北,冲破华盛顿会议强加给它的《九国公约》,打响了打破旧体系的第一炮。这便加剧了日本和欧美列强争夺中国的矛盾。1933年,由英美法操纵的国际联盟"谴责"日本对我国东北的侵略。于是出席会议的日本代表当即退出会场,以示"抗议"。接着,3月27日日本退出国际联盟。日本退出国际联盟后,在国际上空前孤立,因此极力寻找新的同盟者,以便加强抗衡欧美列强的力量。日本国际协会太平洋问题调查部在《东亚新秩序和日本外交政策》中承认,"满洲事变的结果,日本遭到各国的反对,不得不退出国际联盟。其结果陷入孤立。可是孤立政策不仅违反日本外交的传统,而且不能保障国家的安全。因此,日本再次要在世界强有力的国家中寻找朋友","在

---

① 鹿岛守之助:《鹿岛守之助外交论文集》,第9卷,鹿岛研究所出版会1972年版,第224页。
② 《斯大林文选》上卷,人民出版社1963年版,第211页。
③ 《斯大林全集》中译本,第9卷,第96页。

欧洲,德国希特勒以打破凡尔赛条约为目的而登台。这样一来,日本和德国都发现它们在思想和政策上处在相近的地位"。① 因此,日本退出国际联盟时,外务省欧亚局局长东乡茂德在提交广田外相的《退出国际联盟后帝国对欧美的外交方针》中提议,"在日德关系上,利用极右党(指纳粹党——笔者)掌权的机会,努力使它了解我国在远东的立场,同时促进日德学术文化的接触和了解,以便把德国引到我方"②。根据这一方针,1934年6月成立日德协会和旅德日本人协会,11月在京都成立日德文化研究所等学术团体。同时,1934年和1935年,日本多次派海军舰艇访问德国,以示对德的好感。

至于德国,列宁曾经预言,"德国是最强大最先进的资本主义国家之一,它不能忍受凡尔赛条约,德国本身是个帝国主义国家,同时又是一个被征服了的国家,所以它必然寻找同盟者来反对全世界的帝国主义"③。1933年希特勒上台伊始就寻找同盟者。他首先从日本退出国际联盟中看出日本是德国的伙伴。因此,1933年10月18日,即德国退出国际联盟的前一个星期,希特勒作为退出国际联盟的外交准备,指令德驻日大使努力改善和发展日德关系,如日本要求承认"满州国",则以经济代价为前提,可以承认。由此可见,日德两国从退出国际联盟时开始,逐步走上结成同盟的道路。

当时,裁军和扩军问题突出地反映了帝国主义之间的矛盾与争夺。日德为重新瓜分世界,积极扩军备战,而英法美却迫使日德裁减军备,以便削减对方的军事力量。因此日德在扩军问题上采取共同行动。日本于1934年12月29日决然废弃1922年2月签订的华盛顿海军裁军条约,公然进行扩军备战。德国于1935年3月悍然宣布凡尔赛和约关于解除德国武装的条款无效。德国的这种行动,显然受日本的影响。当时德国报刊公然宣称,"日本认识到,迄今认为妥当的各国间和两国间的诸

---

① 美国国会图书馆复制:《日本外务省档案》(缩型胶卷),SP145卷,SP241:40页。
② 日本外务省百年史编纂委员会编:《外务省的百年》,原书房1969年版,第385页。
③ 《列宁全集》第31卷,第410页。

条约,如国际联盟、凯洛公约、日内瓦条约等,丝毫不能维护国家权益,因此,今后应站在正确立场上进行行动。从这一事实中,我们应该认识到各种形式的自主防卫的必要性,并作好对它的精神准备。我们要武装到象大战时期一样,不,比那时武装得更为强大"①。德国在西方,配合日本,利用英国的"扶德抑法"和绥靖政策,公然建立空军,实行兵役制,把陆军扩充到三十六个师五十万人。同时,和英国订立海军协定,建立海军舰队。到1936年,德国着手实行扩军四年计划;而日本退出伦敦海军裁军会议。这样,日德两国突破了限制它们扩军备战的种种障碍,在重整军备问题上携手起来了。

意大利在世界上所处的地位也和日德相似。它虽然是第一次世界大战的战胜国,但在凡尔赛会议上分赃甚少。因此对凡尔赛体系不满,要求重新分割世界。它于1935年10月举兵侵入埃塞俄比亚,走上侵略扩张的道路。对此,法国纵容讨好,英国患得患失,都没有采取果断措施。这既壮了墨索里尼的胆,又使希特勒从中看出英法间的矛盾及其软弱态度。于是,希特勒于1936年3月下令德军侵占莱因非军事区,撕毁洛迦诺公约,打破凡尔赛公约对德的一切限制。希特勒3月31日在汉堡以胜利者的姿态宣称,"凡尔赛的精神已经被摧毁了"。

1936年7月,西班牙的佛朗哥发动反革命政变。德意支持佛朗哥,公然干涉西班牙内战,以便冲破英法在欧洲的侧翼,造成对英法的战略包围,进而争夺地中海和北非地区。这一联合行动促使德意结成轴心。这年10月,德意签订秘密协定,在协定中德承认意侵占埃塞俄比亚,意支持德兼并奥地利,并划定双方在巴尔干和多瑙河流域的势力范围。这样,德意结成柏林—罗马轴心。

意大利跟德国结成轴心后,希望和日本订立协定。为此,意大利在沈阳开设总领事馆,事实上承认了伪满洲国。随即日本也在埃塞俄比亚设总领事馆,承认意侵占埃塞俄比亚。可是,日本认为和意缔结协定为

---

① 奥特·佐默尔:《纳粹德国与军国日本》,时事通信社1971年版,第68页。

时尚早,不准备立即订立。因为这时英意在地中海的矛盾与日俱增,怕日意结盟会刺激英国,加剧日英矛盾。七七事变后,日本在国际上更加孤立,但意积极声援日本,在布鲁塞尔召开的九国公约国会议上替日本辩解,并且停止向中国输出武器。① 不仅如此,墨索里尼还表示,"如有必要,意大利为支援日军,可派军队"②。这对日本是极大的支持。于是,日本于10月20日同意和意签订《防共协定》。

希特勒获悉日意订立协定的消息后,22日指派里宾特洛甫飞抵罗马,和意外长齐亚诺会谈意参加《防共协定》问题。里宾特洛甫对齐亚诺说,"为了戒备和西欧列强的不可避免的冲突,德意有必要缔结军事同盟"③。齐亚诺同意里宾特洛甫的意见,要求参加日德订立的《防共协定》。11月6日意加入该协定,接着12月11日退出国际联盟,又一次冲击了凡尔赛—华盛顿体系。

这样,远隔重洋的日本和德意在退出国际联盟、废弃裁军条约、扩大对外侵略的行动中,彼此感到对方是风雨同舟的"伙伴",最后结成同盟。

2.

缔约三国都是法西斯国家。法西斯的一大特点是猖狂反苏反共。它们在协定中,以极其恶毒的语言攻击和诬蔑社会主义苏联和共产国际,在军事上规定,缔约国的一方与苏联处在临战或交战状态时,"缔约国的另一方不得采取在效果上足以减轻苏维埃社会主义共和国联盟负担的一切措施"④。这是它们长期反共反苏的继续。日本早在1918年就侵入苏俄的远东地区,妄图消灭新生的社会主义国家。"九一八"事变后,陆相荒木贞夫、参谋次长真崎甚三郎等竭力主张攻打苏联,并狂叫1934年前做好侵犯苏联的一切准备。这种意见当时在日本陆军中占主

---

① 堀内谦介监修,《日本外交史》第21卷,鹿岛研究所1974年版,第87页。
② 鹿岛守之助,前引书第9卷,第211页。
③ 堀内谦介监修,前引书第29卷,第90~91页。
④ 日本外务省编:《日本外交年表及主要文书》,下卷,原书房1969年版,第354页。

导地位。希特勒也在《我的奋斗》一书中狂叫,"当我们今天谈到欧洲的领土的时候,我们主要必须想到俄国和它周围的附庸国家。看来,命运本身希望在这里向我们指明道路"①。这些狂言是日德妄图侵入苏联的自供状。

然而,《防共协定》不是针对苏联的临战前的军事同盟协定。当时日本统治阶级内部就北进打苏联还是南进打英美的问题争论不休。陆军在《国防国策大纲》中主张,"首先倾注全部力量压服苏联","排除北方的威胁后,以实力完成对南洋及中国的国策"。② 这是先北进后南进的主张。海军则在《国策纲要》中主张,"在确保帝国在大陆的地位的同时,向南方发展为根本",对苏联"我方不采取积极的进攻性政策"。③ 这是北守南进论。结果陆海军折中双方意见,拟定了《帝国国防方针》。该方针规定"以美国、俄国为目标,同时防范中国和英国"④。根据这一规定,广田内阁制定《国策基准》,并规定"陆军军备,以对抗苏联于远东所能使用的兵力为目标","海军军备,应配备和充实兵力,足以对抗美国海军,确保西太平洋制海权"⑤。这是南北并进论,一方面说明日本的侵略胃口之大,但另一方面又说明它尚未决定究竟先打那一方。可见,日本尚未下先打苏联的决心。

那么,当时日本对苏联的具体政策是什么?不是咄咄逼人的攻势。广田内阁为执行《国策基准》,拟定了《帝国外交方针》。该方针就苏联问题写道,"鉴于目前国内外形势,严戒我方向苏联挑起事端,专用和平手段努力解决过去的悬案","如果苏联方面进一步表明希望签订互不侵犯条约,而借此能够解决日苏间的各种重要悬案(包括整理远东军备,以取得彼此势力的平衡在内),则宁愿明确表示希望这类条约"。⑥ 规定对德

---

① 威廉·夏伊勒:《第三帝国的兴亡》第3卷,三联书店1974年版,第1097页。
② 岛田俊彦、稻叶正夫编:《现代史资料》第8卷,水笃书房1976年版,第357页。
③ 岛田俊彦、稻叶正夫编:《现代史资料》第8卷,水笃书房1976年版,第354—355页。
④ 林三郎:《太平洋战争陆战概史》,岩波书店,1951年版,第10页。
⑤ 日本外务省编,前引书下卷,第344、345页。
⑥ 日本外务省编,前引书下卷,第344、345页。

谈判原则的《缔结日德政治协定问题》一文更明确地写道,"不要由此过度刺激苏联,日德合作不要诱致对苏战争","我国与苏联接壤,在苏联境内多少有权益,两国间存在着各种悬案,如徒然刺激苏方,我方直接蒙受的损失必定不少"。① 因此在协定谈判中,日德相较,德国态度激烈,调门也高,而日本却总怕过分刺激苏联。因此,日本对协定草案数次提出修改意见。对协定的前言,日本则认为刺激性大,希望加以修改,如德方不同意,则日方单独发表声明予以解释。广田首相也在解释协定的作用时说道,"东西两方缔结条约,对苏联施加压力,以便阻止战争的爆发"②。这些事实说明,日本当时是想避免对苏战争。

德国虽然唱高调,但当时却不想发动对苏战争。1922年4月,德国跟苏联订立拉巴洛条约,1926年又订立友好中立条约。这些条约和新订立的《防共协定》在内容和精神上是相互矛盾的,因此理应废除。日本曾要求德国废弃该条约,但里宾特洛甫给武者小路驻德大使的密信中说,两条约"与本协定的精神及由此产生的义务是不相抵触的"③。言外之意是德国不愿和苏打断关系,这当然不是说德国根本不想侵略苏联,但至少在这时不先打苏联。这是因为一战时德国两面出击,结果吃了大亏。因此,里宾特洛甫1938年说,"形式上必须喊以俄国为敌,但事实上全然是针对英国的。与英法对敌的同时,与俄国对敌的错误,当然不能重犯"④。这是德国的声东击西政策的自白,反映了当时的真实情况。

日德的对苏政策既然如此,为何非打反共反苏的旗号不可?这与英法美的绥靖政策有密不可分的关系。斯大林说,"每当资本主义的各种矛盾开始尖锐化的时候,资产阶级就把视线转向苏联方面,看看能不能靠牺牲苏联这个苏维埃国家来解决资本主义的某个矛盾或所有一切矛

---

① 日本国际政治学会太平洋战争原因研究部编:《走向太平洋战争的道路》第5卷,朝日新闻社1963年版,第24~25页。
② 臼井胜己:《太平洋战争开战的原因》,产经新闻出版局1975年版,第31页。
③ 三宅正树:《日德意三国同盟的研究》南窗社1975年版,第39页。
④ 三宅正树:《日德意三国同盟的研究》南窗社1975年版,第124页。

盾"①。三十年代,英法美就是这样做的。1931年9月日本侵略中国东北时,英法美采取祸水北引的绥靖政策。1935年德国扩充海军时,英国不仅没有加以制止,而且和它签订海军协定,允许德拥有四十二万吨的舰艇和潜水艇。英国的这种政策虽有"扶德抑法"的目的,但还是纵容德国东进。而德国将计就计,顺水推舟,打着反共反苏的旗号,耍弄声东击西的把戏。

恰巧此时,共产国际于1935年7至8月在莫斯科召开第七次代表大会,发出了各国人民组织反法西斯统一战线的号召。这便引起英法美右翼保守集团的恐惧。它们群起而攻击共产国际。11月22日晚上,里宾特洛甫的心腹拉乌马绞尽脑汁起草协定草案时,他看到了美苏就共产国际问题交换的信件。美国在信件中,大肆攻击共产国际。他灵机一动便浮现出订立针对共产国际协定的想法。于是他挥笔起草了防共协定草案,25日,拉乌马通过里宾特洛甫把草案呈上给希特勒。希特勒表示满意,并授权他们以此草案为基础继续同驻德武官大岛浩进行谈判。大岛浩接到这一草案后给参谋本部的电报中说,"德方提出了披上斗篷的新提案"②。这一斗篷便是反对共产国际。《防共协定》之名遂来源于此。

日本也同意缔结这种披上斗篷的协定。当时日本统治阶级内部就对德协定有争论。陆军较为积极,谈判也先由陆军秘密搞③,外务省并不知道。外务省对德协定有两怕,一怕过分刺激苏联,二怕引起英国的不安,因此,想签订形式上含糊不清、模棱两可的协定。这样,既不指明苏联,又不开罪英国。这种不指明特定国的协定正中了日本外务省的心意。因此外务省后来也积极推进协定的谈判。

但是,反对共产国际的斗篷掩盖不住日德意结成同盟,跟英法美争夺殖民地和世界霸权的实质。英法美立即看出协定锋芒的所向。美国驻日大使格鲁就《防共协定》给国务卿赫尔的报告中指出,"如果分析这

---

① 《斯大林全集》第12卷,第223页。
② 奥特·佐默尔,前引书,39～40页。
③ 1902年日英同盟条约是由海军搞起来的。

次三国的联合,就立即判断出这些国家不仅是反共的,而且它们的政策及其实际行动的方向和称为民主主义的国家完全相反。这是要打破现状的国家集团力图对抗维持现状国家集团的联合。明确地说,是不持有(殖民地)国家对抗持有(殖民地)国家的联合,反共只不过是联合不持有(殖民地)国家的旗号罢了"①。当时被任命为驻英大使的吉田茂后来也承认,"军部说这一(协定)不过是单纯的反共意识形态问题。这是表面的话,骨子里是和德意联合起来,和英法及美国对抗的"②。这一针见血地揭露了《防共协定》的实质。

3.

日本和德国的一些学者认为,《防共协定》是纯属意识形态的协定,是"没有支柱的联合",在发动第二次世界大战中似乎没有起实质性的作用。其实不然。第二次世界大战是从局部战争逐步发展为全面的世界战争的。本协定是在发动局部战争时,即日本蚕食华北、准备发动"七七"事变,德国准备侵吞奥地利和捷克时缔结的。"反共"的口号在日德意发动局部战争时起了掩护侵略的作用。毛泽东同志指出,"希特勒和他的伙伴日本军阀,在一个长时期中,都曾经把反苏的口号作为奴役本国人民和侵略其他国家的托辞"③。日本蚕食华北时,就打着反共的旗号。1936年1月,广田外相在《对华三原则》中声称,"今天中国面临的最大困难就是共产主义运动","中国赤化分子的跋扈想象之外","帝国为了防止赤化,愿意和中国进行种种合作"。④ 日本是迎合英法美的反共反苏的绥靖政策和蒋介石的"攘外必先安内,抗日必先剿共"的反共政策,欺骗舆论,掩盖侵华实质。而且以反共为诱饵,引诱蒋介石和日本订立反共军事同盟,以便进一步侵略中国。为此,1936年9月日本派川越到

---

① 奥特·佐默尔,前引书,第120页。
② 吉田茂:《十年回忆》第1卷,新潮社1958年版,第42页。
③ 《毛泽东选集》合订本,人民出版社1967年版,第1089页。
④ 日本外务省编,前引书下卷,第226页。

南京,就为反共而日军驻扎中国问题,和蒋政权的外交部长张群进行过谈判。1936年3月德国侵入莱茵非军事区时也以反共掩盖侵略,希特勒在国会上大肆声称,由于法苏条约的生效,德国受到"布尔什维克的威胁",因此我们要进入莱茵。

不仅如此,《防共协定》对日本来说是个发动七七事变的外交准备。签订协定七个月后,日本发动"七七"事变,全面侵略中国。当时社会主义苏联支持了中国人民的抗日斗争,因此苏联成为日本侵略中国的严重障碍。有田外相说,苏联和共产国际"是完成我东亚政策的最大障碍"①。但日本不可能动用武力扫除这一障碍,因为日本关东军的兵力远不如苏联远东军。据日本军部的材料,1936年苏联在远东的兵力是:步兵师十四至十六个,飞机一千二百架,总兵力三十四万人。而日本只有三个步兵师,一百八十架飞机,总兵力八万人。其中一部分随即调入关内参加侵华战争。因此,日本外务省于1936年6月便拟定"为了圆满地完成大陆政策,必需和其他列强携手压抑苏联"的方针。② 这一列强就是德国和意大利,当时负责协定谈判的驻德武官大岛浩,和里宾特洛甫谈判时,曾数次谈道:"日俄战争时,德国皇帝在沈阳战役后于芬兰的一个港口和沙皇会晤,向他保证这次战争期间德国不侵入俄国。于是俄国把欧洲兵团输送到东亚,在四平镇集结了非常精锐的部队",因此日本在四平战役中付出了高昂的代价。③ 日本从这一历史教训和现实的力量对比出发,和德意结盟,从西部牵制苏联,从而解除日本攻打中国时的后顾之忧。签订协定后,有田外相在枢密院得意地说道,"用本协定加大对苏联的牵制效果"④。他还说,由于协定的签订,"即使日本的军备不充分,对方不会挑起事端"⑤。到1938年日本还要和德国订立针对苏联的军事同盟条

---

① 日本外务省编,前引书下卷,第351页。
② 库达科夫:《日苏关系史》第2卷,刀江书院1967年版,238页。
③ 三好贞雄:《最近十年外交》,战争文化研究所1943年版,第284页。
④ 日本外务省编,前引书下卷,第352页。
⑤ 堀内谦介监修,前引书第21卷,第63页。

约,妄图以武力牵制苏联。

《防共协定》还牵制英法美对日本侵华战争的干预。日本的全面侵华战争,势必侵害英美法在华的权益,引起它们对日本侵华的强烈干涉。因此,日本想利用德国牵住英美法。德国在欧洲的崛起,使英法美各国倾注主要力量对付眼前的劲敌德国,因此无暇顾及东方。日本发动"七七"事变后,它们对日本的所谓"谴责"和"抗议",和"九一八"事变时期相比,显著减少。这是德国在西方牵住它们的直接结果。

不仅如此,日本还通过协定,"阻止德国站在中国一边",使它停止对中国的援助。[①] 德国于1936年和蒋政权订立条约,为其军事工业借款一亿马克,截至1936年8月提供两亿两千三百万马克的武器,并派三十余人组成的军事顾问团。这对日本侵华是个障碍。于是,日本缔结协定后积极做对德工作。结果1938年春,德国停止对中国的武器供应,撤回军事顾问团。

日本通过《防共协定》的订立,在国际上孤立中国,迫使中国对日本的侵略做出更大的让步。外相有田八郎在枢密院解释协定的意义时说,"由于本协定的缔结,帝国的地位将进一步得到巩固,这对中国决定其态度产生相当的效果。因此,乘这一形势,把日中交涉进行得对我方有利的可能性并不是没有的"[②]。订立协定后,日本加速侵华步伐。英国便看出日本打着反共旗号,行侵华之实的目的。签订协定的第二天,英国《泰晤士报》一针见血地指出,"这一协定将促进日本向中国南部的发展"[③]。果然不出所料,1937年7月7日日本发动了全面的侵华战争。

《防共协定》的订立,对德国来说是吞并奥地利和捷克,进而和英法美争夺欧洲的外交准备。德国跟日本结盟后,步日本的后尘,实现其梦寐以求的"生存空间"计划。1937年11月5日,即意大利参加协定的前一天,希特勒召集三军司令官和外交部长参加的秘密会议,抛出发动世

---

① 奥特·佐默尔,前引书,第41页。
② 堀内谦介监修,前引书第21卷,第36~64页。
③ 美国国会图书馆复制,前引档案,SP150卷,SP277:116页。

界大战的战略计划。他说,德国行动时"应当考虑到下面的重要因素——英、法、俄以及靠近它们的小国",但"现有的两个可恨的敌人是英国和法国"。"我们的目标首先应当是同时夺取捷克斯洛伐克和奥地利,以便在可能对西方进行的战争中解除我们侧翼的威胁。"①为实现这一战略计划,希特勒数次提出在东方利用日本牵制英国、威压苏联的意见。当时任驻英大使的里宾特洛甫于1938年1月2日向希特勒提交一份备忘录,进一步补充了希特勒的战略计划。他提出:德国侵吞奥地利和捷克尤其是侵吞捷克,可能招来法国对捷克的援助,从而导致德法战争。避免这场战争的方法是利用日德意三国同盟,牵制英国卷入这场战争。牵制英国,靠德国一国的力量是显然不足的,必须利用意大利海军和日本海军把英国海军牵住在地中海和东亚,使英国不敢军事上援助法国。②根据这一战略,德国在和日本进行加强《防共协定》谈判的同时,于1938年3月悍然侵占奥地利,9月占据捷克的苏台德区,翌年3月又吞并波希米亚和摩拉维亚。但英法对此没有采取强有力的措施。德国仅用一年的时间,兵不血刃,连陷两国,夺取中欧的战略要冲,迈出了发动新的世界大战的决定性一步。

1940年9月,日德意三国又签订了三国军事同盟条约。这一条约是《防共协定》的继续和发展,《防共协定》是订立军事同盟条约的第一步。日本和德国的一些学者认为,协定和条约是显然不同的两个条约,其内部没有有机的联系。其实不然。两者虽有区别,但实质上是有不可分割的内在联系。1938年初,日德进一步加强《防共协定》谈判时,日本要缔结针对苏联的军事同盟条约,而德国要缔结针对英法的条约。在日本统治阶级内部,陆军则同意把英法纳入条约的对象,海军和外务省则反对。由于这种分歧,双方虽然进行旷日持久的谈判,但谈判毫无进展。1940年7月日本近卫内阁上台,8月双方重新恢复一时中断的谈判,于9月27

---
① 《纽伦堡审判》第1卷,莫斯科1957年版,第605~614页。
② 三宅正树,前引书,第117~118页。

日缔结了针对美国的三国军事同盟条约,这时德意和英法已处于交战状态,三国轴心和美国的矛盾也一触即发。因此,它们不仅不打反共的旗号,而且要改善对苏关系,甚至想把苏联纳入该同盟之内。《防共协定》到三国军事同盟条约的这一历史过程,反映了第二次世界大战前世界矛盾运动的客观规律,即日德意法西斯轴心和美英法帝国主义集团及社会主义苏联这三者间的矛盾运动的发展过程。斯大林同志曾精辟地分析和总结了这一矛盾运动的规律。他说,"当时资本主义国家间争夺市场的斗争以及它们想把自己的竞争者淹死的愿望,在实践上是比资本主义阵营和社会主义阵营间的矛盾更为剧烈"①。

本章第一节原载于《历史研究》1979 年第 5 期;

第二节原载于《中日关系史论丛》1982 年第一辑;

第三节原载于《南开学报》1982 年第 4 期;

第四节原载于《南开大学学报》1985 年第 1 期;

第五节原载于《史学月刊》1981 年第 6 期。

---

① 斯大林:《苏联社会主义经济问题》,人民出版社 1958 年,第 26 页。

第二章 孙中山与日本的关系

一、孙中山对日态度再认识

第三次广东政府在孙中山的革命生涯中占有极为重要的历史地位。本节试图就广东政府之成立、致犬养毅书、关余、商团事件等几个问题，探讨孙中山的对日态度及日本的对孙政策，进而考察1919年前后孙中山的对日态度是否发生根本性转变问题。

1.

在以往的研究中，国内外一些学者认为，孙中山对日本的认识和态度，以1919年为界，发生了根本性的变化。也就是说，1919年之前，由于对日本帝国主义的本质缺乏认识，孙中山期待日本政府及军部的支持和援助，对日本没有进行深刻的批判，而1919年之后，他认清了日本帝国主义的本质，抛弃了对日的幻想，并抨击日本的对华政策，其对日态度发生了根本性的变化。

人们对事物的认识，随着历史的发展与变化，大都要经历从浅到深、由表入里、从低级到高级的发展过程。孙中山对日本的认识也是如此。

1919年后,他对日本批判的次数明显增加,程度也日趋深刻。这说明他对日的认识和态度确实发生了变化,但这并不是根本性的转变。①

这里,首先要明确一个问题:判断孙中山对日本帝国主义本质是否有认识的最基本标准应是他对日本的侵华本质是否有认识。笔者认为,作为中国民主革命先驱的孙中山对此是有认识的。1894年11月兴中会的成立,标志着孙中山走上了革命的道路。他制定的兴中会章程明确指出,日本发动的侵华战争给中国造成了民族危机,并且深刻地揭露了列强将瓜分中国的事实。② 1903年9月,孙中山在《支那保全分割合论》一文中,进一步揭露了日本对福建、浙江一带的侵略。③ 1905年日俄战争时期,孙中山欲联法抗日。④ 1910年日本吞并朝鲜后,孙中山非常警惕日本对中国进行新的侵略。1911年2月,他在写给宫崎寅藏的信中指出:"但恐贵国政策已变,既吞高丽,方欲并支那,自不愿留一革命党在国中也。"⑤同年8月,他在《复咸马里函》中又指出了日本对中国发动新的侵略战争的可能性。⑥ 武昌起义爆发后,孙中山最为戒备的是日本和俄国出兵干涉。他回国前在欧美进行外交活动的目的便是想利用欧美列强牵制日本和俄国。⑦ 1912年8、9月,他又多次提到日本以南满铁路为中心侵略南满的事实,并指出,"日占南满,韩、满交通日便,一旦有变,五日间日兵可运到十万,北京内外受困"⑧。1917年1月,他在《大阪朝日新闻》发表《日中亲善之根本义》一文,批判日本追随欧美列强扩大在华

---

① 参见拙著《孙中山的革命运动与日本》,日本六兴出版社1984年版,第26～33页。
② 《孙中山全集》第1卷,中华书局版(以下所引各卷均同,唯出版年份分别于1981～1986年,不一一注明),第19～20页。
③ 《孙中山全集》第1卷,中华书局版,第218～224页。
④ 巴斯蒂:《论孙中山在法国政界中的关系》,第4～5页。
⑤ 《孙中山全集》第1卷,第508页。
⑥ 《孙中山全集》第1卷,第532～533页。
⑦ 参见拙著《孙中山的革命运动与日本》,日本六兴出版社1984年版,第142～146、58～59、77～80页。
⑧ 《孙中山全集》第2卷,第425页。

殖民权益,表示对日本的不满、恐惧和怀疑。① 在同年5月发表的《中国存亡问题》一文中,孙中山进一步明确指出,"割台湾于日""胶州已归日占""日本占南满、东内蒙、山东、福建,均在〈中国全国幅员〉百分之五以上"。② 上述事实说明,孙中山在1919年前对日本的侵华本质有一贯的、较为明确的认识。当然这并不是说孙中山对日本帝国主义的认识是非常深刻的。如1913年春孙中山作为国宾访问日本时曾说过,日本"绝无侵略东亚之野心""纵近年来不免有侵略之举动,亦出于万不得已,非其本心,是我们最要原谅日本的"云云。③ 但这些话是在访日的特定条件下说的,是一种外交辞令。

第二个标准是孙中山对日本对他本人及中国革命的态度是否有所认识。我认为,孙中山对此也是有认识的。日本为孙中山和革命党人开展革命活动提供了空间,日本民间的有识之士也曾协助过他所领导的革命,因此孙中山把日本当作革命的基地;但另一方面,1895年广州起义和1900年惠州起义时,孙中山要求日本提供军械,但终遭拒绝。④ 1907年3月、1910年6月,他曾两次被日本政府驱逐出境。1905年11月,日本政府镇压了留日学生的革命活动,1908年12月查封了《民报》。孙中山对此十分愤慨。但他能够自我克制,甚至忍气吞声。然而,1911年12月他从欧美回到上海后,便公开表示了对日本的愤慨之情。在谈到曾两次被日本驱逐时,他说道,"我甚为怨恨日本""当我主动(与日本)握手时,(日本)却回避不握;而其自身需要时,则来握手了"。⑤ 他还指出,在日本"经常遭到日本政府的苛刻待遇,对此并不是没有不满的"⑥。

有一些学者笼统地把孙中山是否对日本抱有希望和期待当作判断

---

① 1917年1月1日《大阪朝日新闻》。
②《孙中山全集》第4卷,第45页。
③《孙中山全集》第3卷,第26~27页。
④ 参见拙著《孙中山的革命运动与日本》,日本六兴出版社1984年版,第142~146、58~59、77~80页。
⑤ 1911年12月宗方小太郎发自于上海的书简,日本外交史料馆藏。
⑥ 1911年12月27日庄繁少佐致参谋总长电,第155号,日本外交史料馆藏。

他对日本帝国主义本质是否有明确认识的标准。我认为对日抱有希望和期待,有两种情况:一是对日本帝国主义没有认识或认识不清,盲目地寄希望于日本;二是有清楚认识,从策略上利用列强之间的矛盾,争取日本的支持和援助。前者是认识问题,后者是策略问题,不应混为一谈。即使同一个策略也会有不同的结果。由于各个时期日本对孙中山的政策不同,孙中山的希望和期待有些可以实现,有些不能实现。因此,不能笼统地将孙中山是否对日抱有希望和期待作为判断他是否对日本帝国主义本质有清楚认识的标准。

主张1919年孙中山对日认识和态度发生根本转变的学者的根据是,孙中山在这一年指责日本为帝国主义。6月24日,孙中山在答日本《朝日新闻》记者问时确实说过,"乃不图武人,逞其帝国主义野心,……以中国为最少抵抗力之方向,而向之以发展其侵略政策焉"①。孙中山所说的"帝国主义野心"就是指对中国的侵略。然而,孙中山在此之前也使用过"帝国主义"一词。1905年2月,他写道:"天下列强高倡帝国主义,莫不以开疆辟土为心"②,也就是说帝国主义就是侵略和吞并他国领土。1919年孙中山使用"帝国主义"一词来对日本进行的批判,与其以往对日本的谴责相较,在内容上大体是相同的。这进一步说明1919年前后,孙中山对日本的侵略本性及对中国侵略事实的认识是一致的。

主张1917至1919年孙中山的对日认识和态度根本转变的学者还认为,由于他对日认识和态度的转变,抛弃了对日的幻想,不再期待日本政府和军部的支持和援助,并一再批判日本。的确,1919年后孙中山对日的批判十分尖锐,毫无顾忌。诸如,他揭露和批判"近代日本对于东亚之政策,以武力的、资本的侵略为骨干,信如世人所指;而对于中国,为达日本之目的,恒以扶植守旧的反对的势力,压抑革新运动为事"③;"二十一条""差不多完全把中国主权让给日本了。在这种协定底下,中国就要

---

① 《孙中山全集》第5卷,第72页。
② 《孙中山全集》第1卷,第260页。
③ 《孙中山全集》第5卷,第276页。

成了日本的附属国,日本的陪臣国,恰和日本从前在高丽所用方法一样"①,"拟以施诸高丽人之手段,复施诸吾人,将中国改成日本之殖民地"②;他还谴责"乃日本竟强行占据胶、青,无异强盗行为! 日本可为强盗,吾国断不能与强盗交涉,更不能承认强盗有强夺吾国土地之权利"③。他要求日本废除马关条约。④ 1921 年 11 月第二次广东军政府成立后,孙中山在反对掌管北京政权的张作霖的同时,宣布拟与日本作战。他说,"我们的任务非常明确,这就是为统一中国而斗争和同日本作战"⑤,言及北伐时,他又说"吾人并不攻伐中国之北方,乃欲与日本战耳!"⑥这些表明,孙中山的对日认识确实日益深刻,对日本的批判也愈来愈严厉。

那么,发生这种变化的原因何在呢? 本书并不否认孙中山在五四运动和苏俄革命的影响下,思想有所发展,对日认识有所提高的事实。但更为重要的是 1917 年以后日本对北方的军阀政权和南方的孙中山及广东军政府所采取的不同政策。1917 年第一次广东军政府成立后,中国分裂为相互对立的两个政权。日本对孙中山广东军政府的政策往往与对北京政府的态度密切相关。对北京政府不冷不热时,对孙也忽远忽近。日本欲推翻北京政府的统治者时,则支持孙中山。日本积极支持北京政府对全中国的控制时,则压制孙中山和广东政府。1917 年段祺瑞控制北京政府时就是如此。日本拉南北军阀势力搞所谓南北议和时,也竭力排斥孙中山。孙中山对日本支持北京政府的政策非常不满。日本寺内内阁支持段祺瑞武力统一中国的政策和原敬内阁排斥孙中山搞南北议和的举动,均引起孙中山的极大愤慨。这时期孙中山对日的公开批判正是这一愤慨的总爆发。这一点,孙中山于 1920 年 6 月致田中义一函中说得较为清楚。在这一信函中,孙中山揭露了日本历届内阁支持袁世凯、

---

① 《孙中山全集》第 5 卷,第 298 页。
② 《孙中山全集》第 5 卷,第 514 页。
③ 《孙中山全集》第 5 卷,第 206 页。
④ 《孙中山全集》第 5 卷,第 399 页。
⑤ 《孙中山全集》第 5 卷,第 529 页。
⑥ 《孙中山全集》第 5 卷,第 626 页。

张勋、段祺瑞、张作霖的事实,并指出日本政府对于中国所持政策,"专以援助反动党排除民主主义者为事","近年以来,中国人民对日恶感日深,根本原因,实由于日本之政策与民国国是不相容,故国人咸认日本为民国之敌。若再以乱中国之和平为事,则国人之恶感更深,积怨所发,其祸将不止于排货"①。1916年6月袁死后,如果日本继续支持孙中山反对北京军阀政权,孙中山也不会如此批判日本。因此,这时期孙中山对日的批判,虽有对日认识提高的因素,但更为主要的是日本对北京军阀政权和孙中山及广东政府的政策转变所致。也就是说,在日本的南北政策发生转变时,孙中山一改以往敢怒而不敢言的状况,猛烈抨击日本。然而,这不是对日认识的飞跃,更不是对日态度的根本转变。如果说这是根本性的转变,那么第三次广东政府时期孙中山与日本的关系便无法得到合乎实际的解释了。

2.

1928年2月,孙中山建立了第三次广东政府。这是与北京的吴佩孚、曹锟政权对立的政府。北京政府得到了英美的支持。日本在北京政府中的势力,由于1920年直皖战争中段祺瑞的失败及1922年第一次直奉战争中张作霖从北京的败退,几乎消失殆尽。列强要维护和扩大在华权益,首先要控制北京的中央政权。从这一角度来说,日本的对华政策遭到了严重的挫折。为挽回颓势,日本改变了对孙中山和第三次广东政府的政策。

在第三次广东政府时期,日本历经四届内阁,即加藤(友三郎)、山本、清浦、加藤(高明)内阁。1924年5月,清浦内阁制定了《对华政策纲领》。这一纲领,可以说代表了这一时期日本政府的对华政策。该纲领的第3条写道:

  鉴于中国政局的现状,目前不要偏重于中央政府,与地方实权

---

① 《孙中山全集》第5卷,第276～277页。

者尽可能广泛地结成良好关系,以图谋我势力的伸张。因此,经常以公平的态度对待地方实权者,对其正当的目的予以好意的援助。至于援助的适度及方法,根据帝国的利害关系,适当地加以调节。①

这里说的地方实权者,首先是指奉系军阀张作霖。为维护在满蒙的权益,该纲领第8条写道:"对现在东三省实权者张作霖根据既定方针,继续予以好意的援助,并维护其地位。"②关于张作霖和满蒙问题在该纲领中占有2/5的篇幅,这说明张作霖和满蒙在日本对华政策中的重要地位。这一纲领没有直接涉及孙中山和广东政府,但所谓的地方实权者中理应也是包括的。

日本的这一对华政策,是企图从南北夹击北京的吴、曹政权。而且这一政策是与孙中山和段、张的三角联盟相呼应的。为此,日本在北方暗中支持被赶出北京的张作霖,重整旗鼓,东山再起,以夺取北京政权;在南方,放弃寺内、原敬内阁时期压制和排斥孙中山的政策,主动接近孙中山和广东政府要人,表示"好感"。这虽然不是积极的支持,但与前一个时期的政策相比较,是个转变。

一个国家对另一个国家或者某一个集团的外交政策的转变,通常是首先表现在更换外交使节上。广东政府成立不久,即1923年3月,日本外务省召回驻粤总领事藤田荣介,由天羽英二接任。天羽曾作为随员参加过凡尔赛、华盛顿会议,是颇有能量的中年外交官。将他派往广东的目的是进一步了解孙中山,改善日本与孙中山及广东政府的关系。

日本政府把北京政府作为中国的合法政府予以承认,没有承认广东政府。按外交惯例,作为日本外务省派遣的外交代表不能与广东政府进行正式的外交接触。但天羽却打破外交惯例,抵达广东的第四天即5月16日,便在廖仲恺的陪同下,前往大本营拜访孙中山。孙中山对他强调

---

① 日本外务省编:《日本外交年表及主要文书》下,日本国际联合协会1955年版,第61页。
② 日本外务省编:《日本外交年表及主要文书》下,日本国际联合协会1955年版,第62页。

了"日本执行独立外交的必要性"①。9月16日,即争取关余斗争中,天羽又一次拜访了孙中山。1935年3月他回忆访孙情景时说,"孙中山常对我主张大亚细亚主义,说作为亚洲国家的日本仿效欧美推行帝国主义政策是不像话的。日本应主动废除不平等条约,实现真正的富有成效的日中提携"②。这说明孙中山依然对日本抱有希望,希望日本与中国和亚洲各国人民联合起来,反对欧美列强。

天羽任职期间,与广东政府要人来往频繁,关系密切。抵穗的第二天,即5月14日,天羽设宴招待广东省省长廖仲恺和徐绍祯。16日上午,又一一拜访廖仲恺、警察局长吴铁城、市长孙科;21日再访廖仲恺。③此后,天羽和广东政府要人多次相互设宴招待。这些都超出了外交礼仪,反映了广东政府与日本关系发展的一个侧面。

孙中山一直期望得到日本贷款。在第三次广东政府时期也是如此。5月22日,廖仲恺访天羽,托他向台湾银行借款20万元,以省长公署作抵押,6个月内用盐税还清。④ 此后,廖仲恺数次派代表何品佳,与天羽交涉借款事宜。7月11日,廖仲恺又访天羽,商谈广东政府借款问题。当晚,财政部长叶恭绰等招待天羽,继续商谈此事。⑤ 8月4日、28日,何品佳两次会见天羽,交涉向华南银行借款事宜。⑥ 此外,叶夏声、吴尚鹰、廖朗如等相继到驻粤日本总领事馆,交涉借款问题。这时期,孙中山和广东政府以广东最大企业之一的广东水泥厂为抵押,与三井财阀进行了3000万元的借款交涉。⑦

广东政府还通过天羽总领事,与日人竹藤、甲府就造币厂问题进行

---

① 天羽英二日记·资料集刊行会编:《天羽英二日记·资料集》第1卷,第1325页。
② 天羽英二日记·资料集刊行会编:《天羽英二日记·资料集》第1卷,第1420页。
③ 天羽英二日记·资料集刊行会编:《天羽英二日记·资料集》第1卷,第1325~1326页。
④ 天羽英二日记·资料集刊行会编:《天羽英二日记·资料集》第1卷,第1326页。
⑤ 天羽英二日记·资料集刊行会编:《天羽英二日记·资料集》第1卷,第1335页。
⑥ 天羽英二日记·资料集刊行会编:《天羽英二日记·资料集》第1卷,第1338、1341页。
⑦《日本及日本人》,1927年10月15日号,第49~50页,《孙中山全集》第9卷,第534页。

多次交涉,并于 8 月 17 日签署了有关协定。①

广东政府还希望日本帮助开发矿山资源。广东政府聘请日本农商省的技术员,勘探高州矿山。此事由孙中山友人山田纯三郎负责,后藤新平等参与。②

广东政府成立后,孙中山拟派廖仲恺赴日。此事提出较早,6 月 30 日、7 月 11 日廖仲恺访天羽时就提出过派员访日一事。③ 此次廖欲赴日的目的尚不清楚,但廖作为省长代表孙中山,希望与日本政府和军部要人会谈的可能性很大。

1923 年 9 月 1 日,以东京为中心的关东一带发生大地震,引起大火灾,损失惨重。孙中山获悉此消息后分别致函日本政界、财界、军界要人及旧友,表示慰问。他在致犬养毅函中写道:"比闻贵国地震海啸,遂成巨灾。同种比邻之邦,交游宅居之地,罹兹惨变,怛悼逾恒。文自战地归来,留意迅访,幸挚友良朋,尚庆无恙,悬情之恫,差幸轻减。想展伟略,纾宏规,指顾之顷,顿恢旧观。特修寸戈,遥寄侍右,敬候兴居。并祝平安。"④孙中山又特令胡汉民、杨庶堪致函陆军大臣田中义一大将,并亲自致电日本国摄政裕仁亲王(即后来的昭和天皇):"值贵国京城和国家遭受空前灾难,造成生命财产损失之际,请接受中国人民的深切慰问。我深信日本举国必将本着素有的勇气与刚毅精神对待这一事件。"⑤此外,广东政府还欲派团赴日慰问。10 月 5 日和 13 日,廖仲恺会见总领事天羽时再次谈到此事。⑥ 孙中山和广东政府对日本大地震所表示的态度,虽系对受灾国民的慰问,但也表明了对日本政府的积极态度。

广东政府成立后,日本陆军参谋本部也派军官赴粤,与广东政府要人频繁接触。日军参谋总长上原勇作派遣的佐佐木到一通过山田纯三

---

① 天羽英二日记・资料集刊行会编:《天羽英二日记・资料集》第 1 卷,第 1339～1340 页。
②《日本历史》1987 年 8 月号,第 90 页。
③ 天羽英二日记・资料集刊行会编:《天羽英二日记・资料集》第 1 卷,第 1333、1335 页。
④《孙中山全集》第 8 卷,第 197 页。
⑤《孙中山全集》第 8 卷,第 198 页。
⑥ 天羽英二日记・资料集刊行会编:《天羽英二日记・资料集》第 1 卷,第 1347～1348 页。

郎结识了广东政府要人蒋介石、孙科、伍朝枢,并受聘为广东政府军事顾问。[①] 日本陆军预备役军官井上谦吉任孙中山顾问,曾陪同李烈钧、孙中山两次访日。参谋本部派往上海的冈村宁次中佐也颇受大本营参谋长李烈钧的信任。1924年秋李奉孙中山之命赴日时,有关重要情况都通过冈村宁次转达给孙中山。这些说明,广东政府与日本军部也有往来。

不仅如此,广东政府可能从日本购置了一批武器。据吴佩孚特使透露,孙中山向日本购枪一万支。[②]

五四运动以来,在中国南北,反日运动连绵不断。1923年春,又掀起了收回旅大的爱国反日运动。这一运动波及广东,香山县青年学生没收日本棉纱,抵制日货。孙中山和广东政府不但未予以支持,反而诱导学生停止斗争。天羽对此表示满意,于7月12日致电内田外相说"现政府对我方态度比较友好,因此目前只好委托中国当局,我方取默认的方针"[③]。从中也不难看出广东政府的对日态度。

综上所述,第三次广东政府成立后,日本对孙中山和广东政府的政策和态度有所转变,而孙中山和广东政府对日的态度也随之发生了变化。孙中山和广东政府显然对日本抱有期待,希望得到日本的支持和援助。如果1917至1919年孙中山的对日态度发生了根本性的变化,恐不会发生上述情况的。

孙中山对日的这种期待和希望还表现在1923年11月16日致犬养毅书中。

3.

1923年9月2日,日本成立了山本权兵卫内阁。山本是海军大将,该内阁是藩阀内阁。孙中山通过山田纯三郎获悉他的老友犬养毅入阁

[①]《佐佐木到一笔供》(1946年7月5~10日),见中央档案馆等编,《日本帝国主义侵华档案资料选编——九·一八事变》,中华书局1988年版,第14~15页。
[②]《日本外交文书》大正12年第2册,第291~292页。
[③]《日本外交文书》大正12年第2册,第259页。

任邮电大臣,1916年曾支持孙中山反袁的田中义一陆军大将任陆军大臣,1900年惠州起义时一度表示支持孙中山的后藤新平任内务大臣。10位大臣中有3人曾在不同时期、不同程度地支持过孙中山。因此,孙中山对这届内阁寄予新的希望。其中,孙中山最为信赖的是民党领袖犬养毅。孙中山想通过犬养毅影响和说服山本内阁支持他和广东政府的革命事业,支持亚洲各国人民的民族解放斗争。因此,他称"先生此次入阁,将大有为,可助吾人未竟之志,以解决东亚百年问题,闻之狂喜"①,他在致犬养毅的长信中,表达了对这位大臣的期待和希望。这虽是一封私人信件,但从内容来说可谓孙中山致山本内阁的照会或声明。他对日本提出了以下希望:

一、希望日本放弃追随欧洲列强的帝国主义政策,支持亚洲各国人民的反殖民主义斗争,成为亚洲被压迫民族的良友。"今次先生入阁,想必能将追随列强之政策打消,而另树一帜,以慰亚洲各民族喁喁之望","倘日本以扶亚洲为志,而舍去步武欧洲帝国主义之后尘,则亚洲民族无不景仰推崇也"。② 孙中山还指出,日本在维新中崛起于东方时,万万中国人和亚洲各族人"无不视日本为亚洲之救主",如日本以英待爱尔兰而待高丽则可收拾亚洲全境之人心,"今日亚洲各国皆以日本为依归矣"。③

二、希望日本支持中国革命。他期待"日本政府此时当毅然决然以助支那之革命成功,俾对内可以统一,对外可以独立,一举打破列强之束缚。从此日支亲善可期,而东亚之和平永保","今幸而先生入阁,想必能将日本前时之失策与盲从列强之主张一扫而空之,其首要则对于支那之革命事业也"。④ 为此,孙中山特别强调了"日本之维新实为支那革命之前因,支那革命实为日本维新之后果,二者本属一贯,以成东亚之复兴,其利害相同密切本有如此,……为日本国家万年有道之长基计,倘支那

---

① 《孙中山全集》第8卷,第401页。
② 《孙中山全集》第8卷,第401~402页。
③ 《孙中山全集》第8卷,第402页。
④ 《孙中山全集》第8卷,第404页。

无革命发生,日本当提倡而引导之"①。孙中山还借日本与欧洲列强在华的矛盾指出,日本与欧洲列强在中国的利益相反,"凡对支政策,有利于列强者,必有害于日本",因此日本不应盲从列强,而应支持中国革命。②

三、希望日本承认苏俄,采取亲苏俄政策。"日本当首先承认露国政府,宜立即行之,切勿与列强一致"③。他举例说明日本与欧美列强不同,并强调承认苏俄的好处,甚至说"亲露者为日本自存之一道也"④。

以上说明,孙中山希望日本支持他所领导的中国革命,期待日本与中国、亚洲各国及苏俄一道反对欧洲列强。孙中山的这一希望和期待,大都不切合实际,日本也不可能接受。因此,这一希望和期待只不过是幻想而已。

可是,孙中山对日本的这一希望和期待,是在对日批判的基础上提出的。在致犬养毅书中,孙中山尖锐地批判了日本的对外政策:

一、批判了日本追随欧洲列强的对外政策。孙中山指出,"贵国对支行动,向亦以列强之马首是瞻,致失中国及亚洲各民族之望,甚为失策也"⑤。他还批评"日本无远大之志、高尚之谋,只知步武欧洲之侵略手段,竟有并吞高丽之举,致失亚洲全境之人心,殊为可惜!"⑥

二、批判了日本对中国革命的态度。孙中山愤怒斥责,"日本对于支那之革命,十二年以来,皆出反对行动;反对失败,则假守中立以自文。从未有彻底之觉悟,毅然决然以助支那之革命"⑦。

三、批判了日本与列强出兵干涉苏俄,迟迟不承认苏俄的行径。孙中山指出,日本"初以误于与列强一致行动而出兵,后已觉悟而曾单独与露国代表开数次之会议矣,乃竟以承认问题犹与各国一致,而致感情不

---

① 《孙中山全集》第 8 卷,第 404 页。
② 《孙中山全集》第 8 卷,第 404 页。
③ 《孙中山全集》第 8 卷,第 405~406 页。
④ 《孙中山全集》第 8 卷,第 405~406 页。
⑤ 《孙中山全集》第 8 卷,第 401~402 页。
⑥ 《孙中山全集》第 8 卷,第 401~402 页。
⑦ 《孙中山全集》第 8 卷,第 404 页。

能融洽,逐碍种种之协商不得完满之结果"①。

孙中山对日本的批判与希望和期待是一个事物的两个方面。他批判的是日本的过去,期待的是日本的将来。这种相互矛盾的现象在孙中山的讲演和文章中屡见不鲜。他的三民主义讲演就是如此。孙中山在这一讲演中揭露:"最近可以亡中国的是日本。……日本近在东邻,他们的海陆军随时可以长驱直入。日本或者因为时机未至,暂不动手;如果要动手,便天天可以亡中国。"②但又在这篇讲演中强调中国要强盛,就须学日本。他指出:日本由于具有大和民族精神,"所以乘欧化东渐,在欧风美雨中,利用科学新法发展国家,维新五十年,便成现在亚洲最强盛的国家,和欧美各国并驾齐驱,欧美人不敢轻视","我们要中国强盛,日本便是一个好模范","因为日本能够富强,故亚洲各国便生出无穷的希望","故世界上的白种人不但是不敢轻视日本人,并且不敢轻视亚洲人。"③

孙中山对日认识和态度,即孙中山的对日观,充满了矛盾。既要学习日本,又要揭露日本;既期待日本,又批判日本;既肯定日本,又否定日本。这种现象并非孙中山所特有,殖民地、半殖民地的民主主义革命家对资本主义列强的态度基本如此。他们一方面十分仰慕资本主义列强的科学技术及资产阶级议会民主,力图把它引进本国;一方面又反对列强的侵略和殖民政策,谋求民族独立。这是列强的对内资产阶级议会政治、对外帝国主义侵略政策的二重结构所造成的。孙中山的对日认识和态度,也是作为列强之一的日本所具有的这种二重性的反映。

还应指出,1918 年 6 月孙中山渡日归来至第二次广东政府时期,他侧重于批判日本,不提对日的希望,更无赞誉之词。但第三次广东政府时期则不然,批判和期待始终并存。关于这一点,孙中山于 1924 年 2 月接见日本记者松岛宗卫时说得较为清楚,松岛认为,孙中山这种对日既批判又寄予希望的态度"恰如无节操之女郎",并劝他有所改变。对此,

---

① 《孙中山全集》第 8 卷,第 405 页。
② 《孙中山全集》第 9 卷,第 233 页。
③ 《孙中山全集》第 9 卷,第 189~190 页。

孙中山则强调"此乃促贵国反省之举","实为贵国朝野之觉醒","吾辈排日只是手段,目的是亲善。为达此目的,乃斗胆出排日之策"。① 可见,孙中山在这个时期批日或者反日并不意味他与日本的决裂,更不意味他对日态度的根本转变。他为的是争取日本的支持和援助。为此,他对日本的过去也作了必要的批判。

此外,这个时期孙中山对日本的期待,还与中国南北政局密切相关。列强的侵华政策同出一辙,对此,孙中山的认识是清醒的、一贯的。但对待它们的态度和政策,在各个时期又有区别。如第二次广东政府时期,孙中山欲联美、德反日,因为此时期孙中山在国内的政敌是执掌北京政府实权的张作霖,而张作霖得到日本的支持。但第三次广东政府时期则不同,盘踞北京的是曹、吴,他们得到美英的支持。因此,孙中山反过来想联日反英美。曹、吴与英美的结合,又促使日本政府改变了对孙中山的政策。这一原因使孙中山的对日态度和日本的对孙政策发生了变化。由此可见,孙中山对日态度的变化是由于政治风云的变迁和客观形势的要求所致,是利用日本与欧美列强在华的矛盾,以及对国内主要政敌的策略性变化,而不是对日认识和态度的根本性转变。那么,孙中山是否完全相信自己对日的期待和希望一定能实现?结论是否定的。如关于日本能否成为被压迫民族的良友问题,他"将以先生(指犬养毅——笔者)之志能否行于山本之内阁而定之"②。这表明,他寄希望于犬养毅,而对山本内阁则是拭目以待。

孙中山致犬养毅书是在争取关余斗争中写的。书简的内容,反映了这一时期孙中山的思想和斗争策略。下面,就海关关余和商团事件,进一步探讨孙中山和广东政府的对日关系。

4.

争取关余斗争是孙中山反帝斗争的一个组成部分。中国海关应属

---

①《日本及日本人》,1927年10月15日号,第50页。
②《孙中山全集》第8卷,第403页。

中国管辖,但在半殖民地的中国,海关行政管理权却被以英国为首的列强所把持,海关收入用来支付庚子赔款和以关税担保的外债及其利息。其剩余部分即关余,自1917年起交与北京政府。1919年起关余总额的13.7%拨给西南护法政府,但1923年3月却停止交付。第三次广东政府成立后,孙中山便要求将这一部分关余拨给广东政府。

　　孙中山争取关余斗争的矛头,首先指向英国。因此,他极力争取日本的支持。7月20日,在正式照会驻京公使团之前,孙中山派广东政府外交部长伍朝枢访天羽总领事,要求日本予以支持,并请天羽将此意转告内田外相,"诚望日本予以承诺"①。此时,日本与孙中山、广东政府关系大有改善。9月5日,孙中山向驻粤领事团和驻京公使团正式提出这一要求后,总领事天羽便致电驻北京公使芳泽谦吉和外相山本权兵卫,②希望支持孙中山的要求。他说,自1920年以来未交付款虽有商量之余地,但没有理由拒绝广东政府对现在及将来关余之要求,至于13.7%的分配额,因今日广东政府之辖地大为缩小,当依实情再商议。③ 10月6日,在北京的日、英、法、美公使商议孙中山的关余要求时,日本公使芳泽表示支持孙中山,④认为孙的要求言之有理,如拒绝则有收回海关之虞。

　　可是,总税务司英人安格联于11月2日断然拒绝孙中山的关余要求。11月19日,广东政府外交部长伍朝枢就此事质问驻粤英国总领事杰弥逊,并警告:"如拒绝广东政府之要求,非常遗憾,只能诉诸最后之手段。"⑤这一"最后之手段"即指收回海关。杰弥逊则威胁伍说,"若如此,英国将断然实行经济封锁"⑥。这样,广东政府与英国的关系急剧恶化。然而,广东政府与日本关系却进一步发展。11月6日,总领事天羽拜访

---

① 《日本外交文书》,大正12年第2册,第596页。
② 1923年9月2日山本权兵卫内阁成立,山本首相兼外相。
③ 《日本外交文书》,大正12年第2册,第597~598页。
④ 《日本外交文书》,大正12年第2册,第598~599页。
⑤ 《日本外交文书》,大正12年第2册,第601页。
⑥ 《日本外交文书》,大正12年第2册,第601页。

孙中山;同日晚,省长廖仲恺、外交部长伍朝枢、市长孙科、公安局长吴铁城等设宴款待天羽;①16日,孙中山致书犬养毅,希望日本支持他的事业。当时,广东从西贡进口大米,出口生丝,如英国等列强实行经济封锁,广东的对外贸易将遭受严重打击。因此,孙中山欲求日本船只承运这些进出口物资。11月20日,孙中山派他的日人顾问井上谦吉,将此意转告天羽。但天羽表示不赞同。24日,孙中山又派邹鲁向天羽再次提出这一要求,仍遭拒绝。天羽在关余问题上支持了孙中山的要求,但在收回海关问题上反对孙的要求。他要井上将此意转告孙中山。

　　此时,孙中山积极改组国民党,推进广东政府的革命化。同时,孙中山和广东政府收回广东海关之说广为流传。这便加深了列强对孙中山和广东政府的敌意。12月1日,驻京公使团警告孙中山和广东政府:"不得对中国海关有任何干涉,如加干涉则将采取必要的强硬手段。"②公使团还提议,各公使电告泊于广州的各国军舰"应与领事团商量,采取必要之措施"③。对此,日本也采取了协调一致的态度。外相伊集院④电训芳泽:"万一广东政府无视外国之意向,擅行非法之措施(指收回海关——笔者),我方不妨与领事团取一致之态度,并与军舰联络,采取适当之措施,以便阻止此种事态"⑤,但又指示"避免取主动态度"⑥。这表明,日本虽然与列强采取统一的行动,但仍为今后同孙中山和广东政府的交往留下余地。

　　12月3日,驻粤英国总领事杰弥逊将北京公使团12月1日的警告转告伍外长。5日伍外长答复杰弥逊:广东政府"并无干涉税关及迫胁收管海关行政之意",但关余"应截留为本〈地〉方之用"⑦。可是,北京公使

---

① 天羽英二日记·资料集刊行会编,前揭书第1卷,第1351页。
②《日本外交文书》,大正12年第2册,第602页。
③《日本外交文书》,大正12年第2册,第602页。
④ 9月19日伊集院彦吉为山本内阁外相。
⑤《日本外交文书》,大正12年第2册,第604页。
⑥《日本外交文书》,大正12年第2册,第604页。
⑦《孙中山全集》第8卷,第550页。

团依然拒绝了孙中山和广东政府的要求。孙中山和广东政府虽然提出强烈抗议,却没有实力抗击列强。孙中山力图通过外交途径解决。他希望与总税务司安格联交涉,并请日本居中促成。12月15日,孙中山通过日人佐藤安之助向天羽表达了此意。① 翌日,孙的日人顾问井上谦吉以孙中山的名义设宴招待天羽,同日晚,伍外长再次宴请天羽,并请日本公使芳泽从中调停、斡旋。17日,天羽致电伊集院外相,认为"有慎重考虑之必要"②。这说明,孙中山和广东政府依然对日本抱有希望,日本对其要求也有所同情和支持。因此,广州舆论一时对日表示满意。《民国日报》载文称,"东方外交上尚为有力之发言者,则为日本,日本自遇灾变以来,外交方针不无稍改,故此对于关余之收用,亦表示满意于我"③。然而,此时美、英、法、意等正向广州调集军舰。随之日本也调来两艘军舰。泊于广州港的外国军舰增至17艘,陆战队也准备登陆,局势恶化。因此,请日本公使调停的希望变成了泡影。

可是,孙中山和广东政府无力与列强进行武力对抗。恰在此时,葡萄牙公使符礼德路经香港。孙中山派代表与其接触,请他居中调停。葡公使把孙中山之意转告北京公使团,但公使团拒绝了孙中山的要求。

1924年1月4日,美国公使舒尔曼来粤,与伍外长进行了会谈。双方就关余问题达成一致意见:一、广东政府不收回广东海关;二、所拨关余用于治水和市民的福利事业。6日,舒尔曼拜会孙中山,孙对伍、舒会谈结果无异议。④ 舒尔曼回到北京后,便与公使团、总税务司及北京政府商议此事。北京政府在不用于军费之条件下同意将关余的一部分拨给广东政府。总税务司也表示赞同。4月1日北京公使团决定将部分关余拨给广东政府,孙中山和广东政府争取关余的斗争终获成功。停泊在广州港的外国军舰也从1日起陆续撤走。

---

① 天羽英二日记·资料集刊行会编,前揭书第1卷,第1367页。
②《日本外交文书》,大正12年第2册,第618页。
③ 1923年12月15日《广州民国日报》。
④ 1924年1月7日广东总领事天羽英二致外相松井庆四郎电,日本外交史料馆藏。

关余问题虽然是通过美国的斡旋得到解决的。但孙中山和广东政府为解决关余问题曾寄希望于日本,且多次要求它予以支持;事实上日本对孙中山和广东政府也有所同情和支持。这是不可否认的事实。如果说1919年前后孙中山的对日认识和态度发生了根本性变化的话,他与日本之间不会产生这种关系。

1924年秋,广东商团勾结英帝国主义,妄图颠覆广东政府。孙中山和广东政府在平息这次叛乱中,依然对日本抱有希望,争取日本的支持。孙中山获悉商团头子陈廉伯偷运军械、密谋叛乱的消息后,于8月5日与天羽总领事商谈调解两者间对立的问题。① 对此次叛乱,日本采取了与英法不同的态度。天羽总领事作为驻粤领事团的首席领事,当8月28日广东政府的陈友仁通知商团将挑起事端时,他召集驻粤各国领事和各国首席海军军官商议后,只是采取了保护外国侨民的措施,并通告广东政府。但英法领事及海军军官对此不满。他们秘密开会,决定当商团军开始军事行动时,英法两国军舰和海军陆战队将直接采取行动,支持商团军。② 29日,英国总领事杰弥逊还致函恫吓广东政府:"现接英国(驻粤)海军长官通知,云他已奉香港海军司令之令,如果中国当局向城内开火,则所有可动用的英国海军部队将立即采取行动来对付他们"③,露骨地表示了对广东政府的敌意。面对这一恫吓,孙中山于9月1日发表《为广州商团事件对外宣言》,抨击了以英国为首的帝国主义列强。

此时,日本正值加藤高明内阁执政。以奉行"协调外交"著称的币原喜重郎外相,对英国的军事恐吓采取了不合作态度。孙中山注意到日本的这一态度,9月2日,派秘书莙玉访天羽总领事,向他展示8月29日英国总领事的恫吓函,陈述孙中山对英国异常愤慨之情,并说天羽总领事所采取的保护侨民措施是"稳妥的"④,对日本政府所持的态度表示满意。

---

① 天羽英二日记·资料集刊行会编,前揭书第1卷,第1400～1401页。
② 《日本外交文书》,大正13年第2册,第529页。
③ 《日本外交文书》,大正13年第2册,第531页。
④ 《孙中山全集》第11卷,第3页。

孙中山在与商团斗争的同时,决定北伐。北伐的主要目的是推翻英美支持的曹锟、吴佩孚把持的北京政府,统一全中国。为了抗衡英美势力,孙中山更要争取日本的支持。为此,他决定派大本营总参谋长李烈钧东渡日本,"联络彼中朝野之士,为发起亚洲大同盟以抵抗白种之侵略"①。9月7日晚,李烈钧设宴招待天羽;12日晚,天羽回请即将赴日的李烈钧等16人。② 天羽还致电外相币原,请其为李访日提供方便。③

此外,广东政府还希望得到日本的经济、军事援助。廖仲恺的代表何品佳于9月10日拜访天羽,交涉贷款之事。④ 10月,商团军蓄意制造流血惨案,散发逼孙中山下野和要打倒孙政府等传单,准备发动武装叛乱。广东形势十分紧张。孙中山和广东政府为争取日本的援助而频繁活动。10月10日是武昌起义13周年纪念日,胡汉民和伍朝枢借机招待天羽总领事。翌日,胡汉民等又访天羽,要求日本提供大炮8至10门、短枪5000支及子弹。10月11日,访日归国的广东政府考察团和教育视察团,与天羽总领事举行座谈。

以上事实说明,孙中山和广东政府这时期依然对日本抱有很大希望,希望日本支持和援助平息商团叛乱。

对孙中山和广东政府的这一希望和要求,日本虽然没有公开支持,但态度是微妙的。10月15日,广东政府平息了商团叛乱。英法等国领事要求天羽总领事调动军舰,参加统一的军事行动。但天羽拒绝了这一要求。因此,停泊在广州港的英法军舰不敢轻率支援商团军,只派少量水兵在沙面租界登陆。

平息叛乱后,商团军头子陈廉伯逃进沙面英租界。他深知天羽与孙中山及广东政府的密切关系,乞求天羽居间调停。天羽表示"在不损害政府及商团利益并无外国人干涉内政之嫌疑的范围内,如有良方,可作

---

① 《孙中山全集》第11卷,第180页。
② 天羽英二日记・资料集刊行会编,前揭书第1卷,第1405~1406页。
③ 1924年9月23日广东总领事致币原外务大臣电,第244号,日本外交史料馆藏。
④ 天羽英二日记・资料集刊行会编,前揭书第1卷,第1405~1406页。

非正式斡旋"①。16日,胡汉民访天羽,天羽向他询问对商团军的意向。胡表示:坚决取缔商团军。鉴于此种情况,天羽没有再提及调停之事。

平息商团叛乱后,留下了列强向广东政府索取赔偿问题。英法等国领事主张采取统一行动,以便对广东政府施加更大的压力。但天羽作为首席领事,反对这一主张。因此各国未能采取统一行动。②另一个问题是在赔偿交涉中如何处理南北两个政权。日本和列强均承认北京政府为中国的合法政府。因此,10月17日领事团会议决定:"鉴于北京政府认孙派为叛乱集团,当地各领事在与孙政府交涉的同时,各公使也应与北京(政府)交涉。"③对此,币原外相于10月24日电训天羽总领事,"我方并不认为孙派为叛乱团体,原则上不能同意将索赔和叛乱团体问题联系在一起",并指示他应与广东政府交涉赔偿问题。这表明了日本政府对孙中山和广东政府的态度。

孙中山平息商团叛乱后,准备收回广东海关。10月17日,孙中山任命罗桂芳为广东海关监督,并令他接受粤关。领事团连续召开两次会议,准备仿效1923年的关余争端,由各国派遣军舰和陆战队,以武力对抗孙中山。英、法、美、葡四国立即调来8艘军舰,并要求日本也派军舰参加这一行动,但日本再次拒绝了这一要求。④

那么,日本为什么在商团事件和海关问题上没有与其他列强采取完全一致的政策? 此时正值第二次直奉战争。冯玉祥借此发动北京政变,吴佩孚、曹锟从北京败退,张作霖、段祺瑞重新执掌北京政权。孙中山曾为反吴、曹,与张、段结成三角同盟。北京政变后,冯玉祥邀请孙中山北上,共商中国政局问题。张、段是日本支持的军阀势力。如在此种形势下日本向孙中山和广东政府施加军事压力,无异从背后牵制孙、张、段联盟的形成,对日本来说与己不利。因此从自身利益出发,日本拒绝参加

---

① 《日本外交文书》,大正13年第2册,第544页。
② 《日本外交文书》,大正13年第2册,第545~546页。
③ 《日本外交文书》,大正13年第2册,第545~546页。
④ 藤井昇三:《孙中山研究》,劲草书房1983年版,第256页。

列强的统一行动。而这在客观上有利于孙中山所领导的平息商团叛乱和收回海关的斗争。

日本与其他列强在对华政策问题上具有二重性。一是一致性,为了侵略中国的共同目的,日本与其他列强有时采取统一行动,这在关余争端中表现最为突出。二是争夺性,日本与其他列强在瓜分中国和扩大在华权益的斗争中相互争夺。第二次直奉战争前后,为争夺北京政权,英美支持曹、吴,日本支持张、段、冯。这种二重性是帝国主义侵略本性所决定的。孙中山对日本和列强侵略中国的本性早有明确的认识,但是他从对抗支持曹、吴的英美战略出发,利用列强相互争夺的矛盾,争取日本对他的支持和援助。虽然孙中山在致犬养毅书和关余、商团事件中提出的对日希望和期待,与这一时期日本的对孙政策相去甚远,但是由于列强间的相互争夺,在特定的历史条件下,可能会出现相对的、暂时的、部分的一致点。第三次广东政府时期孙中山的对日态度和日本的对孙政策正是体现了两者间的这种关系。

通过对第三次广东政府时期孙中山与日本关系的探讨,清楚地看出这一时期孙中山依然对日本抱有希望,甚至抱有幻想。由此可见,1919年前后孙中山对日的认识和态度并没有发生根本性变化,而只是一种策略性变化。这时期他对日本的认识虽有新的提高,但他的基本认识是一贯的。而且这时孙中山虽然采取了联俄政策,但也没有放弃联日的活动。11月孙中山渡日和在日的言行进一步证明了这一点。①

二、孙日关系与矛盾论

孙中山在革命运动中面临两大矛盾:一是他与清朝及执掌北京政权的北洋军阀间的矛盾,即共和主义及体制与封建专制及军阀独裁的矛盾;二是他与帝国主义列强间的矛盾,即侵略与反侵略间的矛盾。孙中

---

① 见拙著《孙中山的革命运动与日本》,日本六兴出版社1984年版,第354~371页。

山在革命运动中将国内的矛盾作为主要矛盾,而将与列强间的矛盾作为次要矛盾,并将它当作解决国内矛盾的一种手段。这使孙中山与列强间的关系不同于其对列强侵略本性的认识。

孙中山的共和思想深受欧美诸国的影响,在意识形态方面两者间存在着共同点。从这个角度来说,孙应接近欧美,欧美诸国也应支持他的革命运动。孙在欧美先后居住五年之久,极力谋求援助;但欧美诸国对他置之不理,孙也就无从得到他所指望的援助。与此相反,孙在其思想形成的过程中受日本的影响较少,且其共和思想和日本近代天皇制是难以相容的;但其革命运动与日本的关系却甚为密切。孙在日十余年,将日本作为领导国内革命运动的基地,除1919至1922年的短暂时期之外,他始终期待日本的支持。他的期待和要求有时得到了日本政府、军部及民间人士的响应,从而获得了各种形式的援助。这种情况反映了孙日关系和孙欧美关系在意识形态和实际行动上相反的矛盾现象。

近代中国与日本处在侵略和反侵略的矛盾关系中;孙日关系是近代中日关系中的重要组成部分,是在侵略和反侵略的关系中展开的。叩开中国门户,侵略中国的第一个国家是英国,但中日甲午、日俄战争后,日本取代英国,成为侵略中国的最危险的国家。孙中山的革命运动,从某种意义上来说,是日本侵略中国的直接产物。其革命首要的对外任务是反对日本的侵略,废除与它缔结的不平等条约,收回被侵占的国土,但孙中山从1895年筹备广州起义时起就对日本寄予期待,希望日本从财政、武器、人力上支持其革命,并企望依靠这种援助来完成对内的革命任务。这是极为矛盾的现象。

如何解释日本侵华与孙对日期待之间的矛盾关系?目前,学界用两种方法论来加以解释。一是思想认识论的方法论,二是国际关系论的方法论。前者认为,孙对日本侵华本质认识不清,因而期望日本援助。如认识清楚就不会发生这种矛盾现象。该方法论又认为,1919年起孙在十月革命、五四运动和日本援段政策的刺激下,认清了日本侵华的本性,不再期待日本,并严厉批判、抨击日本,他的对日认识和态度从而发生了根本性的转变,从而孙日关系也转入新的阶段。这种研究方法运用了认识与行动一致这个思想认识论的一般公式,是从认识与被认识事物之间的简单关系来分析孙日关系的方法论。

孙日关系是由多种矛盾互相交错而形成的复杂的矛盾运动,应该运用国际关系论的研究方法来加以解释。笔者认为,孙对日本侵华本性的认识是一贯清醒的。这表现在:1. 揭露日本侵占中国领土及扩大在华势力范围的行径;2. 要求日本废除与中国缔结的不平等条约;3. 对日本侵华利用孙及其革命党的实质认识清楚。那么,对日本侵华本质认识清楚的孙中山为何在行动上对侵略成性的日本寄予期待?如何解释这种认识与行动间的矛盾现象?

这种矛盾现象是由列强侵略中国而产生的中国、日本和欧美列强这三者间的二重性国际关系即三者二重的矛盾运动决定的。日本与欧美列强在维护在华既得侵略权益时,互相支持,共同行动;但在扩大新权益时则互相争夺,并以各种方式牵制对方扩大新权益的行动。这是既对立又统一的二重性矛盾关系。中国与日本及欧美列强之间的关系是侵略与被侵略的对立的矛盾关系。以上矛盾关系派生出三者间的二重性矛盾运动。欧美列强借日本与中国之间逐步激化的矛盾,利用中国来牵制日本的侵略行动,有时又利用日本对中国施加压力;日本则不时乘欧美列强对中国施加压力之机,利用中国抗衡欧美列强对它的牵制;而中国的统治者(清朝和袁世凯等北洋军阀)则利用列强间相互争夺而产生的矛盾,采取"以夷制夷"的外交政策,有时利用欧美列强抵抗日本侵略,有时又利用日本牵制欧美列强。

在这种错综复杂的矛盾中,中日间的矛盾是主要矛盾,因为这时日本已成为中国最危险的敌国。日本向中国侵略扩张必然激化日本与中国统治者之间的矛盾;后者也自然会在一定时期中投靠与日本对立的欧美列强。而欧美列强为了牵制不断谋求扩大在华权益的日本,也在一定时期中支持北京的统治者。这就使两者为各自的利益结为一体。在这种情况下，欧美列强不会支持力图推翻北京统治者的孙中山。这在孙中山与袁世凯、欧美诸国的关系中表现得非常明显。而日本则出于其侵华的需要，利用孙中山与北京政权之间的矛盾，有时支持孙从背后牵制和打击北京政权。

孙中山在其革命运动所面临的各种矛盾中将他与清朝及袁世凯等北洋军阀之间的矛盾作为主要矛盾。为解决这一矛盾，他试图利用外国侵略中国而产生的中外矛盾来争取外部支持，以便击败其国内的主要敌人，进而完成革命任务。在无法得到欧美列强援助的情况下，孙中山不得不期待日本援助。这种选择不是以孙对日侵略本性的认识如何来决定的，而是围绕侵略中国的日本、欧美列强与中国这三者之间的矛盾运动所决定的。这就产生了类似恶性循环的后果。如孙中山期待日本援助则给欧美以孙"亲日"的印象，欧美列强因此更不愿支持"亲日"的孙中山；深受欧美思想影响的孙中山在无法得到欧美列强支持的情况下，只得进一步期待日本支援。

孙中山与北京统治者间的矛盾是近代中国社会的一大矛盾，但矛盾着的各方关系因执掌北京政权的实权人物的更换而发生变化；随之，中国近代社会的另一种矛盾即中国与各列强的矛盾关系也发生了变化。1916年袁死后，段祺瑞执掌了北京政权。时值"一战"后半期，卷入大战的欧美列强无暇顾及中国，而且无力牵制日本在中国扩大新权益的活动。这使中国、日本及欧美列强间的三者二重的矛盾和矛盾各方的关系发生了新的变化。北京的统治者是依靠列强撑腰来维持统治的，段上台后，在得不到欧美列强支持的情况下投靠了日本。段利用日本的"西原借款"加强自己的军事实力，企图以此镇压南方的广东军政权，武力统一中国；而日本则以"西原借款"和中日军事同盟全力支持段政权，妄图利用段统一中国，使其得以实现称霸中国的野心。1920年直皖战争后，日本继而支持取代段的张作霖，继续推行既往的政策。日本支持段、张统一中国的政策，也是消灭广东军政权的政策，这就激化了孙中山与日本的矛盾。1919年（或1917年）后，孙中山对日本的猛烈抨击,就是这一矛盾的总爆发。这时,孙希望联欧美反日本,并发出呼吁,但未得到响应。

　　1922年第一次直奉战争后三者二重的矛盾关系又发生了新转变。经过这次战争,亲日的张作霖政权被曹锟、吴佩孚取代。这就使孙与段、张的矛盾为孙与曹、吴的矛盾所取代,孙与段、张的矛盾一时缓和。曹、吴政权与段、张不同的是投靠了欧美列强;大战后卷土重来的欧美列强积极支持这个政权。华盛顿会议之后,欧美列强加强对华政策,重新牵制日本对中国的侵略,这就加剧了日本与欧美为争夺中国的矛盾。日本为了抗衡欧美,牵制曹、吴政权,在北方支持被逐出北京的张作霖,在南方则支持孙的第三次广东军政府,以对北京的曹、吴形成南北夹击之势。这就激化了日本与曹、吴间的矛盾。孙则利用日本与曹、吴及欧美列强间的矛盾,力图借助日本的支援来推进反曹、吴的北伐,进而完成国内的革命任务。这样,1919年以来一时激化的孙日矛盾又转向缓和,两者恢复了1919年前的关系。孙日关系由此又进入一个新阶段。

　　若将这一历史时期孙日间的矛盾关系同日本与北京政权间的矛盾关系加以比较,对日本来说,前者居于次要地位,后者居于主要地位。日本在各个时期的对孙政策并非根据孙的期望及其对日态度来决定,而是根据对北京政权的政策来决定的。如日本反对或者欲排除北京的掌权者时便支持孙共反之;日本支持北京的掌权者时则压孙顺从之;日本对北京的掌权者不即不离时则对孙也不冷不热。从计量学的角度来说,可将这种矛盾关系称为反比例关系。由此可见,日本的对孙政策是根据对北京政权政策的变化而变化的;而孙中山的对日态度则是随着日本对孙政策的变化而变化的。日本在孙日矛盾关系中居于矛盾的主要方面,并决定了孙日关系的内容和性质。

　　孙日关系的另一大矛盾是孙的革命理想与为实现这一理想而实施的策略及手段之间的矛盾。孙中山革命的一大任务是废除中国与包括日本在内的列强间缔结的一切不平等条约,争取国家的独立。但因中国革命势力微弱以及上述三者间的二重矛盾关系的制约,孙不得不期待日本援助。日本曾一时支持孙,其目的是为了扩大在华权益,如实现这一目的的要求得以满足,日本就支持孙。孙为得到日本的援助,不得不做出妥协,将一些权益让给日本。这反映了孙日矛盾中的同一性。但同一性中存在着斗争性,经过斗争,孙日关系在一定条件下会向相反的方向转化。这一转化应是从期待日本转向要求日本废除与中国缔结的不平等条约,并收回日本侵占的国土及主权。这一努力的成功,将使日本成为与中国平等相处的近邻。孙中山相信这一目标最终会实现,因此他审时度势,果断地暂时牺牲了部分国家权益。但是,矛盾的转化需要一定条件,若不具备一定的条件,这种转化不可能实现。这里所指的条件是,孙中山利用各种矛盾,借助日本的援助不断加强革命运动自身的力量,进而推翻军阀的统治,建立富强的新国家。这个新国家将以实力抵抗日本的侵略,并迫使日本放弃在中国的一切殖民权益。然而,在孙中山所处的时代未能具备这一条件,孙日矛盾关系也就没有发生转化,孙的革命理想与策略、手段在矛盾运动中也未能实现完全的统一。但这并不排除在一个短暂的时期,为某一个目的,一时实现了这一矛盾运动的统一。1916年孙在反袁反帝制的斗争中争取了日本的援助就是其例之一。但这种统一是昙花一现的,袁死后,日本又极力支持段掌权,并利用段来压制孙。

三、孙中山的中日盟约问题辨析

孙中山与日本关系研究中的一大悬案是1915年的中日盟约问题。这一问题涉及三份文献的真伪:该年2月5日孙中山和陈其美与日本的民间人士犬冢信太郎和山田纯三郎签署的《中日盟约》(以下简称《盟约》),及同年3月14日孙中山致日本外务省政务局局长小池张造之函和其附件《盟约案》。此时恰巧是日本强加给中国"二十一条"的时期,《盟约》的内容与其某些条款相似,而且孙中山这时期也没有公开揭露和批判"二十一条"。因此海内外的一些学者认为,《盟约》和致小池张造函及其附件是真物,确有其事。① 但我国台湾的一些学者则认为,那是伪物,系他人所为。②

中日盟约问题是关系到国家主权的重大问题,而且直接涉及对孙中山的评价,因此,应慎重对待,认真考订。真物或伪物之说虽然提出了重要的线索,但尚缺许多直证和旁证及完整的考订,下真或伪的结论为时尚早。本节以此种态度,对真伪两说提出质疑,以便把中日盟约问题的研究引向深入。

1.《中日盟约》

《中日盟约》是中日盟约问题中的核心文献,现保存在日本早稻田大学名誉教授洞富雄先生处。据此《盟约》,1915年2月5日孙中山、陈其美和日本的犬冢信太郎③、山田纯三郎在此《盟约》上签字盖印。此《盟约》有中文本和日文本,用毛笔书写,蜡封后盖有封印。

《盟约》内容如下:

中华及日本因为维持东亚永远之福利两国宜相提携而定如下《盟约》。

第一条 中日两国既相提携而他外国之对于东亚重要外交事件则两国宜互先通知协定。

第二条 为便于中日协同作战,中华所用之海陆军兵器弹药兵

---

① 藤井升三:《二十一条交涉时期的孙文与〈中日盟约〉》,见市古敏教授退休纪念论丛编辑委员会编:《近代中国研究论集》,山川出版社1981年版,第335~358页;松本英纪:《二十一条问题与孙中山》,见孙中山研究会编:《孙中山和他的时代——孙中山研究国际学术讨论会文集》(上册),中华书局1989年版,第638~660页;陈锡祺主编:《孙中山年谱长编》(上册),中华书局1991年版,第933~935页;段云章、邱捷:《孙中山与中国近代军阀》,四川人民出版社1989年版,第167页。
② 陈在俊:《〈孙文密约〉真伪之探究——日本侵华谋略例证》,打印稿,1991年。
③ 犬冢信太郎(1874—1919),佐贺县人,1890年后在三井物产公司任职,1906~1914年任满铁理事兼矿业部部长,后在立山水力电气公司、大凑兴业公司任职。曾支持过孙中山的革命活动。

具等宜采用与日本同式。

第三条　与前项同一之目的,若中华海军聘用外国军人时,宜主用日本军人。

第四条　使中日政治上提携之确实,中华政府及地方公署若聘用外国人时,宜主用日本人。

第五条　相期中日经济上之协同发达,宜设中日银行及其支部于中日之重要都市。

第六条　与前项同一之日(目)的,中华经营矿山铁路及沿岸航路若要外国资本或合办之必要时可先商日本,若日本不能应办可商他外国。

第七条　日本须与中华改良弊正(政)上之必要援助且速使之成功。

第八条　日本须助中华之改良内政整顿军备建设健全之国家。

第九条　日本须赞助中华之改正条约关税独立及撤废领事裁判权等事业。

第十条　属于前各项范围内之约定而未经两国外交当局者或本《盟约》记名两国人者之认诺,不得与他者缔结。

第十一条　本《盟约》自签订之日起拾年间为有效,依两国之希望更得延期。

中华民国四年贰月五日即

大正四年贰月五日作于东京

孙　文　印

陈其美　印

犬冢信太郎　印

山田纯三郎　印

日本外交史料馆所藏的《孙文动静》是研究孙、日关系的重要档案资料。① 签署《盟约》的第二天即 2 月 6 日的《孙文动静》记有 2 月 5 日孙活动情况,为考证《盟约》真伪提供了重要线索。真伪两说都引用此档案资料,但得出的结论则相反。2 月 6 日《孙文动静》记录如下:

上午 11 时,山田纯三郎来访,下午 3 时 50 分离去。

上午 11 时 10 分,孙再打电话,请陈其美持印速来。

上午 11 时 48 分,陈其美陪同藤田礼造来访,参与交谈。陈 11 时 53 分,藤田下午 1 时 2 分离去。

中午 12 时 10 分,陈其美再次来访,参与交谈。下午 1 时 45 分离去。

中午 12 时 10 分,王统一来访,参与交谈。2 时离去。②

(一)据此记录,5 日孙中山、山田纯三郎、陈其美三人于同一时间聚集在孙宅是确实的。至于犬冢不仅这一天未在孙宅,而且这时期几乎与孙无往来。据《孙文动静》,孙只有 1914 年 8 月 12 日在陈其美处与他相会一次。犬冢是 1916 年 1 月 25 日初次访孙宅,其后在 2～4 月往来频繁。这便有了下面的疑问:犬冢的署名和印章是真的还是他人的?如是真的话,犬冢是何时签名的?

(二)"上午 11 时 10 分,孙再打电话,请陈其美持印速来"的记载,与这一天陈其美在该《盟约》上签名盖章是否存在直接关系?日本学者就将这一条记载当作判断真伪的重要依据之一,并断定为真物。尽管如此,若以此断定陈确实在《盟约》上盖章,还得需要其他佐证和旁证。因为还存在孙、陈在同日用它在其他文件上盖章的可能。陈是陪同藤田礼造来访的。藤田在东北沈阳经营火药店,访孙宅只有这次。我国台湾学者认为,陈陪藤田来访是为签订买卖火药的合同,孙叫陈持印速来的原

---

① 二次革命失败后孙中山赴日领导革命。日本警视厅以保护为名,派便衣警察日夜监视、跟踪革命党人。警察将其侦察情况于当日或翌日写成《孙文动静》,以"乙秘第××号"的编号,逐日报送外务省政务局第一课(主管中国问题)。
②《孙文动静》乙秘第 300 号(按:从前后的编号分析,300 号为 200 号之笔误),1915 年 2 月 6 日,日本外务省外交史料馆藏(下同)。

因也在此。以此否定日本学者的陈持印来在《盟约》上盖章之说。① 但这是推理,若要证实,则需合同原件等直证材料;另外,即使如此,也还不能排除在《盟约》上盖章的可能性,因为印章在同一时间内是可以盖几次的。

(三)这一天,孙、陈、山田三人在一起的时间是藤田离去的下午1时3分至陈离去的1时45分,共43分钟。这么短的时间内三人讨论、起草这一《盟约》是不可能的。如在此前起草,则需三人在此前有聚会讨论起草的足够时间。此前三人开会的时间如下:

1月27日,午后4时55分至6时35分,共1小时40分钟。②

1月31日,午后3时40分至4时40分,共1小时,王统一也参加。③ 2月1日,午后4时20分至5时10分,共50分钟。④ 2月2日,午后1时5分至2时55分,共1小时50分,王统一参加。⑤ 2月3日,陈和山田前后两次访孙,但三人在一起的时间是午后3时35分至3时58分,共23分钟,王统 和戴天仇参加。⑥ 2月4日,山田、陈二人都未来访。⑦

如上所述,日本外交史料馆所藏的2月6日《孙文动静》为研究《盟约》真伪提供了重要线索,但还有以上的几个疑点,有待用新的直证和旁证材料进一步考证。

关于《盟约》的第二件史料是山田纯三郎的回忆。他在回忆日本海军中将秋山真之的文章中说:"中国方面以孙和陈[其美],日本方面以犬冢[信太郎]和我为名义缔结了密约。现在其○○的○○还藏在某处的金库里。它是由秋山将军执笔,我拿去亲手交给孙的。"⑧日本学者认为,

---

① 陈在俊:前揭文,第15~16页。
② 《孙文动静》乙秘第129号,1915年1月28日。
③ 《孙文动静》乙秘第164号,1915年2月1日。
④ 《孙文动静》乙秘第170号,1915年2月2日。
⑤ 《孙文动静》乙秘第179号,1915年2月3日。
⑥ 《孙文动静》乙秘第187号,1915年2月4日。
⑦ 《孙文动静》乙秘第193号,1915年2月5日。
⑧ 此文载于秋山真之会编的《秋山真之》(上卷),见松本英纪《二十一条问题与孙中山》,第654~655页。

这"○○的○○"是指"日中的《盟约》","某处的金库"是指参谋本部的金库,并断定此《盟约》由秋山执笔。山田在这一回忆中也曾谈到缔结密约的背景及围绕《盟约》的人际关系。他说,1912年秋山任日本海军第一舰队参谋长时与满铁理事犬冢信太郎相识,并"就中国问题畅谈一番,一下便如十年知己。还有一人是当时的外务省政务局长小池张造,这三人很为各种中国之事担心"。不久,秋山、犬冢、小池三人劝日本财阀久原房之助借款给孙中山100万日元。三人又托陆军教育总监上原勇作做久原借款给孙的工作。久原答应借款,作为其代价缔结了这一《盟约》。①这就是说,《盟约》是久原借款的直接产物。

那么,先考证一下久原借款。关于久原借款给孙之事,山中峰太郎另有记述。山中还说,日俄贸易公司社长松岛金太郎、犬冢信太郎、小池张造、秋山真之及中方的王统一、戴天仇、廖仲恺等人也参与了此事。②山中的记述与1916年3月的《孙文动静》中有关记载相吻合。据《孙文动静》,松岛于1916年3月5日访孙;③孙也于3月7日偕王统一、金佐治(可能是廖仲恺的化名)访松岛,这时山中也在座。④ 3月8日,松岛访孙两次,晚陪同孙访久原房之助。⑤ 3月10日松岛访孙两次并在松岛宅缔结了久原借款之合同。⑥ 在这一合同上,中方由孙和戴天仇、日方由松岛和山中签字。

3月19日,孙中山偕戴天仇访久原,日本国会议员秋山定辅也在座。秋山也有久原借款之回忆,但其过程与山中有所不同。⑦

---

① 松本英纪:前揭文,第654～655页。
② 山中峰太郎:《实录亚洲的黎明——第三次革命真相》,文艺春秋社,第272～273页。引自松本英纪前揭文,第653页。山中峰太郎曾为陆军军官,参加过二次革命。此时任《朝日新闻》记者。
③ 《孙文动静》乙秘第351号,1916年3月6日。
④ 《孙文动静》乙秘第361号,1916年3月8日。
⑤ 《孙文动静》乙秘第367号,1916年3月9日。
⑥ 《孙文动静》及附记,乙秘第375号,1916年3月11日。
⑦ 《孙文动静》乙秘第370号,1916年3月20日。村松梢风:《金·恋·佛》,关书院1948年版,第40～48页。

孙中山也曾言及久原借款。1916年2月22日孙在致久原函中写道:"前日所交下日金柒拾万元已收到,当即呈上借款证书。"①

根据以上几位的回忆、记述和函件可以确定:首先,久原借款是1916年二三月之事,而不是1915年的。这便告诉我们所谓的《盟约》与久原借款相隔一年,两者没有直接关系。而且秋山真之于1916年2月去欧洲,10月回国,②这时不在国内,有关的《孙文动静》中也没有秋山参与的记载。山田在回忆秋山真之的文章中所说的两者关系与历史事实不符。

其次,山中的记述只谈久原借款,不涉及《盟约》问题,这与山田的回忆不同,更接近历史事实。

再次,犬冢信太郎,如山中所说,在交涉久原借款时与孙有频繁往来,而在1915年二三月则没有往来。

还有一个问题是山中与孙的关系。这时山中与孙的关系并不密切,《孙文动静》中只记有1915年1月23日下午3时25分访孙,但孙谢绝会见。③ 1916年3月7日山中在松岛宅与孙见了一次面,由此可见山中曾参与了久原借款,他对此借款的记述较为可信。对《盟约》问题,因他那时与孙关系不密切,不大可能知道,所以他在记述中没有涉及《盟约》是符合情理的。

由此看来,山中的记述不能作为判断《盟约》真伪的旁证。山田纯三郎在忆秋山真之的文章中所谈的《盟约》一事是个孤证,年代上相差一年,而其中的"其○○的○○"无疑便是"日中的《盟约》",以及某处金库就是"参谋本部的金库"的结论④仅为推测,缺少证实它的直证和旁证史料。而且秋山属海军,参谋本部是属陆军的,海军的参谋部称为军令部,秋山把它放在军令部的可能是有的,但放在参谋本部的可能性是不大的。

---

① 《孙中山全集》,第3卷,中华书局1984年版,第243页。
② 秦郁彦编:《日本陆海军综合事典》,东京大学出版会1991年版,第162页。
③ 《孙文动静》乙秘第106号,1915年1月24日。
④ 松本英纪:前揭文,第654~655页。

一个人的行为有其政治思想根源,孙中山也不例外。推断《盟约》为真物者的政治思想上的主要依据是由一句记录——"独孙先生于此事(按:指'二十一条')默不一言"①——出发,遂认为孙中山对"二十一条"认识不清,因而与日方订立与之内容较为相似的《盟约》是完全有可能的。"独孙先生于此事默不一言",出自1915年3月10日中华革命党第八号通告,但同一天孙中山致美国华侨同志之函中明确指出:"足以令我国民恐慌者,即为近日中日交涉问题;再推远观之,则为将来欧洲战事完结之后,列强相继而来,效尤日本,则中国瓜分之惨祸立至,尚何疑义?苟中国目前之交涉,一旦退让,中国亦难再有革命图存之机会矣!职是之故,我国人当速即起事,以救亡于未亡之际。否则,日本之吞并中国,如英之吞并埃及,同一破亡,永无复见天日之望矣。"②上述引文表明孙中山对"二十一条"及其交涉有明确的认识,而且表示了反对"二十一条"交涉之态度。在此函中,孙中山还批驳了为驱除袁世凯借助日本之谣言,说:"若谓借助于日本一说,虽至愚之人,亦足以知日本万不可靠,稍有识者亦当知造谣者立说之谬妄矣!"这批驳了当时社会上流传的对孙中山的谣言。

与"真物说"相反,我国台湾的学者认为,孙中山是伟大的革命家和爱国主义者,从政治思想上来说,他不会作出签署《盟约》的举动,因此《盟约》是伪物。这同样是主观上的推理。

一切行为都有其政治背景。先把具体问题考证清楚后再下真物还是伪物之结论,然后根据结论再分析其政治思想根源,这是处理实证性考证与政治思想关系的程序。中日盟约问题的考证也应该遵循这一程序,前两者的提法都违背了这一程序。

考证《盟约》之真伪的另一重要途径是关于它的来历问题。如前所述,该《盟约》至今还保存在洞富雄教授处。据洞富雄教授说,《盟约》是

---

① 《中央党务月刊》,第4期。
② 《孙中山年谱长编》上册,第940页。

早稻田大学文学部某教授病危时交给他的,而文学部的那个教授又是从东京的岸家那里拿来的。岸家先辈中有一个叫岸清一的,那一时期在日本的北越和山东一带与犬冢信太郎共同策划开矿,但没有成功。大概由于这个关系,《盟约》从岸家传下来的吧。

洞教授还有两张借据:1915年1月13日孙中山从犬冢那里借用13万日元的借据和同年3月15日"收到犬冢先生交来金五千日元"的收据。这两件也是从岸家传下来的,都有孙文的签名和图章;图章大小与《盟约》的孙图章一样,都是2.3厘米,签名也大体相同。1月13日的签名与《盟约》的中文本签名相似,3月15日的签名与日文本的签名相似。但据《孙文动静》,这个时期孙中山与犬冢并没有直接往来。没有来往却有借条,而且签名和图章都与《盟约》的非常相似,如何解释?这便提出了另一个问题,即此《盟约》与犬冢是否没有直接关系?而且《盟约》上的签名又不像他本人的。为了弄清《盟约》产生的背景和过程,应该通过岸家族进一步调查。

山田纯三郎的有关回忆,虽然在久原借款问题上有一年之差,但尚不能以此完全否定该《盟约》是由秋山真之起草之说。应先将《盟约》与秋山的笔迹加以比较,进而甄别《盟约》是否由秋山执笔。如前所说,从时间角度来说,2月5日及其以前,孙、陈、山田三人没有时间充分讨论和起草《盟约》。如果这样的话,这与山田的说法即"由秋山将军执笔,我拿去亲手交与孙的"是否有什么关系?山田是2月5日上午11时访孙,孙是10分钟后打电话,"请陈其美持印速来"的。如山田的回忆是真的话,他是否拿着秋山起草的《盟约》上午11点到达孙宅?这些都是疑问和推测,需要材料来证实。可是日本爱知大学所保存的《山田纯三郎文书》中却没有收录有关材料。

据我国台湾学者考证,《中日盟约》(指中文本——笔者注)是依据《日中盟约》的日文译成中文的,文字欠通,完全是日本人自作自译的东西。①

---

① 陈在俊:前揭文,第14页。

那么,这与山田的上述说法又有何种关系?

这一《中日盟约》不是唯一的,当时国内报刊也刊载过《孙文之日支攻守同盟条约》①、《孙文与犬养毅订结协约》②等。其内容与《盟约》有共同之点,也有不同之处,其真伪需要考证。③

2. 致小池张造函与《盟约案》

据日本外务省外交史料馆所藏《各国内政关系杂纂——中国之部·革命党关系》第 16 卷,1915 年 3 月 14 日孙中山致函日本外务省政务局局长小池张造,并附上《盟约案》。

该函用日文撰写,其中写道:日本政府向袁世凯政府"提出之所谓日中交涉事件,乃以日中亲善及东亚和平为谈判之目的者。此点与不肖所倡尊之主张相一致,虽欣喜不已,至于贯彻此目的之手段方法,则不能不使人失望灰心,诚所不堪焦虑者也。且如欲求东亚之和平,则舍实行真正之日中提携以外,决无其他途径";"惟关于交涉事件,对于将真正提携问题置之度外且缺乏诚意之敝国政府当局,采取始终一贯之强硬交涉,将出现可悲之事实,至为明显,此与吾人最终目的之日中提携之本旨相背离之手段,不肖等至感遗憾"。"欲得巩固之同盟,尝起草如左之《盟约》草案,秘密就教于贵国之有司焉。从今日之形势,欲实现如此理想,虽属不易,然今日世界大势动乱、欧洲战局变化极大之秋,更是需要日中

---

① 《申报》1915 年 4 月 22 日。
② 《申报》1915 年 4 月 24 日。
③ 《盟约》上有孙、陈及山田、犬冢四人的签名和图章,考证他们的签名和图章是甄别《盟约》真伪的重要环节。但现在常见到的《盟约》是复印件、缩小的复印件或者两次复印件,有的是用摄像机或照相机拍照的,与原件不大相同;有的明显变形,1991 年 4 月 24 日本 NHK 电视台播出的签名和图章更是如此(有关这方面的情况,可参考陈在俊前揭文之附录 5 及附录 7)。而且我们当作原件的签名和图章也不是原件,而是铅字制版印制的或者印刷品的复印件,因而不能把这些当作原件来与《盟约》的签名和图章加以比较。加之人的签名不是固定的,在不同时期、不同条件下笔调、笔法都有变化,而且签名和图章可以仿冒,在考证时应该考虑这些因素。因此对签名和图章的考证和比较,在某种意义上是相对的比较,而不是绝对的结论。

提携不可一日或缓之际。"因此，应"尽一切方法以挽回局面""兹谨披沥满腔之诚意，以请教于阁下"。

《盟约案》有 11 条，其内容与《中日盟约》基本上一样。

致小池函、《盟约案》和《中日盟约》这三者皆用毛笔书写，三者之笔调、笔法颇为相似，国内外学者对其真伪判断虽有分歧，但公认三者出自一人之手。这便说明三者有内在联系，对其中一个原件的甄别牵涉到其他原件。

下面试列举考证致小池函和《盟约案》的若干可循途径。

（一）函原件的右上角附有"王统一"三个字的名片，名片左侧用毛笔写有"大正四年（1915年——笔者注）三月十四日王统一持参"的毛笔字。这就是说此函是 3 月 14 日王统一递上来的。这是考究该函的物证。王统一的原名为王统，是海军军官，这一时期与孙的关系较密切。我们应该进一步考察这时他是否使用过此种名片？是否系王的真正名片？

（二）在孙文签发信函和王统一向日本外务省递交信函的 3 月 14 日，王并没有访孙。

（三）3 月 14 日前王统一和孙中山没有单独聚在一起充分讨论起草函件和《盟约案》的时间。据《孙文动静》，王统一访孙时间如下：

（1）2 月 28 日下午 4 时 15 分至 45 分。陈其美、王静一、丁仁杰等在座。①

（2）3 月 2 日下午 4 时 30 分至 5 时 10 分。陈其美、叶家声、周应时等在座。②

（3）3 月 4 日下午 3 时 35 分至 4 时 15 分，谈 40 分钟。金佐治、叶夏声、韦玉、夏重民、吴叶刚、戴天仇等在座。③

（4）3 月 6 日下午 3 时 10 分至 55 分，谈 45 分钟。陈其美、何天炯、

---

① 《孙文动静》乙秘第 434 号，1915 年 3 月 1 日。
② 《孙文动静》乙秘第 454 号，1915 年 3 月 3 日。
③ 《孙文动静》乙秘第 473 号，1915 年 3 月 5 日。

萱野长知、蒋介石、韦玉、丁仁杰等在座。①

(5) 3月7日上午9时50分至10时,谈10分钟。余祥辉在座。后再次来访(不知时间),12时58分离去。余祥辉、陈其美、韦玉、欧汤豪、夏重民等在座。②

(6) 3月11日上午9时30分来访,谈20分钟后离去。上午11时孙至民国社,与王统一、肖萱、丁仁杰等数人面谈1小时18分钟。下午4时20分,王偕富永龙太郎来访,富永汇报中国国内运动情况,孙大为不满,6时15分离去,共谈1小时55分钟。③

(7) 3月12日,上午10时50分陪同东京《日日新闻》记者来访,11时20分离去,共谈30分钟。④

如上所记,王访孙时其他革命党人或日人也在座,没有时间与孙单独谈话。这便说明孙与王单独在孙宅谈致小池函和《盟约案》的条件是不具备的。当然也不排除其他时间起草的可能性。

(四) 该函错字较多,如"敝国"的"敝"字,5处误写为"弊";"交涉"的"涉"也5处误写成"埗";"荏苒"的"苒"字写成"菁";"旷日"的"旷"字误写成"旸"。⑤ 如孙中山起草或校阅则不会出现这些错字。这样,该函与孙似乎没关系。

(五) 如《中日盟约》由秋山执笔,致小池之函也应该由他执笔。但据日本《东亚先觉志士记传》和《对支回顾录》,秋山真之文藻丰腴,日俄战争时期替联合舰队司令长官东乡平八郎写的战报,"字字金玉,读之如无韵之诗"⑥。但致小池之函,辞意芜冗,错字连篇,岂是出于文豪秋山真之的笔下?⑦ 这也是个疑点。

―――――――――
① 《孙文动静》乙秘第491号,1915年3月7日。
② 《孙文动静》乙秘第498号,1915年3月8日。
③ 《孙文动静》乙秘第535号,1915年3月12日。
④ 《孙文动静》乙秘第544号,1915年3月13日。
⑤ 陈在俊:前揭文,第4页。
⑥ 东亚同文会编:《对支回顾录》(下),原书房1967年版,第756页。
⑦ 陈在俊:前揭文,第14页。

（六）《中日盟约》和致小池函及《盟约案》，从其内容和笔法、笔调来说是有内在联系的。那么缔结《中日盟约》后为什么又致函小池，并重新提出《盟约案》呢？这是否意味着《中日盟约》的无效呢？如果是无效的话，那么缔结《中日盟约》的意义何在？《中日盟约》是与日本民间人士缔结的，《盟约案》是向外务省的局长提出的，局长的权威当然比民间人士大。向局长提出《盟约案》，在一定意义上是否否定了山田、犬冢背后有秋山真之及上原勇作等军界要人之说？这些都是疑点。

对以上几个疑点，真物说或伪物说都不能解明。而且讨论起草这一函和《盟约案》的过程也非常不明。这是更大的疑点。鉴于这种情况，目前真物或伪物证据不足，有待进一步考订。

为了搞清中日盟约问题，需要根据上述及其他线索继续发掘有关的直证和旁证材料。如无新材料，对此问题的考证也无法深入，真伪之争也无意义。其次，需要进一步追查岸清一家族这一条线索，弄清《中日盟约》原件的来历。这会为解决盟约问题的真伪提供重要的依据。

本节虽然对真伪没有下肯定的意见，但对真物或伪物之说提出的质疑，可算是一家之言，在真伪之争中可谓第三种意见。

四、日本对孙中山政策史论

孙中山是中国民主革命的先驱，他领导的民主革命运动与近代日本有密不可分的关系。孙中山在三十余年的革命生涯中，在国外度过了十七年六个月。其中在日本九年六个月，占54%；在欧美五年六个月，占31.4%；在南洋两年六个月，占14.28%。从这一统计数中便可看出，孙中山在日本的时间最长，占海外时间的一半以上，在此期间共进出日本十六次。其中八次是在日本居留时期临时进出的，真正进出日本，可算为八次。这一次数远远超过美国、英国和南洋，占居首位。

日本在孙中山的革命生涯中占有特殊的地位。将孙中山做为贵宾邀请访日的是日本，孙中山做为日本朝野的贵宾访日三十九天，这在孙中山的革命生涯中是唯一的一次,也是受到最隆重欢迎的一次,这在欧美和南洋是没有其例的。给孙中山提供过贷款和武器的也是日本,孙中山在辛亥革命和1916年的山东起义中利用了日本的贷款和武器。欧美各国从来未提供过任何援助,只有日本是提供过援助的唯一国家。日本的许多民间人士和大陆浪人会协助了孙中山的革命运动,孙中山也始终与他们保持了友好的情谊。而在欧美只有康德黎、咸马里和布思等几个人协助过孙中山。孙中山的革命运动的骨干力量多半是留日学生,这些人与日本有千丝万缕的关系。他的革命运动的骨干中虽也有欧美留学生,但其数甚少,影响也不大。

日本与孙中山的上述关系,充满着矛盾。孙中山的共和思想,主要是受欧美的影响,在其三民主义思想中包含着法国大革命时代的自由、平等、博爱思想。从思想来源方面讲,欧美列强理应同情和支持孙中山的革命运动。但是,历史事实却恰好相反。孙中山在欧美停留五年半,奔足呼号,寻求对他革命的支持,结果仅得到康德黎等几个人的协助,欧美各国政府对孙中山根本置之不理。与欧美相反,孙中山的思想很少受日本的影响。只是明治维新后日本取得的迅猛发展,在精神上鼓舞了他的革命运动。且日本的立宪君主制与孙中山的共和思想是相矛盾的,但是日本与孙中山的关系却远较欧美密切。

日本与孙中山的关系是在中国沦为日本和欧美列强的半殖民地的情况下形成的。英国是打开中国门户并率先侵略中国的急先锋,但是,甲午战争和日俄战争后,日本逐渐替代英国,成为侵略中国的急先锋和中国最危险的敌国。这样的头号敌国却支持孙中山是个矛盾的现象。而孙中山期望在日本的支持下推翻国内政敌,完成共和革命。这与他反对帝国主义列强、废除不平等条约、建立独立自主国家的革命目标是相矛盾的。矛盾如此重重的日本与孙中山为何能结成如上所述的关系,其原因何在?其原因在于日本和孙中山两个方面,但日方占主导地位,孙中山居于次要地位。这是因为在两者的矛盾中,日方是矛盾的主要方面,孙中山则是矛盾的次要方面。矛盾的主要方面决定矛盾的性质,并掌握解决矛盾的钥匙。这一钥匙便是日本对孙中山的政策。

孙中山对日的态度及政策,本人已在《孙中山对日态度再认识》[①]和《孙日关系研究方法论》[②]中做了论述,因此在本节中采用宏观研究和理论性研究的方法,着重论述日本对孙中山的几种政策和日本在决定对孙中山的这种政策中所起的几种因素,同时在论述中还将日本对孙政策和孙中山的对日态度适当地加以比较。

日本对孙政策是日本对华政策的组成部分,随着日本对华政策的变化而变化。日本的对孙政策,概括起来,有以下四种:

第一种政策是支持和援助:1912年1月南京临时政府成立之后,日本应孙中山的要求,提供过沪杭铁路借款、招商局借款和汉冶萍公司借款,并提供了革命所需的武器。[③] 1915年底至1916年5月,在孙中山的领导下中华革命军东北军总司令居正在山东半岛举行起义时,在日本政府和军部的支持下,财界的久原房之助提供六十万日元的贷款,驻山东的日军也直接或间接地援助过这次起义。[④] 1913年2~3月,孙中山做为日本的贵宾访日,受到日本朝野的隆重欢迎。这是孙中山在其革命生涯中唯一的一次,显示了日本朝野对孙中山的声援,并以成立中国兴业公司来支持他的振兴产业的近代化计划。[⑤] 从总体来说,日本支持和援助孙中山的时期是短暂的,甚至是昙花一现的,但它毕竟是支持和援助,对孙中山的革命和近代化来说具有积极、有利的一面。

第二种是对孙中山不即不离、不冷不热的较为消极的政策:这一政策在日本的对孙政策中占主导地位,时期也较长。例如1897年至1903年,1905年至1907年、1913年至1916年,孙中山虽在日本领导国内革命运动,日本尽管给他提供了进行革命活动的社会空间,某种意义上保

---

① 参照《历史研究》1990年3期,142~156页。
② 参照拙著《孙中山与日本关系研究》(人民出版社,1996年)287~334页。
③ 参照拙著《孫文の革命運動と日本》(日本六兴出版,1989年)167~168页、185~190页。
④ 参照拙著《孫文の革命運動と日本》(日本六兴出版,1989年)264~272页。
⑤ 参照拙著《孫文の革命運動と日本》(日本六兴出版,1989年)210~222页。

护了他的人身安全,但却没有提供积极的支持和援助。例如,1900 年惠州起义时,孙中山希望日本提供武器,但日本没有提供。1914 年 8 月,第一次世界大战爆发后,孙中山借此东风发动反袁的革命运动,积极争取日本的支持,但日本没有支持他。

第三种政策是劝他自动离日,不许他在日本从事革命活动:例如 1907 年 3 月①、1910 年 6 月②曾两次劝他离日。1907 年 3 月劝他离日时,给他提供七千日元。这种劝告形式上不粗鲁,但实质上与驱逐一样。有时,孙中山希望来日时,日本政府不许或不希望他来日。这在形式上与劝他离日不同,但其实质是一样的。例如 1913 年 8 月二次革命失败后孙中山极力争取来日,在日本继续领导国内的革命,但日本政府不欢迎他来日,再三劝他去美国。③ 孙中山不顾劝阻,经门司、下关抵神户港时,日本才勉强同意他上岸。但日本对孙中山在日的一举一动严加监视,没有给任何的援助。

第四种是压制孙中山的政策:1917 年至 1922 年正是如此,孙中山公然谴责日本,两者公开对立。1916 年袁死后,段祺瑞于 1917 年上台执掌北京政权。段靠日本,力图以武力统一中国。日本则给他提供 1.45 亿日元的西原贷款,提供武器装备,支持他以武力压服孙中山,进而统一中国的政策,以便靠段妄图称霸全中国。孙中山则主张恢复 1912 年制订的《临时约法》和此年产生的旧国会,抵制和对抗段的武力统一政策。于是孙中山便成为日本和段以武力统一南北的障碍。日本军部和外务省则采取调虎离山计,1918 年 6 月把孙中山"邀请"到日本,以此排除这一障碍。④ 孙中山抵日后识破了他们的阴谋,数日后便回国。抵上海时,他严厉谴责寺内内阁的政策是"日本政府对南方的征伐"⑤。这时期孙中山

---

① 参照拙著《孫文の革命運動と日本》(日本六興出版,1989 年)113~115 页。
② 参照拙著《孫文の革命運動と日本》(日本六興出版,1989 年)127~132 页。
③ 参照拙著《孫文の革命運動と日本》(日本六興出版,1989 年)244~247 页。
④ 参照拙著《孫文の革命運動と日本》(日本六興出版,1989 年)294~300 页。
⑤ 《東京朝日新聞》,1918 年 6 月 28 日。

猛烈抨击日本的侵华政策,指出:"近代日本对于东亚之政策,以武力的、资本的侵略为骨干……对于中国,为达日本之目的,恒以扶植守旧的反对的势力,压抑革命运动的事",[①]并公然称"日本为民国之敌",[②]"白人外患可以无忧。此后吾党之患,仍在日本之军阀政策"[③]。孙中山对日的这种抨击反过来又说明日本对孙中山施加的压力有多大。

　　日本对孙中山的这四种政策是交替使用,变化无常的。那么,决定日本的这种对孙政策的诸因素是什么?什么样的内外形势及因素决定日本的对孙政策,其中起主导作用的因素是什么?下面就分析这一诸因素。

　　孙中山与日本的关系是近代中日关系的组成部分,近代中日关系的主流是侵略与被侵略的关系。近代日本的对华政策是侵略性政策,其目的是在中国维护和扩大其殖民权益。日本的对孙政策是这一政策的组成部分,即为达到这一目的是否利用孙中山及其革命运动,如要利用则如何加以利用的问题。这是日本决定对孙政策的原则,也是前提,在这一原则和前提下,日本政府和军部在决定对孙政策时则考虑以下几个因素。第一个因素是日本与孙对立的国内政敌即孙中山所反对的对立面的关系:这是因为孙中山在中国国内不是孤立的存在,而是与其政敌对立而存在的。辛亥革命前孙中山的政敌是他要推翻的清朝,日本的对华政策中存在着相互对立的清朝和孙中山。在这一对立的存在中,日本面临选择哪一方要求和希望的问题。在这一选择中日本则考虑选择哪一方对自己的对华政策有利,从这一考虑出发决定对孙的政策。辛亥革命前,孙中山在中国政治舞台上的地位远不如辛亥革命后,日本对孙中山的期待也不大。相反,清朝在日本的对华政策中的地位远比孙大,日本在中国业已取得的殖民权益和将来要取得的新权益都来自清朝,且改善甲午及日俄战争以来逐年恶化的日清关系要比孙中山的关系更为重要。

---

① 《孙中山全集》第五卷,276 页。
② 《孙中山全集》第五卷,277 页。
③ 《孙中山全集》第五卷,354 页。

因此，1907年3月和1910年6月，日本遵照清政府的要求，两次劝孙中山离日。1911年10月武昌起义爆发后孙中山一度要求去日本，但日本考虑清朝的关系，拒绝了其要求。尽管如此，孙中山对日本是个潜在的力量。日本的侵华政策，使日清关系恶化。日本为牵制清政府，则利用孙中山等反清势力。例如1897年8月孙中山从欧美抵达日本时，日本让他居住日本，并默认他在日从事反清的革命活动，其目的就在于此。这些史实说明，日本对清政府的政策反过来决定日本对孙中山的政策。

辛亥革命爆发后，清廷重用袁世凯，使他东山再起，执掌了清廷的大权。1912年2月清帝退位，孙中山把临时大总统的大权让给袁世凯，袁君临于民国。这样，袁世凯替代清廷，成为与孙中山对立的势力。日本与袁的关系在日俄战争前是修好的，但日俄战争后日本极力扩大在东三省的殖民权益，这便激化了当时任外务尚书和军机大臣的袁与日本的矛盾。袁采取"以夷制夷"的政策，力图靠美俄势力牵制日本。于是，袁便成为日本侵华政策的障碍。从此，日本便采取种种措施，想排除袁。1909年袁因清廷内部的权力之争，解甲归田时，日本为此兴高采烈；1911年武昌起义后袁东山再起时，日本设法阻挠他北上，甚至要暗杀他。1912年给孙中山和南京临时政府提供的三次贷款和武器，从某种意义上来说，是抗衡袁的一种措施；1913年2～3月，桂太郎首相等请孙中山访日之中也有反袁的因素。1913年7月二次革命爆发，袁世凯和孙中山的关系公开破裂，两个人成为死对头。二次革命失败后，孙中山来日，居日达四年九个月之久。袁世凯等数次要求引渡陈其美等革命党人，但日本没有同意。这时期日本一面力图改善与袁的关系，一面又将孙中山等革命党人当作反袁的潜在力量，默认他们在日本从事反袁的革命活动，但没有给予直接的支持。1915年下半年袁称帝，中国国内掀起反袁反帝制的护国战争。日本认为反袁的时机到来，支持孙中山和革命党人反袁。①结果，袁的帝制失败，袁也暴死，日本也达到了反袁的目的。从上述史实

---

① 参照拙著《孙文の革命运动と日本》(日本六兴出版，1989年)264～272页。

说明,日本对孙政策是根据日本的对袁政策的变化来决定的,也就是说日本对孙中山的政敌的政策来决定的。

袁死后段祺瑞登台执掌北京政权。日本给段提供西原借款,妄图靠段的武力统一中国南北,进而称霸全中国。1920年经直皖战争,亲日的奉系张作霖执掌北京政权,直至1922年第一次直奉战争。1922年第一次直奉战争中张作霖被亲英美的吴佩孚赶出北京,吴和曹锟掌握了北京政权。这数年中北京政权由亲日的段、张转到亲英美的吴、曹。这一变化便反映在日本的对孙政策上。段、张的亲日军阀掌北京政权时,日本则支持他们来压孙中山;吴、曹的亲英美军阀掌北京政权时,日本则支持孙和南方军阀势力来反亲英美的北京政权。随之,孙中山的对日态度也从批判日本转到接近日本。这反映在第三次广东军政府时期孙中山与日本的关系上。这一史实再次说明,日本对北京政权的态度便决定日本的对孙政策;孙中山的对日态度也随日本的对孙政策的变化而变化。1924年10月第二次直奉战争中亲日的张作霖乘冯玉祥的北京政变战胜吴佩孚,与段合作,重新执掌北京政权。虽然掌握北京政权的段、张,改变了过去以武力压孙中山和南方革命势力的政策,邀请孙中山北上共商时局。1923年以来孙中山想以北伐来完成统一大业,但力不从心。于是应段、张的邀请北上,以国民会议来收拾中国时局。日本当然支持段、张重新执掌北京政权,并促孙中山北上合流于段、张。此时的日本的对孙政策,形式上虽与1917～1922年时期的压服政策不同,但实质上是让孙统一于亲日的北京政权。从统一于北京的亲日政权来说,是与1917～1922年时期完全相同的,但在方法上则采取了从压服到合流的不同形式。

综上所述,日本的对孙政策不是根据孙中山对日的希望和期待来决定的,而是根据日本对孙中山在中国政治舞台上的政敌的政策来决定的。孙中山的政敌在日本的对孙政策决定过程中起主导作用,而孙中山对日的希望和期待处于次要地位。换句话说,孙中山所期望于日本对其革命的支持和援助,在日本的对孙政策的决定中不起主要作用,而且日本对孙中山和他的政敌的政策是成反比的;孙中山和他的政敌的对日态度也成反比。以孙中山和袁世凯为例,当日本力图改善对袁关系并与袁保持一定关系时,其对孙的态度较为冷淡;当日本对袁态度暧昧时,对孙便若即若离;而当日本对袁采取牵制、排挤政策时,对孙的态度便转为支持和援助。这种反比现象,在段祺瑞、张作霖、吴佩孚等掌握北京政权时也同样发生过。例如当日本积极支持段祺瑞以武力统一南方时,其对孙的政策是压服,与支持段便形成了反比。这种反比关系的根源在于围绕中国和孙中山所形成的双重性国际关系。

第二个因素是围绕中国和孙中山所形成的国际关系:中国是列强的半殖民地,日本和欧美列强都在中国拥有既得殖民权益,并在争夺新的权益。在争夺殖民权益中,中国、日本及欧美列强之间形成了双重性国际关系。这种双重性关系表现在各个方面。日本和欧美列强在维护在华既得权益时则采取一致行动,但在扩大新权益时又互相争夺、互相牵制。中国和列强是侵略与被侵略的对立关系,但中国则利用列强之间在中国扩大权益而产生的矛盾,采取"以夷制夷"的政策,或利用欧美列强抵抗日本,或利用日本牵制欧美列强。而欧美列强也时而借日本加紧侵华而激化的中日矛盾,以"支持"中国来与日本争夺,时而利用日本来向中国施加压力,时而利用中国来牵制日本。而日本也时而利用欧美列强来对中国施加压力,时而利用中国来牵制欧美列强。这种关系是既矛盾又统一,既对立又利用,既争夺又协作的双重性关系。这种双重性关系的根源在于帝国主义列强的侵略本质,一种本性表现在两种形式上。孙中山的革命运动时期,中国分裂成两种势力,即清政府和孙中山的革命势力及北洋军阀和孙的革命党。分裂对立的这两种势力,为各自的目的,都利用围绕中国形成的双重性国际关系。日本和欧美列强也为各自在华的目的,借双重性国际关系,巧妙地利用分裂成对立的中国各势力。这种错综复杂的国际关系,不仅决定孙中山对日本和欧美列强的态度,而且决定日本及欧美列强对孙中山的政策。国际关系是国与国、国与某个集团为各自的目的和利益,超越对方本质的认识而结成的相互间的关系,或多方的关系。孙中山代表中国革命党,日本与他的关系便是日本与革命党之间的国际关系。这种关系是建立在孙中山为实现其革命理想和日本为维护和扩大在华的殖民权益的基础上的。这是相互矛盾的理想和目的的基础上结成的关系。按伦理来说,相互矛盾的东西是相互对立,不可能结成协作关系的。但在国与国、国与某一个集团间的关系中,为其各自的目的,可以超越这一矛盾和对立而结成关系。从某种意义上说,这是实用主义。如上所述,日本的对孙政策的原则或前提是日本帝国的国家利益;孙中山对日的期待和希望是为实现共和国的政治理想和富强的近代化国家。两者都为实现各自的目的和目标,在对外政策上采取了灵活的实用主义政策。

下面举例说明日本和孙中山采取实用主义政策的必然性。19世纪末以来,日本通过甲午战争、义和团运动和日俄战争在中国急剧扩大新的殖民权益。这便直接威胁清政府(后来是北洋军阀操纵的北京政府)和欧美列强的在华权益,激化了清政府(北京政府)与日本及欧美列强与日本的矛盾和对立。以英国为首的欧美列强为牵制日本,先利用因日本急剧侵华而激化的清政府(北京政府)与日本之间的矛盾和对立,支持清政府(北京政府)的实权人物。而清政府和北京政府的操有实权的人物,从维护其统治出发,都采取了"以夷制夷"的外交政策。但是选择哪一个夷来制哪一个夷是根据中国与列强间存在的双重国际关系来决定的。这使清政府、袁世凯、吴佩孚选择了英美,欲利用或依靠欧美列强来抗御日本;段祺瑞和张作霖选择了日本,靠日本的势力来扩大其在中国的势力。前者和欧美列强之间便在共同对付日本这一点上取得了一致,并加强了它们之间的关系。后者和日本为了在中国扩大各自的势力,称霸全中国,排除欧美势力方面取得了一致,并加强了它们之间的关系。而孙中山及其革命党是夹在日本、欧美列强与清政府和北洋政府中间的势力,他们的首要任务是推翻清政府和北洋军阀操纵的北京政府,但他们的基础和力量有限,非利用列强势力不可。于是,他们根据清政府和北京政府的统治者与日本或欧美列强的关系中选择与它们对立的列强。

1907年3月孙中山被驱逐日本后,努力争取法、美、英等国的支持;1917~1922年段祺瑞、张作霖把持北京政权并与日本勾结甚密时,孙中山则想联合美、德;1922~1924年掌握北京政权的吴佩孚、曹锟投靠美英时,孙中山则转而争取日本的支持。这是因为日本和欧美列强为争夺中国而产生了矛盾,孙中山则利用这一矛盾来增强反对北京政权的力量。日本则与孙中山不同。孙中山是始终反清政府和北洋军阀的北京政权,但清政府和北京政权投靠英美时,日本则相对来说,支持孙中山等反清政府和北京政权的势力;而清政府和北京政权投靠日本时,日本则反过来反孙中山等反对清政府和北京政府的势力。这种现象产生的根源在于日本与欧美列强间在中国的争夺,这种争夺首先表现在掌握北京政权的实权人物的争夺上。日本也好,欧美列强也好,在维护和扩大在华殖民权益中最重要的问题是把清政府和北京政府的实权人物掌握在其手中,因而它们之间的争夺首先围绕北京的中央政权而展开。因此出现日本的对孙政策是根据日本对孙中山的政敌——清政府和北京政府的实权人物的政策如何而定的现象,出现日本对孙中山与其政敌——清政府及北京政府的实权人物之政策成反比的现象。

第三个因素是日本对孙中山能否君临中国的可能性的判断和孙中山在中国政治舞台上的地位的变化:如前所述,日本和欧美列强在中国的争夺,集中表现在统治中国的实权人物的身上。这是因为如把这一人物掌握在自己手下,则能按照自己的意志容易扩大在中国的殖民权益。辛亥革命前孙中山在日本的心目中是一股潜在的势力,不完全相信他能推翻清朝统治,但又不愿忽视这一势力的存在,是把他和革命党看作从清朝的背后牵制它的力量来加以利用的。因此日本的对孙政策较为消极,不即不离,不冷不热。辛亥革命爆发后,尤其是南京临时政府成立后,孙中山任临时大总统,控制中国的半个天下,表现出统一全中国的趋势。这时日本的对孙政策从消极转变为积极,提供了贷款和武器,但形式上却采用民间形式,由财界出面办理贷款,政府不敢公然出面支持孙中山和南京临时政府。1912年4月孙中山将临时大总统的大权正式让给袁世凯后,袁掌握民国大权。此时,日本的对袁、对孙政策又发生了变化。1912年8月,孙中山为实现实业计划,希望访日,但日本政府拒绝了。这反映出日本对孙政策从积极转为消极。但军部则较为积极,陆军大将桂太郎任内阁首相后改变对孙政策,同意孙访日。1913年2~3月孙中山的访日是日本给他的最高礼仪,可谓日本的对孙政策达最高峰。此时桂太郎等之所以如此对孙是预测他总有一天替代袁并君临于中国。但孙中山访日回国之后,在二次革命中败于袁世凯,孙中山在中国政治舞台上的地位一落千丈,他在中国掌握政权的可能性变得渺茫。于是日本的对孙政策从积极又变为消极,对孙较为冷淡。这与访日时形成鲜明的对照。这时,日本将孙仅仅当作与袁进行山东及二十一条交涉时讨价还价的筹码。1915下半年袁世凯搞帝制,以西南为中心的反袁势力掀起反帝制的护国战争,袁的统治摇摇欲坠。此时日本政府和军部则支持孙反袁,但日本对孙的支持不如岑春煊大,仅仅利用了孙中山一时。1916年6月袁死后,日本转过来支持段祺瑞等北洋军阀,完全抛弃了孙中山。从此孙中山在日本的对华政策中的地位降到最低点,因为日本不仅对孙中山掌握中国的政权不抱希望,而且希望把他和广东军政府以武力加以消灭。因此这个时期孙中山也严厉批判了日本,孙日关系也到了最坏的时期。但到1922年第一次直奉战争中亲英美的吴佩孚、曹锟战胜亲日的奉系张作霖,掌握了北京政权。1923年2月孙中山在广东成立第三次广东军政府,准备北伐。孙中山经几年的曲折,重新登上中国的政治舞台。这时日本采取了在北方支持张作霖,在南方支持孙中山,来夹击吴、曹北京政权的战略。日本重新估计孙中山在中国政治舞台上的地位和势力后,对孙政策也从压服转为有所支持。1923~1924年第三次广东军政府与日本的往来,足以证明日本对孙政策的变化。① 但为时不长。1924年10月的第二次直奉战争和冯玉祥的北京政变中亲日的段祺瑞和张作霖重新执掌北京政权,日本的对华、对孙政策又显现出新的趋势。

---

① 参照拙著《孫文の革命運動と日本》(日本六兴出版,1989年)332~337页。

1924年孙中山北上途中访问神户,希望去东京会见日本的实权人物,但日本外务省拒绝了孙的这一要求。这说明这时期日本支持孙中山是有限度的。

从上述史实中得出:孙中山君临于中国的可能性的大小和孙中山在中国政治舞台上的地位高低与日本的对孙政策是成正比的。就是大和高时,日本的对孙政策是积极的;小和低时是消极的,不冷不热的。

第四个因素是意识形态:孙中山的共和思想、他的革命运动的内容及性质等等是属于意识形态的。这种意识形态制约了日本对孙中山的政策。① 但是孙中山与日本的关系是国际关系,国际关系往往是超越意识形态,追求各自的国家利益或集团的利益的。由此可谓意识形态在国际关系中具有制约和超越的两种功能。在两种功能中哪一个起更重要作用,在不同的条件和环境中各不相同,不能一概而论。但从总体上说,超越的功能占主导地位。

1897年孙中山从欧美到日本时,坦率地表明了其实现共和政体的理想和以暴力推翻封建皇帝的思想。而日本是君主立宪国家,存在着相似于皇帝的天皇制。这两者在政体上是相互对立的。这应成为制约日本与孙中山关系的因素之一。辛亥革命爆发后出现的南北议和中,日本赞成君主立宪,反对孙的共和制主张。这也理应成为制约日本的对孙政策的要因。如果日本对华外交中优先意识形态的话,应支持清政府和主张君主立宪的袁世凯,反对倡导共和的孙中山。但事实却与此相反。这是因为日本推行实用主义外交,为追求日本帝国的国家利益,超越意识上的不同和冲突,支持了反对皇帝和君主立宪的孙中山和革命势力。可见,日本是优先了国家利益。孙中山的对日政策的最高目的是实现共和革命的理想和目标,这是属于意识形态的。孙中山为实现其共和理想和完成革命目的,不惜牺牲国家权益的一部分,与日本结成了关系。而日

---

① 1912年1月南京临时政府成立,任朝鲜总督的寺内正毅(陆军大将)惊叹:"清共和国论对我国的人心影响之大,从现在新闻界年轻这辈的论述中可知其可怕,要及早采取措施,以防其影响。"

本为其国家利益,为扩大其在华权益,不顾在意识形态上的冲突,则展开了与孙中山的关系。两者的关系从根本上是对立的。然而孙中山从意识形态出发,说"日本维新是中国革命的第一步,中国革命是日本维新的第二步。中国革命同日本维新实在是一个意义"①。他之所以强调日本维新与中国革命的一致性,其用意在于争取日本的支持。在废除不平等条约问题上,孙中山认为,日本会受到欧美列强强加给它的不平等条约之苦,因此日本能理解中国人要废除不平等条约的心情。他呼吁日本协助中国废除不平等条约,但日本对孙中山从意识形态出发的呼吁置之不理。可是日本在不同时期给孙中山提供了不同的支持和援助。这并非与孙中山在意识形态上发生了共鸣,而是为了扩大日本的在华权益。可是,孙中山废除不平等条约的主张直接威胁日本的在华权益时,日本也不能不考虑孙中山的这一威胁,从某种意义上制约了日本的对孙政策。

孙中山的共和政体主张也好,日本的君主立宪制也好,都属于资产阶级政体的范畴,两者之间虽有不同之点,但不会发生根本的对立。如果孙中山主张与日本一样的君主立宪,同时主张全面废除日本在华的既得权益的话,孙中山与日本的关系是不可能调和的。1915～1916年,袁世凯复辟帝制,实行君主立宪时,从意识形态的角度讲,日本理应支持袁,但日本对袁不抱好感,坚决反对。袁的帝制宣告失败和袁暴死的国际上的原因就在于日本的这一反对。由此可见,意识形态虽然是一种制约的因素,但它在日本的对华、对袁及对孙政策的决定过程中不起重要的作用。

比意识形态,起更为重要作用的是主张意识形态的人的倾向,即这一人物倾向于日本或者倾向于欧美。倾向于欧美的人物即使主张与日本相同的君主立宪,日本也不会支持他的;倾向于日本的人物即使主张共和制,日本也不会不支持他的。当然,不同人物的不同倾向是由当时的双重性国际关系所决定的。日本之所以采取这种政策,是因为支持倾

---

① 《孙中山全集》第一一卷,365页。

向于日本的人物掌握着统治中国的大权,对维护和扩大其在中国的殖民权益有利,对日本帝国的国家利益有利。

至于孙中山的联俄、联共、扶助农工的主张在日本的对孙政策决定过程中所起的作用,与前面所述的情况有所不同。苏联、共产党,在意识形态上,与近代共和制是完全对立的。因此,日本把孙中山联俄、联共看做"赤化",非常警戒孙中山与苏联的关系,这从某种意义上制约了日本的对孙政策。可是,孙中山的联俄、联共并未改变他原来的政治信仰,他依然主张共和制,变化的只是他的对内、对外政策。因此,1923~1924年第三次广东军政府时期孙中山与日本的关系比前一个时期大有改观,日本在关余、商团等事件中采取了与欧美列强有所不同的政策。①

综上所述,日本与孙的关系存在着意识形态的分歧,这一分歧在某种意义上制约着日本对孙中山的政策。但从整体来说,两者都为各自的目的而超越这一分歧,结成了一定的关系。这便说明,意识形态上的分歧虽然带有制约的要素,但不起主导作用。

第五个是经济因素:日本在中国的领土、政治及军事上的权益,归根结底是为了经济权益,即攫取中国的资源,剥削中国的劳动力,扩大日货在中国的市场。经济权益的扩大,反过来又提高日本在中国的政治权益,巩固在华的军事地位。

日本在华的经济权益是由资本输出、贸易及经济特权等组成。对中国的资本输出是对中国的投资。甲午战争前,日本在华几乎没有投资,1897年开始投资。1900年日本在华投资则有100万美元,1914年猛增到1.9亿美元,增加了190倍。② 日本从第一次世界大战前后开始转入帝国主义阶段,这时期日本的财阀极为重视对华投资。1911年春,日本最大财阀之一的三井财阀将尾崎敬义和松元势葳二人派往中国调查对华投资问题。12月他们回国后便提出了由十五章组成的《对华投资论》。

---

① 参照拙著《孙文の革命运动と日本》(日本六兴出版,1989年)340~354页。
② 雷麦:《外人在华投资》,(商务印书馆,1962年版),313、318页。

该报告指出,"从列强的立场来说,如果想在中国取得相当的势力和发言权,除贷出资本之外,别无他法。换句话说,当前在中国的投资不单纯是其利息的储蓄。贷出资本是手段,其第一个目的是获得权利,第二个目的是扶植势力,第三也许有更大的目的"①。这一报告强调了对华投资在政治、经济上的重大意义,对日本财界产生了极大影响,并促进了日本的对华投资。辛亥革命时期日本对孙中山和南京临时政府的三笔贷款,既有经济目的又有政治目的,其以援助为名扩大日本在长江流域的政治、经济权益。这些贷款虽然是大仓组、日本邮船公司、日清汽船公司、横滨正金银行等出面办的,但其背后有日本政府的积极支持。1916年春,久原财阀给孙中山的贷款背后也有军部的积极支持。这便说明,这些贷款表面上是民间财阀的行为,但实际上是日本政府和军部对孙政策的一种形式。

《对华投资论》的特色就在于从政治的角度分析了投资的重要性。这就是说,日本对孙中山和南京临时政府的贷款并不是单纯的经济投资,而是一次政治投资。这与一般的企业投资不同,通过经济投资要达到政治目的。换言之,为达到政治目的而进行贷款,前者是目的,后者是达到目的的一种手段,前者比后者更为重要。由此可谓,在日本的对孙政策决定过程中经济因素(投资贷款)是通过政治因素起作用,日本不会进行政治上不具有积极意义的经济投资。这就是说,对孙政策的决定过程中经济因素服从于政治因素,先从政治上考虑是否提供贷款。但这并不否定贷款带来的经济效益,因为贷款在政治上的效益将带来更大的经济利益。日本在华的一大权益是贸易。日本在华的投资虽有猛增的趋势,但与其他列强相比,不占重要地位。而贸易则不然。中国在日本的对外贸易中占第二位(美国占第一位),1910年日本对华贸易总额为1.58亿日元,占日本对外贸易的17%。② 其中从中国进口6800万日元,

---

① 山浦贯一:《森恪》上卷,(高山青院,1943年版),197~200页。
② 安木重治:《日本在对华贸易中的地位》,见《新日本》1911年12月号,24页。

占第三位;出口9000万日元,占第二位;进出口顺差2200万日元。① 这些数字表明中国在日本的对外贸易中占有重要地位,对华贸易的如何直接影响日本的对外贸易和其国内经济形势。

在此,以辛亥革命为例,说明孙中山领导的革命对中日贸易产生的巨大影响。处于中部中国的长江流域在日本的对华贸易中占有重要地位。1910年日本对中部中国的出口5500万日元,占对华出口的64%;进口4800万日元,占从中国进口的70%。② 在占有如此重要地位的中部中国爆发了武昌起义,并迅速波及长江流域。革命引起的动乱,不仅影响了中国经济,而且直接影响了日本的对华贸易。1911年10月前逐月增长的中日贸易,从11月至历年2月的4个月中,与1910～1911年的同期相比,减少1121万日元,减少率为30%,中部地区则减小1270.6万日元,减少率为57%。从中国的进口则在同一时期减少2320万日元,减少率为60%。中部地区则减少2183万日元,减少率为70%。③ 这一减少无疑是对日本对外贸易的沉重打击。

对华贸易的减少,则导致日本市场上的一些商品价格上涨。例如麻、漆、鸡蛋的价格因进口减少而涨价10%以上。另一方向,因出口的减少,一些企业减产或倒闭。例如火柴出口减少一半,因而一些工厂减产一半,或者倒闭。由于出口的减少,对中国出口中占第一位的棉纱价格暴跌,一些棉纺厂不得不减产,或者停产。由于辛亥革命引起的经济秩序的混乱,日本的对华贸易将近半年受到较大影响,由此蒙受的经济损失也较大。这直接或间接地反映到日本的对华和对孙政策上。日本为了早日恢复中国的安定和对华贸易的正常秩序,要么对立双方之一的孙中山让步妥协(1924年孙中山北上时),要么压服孙中山屈服于与他对立的另一方(1917～1922年南北对峙时期),要么孙中山避开冲突(如1913年二次革命时期)。这便说明,虽然在投资贷款中政治因素起重要作用,

---

① 安木重治:《日本在对华贸易中的地位》,见《新日本》1911年12月号,24页。
② 安木重治:《日本在对华贸易中的地位》,见《新日本》1911年12月号,26页。
③ 八木生:《对华贸易的恢复》,日本外务省通商局,日本外务省外交史料馆藏。

但在贸易领域里经济因素起更重要的作用,从某种意义上来说,政治因素服从于经济因素。

从上述事实中得出:日本在决定对孙政策的过程中,经济因素起作用,但有时服从于政治因素,通过政治因素发挥作用;但有时政治因素服从于经济因素。总之,经济因素不是单纯的一个因素,而是与政治因素结成不解之缘。

综上所述,日本的对孙政策是在维护和扩大日本在华殖民权益的原则和大前提下,各种因素起复合性的多样的作用,有时其中的一两个因素起特别重要的作用,有时另一个因素起特别重要作用,因此,在分析日本对孙中山的政策时,特别要注意一个政策中所包含的各种因素的相互关系及它们的复合性的综合作用,对具体政策要进行具体分析,绝不能一概而论。对日本决定对孙中山政策过程中起作用的诸因素上述分析,不仅对日本的对孙政策的解剖有积极的意义,而且对孙中山的对日言论和态度的理解也有很大启迪,因为这两者是相互矛盾和统一的对立体。

五、孙中山与日本人士

孙中山在三十余年的革命生涯中,三分之一时间居住在日本,并把日本当作革命活动的基地之一。孙中山在其革命活动中,为得到日本政府、军部、政界、财界、大陆浪人的支持和援助,频繁与日本各界人士往来,并和其中的一些人结成友好关系。孙中山与日本的关系是通过这些人士结成的。所以研究孙中山与日本人士之间的关系,在研究孙中山与日本的关系中占有重要地位。但是,我们一提起孙中山与日本人士的关系,往往只涉及宫崎滔天、犬养毅、头山满等有限的几位。其实不然,孙中山在其革命活动中所接触的日本人士不只是这几位。在迎接孙中山诞辰一百二十周年(1986年——编者注)之际,笔者再介绍一下和孙中山有来往的菅原传、中川恒次郎、南方熊楠、秋山定辅、桂太郎等人,以便扩大研究范围,全面考究孙中山与日本的关系。

1. 孙中山与菅原传

　　思想是行动的指南，有思想，才有行动。和人接触是一种行动，而行动是有目的的。孙中山与日本人士的接触也是如此。

　　1894年孙中山撰写《上李鸿章书》是他从事革命活动的标志，也是孙中山在思想上和日本发生关系的起点。1868年明治维新后，日本逐步变成近代化国家。这在亚洲是破天荒的第一次。亚洲各国的有识之士皆敬仰维新，力图走上维新之路。孙中山也不例外。他在《上李鸿章书》中写道："夫人能尽其才则百事兴，地能尽其利则民食足，物能尽其用则材力丰，货能畅其流则财源裕。故曰：此四者，富强之大经，治国之大本也。……试观日本一国，与西人通商后于我，仿效西方亦后于我，其维新之政为日几何，而今日成效已大有可观，以能举此四大纲而举国行之，而无一人阻之。"①这说明，孙中山从改革中国的爱国之心出发，仰慕日本的维新。也是他在革命初期与日本人士接触往来的一种思想基础。

　　同年6月，孙中山抵天津，呈递上书，但李鸿章不予理睬。上书不成，就走上革命之路。是年10月，孙中山经由日本抵檀香山；11月成立中国第一个资产阶级革命团体——兴中会，从事革命活动。檀香山有许多日人，其中也有政治家，在日人中从事政治活动。日人的政治活动与孙中山的革命活动，虽有不同之点，但在变革各自国家的目的上是相同的。这使孙中山在檀香山与日本的政治活动家接触并来往。孙中山在革命生涯中第一次接触的日本政治家是菅原传。

　　菅原传（1863—1937）是陆前远田郡涌谷村人，上过日本帝国大学。1886年渡美，在美国大学读书。当时日本国内正掀起自由民权运动，他在美加入了主张自由民权的自由党，在旧金山成立爱国同盟会。回国后，办该会刊物《十九世纪》。1893～1895年，他又渡美。孙中山便是在这个时期与他结识并开始往来的。

---

①《孙中山选集》，人民出版社1981年版，第9页。

菅原在孙中山的革命活动中虽然不占重要地位，但孙通过他结识了许多日本人士。从这种意义来说，菅原在孙中山的革命活动中占有一定的地位。1895年10月广州起义失败后，孙中山于11月17日偕陈少白、郑士良抵横滨，成立兴中会分会，开展革命活动。孙中山在这一异国他乡和菅原重逢。菅原殷切地招待了孙中山。12月中旬，孙中山要赴檀香山，郑士良要回香港，行前孙中山请菅原多加关照陈少白。于是，菅原把陈少白介绍给曾根俊虎①。曾根俊虎经小林樟雄的介绍，和宫崎滔天相识。曾根又把陈少白介绍给宫崎滔天。1897年7月，宫崎滔天通过陈少白和孙中山相识。孙中山又通过宫崎滔天结识了犬养毅、头山满、大隈重信等日本朝野各界人士。孙中山结识日本朝野各界人士有其历史的必然性，但在檀香山和菅原传的偶然相遇，却成为这一必然的连锁性反应的起点。从这点来说，我们不可忘记菅原传。

1900年10月6日，郑士良按孙中山计划，在惠州三洲田起义。孙中山在台湾要求台湾总督儿玉源太郎和民政长官后藤新平帮助解决军械运回国内。但10月19日成立的伊藤博文内阁致电台湾总督，不许其向孙提供军械。孙得知此情况后，于10月23日特意致函菅原传，内称："闻贵同志已握政权（按：指伊藤内阁成立），而吾人义兵亦起……今特托足下代转求贵同志政府暗助一臂之力，借我以士官，供我以兵械，则迅日可以扫除清朝腐政，而另设汉家新猷矣。"②这里也可以看出，孙中山对菅原传是很信任的。

菅原传于1898年在宫城县当选为日本众议院议员，此后连续当选达十六次。1924年，日本的第一个政党内阁——加藤高明内阁成立后，他任海军参与官，在日本政党政治舞台上活跃过一个时期。

---

① 曾根俊虎是原海军少尉，在参谋本部海军部任过职。他在中国搞过军事调查，撰写过《中国近世乱志》《诸炮台图》《法越交兵记》等书。1884、1885年，他曾在中国和哥老会一起，搞过起义计划。他与宫崎滔天的二兄弥藏有结交。他辞去海军之职后，热衷于研究中国问题，可谓日本的"中国通"。
② 佚名编：《总理遗墨》，第54～56页。

1913年至1916年孙中山在东京时,菅原传数次访孙中山叙旧。可见,孙中山与菅原传的交往有十余年的历史。

2. 孙中山与中川恒次郎

孙中山在其革命活动中,和日本的官方机构第一次接触是在何时?第一个接触的官方人士是谁?是1895年3月1日,孙中山登门日本驻香港领事馆,拜访中川恒次郎领事。

1895年1月,孙中山从檀香山回香港,联合三合会,准备在广州起义。起义需要武器,孙中山的兴中会和会党三合会,除在反清问题上有共同之处外,在获得外国武器方面也有共同的利害关系。当时从中国国内获得新的武器是办不到的,只有依靠外国。孙中山与外国及海外华侨有来往,有通过他们获得武器的可能。但三合会是土生土长的会党,没有孙中山和兴中会那样的海外关系,因此想通过孙中山获得新的武器。这样,解决武器问题变得更为迫切。孙中山为解决武器问题,经日人介绍,3月1日毅然登门日本驻香港领事馆,会见了中川恒次郎领事。此后,孙中山数次去日本领事馆。中川领事就把孙中山所谈的情况及对孙中山、三合会应采取的政策,于3月4日和4月17日向通商局局长原敬报告。[①] 据此报告可知,孙中山向其说明了他欲与康祖诒、吴汉涛、曾纪泽之子等人在广东推翻清朝统治,而后建立"共和国"之意图,希望日本提供二万五千支步枪和一千支短枪。但中川没有支持孙中山,没有答应向其提供武器的要求。

中川为什么没有支持孙中山?其理由有三条:

一、中川认为,起义领导人没有才干和威望,各派之间的联络也不充分,起义的准备也不完备。因此他称孙中山的两广独立后建立"共和国"之说为"空中楼阁。"

[①] 原敬文书研究会编:《原敬关系文书》第2卷,日本放送出版协会1984年版,第392～393、395～397页。

二、中川认为,当今日本没有向各处扩大势力的余地。即使在此地举事,开放内地,日本国民也不可能在此地扩大通商,相反,他国商人却可坐享渔人之利。

三、中川认为,此时日中两国正在下关交涉甲午战争的媾和问题,在媾和条约中必定涉及开辟新商港等问题。言外之意是,用不着通过对孙中山起义的支持来扩大日本在两广的权益。①

据这三条理由,日本虽然没有支持孙中山,但指出"若清国在北方聚集军队,坚决抵抗我方,则在南方让彼(指孙中山——笔者注)等举事。这不失为造成后顾之忧,以消其势之一策"。② 这就说明,日本政府即使"支持"孙中山,提供武装,也是从日本的利益出发的。日本是想借孙中山的起义牵制北方的清政府,以便达到甲午战争的目的。

无产阶级革命也好,资产阶级革命也好,近代的任何革命运动都需要国际上的声援和援助。孙中山的革命也不例外。那么,孙中山为什么想得到日本的援助?首先,据《上李鸿章书》来分析,这时孙中山对日本有了解,希望中国也像日本那样早日建立近代化的国家。因此对日本抱有希望,希望日本支持他推翻清朝,建立共和国。其次,革命领导人在发动起义时都会考虑起义的客观条件,尽量选择对己有利的时机发动起义。孙中山也不例外。此时正是中日甲午战争时期,李鸿章和日本的伊藤博文、陆奥外相在下关交涉媾和条约,清朝和日本的矛盾空前激化。把推翻清朝统治作为革命第一目标的孙中山,无疑考虑过利用这一矛盾。再次,日本距中国近,且是个军国主义国家,有武器。这三种因素,促使孙中山想从日本那里得到武器的援助。

但是,日本没有"支持"孙中山,没有提供武器。如果孙中山的起义能够推翻清朝统治,而且有利于日本的对华政策,那么,孙中山与日本的不同目的在一定的历史条件下暂时达成一致的可能性是存在的。但当

---

① 原敬文书研究会编:前揭书,第2卷,第392~393、395~397页。
② 原敬文书研究会编:前揭书,第2卷,第393页。

时没有具备这两种条件。因此,孙中山从日本得到武器的目的未能实现。

甲午战争后,情况则发生变化。日本在甲午战争中打败了清朝,迫使其割让辽东半岛。但是,在俄、德、法三国干涉下,把辽东半岛一时归还给中国。这便说明,日本虽然是战胜国,但它不是真正的强国。它怕列强,怕中国,怕沉睡的狮子——中国在甲午战争的刺激下猛醒过来,向日本报复。因此,日本采取种种措施,防止中国强大起来。其一计便是利用中国南方的哥老会、三合会等会党,从背后牵制清政府。①

日本在侵华政策中利用会党和各种秘密结社是由来已久的。前述的曾根俊虎是其先驱之一。据他说,日本陆军参谋本部于1884年派小泽溪郎(化名泽八郎)在福州一带和哥老会联系,企图一举占领福州。甲午战争时,研究、调查会党和秘密结社的著作相继问世,如1894年9月出版的宫内猪三郎的《清国事情探检录》,1896年12月出版的小说《释元恭》等。这些著作和小说都涉及哥老会等会党,提出日本要在对华政策中利用它们的问题,并很快反映到甲午战争后日本政府的对华政策之中。

日本政府决定,利用中国的会党,从南方牵制清政府。为此,先要调查中国的会党和其他秘密结社。由于日本政府直接出面调查此事会影响和清朝的关系,故负责此项工作的外务省从其秘密经费中拿出一笔费用,交犬养毅办理此事。犬养毅便让宫崎滔天、平山周、可儿长一,三人去中国南方调查。宫崎滔天在中国的调查不太顺利,但获悉孙中山从英国回到横滨的消息,于是他立即搭船回横滨。

宫崎滔天在横滨找孙中山的最初目的是为调查会党和秘密结社。兴中会也是反清的革命团体,因此宫崎滔天把孙中山也当作秘密结社的一位领导人。宫崎滔天和平山周见到孙中山后,立即去东京,向犬养毅

---

① 吉野作造:《日华国交论》,见《吉野作造博士民主主义论集》第6卷,新纪元社1947年版,第13～14页。

报告了调查和见到孙中山的情况。犬养听后颇为高兴,说:"这实在是好的收获。无论如何,去见外务次官小村寿太郎,说刚回来。并把孙在横滨之事也告诉他。对大隈[外相]由我说。是否让小村见一次孙?"①宫崎滔天同意,立即跑到外务省,对小村外务次官说:"此次带来了孙,这比中国秘密结社的千百份报告都要实在。若需要,明日即可陪他来,请尽速会见。"②可是小村次官不敢会见孙中山,让宫崎滔天把他隐藏在横滨附近。宫崎滔天把小村的意见转告犬养。犬养听后大为生气,立即跑去,说服外务省。结果以外语教师的名义,请孙中山到东京居住。

在历史发展中,目的和结果有时是一致的,但有时是完全相反的。宫崎滔天初见孙中山的目的和后来与孙中山的关系是完全相反的。滔天在孙中山的共和思想感召下,逐渐与孙中山的思想产生共鸣,开始支持孙中山的革命事业。对此,犬养毅说,去拿木乃伊的反被木乃伊抓住了。这一事实说明,孙中山与宫崎滔天的初次相见也打下了这一时代的烙印。

从孙中山见中川领事到宫崎滔天见孙中山的三年里,日本对孙中山及其革命党的态度和政策发生了变化。但这一变化中不变的是日本的侵华政策:对日本的侵华政策有利便支持孙中山,对日本的侵华政策不利则不支持。这就是日本政府对孙政策的根本原则。这一原则从1895年孙中山第一次和日本官方机构接触以来一直没有变。孙中山与日本的香港领事中川恒次郎的接触,便说明了这样一个道理。

3. 孙中山与南方熊楠

孙中山和日本人的接触是多种多样的。他不仅与政界、军界、财界和大陆浪人接触,而且和日本的知识分子也有来往。

孙中山结识的日本知识分子中,有一位叫南方熊楠。南方熊楠

---

① 宫崎滔天:《清朝革命军谈》,见《宫崎滔天全集》第1卷,平凡社1971年版,第259~260页。
② 宫崎滔天:《清朝革命军谈》,见《宫崎滔天全集》第1卷,第260页。

(1867—1941),和歌山人。他是世界上有名的大生物学者。17岁入东京大学预备校,1886年渡美上大学。他是一位黏菌专家,提出有关黏菌的报告150余篇。同时又博学多才,除生物学外,还研究民俗、考古、天文,会英、法、德、俄、意、汉等多种语言。他撰写的《远东的星座》一文,1893年在英国获得伦敦学会的一等奖,一举成名。

孙中山于1897年3月16日,在英国的大英博物馆东方图书部主任道格拉斯的办公室初次见到南方熊楠。① 而南方熊楠早在1896年11月9日,通过孙中山被囚禁于清驻英使馆之事,便闻知孙中山的大名。②

据南方在伦敦时的日记,孙中山与南方会晤二十四次。两人不是在大英博物馆,就是在南方住所会晤,或者一道去参观,或者游园,或者一起去餐馆用餐,关系密切。南方同情孙中山的革命事业,对孙热心相助,在孙中山即将离开伦敦经加拿大赴日本时,设法协助孙中山。6月29日,南方偕孙访镰田荣吉,请镰田把孙介绍给日本的冈本柳之助。镰田写道:"持有此信的中国人孙逸仙去东京,请接洽。"③同一天晚上,又访田岛担,请他把孙介绍给日本的菊地谦让。翌日,又把将孙介绍给佐藤寅次郎的信交给了孙。南方的这种热情协助,无疑是孙中山赴日,把日本作为革命活动基地的一个因素。

孙中山对南方的同情、协助颇为感激,离伦敦前夕,即6月27日,挥笔写下"海外逢知音南方学长属书香山孙文抒言"一词,赠送给南方,表达他对南方的谢意。④

孙中山与南方熊楠的此种友谊,是有思想基础的。南方在美国大学中途退学,作为马戏团的职员周游中美、南美、墨西哥、西印度群岛、古巴等地,还在古巴当过革命军的士兵。这种经历对南方的思想是有影响的。1897年孙中山初次见南方时问他:"一生之所期为何?"南方答:"愿

---

① 《南方熊楠全集》别卷2,平凡社1973年版,第77页。
② 《南方熊楠全集》别卷2,第230页。
③ 《南方熊楠全集》别卷2,第65~66页。
④ 《南方熊楠全集》别卷2,第93页。

我东方人一举将西洋人悉逐于国境外。"①南方是民族自尊心很强的人,对西洋人入侵东方,深觉厌恶。1897年11月,德国以教案为借口侵入山东。南方认为:"有德国人占领胶州湾之事,东亚民族为之气焰不昂。"②其时大英博物馆里有人轻侮南方,南方一怒之下,在500余名读者面前痛殴其人。这表明,南方有东洋人的正义感,性情刚直豪迈。

孙中山于1897年7月2日离开伦敦,8月16日抵东京。南方于1900年10月15日回到日本。南方得知孙中山居住在横滨,即致书约见。此时正是惠州起义失败,孙中山刚从台湾回横滨不久。但是,12月11日孙中山复函南方:"欣闻回抵故乡,至为快慰。至盼尽早与君相见,互相诉说近数年来个人情况。我于上月甫自台湾归来,可能不久又将离此他往,但如君不能前来东京,我在启程前当前往拜访。"③孙中山于翌年2月13日,偕兴中会横滨分会干部温炳臣,同往和歌山拜访南方。南方设宴招待孙。两人欢谈数次。15日孙中山离和歌山。南方特到车站握手话别。

同年4月9日,孙中山离日本赴檀香山。因念念不忘南方,在檀香山采集地衣标本,赠送给南方。南方获得这一珍奇植物,欢喜若狂,立即致书孙,询问地衣生长的环境。孙中山6月17日回到日本后,7月1日致函南方,告其生长的环境。

1911年10月10日武昌起义爆发。南方获悉起义消息后,于10月14日致书柳田国男,谈及此事,说如形势稳定,想去中国看一看。④南方和孙中山曾有约定:"如他(指孙中山——笔者注)的事业成功,把广州的罗浮山搞成世界性的植物园。"⑤为实现这一约定,南方表示"如他的地位早日稍微稳定……想去他的国家"⑥,并致书友人,多次表示去中国的意

---

① 《南方熊楠全集》别卷2,第196页。
② 吴相湘:《孙逸仙先生传》上册,远东图书公司1982年版,第198页。
③ 吴相湘:《孙逸仙先生传》上册,第317页。
④ 《南方熊楠全集》第8卷,第180页。
⑤ 1911年11月16日南方致柳田国男函。
⑥ 《南方熊楠全集》第8卷,第370页。

愿。这表明了南方对孙中山革命事业的同情和对革命后中国的期待。

饮水不忘掘井人。1913年2月孙中山访日,致谢曾经协助其革命事业的日本人士。此刻,孙中山也没有忘记南方这位学者,他通过伊东代知转告南方:到和歌山看望老友。但这时南方患眼病,行动不便,因此两人未能重逢。

孙中山与南方熊楠的友谊和交往,表现了孙中山对日本人民的深情厚谊,以及他尊重科学、尊敬科学家的精神。

4. 孙中山与秋山定辅

秋山定辅是一般中国人不大熟悉的人,但他是曾经协助孙中山革命事业的日本友好人士,在孙中山的革命活动中占有一定的地位。

秋山定辅(1868—1950),冈山县仓敷市浜田町人。1890年东京帝国大学法学科毕业,1893年创办《二六新报》,四次当选为众议院议员,在日本的报界和政界有一定的影响。

孙中山与秋山定辅交往已久。1899年,秋山经中西政树①和宫崎滔天的介绍,和孙中山相识。秋山与孙的相识和"布引丸"事件有关。1899年正是美西战争时期,孙中山为援助菲律宾起义军争取民族独立的斗争,在日本购买一批武器弹药,运往菲律宾,并将此事委托给犬养毅。犬养毅又委托中村弥六代办。中村弥六是长野县出身的议员,他通过大仓喜八郎,从大仓商事会社购买了一批军械,而大仓商事会社是从日本陆军购买的。可是,把这批军械运往菲的"布引丸"赴菲途中,在浙江马鞍岛海面上沉没。沉没的原因,有两种说法:一是触礁,二是遇上暴风雨。这是表面现象。其实,这一事件是中村捣鬼的人祸。中村从大仓商事会社购买的是不能用的枪支弹药;陆军也是把它按不能使用的废铁价钱卖给大仓商事会社的。但中村贪财,把它作为能使的枪支弹药来卖给孙中

---

① 中西政树(1857—1922),明治初上东京学汉学。作为日本外务省所派的留学生在北平的日本公使馆学习汉语,后成为大陆浪人,在甲午和日俄战争时期颇为活跃。

山,从中捞了一笔钱。中村为掩盖这一丑行,故意雇了船主也不敢保证的破旧小船"布引丸",致使它在航行中沉没。① 后来日本的《万朝报》揭露了这一内幕,引起强烈的社会舆论。因为此事,中村弥六辞去一切公职。

当时,秋山不认识孙中山,但他读了这一报道后非常气愤,并同情被骗的孙中山。恰在此时,中西政树和宫崎滔天来,谈及"布引丸"事件,并"希望一定见孙文"。② 秋山出于同情,和孙中山会晤。

孙中山在中国民主革命中的领袖地位是在民主革命的发生、发展过程中逐步形成的。因此,秋山对孙中山的认识也有一个过程。秋山见孙中山后,开始不大相信他能领导中国革命,因此,从各方面考察孙中山。例如,他认为孙中山体弱,其体质不能承担领导革命的重任。因此,秋山先试他的体质。有一次,秋山偕孙中山从神田的锦町徒步去筑地本愿寺附近请他吃饭。这一路较远,但孙中山走得很快,且走到目的地。从此,秋山相信孙中山有领导革命的体质。后来,孙中山还参加过秋山组织的摔跤运动(其名单中有孙逸仙的名字)。③ 秋山从中学起受欧美教育,英语较好,因此,两人都用英语交谈。这更加深了秋山对孙中山的理解。秋山在自述中说:"随着交往的加深……我了解了孙文所具有的伟大的天赋、革命的指导精神、坚强的意志、洋溢的热情、值得尊敬的信义及其他长处和优点"④,并得出:"实际上完成中国革命的人,具有其实力和资格的人,除孙文之外没有第二个人"⑤。这样秋山对孙中山的认识,从感性到理性,从革命的角度协助了孙中山的革命事业。

1905 年 8 月 20 日,同盟会在东京成立,成立大会是在东京赤坂区灵

---

① 《宫崎滔天全集》第 1 卷,第 510 页。村松梢风:《秋山定辅自述》,大日本雄辩会讲谈社 1938 年版,第 266~271 页。
② 村松梢风:《秋山定辅自述》,第 272 页。
③ 樱田俱乐部编:《秋山定辅传》第 1 卷,第 86 页,1977 年。
④ 村松梢风:《秋山定辅自述》,第 280 页。
⑤ 村松梢风:《金·恋·佛》,关书院 1948 年版,第 19 页。

南的日人坂本金弥①宅召开的。坂本为何给成立大会提供此种方便？这与秋山有关。坂本是秋山的好友。秋山的《二六新报》1895年6月因财政困难一时停刊，1900年2月复刊。复刊时坂本提供了一笔资金。1904年7月秋山在成立研究亚洲问题的樱田俱乐部时，坂本又提供了经济援助。1905年，坂本任东京二六新闻②社社长。这些事实说明，坂本与秋山的亲密关系非同一般，坂本支持孙中山的革命活动，提供同盟会成立大会的会场，是在秋山的影响和支持下做的。从某种意义上来说，秋山也支持了同盟会的成立，做了有益于中国民主革命的事。

同盟会成立后，准备发行《民报》，需要印刷机。孙中山找办报的秋山帮助解决。秋山欣然答应，从东京京桥的金津机械屋购买印刷机，赠送给孙中山。几天后，孙中山又请其帮助解决铅字及字版架，秋山一一答应，并及时送往。可见，中国资产阶级民主革命史上起过重要作用的《民报》，是在秋山定辅的直接热情帮助下问世的。我们在迎接《民报》发行八十一周年之际，衷心地怀念这位友好人士。

秋山与宫崎滔天等支持孙中山的大陆浪人也有密切关系。宫崎滔天的《三十三年之梦》最先是在秋山的《二六新报》上连载的，他本人也在二六新闻社工作过。1906年9月，宫崎滔天、萱野长知等创办《革命评论》，介绍了中国和俄国的革命。他们把每期出版的《革命评论》赠送给秋山。③ 宫崎滔天和秋山的此种关系也说明了秋山与孙中山以及中国民主革命的关系。

同盟会成立后，孙中山与秋山定辅的关系愈加密切。1906年10月6日，孙中山挥笔写下"得一知己可以无憾秋山定辅先生孙逸仙"，赠给秋山。不知何时，孙中山还赠送了"允执厥中"一词。这些条幅，秋山定辅

---

① 坂本金弥(1865—1923)，冈山县人。在法国法律私塾学过法律。1889年，和入江武一郎、冈本佐一等一起成立鹤鸣会，从事政治活动。1891年把鹤鸣会改称备作同好俱乐部，并创刊《进步》杂志，后改称《中国民报》。他又是实业家，经营过带江矿山和大岛冶金厂。曾为众议院议员。
②《二六新报》1904年4月更名为《东京二六新闻》。
③《宫崎滔天全集》第5卷，第465页。

之子秋山一当作至宝,完整保存至今。

　1911年10月武昌起义爆发。孙中山与革命党为解决革命所需的资金和军械,通过各种渠道,借日本的贷款。据秋山说,他通过与三井的元老益田孝、中上川彦次郎等要人交涉,为孙中山借款三百万日元。具体手续是三井物产公司上海支店长藤濑政次郎及高木陆三郎和南京临时政府办理的。借款抵押是大冶铁矿。① 这笔借款后来是南京政府从横滨正金银行借八百万日元偿还的。这是秋山单独办的,还是和其他人一起办的,一时搞不清楚。三井财阀贷款给孙中山是对中国的资本输出,是经济侵略的一种形式。但对秋山来说是为了支持和协助孙中山的。同一种现象中包含着两种目的,应该加以区别。

　1913年2月,孙中山访日。其目的:一是答谢曾协助他的革命事业的日本朝野人士,二是考察日本的铁路等经济事业。孙中山原计划1912年秋访日。据《大阪每日新闻》的报道,孙文一行于11月13日搭春日丸由上海启程,经神户上东京。当时东亚同文会、中国问题研究会、神户商工会议所等团体相继做出迎接孙中山的决定,并做好了准备。宫崎滔天也直接参与了接待的准备工作。但执政的西园寺公望内阁决定,即使孙中山访日,日本政府的首相、陆海军大臣等政府要人也不予接见。言外之意是不欢迎孙中山访日。其原因是:一、日本和列强已经承认和支持了袁世凯,如果把孙中山作为国宾欢迎则必然影响和袁世凯及列强的关系;二、如秋山分析,日本的官僚和军阀厌恶革命,忌讳革命家。② 而且孙中山是共和主义者,和日本的天皇制对立,因此更加不受欢迎。

　孙中山即将访日,但日本政府不欢迎。应该怎么处理为好?此时桂太郎出面,找秋山定辅,让他到上海说服孙中山,暂缓访日。桂太郎是否受西园寺首相委托办理此事?尚不清楚。据秋山分析,桂太郎此时有建立对华国策的宏大抱负,如孙中山访日而政府要人不接见,会使孙中山

---

① 村松梢风:《金·恋·佛》第28、29页,《秋山定辅传》第2卷,第39、55页。
② 村松梢风:《金·恋·佛》,第50~51页。

感到莫大的失望,且损害日中两国将来的命运。因此桂太郎对此非常痛心,①请秋山立即赴上海,说服孙中山暂缓访日。秋山欣然答应了。②

秋山以去京都观赏红叶为借口,准备偕夫人悄悄赴上海。但离东京前夕,三井财阀的三井八郎右卫门等请秋山赴晚宴。秋山去三井宅时,桂太郎也在座。③ 这说明,孙中山访日之事和三井也有关系。三井财阀借孙中山来日之机,想成立日中合办的投资公司——中国兴业股份公司。④ 因此借秋山赴上海之机,插了一手。

秋山夫妇抵上海后,三井物产公司的上海支店长藤濑政次郎迎接并接待。秋山夫妇住在法租界的三井公寓。孙中山也在法租界。秋山去孙宅,说明来意,并说服孙中山暂缓访日。孙中山听到后,颜色更变,他说,一切都准备就绪,二三天后搭春日丸启程,坚决不同意秋山的意见。秋山未能说服孙中山。第二天,孙中山来三井公寓访秋山。孙中山说,不接见那些政府要人也可以,只去见见曾住宿过的房东大娘也可,此外还想登富士山。秋山拿出孙中山赠送他的"得一知己可以无憾"一词来说服他,但孙中山还是不同意。秋山最后以革命尚未成功的道理终于说服了孙中山,并约定一年后再访。⑤

孙中山出于政治原因暂停访日,但致电宫崎滔天:"因病延期日本之行。"⑥滔天当时不知道其内幕,一时不理解其本意。

秋山回国后,以桂太郎为中心,积极活动。⑦ 恰巧是年12月反对孙中山访日的西园寺内阁下台,21日桂太郎组阁。桂太郎支持和同意孙中山访日。孙中山于1913年2月14日,作为日本的贵宾访问了日本。

孙中山访问日本的前后,在日本爆发了第一次拥护宪政运动,即大

---

① 村松梢风:《金·恋·佛》,第51页。
② 村松梢风:《金·恋·佛》,第49~53页。
③ 村松梢风:《金·恋·佛》,第54~55页。
④ 参阅《孙中山和他的时代》(下册),中华书局1989年版,第162~166页。
⑤ 村松梢风:《金·恋·佛》,第64~65页。
⑥ 《宫崎滔天全集》第1卷,第511页。
⑦ 《宫崎滔天全集》第5卷,第548页。

正政变。此次运动是以报界为中心的资产阶级民主运动,反对藩阀统治,要求实现议会政治和政党内阁制,斗争锋芒直指桂太郎的藩阀内阁。桂内阁在此次运动冲击下,于孙中山抵日的前三天即 2 月 11 日下台;2 月 20 日,海军大将山本权兵卫组织新内阁。但孙中山访日之事已在桂内阁时期决定,孙中山照计划实现访日,并和桂太郎举行了重要的政治会谈。孙中山与桂太郎的会谈是这次孙中山访日的一大收获。此次会谈的内容,尔后评述。

二次革命失败后,自 1913 年 8 月至 1916 年 4 月孙中山居住在日本。这一时期,和孙中山形影不离的日人是萱野长知、山田纯三郎、和田端等人。1915 年 3 月,秋山当选为国会议员,在日本政界也有一定的影响。因此,孙中山曾数十次亲自去东京大井土佐山的秋山宅访问过他。在日本外务省的档案中,对其访问的日期和时间,有较详细的记载,但会谈内容则无记载。

这时期孙中山在日准备第三次革命,争取日本政府和军部在资金和军械上的援助。但日本方面怕影响对袁世凯的关系,没有"援助"孙中山。1915 年年底,中国西南地区相继宣布独立掀起反袁运动的高潮。这时,日本政府和军部的对华政策从支持袁世凯转变为反对袁世凯。为此日本政府和军部"支持"和利用孙中山与革命党反对袁世凯。于是日本财界也跟着改变态度,向孙中山提供贷款。此时,居正在山东举兵,陈其美在上海准备起义,孙中山急需一笔资金和军械。此时帮助孙中山解决燃眉之急的是秋山定辅。据日本外务省档案的记载,1916 年 3 月 10 日,孙中山从日本久原财阀借到了一笔贷款。[①] 据秋山自述,秋山从中起了重要作用。辛亥革命时期,三井、大仓组等财阀曾经向孙提供过贷款,但孙中山未能巩固革命,革命的成果被袁世凯窃取了。因此,这些财阀不敢再给孙中山贷款。于是秋山想找久原财阀,但他和久原没有交往。秋山的同乡加藤达平在久原矿业公司任工程师,深得久原房之助的重用。

---

① 《孙文动静》乙秘第 375 号,1916 年 3 月 11 日,日本外交史料馆藏。

秋山通过加藤达平,把希望给孙中山贷款之意转告久原房之助。久原即刻同意,并到秋山宅会晤秋山,商议贷款之事。此后,孙中山和秋山在久原处商定贷款七十万日元。但久原给孙中山送来的是八十万日元。① 孙中山将四十万日元通过台湾银行立即汇给上海的陈其美,用于革命活动。当时孙中山和陆军参谋次长田中义一也有接触,并准备给山东的居正和汕头地区送一批武器。这便说明,孙中山是用这笔贷款从日本陆军购买了一批武器。

久原财阀给孙中山贷款的目的是扩大在中国的经济权益。因此,借款不能不抵押权益。抵押的是四川省的矿山权益。加藤是矿业工程师,曾在四川省进行过探矿活动。可见,这一抵押和加藤达平有关。

这时期,孙中山最得力的助手之一是陈其美。秋山虽然支持孙中山的革命活动,但除孙中山之外,与其他革命党人不大来往。秋山在孙中山的介绍下认识了陈其美,并和他有了来往。陈其美给秋山留下了非常深的印象。他说,"陈君对我来说实在是不可忘记的人,是怀念、喜欢、可惜"②的人。秋山评价陈其美是非常谦虚的革命的实践家。1915年,陈其美离开东京回上海,领导国内的革命。临行前,陈其美访秋山。秋山设便宴送行。陈其美非常感激他对于孙中山和中国革命的支持,写下"道义行天下秋山先生属陈其美"一词,赠送给秋山纪念,表达了陈其美对秋山支持孙中山和中国革命的谢意。秋山非常喜欢这一题词,把它当成至宝保存,并在中国客人来访时把它特意挂在屋里,以表达秋山对陈其美的怀念和钦佩之情。

1924年11月,孙中山访日,在神户做了"大亚细亚主义"的演说。秋山亲自到神户,拜访孙中山。孙中山此时已经身体欠安,只喝菜汤。秋山劝孙中山,去九州别府温泉疗养。③ 孙中山答道,去北平办完事后再回

---

① 村松梢风:《金·恋·佛》,第40~46页。
② 村松梢风:《金·恋·佛》,第30~31页。
③ 村松梢风:《金·恋·佛》,第124~125页。

到别府疗养。① 孙中山进北平后病情恶化,准备动手术。秋山致电孙夫人,"决不要动手术"②。但这一电报在动手术后的第二天才到孙夫人手中。

3月12日孙中山逝世。秋山接到讣告后非常绝望,他说:"这与其说是孙文之死,不如说是我的死。破灭了,几十年的苦心惨淡和努力化为泡影了。理想也好,目的也好,都被打碎了。眼前变得乌黑,一切希望的曙光都消失了。"③秋山的这一番话表明:秋山对孙中山的期待是多么高!也表明了秋山对孙中山逝世后中国民主革命前途的忧心。

那么,秋山定辅为什么支持孙中山?其思想基础是什么?

首先,秋山是富有正义感的人。人有正义感,才有同情心。他从一开始认识孙中山,"既不是因为理想,也不是因为道理,而是出于同情认识了他"④。同情心是感性的东西。感性是理性的基础,没有感性就没有理性。后来两人的感性认识在相互交往中日益加深,秋山听孙中山的理想和革命哲理就能理解,就能接受。两个人的思想逐渐有了共鸣。后来,如秋山所说:我想说的他就说,他想说的我说,分不清是谁说的。⑤

其次,秋山的正义感和同情心不是单纯的超阶级的,而是与秋山的经历和思想有关。秋山是商人家庭出身,上大学时其父破产,他完全靠自己的勤工俭学学习和生活,并且负担了其父的生活开销。那时,他冬天也穿夏天的衣服,可以说是穷学生。这种生活经历使他了解社会,了解民众,从而产生了进步的思想倾向。这种倾向便表现在1900年2月复刊的《二六新报》上。这时的《二六新报》,反对藩阀的统治,揭露三井财阀,冲击大烟草商岩谷天狗,提倡自由人权,主张废除娼妓。因此,深得社会的支持。《二六新报》与20世纪初的日本工人运动和社会主义思

---

① 村松梢风:《金·恋·佛》,第124~125页。
② 村松梢风:《金·恋·佛》,第126页。
③ 村松梢风:《金·恋·佛》,第126~127页。
④ 村松梢风:《秋山定辅自述》,第275页
⑤《宫崎滔天全集》第2卷,第99页。

潮也有密切的关系。1901年4月3日,《二六新报》在东京向岛主办了工人恳亲大会,两万余工人和群众参加。日本工人运动的领导人片山潜(后来成为日本共产党的创始人)动员六千多名工人参加这次大会。明治时期的社会主义思想家西川光二郎、安部矶雄、荒田寒村及友爱会的领导人铃术文治等都和《二六新报》有过联系。这些都说明,20纪初的《二六新报》确有进步性。因此它的发行量也达十五万份,成为当时亚洲发行量最大的一个报纸。

这一时期的《二六新报》与宫崎滔天也有密切关系。宫崎滔天的《三十三年之梦》和《狂人谭》从1902年2月至10月相继连载于《二六新报》,滔天也于同年10月在《二六新报》工作过。因此,滔天对这一时期的秋山评价较高,称他为工人的朋友,说他如果按这个时期的精神继续奋斗下去的话,就会成为工人之神。滔天还称赞他为和德富苏峰一样的"不易得的人"。① 我们从滔天对秋山的这种评价中也可以看出,他支持和协助孙中山的革命活动的思想基础。

再次,秋山的国际观和亚洲观是他支持和协助孙中山的思想基础。秋山从中学到大学受了西洋文明的影响。他在学校学的是西洋的历史和"弱肉强食"的哲理及生存竞争的进化论。但在1908年2月至8月、1910年夏天至1911年2月两次游历欧美后,他的世界观产生了变化。他开始抵制西洋的哲理。他认为,西洋的"不是吃掉别人,就是被别人吃掉"的世界不是我们理想的世界,"既不吃掉别人,也不被人吃掉的世界是人类的理想。作为一个人,应该遵守的最重要的铁的法则就在于此"②。从这哲理和理想出发,秋山主张"不侵略别人,又不被人侵略"的做法。他说:"被人侵略是侮辱自己,污损家的名誉,侮辱祖先。既不吃掉别人,又不被人吃掉,西洋的道德、哲理、和平就在于此。"③他批评西方列强说:"把无防备的弱的邻居,乘其虚弱之机屠宰,这并不是能耐。只

---

① 《宫崎滔天全集》第2卷,第100页。
② 村松梢风:《秋山定辅自述》,第276~277页。
③ 村松梢风:《秋山定辅自述》,第277页。

有互通有无,才有和平和幸福。西洋人就忘记了这一重要的建国哲理。"①他谴责西方列强对埃及、印度及东方的侵略,希东方人不要学习西洋人的那一套。秋山是1938年即中日战争的第一年作为回忆自述了这一番话的。他没有直接指责日本对中国的侵略,这无疑是不足之处。但在法西斯统治下,公开自述这一番话也是需要勇气的。

秋山从上述的国际观和亚洲观出发,谈了他对推翻清朝统治的孙中山革命的看法。他说:"推翻清朝也可以,搞革命也可以。但在东洋,在中国,有中国独到的哲理和道德。这一哲理不是强者杀戮弱者,以我们的话来说是仁义。革命就是仁义。如果要完成伟大的事业,就自觉地认识其伟大的使命,并抱着将这真理告诉给世界的目的,来进行中国革命为好。"②可见,秋山是抱着一种哲理和理想支持和协助孙中山的。

秋山的这种哲理和理想,和孙中山的哲理和理想有共同之处。孙中山也是富有理想的人。因此,正如秋山所说:"两者的想法完全一致,就共鸣起来了。"③秋山还说,在两人的谈话中,秋山说了多少,孙中山说了多少,后来完全分不清了。而且"哪一个是中国革命,哪一个是日本革命,也分不清了。是孙文的革命?还是秋山的革命?是自己干的,还是被委托干的?也分不清了。当时的心情是孙文是我在中国的代理人,同时,在日本我成为他的代理人,在日本要做的事,不论什么事,都由我来做了。"④这些话难免言过其实,但却反映了秋山对孙中山的友好情谊和两个人的亲密关系。

5. 孙中山与桂太郎

孙中山在和日本政治家、军人的来往中,直接和首相、陆军大将一级的大人物接触并会谈的只有桂太郎一人。

---

① 村松梢风:《秋山定辅自述》,第277页。
② 村松梢风:《秋山定辅自述》,第278页。
③ 村松梢风:《秋山定辅自述》,第278页。
④ 村松梢风:《秋山定辅自述》,第278页。

桂太郎是陆军大将,三次出任首相,在陆军中推行了一系列的改革。任首相时,缔结日英同盟,进行了日俄战争。他是赫赫有名的军人政治家。

1913年2月孙中山访日时,和他举行了数次会谈。孙桂会谈在中国的民主革命及近代中日关系中占有重要地位,而且两人的会谈又涉及对孙中山政治活动的评价,但学界在过去的研究中往往回避这一问题。我们应该正视为好。

要研究孙桂会谈,先要了解其背景及实现会谈的过程。如前所述,孙中山暂缓访日和实现访日,都与桂太郎和秋山定辅有密切关系。那么,桂太郎与秋山定辅又是什么关系?他们的关系与孙桂会谈又有什么关系?我认为,1913年的孙桂会谈是1911年桂太郎和秋山会谈的继续。因此,应先研究秋山和桂太郎的关系及桂和秋山会谈的问题。

桂太郎是日本陆军的鼻祖、山县有朋系的藩阀。《二六新报》和秋山在20世纪初是反对藩阀势力的。因此,桂太郎第一次(1901年6月至1906年1月)和第二次(1908年7月至1911年8月)任首相时,他和秋山是对立的。[①] 尤其是第一次任首相时,即1902年,桂太郎压制了秋山和《二六新报》要举办的第二次工人恳亲大会,并拘留了秋山。[②] 因此,两者更为对立。但秋山两次游历欧美后,他的世界观发生了变化。[③] 变化之一是从反藩阀转变为与藩阀妥协。他考察欧美后认为,日本与欧美相比是小国、弱国,因此现在不是国内各种势力相争而是应举国一致共同对外的时期。这种思想是他与桂妥协的一种原因。变化之二是对东洋文化、文明及精神的重视。秋山考察欧美后认为,欧美的物质文明是好的,但精神文明比东洋差。因此回国后重新学习汉学和佛教,并提倡"既不吃掉别人,又不被人吃掉"的大亚细亚民族大联合的大亚细亚主义。这是他和桂太郎合作的另一种原因。正是以上这两种原因促使了秋山和

[①] 樱田俱乐部编:《秋山定辅传》第1卷,第163~164页。
[②] 樱田俱乐部编:《秋山定辅传》第1卷,第280~286页。
[③] 樱田俱乐部编:《秋山定辅传》第1卷,第111、126~127页。

他昔日的"政敌"妥协合作。

秋山从欧美回国后,将其见闻和想法报告于山县有朋。山县让他和桂太郎商议。这样,秋山和桂进行了三个晚上的通宵会谈。会谈的时间可能是1911年8月以后,即桂太郎辞去首相之后。第一个晚上和第三个晚上谈的是中国问题和世界形势,第二个晚上谈的是秋山与桂太郎过去的关系。据秋山回忆,就中国问题秋山向桂太郎提出:

一、清朝已显衰亡之相,正濒临崩溃。今四亿民众挣扎在水深火热之中。

二、欧美列强将乘机侵略中国,企图把这一亚洲最大民族变为他们的奴隶。

三、孙中山一派革命党直面中国民族危机,正舍命努力,拯救民族,拯救国家。

四、推翻清朝、建设新中国的思想触动了多数有知识的中国青年,培养了一大批力量。

五、中国革命形势是一触即发,日本和中国是同文同种,在中国民众觉醒起来进行革命之际,日本应该援助他们,并且朝着亚洲民族的共同理想迈步。① "这是日本的唯一国策。"②

对此意见,桂太郎表示同意,并且说"没有拿剑解决的意思"③。言外之意是他没有武力解决中国问题的意思。

1921年宫崎滔天在《桂太郎与孙逸仙——媒人秋山定辅》一文中专门提及桂和秋山会谈,说秋山君提出而桂公同意的是:

一、"以解决支那问题为目的,[桂]再度任首相之职。"

二、"任首相之职不应靠天皇的一声令下,而应组织新党,以立宪的态度取天下。"

---

① 樱田俱乐部编:《秋山定辅传》第1卷,第131~132页。《秋山定辅自述》,第402~403页。
② 村松梢风:《秋山定辅自述》,第402~403页。
③ 村松梢风:《秋山定辅自述》,第402~403页。

三、"作为解决中国问题的同士,要与孙逸仙肝胆相照。"①

滔天还说,为实现这三项任务,还成立了新的政党——同志会。

从秋山的回忆和滔天的说法来看,桂和秋山会谈的内容,一是支持孙中山解决中国问题;二是桂和秋山合作,建立新的政党。这两个问题是连在一起的,②是桂和秋山合作的两个方面。如前所述,秋山支持和协助孙中山解决中国问题是真的,但桂太郎对此是否真正同感,尚搞不清楚。

桂与秋山会谈和孙中山访日及孙桂会谈有密切的关系。如果没有桂和秋山的会谈,也许不可能实现孙中山访日和孙桂会谈,因为秋山对孙中山和中国形势的分析与意见,对桂太郎的对华及对孙中山的政策产生了直接影响。从这种意义上说,桂与秋山会谈是孙中山访日及实现孙桂会谈的背景,也是前提。

下面,把孙桂会谈的情况考察一下:

一、会谈的次数。据会谈的翻译戴季陶回忆,是两次共十五六个小时。据秋山回忆,是三次。滔天说是数次。确切的次数,一时搞不清,但可以说至少两次,或者两次以上。

二、会谈的日期。吴相湘的《孙逸仙先生传》,拟为2月16、17日。

---

① 《宫崎滔天全集》第1卷,第511页。
② 为什么说,支持孙中山和成立新政党是联在一起？成立新的政党是什么意思？这时期的日本内阁称为藩阀内阁。藩阀是指明治维新的元老及军阀势力。他们靠天皇的权力,一手组织内阁,独揽日本政治大权。那时日本虽然设有议会,但议会中占多数席位的政党不能组织内阁。随着日本资本主义的发展,日本资产阶级要扩大在政治舞台上的地位,要求实行政党内阁制,实行议会政治,反对藩阀内阁制,拥护宪政运动——大正政变就是这样的一次资产阶级运动。这是日本资本主义发展的必然。藩阀势力之一的桂太郎认识到这一必然发展的趋势。他认为,过去那样完全靠天皇指名组织藩阀内阁的时代已经过去,所以要组织以自己为中心的政党,以政党的力量组织内阁进而适应时代的变化。为此,桂太郎找秋山（秋山是无党派人士）,请秋山协助他组织新党。这是桂跟秋山妥协、合作的一种原因。对秋山来说,要实现自己的大亚细亚主义的理想,不依靠一种政治权力不行。因此,他协助桂太郎组织新党——同志会,进而协助桂太郎组织政党内阁,以便实现自己的理想。后来秋山提出了支持孙中山、实现大亚细亚主义的主张,并说服桂太郎接受。而且秋山相信,桂太郎真的接受了他的主张。两者的目的和主张就这样结成一体。从这种意义上来说,孙桂会谈是桂和秋山妥协、结合的产物,是日本拥护宪政运动时代的产物。

《国父年谱》增订本说是，2月20日和3月2日应桂太郎的邀请赴宴。《秋山定辅传》的编者认为，孙中山2月28日去国府津，3月1日回东京，回东京途中在箱根会谈一次的可能性也有。

三、参加会谈的人。除桂孙外，戴季陶作为翻译参加了会谈，这是确实的。秋山自己在自述中没有说参加，也没有说未参加。《秋山定辅传》的编者认为，桂的女婿长岛隆二和秋山定辅参加的可能性大。因为当时就孙中山问题这两人和桂太郎的关系最近。这也有可能，但不能下结论。

四、会谈内容。对此，戴季陶的《日本论》记载较为详细，归纳起来，桂太郎说了以下六点：①

1. 以日德同盟取代日英同盟，将来与美斗争，打倒其霸权；
2. 以日德同盟为核心，结成日中德奥同盟，解决印度问题；
3. 日本不侵略中国；
4. 日中两国提携，保障东半球的和平；日中土[耳其]德奥提携，维护世界和平；
5. 袁世凯是民国和孙中山之敌，但是，现在立即举事将百害无一利；
6. 全力援助孙中山的铁路干线建设事业。

宫崎滔天在孙中山访日中起了重要作用，因此了解孙桂会谈的内容，据他说："桂公和孙文在东京三田桂邸的一室会晤数次。两人完全是肝胆相照。桂公提出援助孙文实现大东洋政策；孙文提出和日本提携建设新中国，誓要实现他的大亚洲主义主张。"②滔天还说，孙中山结束访日回上海时，虽然排日货猛烈，但孙中山对记者讲大亚细亚主义，力说日中提携。

宫崎滔天之子龙介也在《回忆孙文》一文中提及桂与秋山会谈，说桂提出四条意见。其内容与上述戴季陶书中所忆差不多，但多了一点，即

---

① 戴季陶：《日本论》，台北1954年版，第60～65页。
② 《宫崎滔天全集》第5卷，第548页。

桂以国内舆论为背景,建立大政党,进而组织强有力的政党。①

以上是桂太郎对孙中山所言。那孙中山对桂太郎说了什么?据胡汉民回忆,孙中山说:"就大亚细亚主义之精神言,实以真正平等友善为原则。日俄战前,中国同情于日本;日俄战后,中国反不表同情。其原因:在日本乘战胜之势,举朝鲜而有之。朝鲜果何补于日本?然由日本之占领朝鲜,影响于今后之一切者,不可以估量。此种措施,为明智者所不肯为。"对此桂答道:"余此次受命组阁,仅三月。使余能主政一年,必力反所为,有以报命。"②

1913年8月,二次革命失败后孙中山来日。此时桂太郎患病。他派其女婿长岛隆二给孙中山传话:"我现在患病,病愈后再次拿日本天下。如不拿天下就不能实行真正的誓约。请暂候我痊愈后拿天下之时。"③

但是,桂太郎于是年10月10日病故。桂太郎临终时还说,"我不能倒袁扶孙,成就东方民族独立的大计,是我生平的遗恨。"④而孙中山惊悉桂太郎逝世后也说:"日本现在更没有一个足与共天下事的政治家,东方大局的转移,更无望于现在的日本了。"⑤孙中山准备送花圈,对桂之死表示哀悼,但考虑社会舆论,最后没有送。

宫崎滔天也对桂之死表示惋惜。1921年他说:"对日中两国来说,可谓一大不幸的是桂太郎之死。如桂公还在世,无须说中国革命将如愿告一段落,也不会发生如今日中两国间之葛藤,两国亲善之果实,将令欧美人羡望,但天无情!"⑥

从当事者的回忆和评价来看,桂太郎确实说过支持孙中山,实现中国革命的诺言。听其言,观其行,这是评价历史人物的一种原则。我们不敢轻信日本的大军阀桂太郎的诺言。其目的何在?其真意是什么?

---

① 岩村三千夫等编:《现代中国与孙文思想》,讲谈社1897年版,第108~109页。
② 罗家伦主编:《国父年谱》(增订本)上册,台北1969年版,第496页。
③ 村松梢风:《秋山定辅传》第2卷,第150页。
④ 戴季陶:前揭书,第62页。
⑤ 戴季陶:前揭书,第62页。
⑥ 《宫崎滔天全集》第1卷,第510页。

但我们也不能否定他说的诺言。桂太郎下这一诺言后不久逝世。后人没有见到其具体行动。因此不敢断言。

但不可否定孙桂会谈对孙中山的影响。第一次世界大战爆发后,孙中山主张日德联盟,反对对德宣战,一直把英国当作最大的仇敌。孙中山在孙桂会谈后较为明显地提出废除不平等条约,实现中日提携的大亚细亚主义。

当前史学界,对孙中山的大亚细亚主义有不同的看法和评价。这种不同的看法和评价必然涉及孙桂会谈,涉及对桂太郎的看法。这些问题,一时难于下结论,有待研究。

本章第一节原载于《历史研究》1990年6月;

第二节原载于《近代史研究》1995年第2期;

第三节原载于《近代史研究》1997年第2期;

第四节原载于台湾《国史馆馆刊》1996年12月;

第五节原载于中国孙中山研究会编《孙中山和他的时代》下册,中华书局1989年。

第三章 辛亥革命时期的日本外交

一、辛亥革命时期日本的对华政策

辛亥革命是推翻清朝统治,建立民主共和国的一次革命。辛亥革命虽然没有明确提出反帝纲领,但它推翻了帝国主义在中国的统治工具——清朝,冲击了列强。

纪念辛亥革命五十周年时,史学界的前辈撰写论文,从总体上研究帝国主义列强与辛亥革命的关系,着重揭露帝国主义列强对辛亥革命的干涉、破坏及绞杀。在纪念辛亥革命七十周年时,我们应在继承前人的基础上,对这一命题做进一步的探讨。帝国主义列强是个整体,它是由好几个列强组成的。帝国主义列强虽有帝国主义共性,但由于政治、经济、历史、文化等各种因素的差别,各有不同的特点。而且它们在华的利益也各不相同,相互在争夺。因此在综合性研究的基础上,抓住列强的共性和特性,进一步研究具有典型性的日本、英国等几个列强的对华政策,然后进行比较和综合性研究,从中找出列强对华政策的共同点和不同点,最后总结概括辛亥革命时期列强的对华政策。

本节从这种目的出发,试图剖析辛亥革命时期日本想出兵而不敢出兵的原因及日本对袁世凯、南方革命党人和满蒙的政策,分析中适当地和英、美、俄等列强进行比较,从中找出列强对华政策的共同点即本质性的规律,同时说明列强对华政策的不同之点及其产生的具体原因。

在剖析列强对华政策时不难发现,各个列强对袁世凯和南方革命党人的政策是很不相同的,甚至是针锋相对的。例如对袁世凯,英美是支持他上台掌权,而日本则加以反对。但这一不同的政策却恰恰说明它们都是为了一个目的,即维护和扩大其在华的殖民权益。这个一致的目的便是辛亥革命时期列强对华政策的基本点。至于干涉或者施加压力则是达到此目的的一种手段。本节力求以具体历史事实说明这一基本观点。

1. 日本为什么想出兵而不敢出兵干涉?

辛亥革命时期和义和团时期不同,列强都没有出兵干涉。但分析列强没有出兵干涉的具体情况时则发现:没有出兵这同一个现象背后却有相反的不同情况。在列强中,英、美等本就不想出兵干涉,而日本和俄国则想出兵干涉。英美不仅自己不想出兵,而且牵制想出兵的日本和俄国。结果,整个列强都未能出兵镇压辛亥革命。为何对同一个辛亥革命采取不同的政策?日本是如何想出兵而不敢出兵干涉?下面就此问题进行具体剖析。

革命初期,犹如义和团时期那样,日本是想采取武力手段镇压革命,威压清政府,以达到一箭双雕的目的。用武力进行侵略,这是日本帝国主义的特点所决定的。列宁说,日本是"军事封建性的帝国主义",20世纪初已跨入帝国主义阶段,但保留封建因素甚多,国内市场特别狭窄。这便给日本帝国主义赋予了强烈的对外侵略的军事特点。而且日本和俄国一样,"拥有军事上的垄断权,他们占有极广大的领土和掠夺异族人民如中国人等等的极便利的地位,这就部分地补充和代替了现代最新财政资本的垄断"。① 这便更加促使日本帝国主义发动对邻近国家的侵略

---

① 列宁:《帝国主义和社会主义运动中的分裂》,《列宁全集》第23卷,第114页。

战争。所以一遇机会,就想用武力进行侵略。在日俄战争中,日本用武力割占辽东半岛,攫取南满铁路,占据侵略东北的桥头堡阵地。日俄战争后清政府采取"以夷制夷"政策,利用美英势力抑制日本在东北的侵略。这便引起日本的不满。于是日本陆军的鼻祖山县有朋于1909年4月提出《第二次对清政策》,"如清国依然不改变态度,我们不得不以武力威压它"①。1910年日本陆军省早已预见中国革命运动的到来,并于同年12月拟定了《对清政策方案》。该方案写道,清国不久将发生变乱,列国会出兵干涉。那时日本应成为核心。鉴于义和团时期教训,这次把重点放在"获得战后利益"②上。这些事实说明,辛亥革命前日本已想动用武力。要动用武力,就要寻找机会。辛亥革命便给跃跃欲试的日本军国主义提供了这种机会。

　　1911年10月10日,辛亥革命在武昌爆发,迅速席卷南方各地。日本陆相石本新六在13日的内阁会议上提出:"当清国发生事变时,我国应安于现状? 或者占领某地? 如要占领,则占领何地? 希望决定。"③

　　与此同时,陆军省和参谋本部相继拟定出兵计划。陆军省军务局局长特使田村大尉持有的《关于清国用兵问题》(1911年10月13日),虽然来源不清,但清楚地写道,成都、武昌地区的暴动"便给列强予以干涉的机会,使它们不得不使用武力。当此之际,我国由于政略、国情、地势、交通及其他关系,犹如北清事变(指义和团——笔者)时那样,在列国中不得不占据主宰地位"。④ 该文件接着又写道:"当对清国动武时,第一步要狠狠打击军事战略上的首脑部,同时鉴于战后事宜之考虑,必须占领政略上和经济上的要冲,以便保证(战后应获得的权益)。"⑤而且强调动武时一定要注意战后应攫取的殖民权益,并提出几种设想:"我们以取得南

---

① 栗原健编著:《对满蒙政策史的一个侧面》,原书房1981年版,第82页。
② 北冈伸一:《日本陆军与大陆政策》,东京大学出版会1978年版,第66页。
③ 臼井胜美:《日本与中国——大正时代》,原书房1972年版,第2页。
④ 栗原健:前揭书,第289页。
⑤ 栗原健:前揭书,第289页。

满为满足？或者占据直隶、山西地区,获取清国中部资源？或者扼压长江河口,占领该江的利源及大冶矿山？或者要割让广东、福建省？"①该文件建议,先拟定政治战略,尔后再拟定和政治战略一致的军事战略,以期对清政策不致出错。② 这一文件较集中地反映了扩大殖民权益是目的,武装干涉是达到其目的的手段,说明辛亥革命时期日本对华外交的重点是维护和攫取权益。

10月14日,陆军省次官冈市之助在致参谋本部次长福岛安正的书简中也写道:"尤其值得注意的是变乱波及华北。此时,我国一方面以保护满铁为名,单独加强该地的防备;另一方面,决心采取向华北共同出兵的措施,这是理所当然的。向华北及长江方面共同出兵时,应考虑战后事宜,必须抢先列国,占领白河口及长江口的要冲地带。鉴于过去经验,我们在那种情况下常落在列国之后,有失机宜之感。此次应预测事变,必须把海军主力部署在要害之地,使之在应急之时先采取行动,以便先发制人。"③

同一天,海军省也起草了《中清事变概况》。该文件写道:"如有扩大我国权益之时机,则不应失误时机,同时既得权益也丝毫不应失掉。"并且从渤海到长江、南海各水域都做了具体军事部署。其第四条写道:"大冶和我国关系极为密切,如有以武力加以保护之必要,则实行事实上的军事占领也可。为此,此时应火速向该地派一艘军舰。"④10月17日,海相斋藤实向停泊在汉口的日本海军第三舰队司令川岛及上海的加藤定吉中佐发出和该文件大致相同的命令。其第五条还写道:"对于长江咽喉重地之江阴,应予以充分注意,应做好一切准备,以期在必要之时不致落于他国之后。"⑤

---

① 栗原健:前揭书,第290页。
② 栗原健:前揭书,第290页。
③ 栗原健:前揭书,第290页。
④ 栗原健:前揭书,第288页。
⑤ 日本外务省编:《日本外交文书——清国事变(辛亥革命)》,第48页。

日本不仅草拟出兵计划,还暗中调兵遣将,增加在华陆军和海军舰艇。辛亥革命爆发时,日本在长江有四艘军舰,其中两艘停泊在汉口。10月14日,日本海军省决定增派四艘,从旅顺、横须贺、濑户内海调遣。陆军参谋本部陆续向中国各地派出谍报人员,刺探情报,做出兵的准备。例如10月14日,参谋本部对陆军大尉高桥小藤治的训令中指示他:16日由东京出发,火速赶往上海,为向汉口附近派遣军队,调查长江水运情况,并及时电告。到11月,从第三师抽调一个大队和机枪队派往华北地区。12月下旬,从第十八师中抽出一个大队及机枪队派往汉口。

综上事实可说明:

一、日本很想出兵干涉辛亥革命,并做了各方面的准备工作。

二、日本出兵的目的不仅是镇压革命,而且在于用武力维护既得权益,进而攫取新的更大权益。

三、抢在其他列强之前,争取主动,以便掠取比其他列强更多的权益。

那么,日本为何不敢出兵干涉?

日本与英国之间有"想"和"不想"出兵之别,但两者之间也有未出兵的共同原因。因为各国未出兵的特殊原因中也包含着共性的因素。这一共性便是义和团运动时期出兵干涉而辛亥革命时期未出兵的共同一致的原因。辛亥革命和义和团运动虽然都是反帝反封建的革命运动,但义和团则"扶清灭洋",把斗争的矛头主要指向帝国主义列强,直接打击帝国主义,力图把帝国主义赶出中国,采取民族战争的形式。而辛亥革命主要是反封建,反对和推翻清朝的统治。清朝是帝国主义列强侵略中国的工具,反对清朝就间接地反对帝国主义。因此辛亥革命采取国内战争的形式,把斗争的锋芒主要指向清朝,不仅没有直接打击帝国主义列强,而且再三声明维护列强在华的既得权益。如果辛亥革命像义和团那样,直接打击帝国主义列强,直接威胁列强在华权益,列强即使有不能出兵的这样或那样的原因和相互牵制,但为了维护它们在华的共同权益,肯定会采取出兵干涉的一致行动。

辛亥革命为何没有直接反帝？这并不是偶然的，这是20世纪初帝国主义列强的侵华政策所决定的。义和团运动前，列强直接地、疯狂地侵略和瓜分中国，包括清朝统治阶级在内的中华民族与帝国主义间的矛盾为中国社会的主要矛盾。义和团运动后，在中国人民的沉重打击下，在清朝统治者完全被列强驯服的条件下，列强不采取直接瓜分中国的政策，而是打着"保全中国"的旗号，利用被驯服的工具——清朝来进行侵略。因此，"保全中国"的美名，一时掩盖了帝国主义侵略，中国人民与卖国的清朝之间的矛盾显得突出而尖锐，成为当时中国社会的主要矛盾。这便是辛亥革命和义和团不大相同之点。

可是，日本和英国等列强未出兵干涉的共同原因不能完全说明日本想出兵而未敢出兵的特殊原因。日本未敢出兵的特殊原因是什么？日本外相内田康哉在1911年11月2日致驻清公使伊集院彦吉的电文中较集中地论及日本不敢出兵的特殊原因。他说："关于军舰巡弋，姑且不论；此时若派出陆军，则所派部队不论是新增兵力或仅恢复到庚子当时之驻兵数目，都必构成重大事件而耸动各国耳目，清国政府是否欢迎，亦不得知；况且革命党人及其他徒辈亦必借题发挥，以为帝国政府立意以实力庇护清朝廷，其结果非同等闲；如果采取此种措施，除帝国政府本身必须具有坚定决心外，至少还必须同英国政府进行充分磋商，不论发生何等重大后果，日、英两国政府必须事先下定决心共同负责处理。如前所述，目前帝国政府不仅认为尚未到达可以做出此种决定之地步，同时认为赖以做出此种决定之根据即对清国形势之判断，目前尚不明确。"[①]这就是说，一列强牵制，二考虑清朝的态度，三怕开罪革命党人，四摸不清形势发展，因此不敢下出兵干涉的最后决心。

我们首先分析一下英、美、俄等列强对日本出兵的牵制。日本侵略中国是在和列强的争夺中进行的，它对中国的军事行动曾都引起其他列强的轩然大波。因此，这次如日本要出兵，则不可避免地引起其他列强

[①]《日本外交文书——清国事变（辛亥革命）》，第57～58页。

尤其是英国的关注。进入20世纪以来,日本同英国结成同盟,打败其劲敌俄国,排斥法、德阻挠,侵略中国东北,吞并朝鲜,因此,日英同盟成为日本外交的国际支柱。而英国是老牌殖民帝国,当时的世界霸主,且在中国拥有最多的殖民权益。它对辛亥革命的态度,不仅对日本,而且对其他列强也产生颇大影响。因此,日本在辛亥革命时期始终想和它采取共同行动。为此,曾数次以旁敲侧击的形式,探询英国对出兵干涉的态度。但英国一直不支持,英国报刊等社会舆论一再发出日本不许出兵干涉的警告。①

11月下旬,辛亥革命的形势发展迅猛,日本则认为有必要采取新行动。11月28日,日本内阁决定对华新政策:清国局势使"与该国有重大利害关系之各国已不能再袖手旁观,迅速采取适当措施以维护本国利益,已成为不可避免","终至使各国政府认为有增兵之必要"。② 对此,英国外交大臣格雷当即加以拒绝。他说:"关于清国局势,英国政府一向坚持听任官、革双方自行决定胜负之方针。因此,虽曾屡次有人要求派遣陆军,我政府总是一概加以拒绝,且经常注意避免一切可能挑起排外事端之行动发生。"③这便说明,英国不仅拒绝增兵,而且反对军事行动的发生。

英国为何不想出兵? 其原因有四条:一、在辛亥革命的猛烈冲击下清朝摇摇欲坠,出兵干涉也不可能挽救它。英国外相格雷致英驻清公使朱尔典的训电中也说道:"这个运动的广泛的性质,以及它到处成功的事实,已使一切用武力来挽救这个国家的企图失去了可能性。"④从战略观点来看,"清政府现在似已没有希望"⑤,因此不值得出兵扶植。二、欧战临近,以英国为首的协约国和以德国为首的同盟国在欧洲、北非、巴尔

---

① 彼得·洛:《一九一一年至一九一五年的英国与日本》,麦克米伦出版社1969年版,第63~64页。
② 《日本外交文书——清国事变(辛亥革命)》,第383~284页。
③ 《日本外交文书——清国事变(辛亥革命)》,第388页。
④ 《英国蓝皮书》,中国第1号(1912年),第58页。
⑤ 《英国蓝皮书》,中国第1号(1912年),第55页。

干、中东的争夺日趋激烈,这使英国无暇顾及中国。这时,英国早已把亚洲舰队的主力调回欧洲,在香港只有五千名士兵,且广东形势也极不稳定,不知何时爆发革命,因此英军也不敢离港北上。三、英国在清朝即将崩溃之际,已经找到了替代它的新走卒袁世凯,通过他能维护和扩大在华权益。四、英国在华权益的四分之三在南方,不敢贸然开罪南方革命党人。

可是,英国不想出兵的原因不能完全说明它牵制日本出兵的理由。英国为何牵制日本?当时日本的军事调动主要在南方。如出兵,就要向南方出兵。这对英国来说是引狼入室,把日本军国主义请到自己的势力范围。而且一旦出兵,犹如八国联军时期一样,日军占据出兵人数的一半以上,占据优势,并借军事优势,大力扩大在南方的势力范围和新权益。因此,英国千方百计地牵制日本出兵。辛亥革命前期,英国不大理会日本,日英关系较冷淡。但到12月初,英国积极表示和日本合作,拉日本一起搞停战和南北议和。这是因为停战和南北议和的破裂可能引起日本的武装干涉。所以英国对日本的这种政策,与其说是合作或改善关系,还不如说是牵制日本不许单独出兵干涉。

美国也牵制日本出兵。美国驻日代理大使斯凯勒认为,日本政府正等待清朝请它出兵干涉,如其他列强劝日本援助清朝,日本则将采取迅速有效措施,如叛乱波及东北,日本则在其他列强不谅解的情况下也会立即出兵。因此,他于10月15日会见外务省次官石井菊次郎,提醒日本未经和美国磋商,不得采取行动。① 美国之所以牵制日本出兵,是因为它在远东兵力既不及英国,更不及日本,鞭长莫及。如出兵干涉,日本必然借机扩大在华权益,这对美不利。美国犹如英国,将希望寄托在袁世凯身上。美国驻清代办威廉士曾入宫谒见,推荐起用袁世凯。他认为:"如果袁世凯能出来领导并能改组政府,将反叛的各省再争取过来,那么清朝廷是可以得救的。"②

---

① 美国国务院编:《美国对外关系》(1912年),第50页。
② 美国国务院编:《美国对外关系》(1912年),第52页。

日本是在英、美的此种牵制下未能出兵的。11月18日,伊集院对袁的谈话中就谈及此点。他说:"贵国之对外关系若仅限于日本一国,帝国政府自可立即采取措施,援助贵国,镇压变乱,但目前各国间之关系极为复杂,我国一举一动都有可能造成各国干涉之端倪,故帝国政府严守中立。"①"严守中立"固然不是真正中立,而是不出兵干涉之意。

当时英国牵制日本的"武器"是日英同盟和"各国协调一致"的原则。1902年日英订立同盟条约,1905年又修订一次。第一次同盟条约是英国为牵制俄国,支持日本对南满和朝鲜的侵略行动。但第二次条约则不然,与其说是支持,还不如说是牵制日本的侵略行径。因此日俄战争后,以中国为中心的东亚的态势是日本乘日俄战争的胜利,步步扩大在满蒙的权益,进而威胁英国在华权益。因此,英国便利用同盟条约关系牵制日本。辛亥革命时期英国对日本的牵制便是这一牵制的继续。

其次是以"各国协调一致"的原则来牵制日本。列宁说:"现代资本主义时代表明各个资本家同盟在从经济上分割世界的基础上形成了一定的关系,同时随之而来的是各个政治同盟、各个国家在从领土上分割世界、争夺殖民地、'争夺经济领土'的基础上也形成了一定的关系。"②"各国协调一致"的原则就是列宁所说的在经济瓜分的基础上形成的政治同盟关系,是《辛丑条约》之后形成的。甲午战争后,列强疯狂侵略和瓜分中国,大体划分了各自在华的势力范围,义和团运动后大体保持相对稳定。这时期为了保持稳定,相互牵制对方,自然形成互相制约的"各国协调一致"的关系。这种关系虽有列强联合起来共同行动的一面,但辛亥革命时期却起相互牵制的作用,尤其是牵制想出兵的日本和俄国。

当时唯一和日本一起想出兵干涉的是俄国。俄国也是军事封建帝国主义,和日本一样具有侵略中国的便利条件。因此,它对中国北部地区虎视眈眈。日俄两国曾经是争夺东北亚的劲敌,但日俄战争后,为共

---

① 《日本外交文书——清国事变(辛亥革命)》,第378页。
② 列宁:《帝国主义是资本主义的最高阶段》,《列宁全集》第22卷,第246页。

同抗衡渗透东北的美英势力，1907年却订立第一次日俄协约。这便为两者共同出兵提供了可能性。10月23日，俄国总理大臣召见日本驻俄大使本野一郎，刺探日本的态度，希图和日本采取共同行动。他说："日、俄两国所获得的特殊利益，全系取自现存的清朝廷。与其坐视事态自然消长，何如援助现存的清朝廷，或将有利于维护日、俄两国的利益。革命军的胜利，较之现政府的存在是否更为可惧？换言之，革命成功以后，日、俄两国在满洲、蒙古的利益是否将陷于危险之中？"①这就是说，俄国是想出兵干涉的。可是他又说："吾人所担心的是第三国的干涉。日本国已经早有准备，可以随时派出大军到清国去占领本国所需要的地方。俄国的情况则并非如此。俄国与清国的国境线非常之长，俄国若想占领北满和对俄国来说更为重要的蒙古，则需付出异常巨大的努力。日本在远东没有任何后顾之忧，俄国则必须经常顾虑来自西方的德国干涉。而且近来德国又每事必与俄国作对，陷俄国于困难的境地。况且，俄国的准备还不能说已经完成。"②因此，不敢贸然出兵。这便说明，俄国是想出兵，但力不从心，且受德国的牵制。由此可见，日本和俄国想出兵的意愿是一致的，但不敢出兵的原因是有区别的。如果日本要想出兵则不可能单枪匹马，至少联合一两个国家。当时能和日本采取联合行动的只有俄国，日本也对它抱有希望。但基于上述原因，它不能出兵干涉。这不能不对日本产生牵制性影响。这种牵制虽然和英、美的牵制性质不同，但还是一种牵制。

日本不敢出兵的第二个原因是辛亥革命发展较快，南北双方势均力敌，一时不好判断南北双方谁胜谁负。辛亥革命伊始，日本向清朝提供二百七十三万多日元的军火，公然支持清廷。但随着革命的蓬勃发展，对南方采取暗中"援助"的态度，脚踩两只船，不敢贸然得罪任一方。这就是说，日本是举棋不定。11月2日内田外相给伊集院公使的训电中就

---

① 《日本外交文书——清国事变(辛亥革命)》，第499～500页。
② 《日本外交文书——清国事变(辛亥革命)》，第501页。

谈及此点。他说道:"关于清国现状及其未来发展趋势,据屡次来电观之,只能说目前尚处于未可预测之状态。此际,我国必须密切注视形势演变,并慎重决定态度,万不可过早作出结论,或贸然采取各种措施。"①因此对南北双方采取慎重的态度。革命初期,德国在汉口曾支持清军,因此遭到中国人民和革命军的反击。日本从中吸取了一定的教训。

第三个原因是日本国内原因。其原因有三条:

首先,日本经济承担不起新的军事行动。日本在日俄战争中耗费了十七亿一千六百万日元的军费。为此发行公债十五亿八千万日元,其中八亿是在国外发行的,②因而当时日本债台高筑。1907年,日本又陷入经济危机,1910年才开始慢慢复苏。可是,日本陆海军却乘日俄战争的胜利,大肆扩军。陆军计划把现有的十七个师增加到二十五个师;海军要建造三艘战列舰和四艘巡洋舰。日本内阁因财政困难,不同意一下子增加这么多军队和军舰。经双方的讨价还价,最后决定增加两个陆军师,建造一艘战列舰和四艘巡洋舰,两者合计大约耗费四亿两千六百万日元。这对日本经济已经造成沉重的负担。但军部依然不满内阁,甚至1912年陆相上原勇作以辞去陆军大臣的手段,推翻西园寺公望内阁。这说明当时日本财政困难达何等地步,也说明由此引起的军部与内阁的矛盾是何等激化。这一因素不能不牵制日本的新的大规模军事行动。

其次,这时期日本统治阶级内部结构正在发生新变化。明治维新以来,藩阀势力一直在统治日本。日本虽然1885年建立内阁,1889年公布宪法,1890年召开议会,名义上实行了所谓的君主立宪制,但掌权的是维新时期的元老和藩阀势力。对此已进入帝国主义阶段的大资产阶级表示不满。恰巧此时,即1912年7月明治天皇去世,12月便爆发了"打倒藩阀""拥护宪政"的大正政变即第一次护宪运动,推翻了桂太郎的藩阀内阁。在这种政治形势下,握有军事大权的山县、桂太郎、寺内正毅等藩

---

① 《日本外交文书——清国事变(辛亥革命)》,第56~57页。
② 守屋典郎:《日本经济史》,周锡卿译,生活·读书·新知三联书店1963年版,第162页。

阀势力不能像既往那样为所欲为，他们的举动便受到议会、内阁的牵制。1912年1月山县有朋公然要求派两个师占领东北时，因内阁、议会的反对，他的出兵计划未能实现。由此可见，反藩阀势力无疑牵制了藩阀的出兵企图。

再次，内田良平等大陆浪人，在客观上也起了一定的作用。大陆浪人内田良平等在1910年日本吞并朝鲜时，勾结朝奸组织一进会，起了第五纵队的作用。因此，他们深受日本统治阶级的重视。辛亥革命前，大陆浪人和孙中山及其革命党人有密切交往。辛亥革命伊始，内田良平通过杉山茂丸找山县有朋和桂太郎等陆军核心人物，说服他们不要出兵干涉。内田劝他们说，这次武昌起义将置清朝于死地，当此之际日本要采取的政策是"援助"南方，使革命成功，并且防止革命波及满蒙，使满蒙在日本领导下获得"独立"。① 换句话说，日本"援助"革命军推翻清朝，趁此割取满蒙。为此，内田良平和小川平吉、宫崎滔天、萱野长知等一起组织有邻会，动员社会舆论，对政府和军部施加压力。在他们的影响下，相继成立中国问题同志会、善邻同志会等组织，掀起"声援"中国革命的民众运动。同时，派北辉次郎、清藤幸七郎等浪人去上海、武昌、南京地区直接参与革命军的活动。

成立有邻会后，内田良平又渡海去朝鲜做对山县和桂系人物之一的寺内正毅（任朝鲜总督）的说服工作。接着又做朝鲜警察总监明石元二郎的工作。当时桂太郎和明石元二郎同意内田良平的主张，明石对内田说："如清朝灭亡，由日本保护宣统皇帝，建立满蒙帝国，以防俄国的侵略。"② 但山县和寺内惧怕共和思想对日本的影响，没有同意内田的主张。内田通过桂和明石继续做了对他们的工作。

有些浪人则主张"南北两分论"，要求日本支持南北双方，不要出兵干涉。东亚同文会的小山秋作曾向陆军参谋长献策，建议把中国分为南

---

① 黑龙俱乐部编：《国士内田良平》，原书房1967年版，第506页。
② 黑龙俱乐部编：前揭书，第508~509页。

北,日本"援助"双方,坐收渔人之利。该建议在陆军中产生一定影响。在辛亥革命时期,陆军中确有一部分军官一直主张"援助"南方革命党人。

不仅如此,内田良平还劝阻太平组向清朝提供军火。他给三井财阀的益田孝写信,说明南方革命一定成功的理由,说服他"援助"南方革命。结果,如后所述,日本政府不仅没有出兵压革命党人,而且以大陆浪人为桥梁,提供了武器和贷款。由此可见,大陆浪人虽然没有掌握实权,但他们向统治阶级献计献策,动员舆论,"援助"革命党人,为阻止日本出兵干涉,无疑起了作用。

日本虽然没出兵干涉,但辛亥革命时期,日本始终在侵略中国。

2. 日本对袁世凯的政策

如上所述,以义和团运动为分界,帝国主义侵略中国的方式,前后有显著的区别。甲午战争到义和团运动的五六年间,列强疯狂宰割中国,直接瓜分中国。但义和团运动后,由于中国人民在这次民族战争中所表现的不屈不挠的反帝斗争和帝国主义直接瓜分中国而产生的尖锐矛盾,列强不得不放弃直接瓜分中国的方式,采取间接的方式,即在形式上保持清朝的"独立"地位,把它作为侵略工具,通过它攫取新权益。于是,一些人认为,列强的对华政策,从瓜分主义发展到"保全主义"。但列强"保全"的不是中国的独立,而是奉行媚外主义的清朝的统治。这既有利于列强侵略,又有助于欺骗中国人民,使中国人民认为中国尚未灭亡。这是一举两得的把戏。可是,辛亥革命的斗争风暴,猛烈冲击着清朝统治,它即将被中国资产阶级民主革命所推翻。于是,英美等列强认为,清朝前途惨淡,再也不能原封不动地维持其统治,必须换一个"强有力"的人来支撑局势,建立一个对内镇压革命、对外奉行媚外主义的新政府。那么,谁能支撑局势,建立列强所希望的新政府?清朝政府、立宪派和英美等列强认为是袁世凯。

过去,一般都认为列强都支持袁世凯;而袁世凯是以所有帝国主义列强为靠山，绞杀革命，窃取了辛亥革命的果实。这虽有一定的道理，但不完全符合史实。当时中国不是被一个列强统治的殖民地国家，而是由几个列强瓜分的半殖民地国家。各列强在华利益各不相同，相互进行争夺。这一争夺中，它们首先争夺中国统治者；而半殖民地中国的统治者，在列强的争夺面前，不可能满足所有列强的贪婪要求，而且常常采取"以夷制夷"的外交手腕。因此，同一个时期，各个列强对中国统治者的态度，虽有共同的一面，但它们从本身的具体利害出发，采取不同的态度。

辛亥革命时期，日本对袁采取了什么政策？这一政策与英美有什么不同和共同点？我们从日本与英美对袁的政策的比较和列强不同时期对袁的不同政策中能得出什么结论？下面仅就袁上台掌权、南北议和及袁任临时大总统、二次革命、承认袁及其北洋政府等诸问题来具体剖析日本对袁世凯的政策。

当袁世凯东山再起，掌管清朝军政大权时，英美支持他上台，而日本是极力反对的。这是日本与英美在中国争夺的必然结果，是袁作为外务部尚书，在两者的争夺中采取"以夷制夷"的必然产物。

袁世凯是中国近代历史上的大人物。他在辛亥革命时期执掌了清朝的军政大权，并窃取了辛亥革命的果实，当了中华民国的大总统。

英美推荐和支持袁掌管清朝军政大权并非偶然。这是因为袁任军机大臣兼外务部尚书时，支持英国在长江流域的路权要求，支持英国向西藏扩张，镇压抵制美货运动。美国为讨好清政府和袁世凯，1908年决定退还庚子赔款；而袁世凯派唐绍仪赴美致谢，并且暗中搞和美德建立同盟条约的活动。此外，袁作为外务部尚书，支持美英的东北铁路中立计划，纵容它们在东北修筑和满铁并行的几条铁路。因此，美国和英国认定他是为英美利益效劳，是与日本抗衡的人物，支持他上台掌权。

而日本对袁世凯的态度，却和英美截然不同，反对他上台掌权。但不是一开始就反对的。日俄战争前，日本是极力吹捧他的。那时袁认为，日本近代化的做法比起西方列强的办法更切合中国实际，因此，他扩编的北洋军和举办的各项新政，主要模仿和依靠日本。他任署理直隶总督兼北洋大臣时期,聘请日本的教官和专家,依照日本的军制和操练法整顿军务,刷新教育,选拔人才派赴日本留学。日俄战争后,袁和奕劻代表清政府和日本签订《中日会议东三省事宜正约》,公然承认了俄国在《朴次茅斯条约》中让给日本的各项殖民权益。此时袁颇有亲日奴才之观感。因此,当时"日本外交官和军人都把他视为独一无二的朋友","在当今中国则没有比袁更高明的人才,中国政府今后必定归他掌管,因此,现在如拥护他的立场,他则必定感恩戴德,更加采取亲日主义。如他丧失其地位,亲日精神就会消失,我们的对华外交将陷入长期的黑暗之中"。① 可见日本曾对袁抱有极大的希望。可是日俄战争后,美英打着门户开放、机会均等的旗号渗透东北,日本与美英争夺我国东北的斗争日益尖锐。李鸿章死后继任外务部尚书的袁世凯继承李的衣钵,继续执行"以夷制夷"的对外政策。所不同的是,李是采取联俄制日,而袁则是联英美制日。袁世凯转身亲英美,公然向日本在东北的殖民权益进行挑战,处处刁难日本要修安奉铁路的要求。1907年6月改革东北行政机构时,袁派其亲信徐世昌为东三省总督,唐绍仪为奉天巡抚,指令唐伙同美驻奉天领事司戴德,希图由英美敷设和满铁并行的新民屯—法库门铁路、锦州—齐齐哈尔铁路、锦州—爱辉铁路。② 到1909年,美国则悍然提出东北铁路中立计划,并要筹办三省银行借款团。这必将侵犯日本在东北的权益。于是,日本伙同昔日的劲敌俄国,联合抗衡英美对东北的渗透。这样,昔日的"独一无二的朋友"袁却变成日本的仇敌,成为日本巩固和扩大东北权益的最大障碍。

1908年11月,光绪皇帝死,清朝内部争权夺利。满族亲贵猜忌权势日增的袁,翌年借口袁有"足疾",将其赶回河南。当袁解甲归田时,大陆浪人川岛浪速建议清朝大臣把他杀掉,以便铲除后患。但清朝大臣惧怕袁背后的英美,不敢动刀斩首。但袁的革职,对日本侵华外交创造了有

---

① 黑龙会编:《东亚先觉志士记传》中卷,原书房1966年版,第538页。
② 鹿岛守之助:《日美外交史》,鹿岛研究所出版会1958年版,第104～105页。

利条件。日本趁机和清朝订立了迟迟拖延的有关东北问题的五六个问题的协定。对此英美颇为恼火。

上述历史事实说明,日本和英美对袁出山掌权的不同态度反映了它们对东北的争夺和对中国的争霸。

1911年11月,袁世凯奉命进京掌清朝的军政大权时,日本和列强就围绕袁世凯又展开一场新的斗争。大陆浪人川岛浪速为阻止袁北上掌权,采取了三次行动。袁将北上进京时,川岛煽动驻扎在石家庄的第六镇吴禄贞部布阵在京汉线,阻止袁北上。袁派周符麟潜赴石家庄,于11月7日刺杀吴。于是他又伙同日军军官要炸掉袁乘坐的火车,但又未遂。他又唆使日本公使馆武官多贺宗之袭击袁官邸,趁机他和肃亲王一起闯入宫中,胁迫宣统皇帝执行日本的既定方针。但计划又落空。日本杀袁计划破产了,但这说明对袁的仇恨达到何种程度。而袁世凯也自然对日本抱有敌对情绪,他曾说川岛"是危险的家伙,炸弹式的人物"①。并劝肃亲王不要和他交游。

袁世凯冲破日人设置的重重障碍,10月30日安然抵京,11月1日被任命为内阁总理大臣,这对日本的侵华政策是个不祥之兆。日本《国民新闻》11月7日发表文章哀叹:"袁内阁成立后,我们对清朝的关系,肯定比对清朝政府的关系更坏。"②

尽管如此,在袁上台掌权的情况下,日本又不能不和英美争夺这一马前卒,妄图把亲英美的袁世凯变成亲日的袁世凯。袁任总理大臣的第三天即11月3日,内田外相训电伊集院公使:"政府认为此时应尽量与袁世凯一派保持密切关系","务必同袁世凯保持密切关系"。③ 但袁上台后就依靠英美,让英美牵着他的鼻子走。关于南北停战协定、废黜摄政王等一系列重大问题,他都和英国公使朱尔典商议决定,对日本连信息也不传递。这便引起日本的极大愤慨。12月12日袁召见伊集院公使

---

① 黑龙会编:前揭书中卷,第551页。
② 白井胜美:前揭书,第5页。
③ 《日本外交文书——清国事变(辛亥革命)》,第58页。

时,他当着袁世凯的面提出:"对于此种情况,帝国政府亦不免有遗憾之情。"①而袁也不客气地答道:"中国人对于日本,感情并不十分融洽。"②这便是袁世凯上台后他与日本的关系。

我们从袁上台掌权的历史过程中看出,英美支持他上台也好,日本反对他上台也好,都是为了维护和扩大各自的殖民权益;而日本开始反对他和上台后又拉他也都是为了维护和扩大日本的殖民权益:这便是不同的历史现象所反映的共同的内在规律。

袁上台后,施展了纵横捭阖的手法。他用一只拳头打倒清朝政府,一只拳头对付革命派,他用来打倒清政府的武器是"革命",用来对付革命派的武器是"统一"。南北议和是袁施展这反革命两手的政治舞台,是窃取革命果实的手段。英美和袁世凯为保存封建帝制,反对建立共和,通过南北议和搞了"君主共和立宪"的阴谋。这既能保存对列强侵略有利的封建帝制,又能给这一封建专制披上一件"立宪"的外衣,从而欺骗人民。对袁世凯来说,这也是建立自己独裁统治的好形式。

在政体问题上,日本始终坚持君主立宪,反对共和。伊集院公使曾劝袁实行君主立宪时说道:"按贵国近三百年来之历史以及各地实情观之,以君主立宪统一全国,实为万全之策。至若实行共和制或联邦制等类主张,俱与当前之民智程度不相适应,其后果,难保不招致灭亡之结局。"③为什么日本主张君主立宪,反对共和?这除与列强共同之原因以外,有它本身的特殊原因。伊集院公使12月22日和袁世凯会谈时道出了其原因。他说:"日本国与贵国之关系,与欧美各国单纯着眼于物质利害者不同,万一贵国变成共和国体,我国国民在思想上必受到不少影响。仅从此点出发,我国也要支持贵国实行君主立宪,并尽可能促其实现。"④如前所述,辛亥革命就是爆发在日本大正政变——第一次护宪运动的前

---

① 《日本外交文书——清国事变(辛亥革命)》,第 406~407 页。
② 《日本外交文书——清国事变(辛亥革命)》,第 406~407 页。
③ 《日本外交文书——清国事变(辛亥革命)》,第 379 页。
④ 《日本外交文书——清国事变(辛亥革命)》,第 451 页。

夕。这一运动是日本大资产阶级所领导的资产阶级民主运动,反对藩阀统治,要建立立宪政治。辛亥革命要建立的共和国是亚洲大地上的第一个共和国,对日本护宪运动不能不起推波助澜的作用。中野正刚在辛亥革命的影响下,自12月18日起在《大阪朝日》上连载的《对岸的火灾》一文中谈到辛亥革命对日本的影响。他写道:"邻邦的革命如果对我国的影响,即非革天下之命的革命,而是打破政界现状的革新运动。具体说,只有打破藩阀,改造腐败的政党,这恐怕就是我们欣快地欢迎的事情。"①稻垣伸太郎在《中国革命与我国藩阀官僚政治》一文中甚至说道:"大正维新(即大正政变——笔者)在一种意义上是第二次中国革命。"②不仅如此,日本的舆论还谴责日本政府对中国政体的干涉。和田三郎在《国际上的社会政策》一文中指责道:"由于他人不戴和自己一样的帽子而殴打他的头部是野蛮的、粗暴的行为","我国人民虽说愚昧,但眼前出现比我们更先进的国家,并实行自治政治时,不会不觉醒。如觉醒则打倒官僚……现在的政治官僚就怕这个,因此借皇室的安危,干涉中国的共和制。"③

因此,日本统治阶级非常恐惧辛亥革命的共和,唯恐它传到日本。德富苏峰11月12日在刊于《国民新闻》上的《对岸的火》一文中写道:"黑死病是有形的病,共和制是无形的病"④,忧虑辛亥革命的共和制影响日本。1912年1月中国历史上的第一个共和政体的政权——南京临时政府成立后,寺内正毅也惊叹:"清国共和论对我国人心的影响之大,从现在新闻界年轻之辈的论述中可知其可怕"⑤,要及早采取措施,以防其影响。

当日本由于上述原因,坚持君主立宪时,袁表面上拥戴清朝皇帝,口

---

① 野泽丰:《辛亥革命与大正政变》,见《论集日本历史第12卷·大正民主》,有精堂1977年版,第55页。
② 野泽丰:前揭论文,见《论集日本历史第12卷·大正民主》,第65页。
③ 臼井胜美:前揭书,第10页。
④ 野泽丰:前揭论文,见《论集日本历史第12卷·大正民主》,第54～55页。
⑤ 山本四郎:《辛亥革命与日本的动向》,《史林》1966年第49卷第1期,第43页。

口声声称实行君主立宪,但暗中却盘算当总统。袁的此种盘算除他个人的野心之外,还有以下几个方面的因素:

第一来自南方革命势力的软弱妥协。袁东山再起后,对南方革命势力采取武力攻打和"和平"攻势的两手政策,在督促清军攻克汉口、汉阳的同时,对南方革命军施展"和平"攻势,进行试探。武昌的黎元洪答复说,如袁世凯表示赞同共和,当推为"第一任之中华共和总统"。12月20日南北双方举行谈判时,南方代表伍廷芳暗示北方代表唐绍仪,只要袁逼迫清廷退位,南方愿以大总统的宝座作为报答。这给袁吃了想当总统的定心丸。

第二个因素来自英国。英国开始时支持君主立宪。但11月下旬南方革命势力发展迅猛,民主共和已是人心所向,大势所趋。于是英国见风使舵,放弃君主立宪,赞成共和,赞成的条件是袁参加这一政权。英国主张君主立宪时也主张袁参加。这便说明,对英国来说,君主立宪也好,共和也好,只要袁掌权就可。在南北议和会议即将召开的12月16日,英国便提出:"当前官、革双方在保存满洲朝廷基础上达成协议,迨已全无可能",因此,探询日本"作为此时之解决方案,册立当代孔子后裔,拥为皇帝,未悉是否可行?"①这不是英国的真意,而是试探日本对废黜清朝皇帝、推举袁当总统的态度的一种气球。事实果然如此。时过五天,即12月21日,英国公使朱尔典就对伊集院公使提出废黜宣统皇帝,推举袁当总统的建议。他说:"此次和谈(指南北议和——笔者),如欲以保全满洲朝廷为基础达成协议,看来已全无希望。对此局面,究应采取何种措施?可否按莫理循所说,推袁世凯为大总统,以求稳定于一时?"②

英国为何此时改变态度?这时,南方的革命正以排山倒海之势席卷南方各省,这使英国不能不重视南方革命势力。英国殖民权益的四分之三在南方,英国财界和宗教界人士此时一再呼吁"声援"南方革命党人。

---

① 《日本外交文书——清国事变(辛亥革命)》,第419页。
② 《日本外交文书——清国事变(辛亥革命)》,第438页。

因此，英国政府不能不考虑和南方革命党人的关系。朱尔典也说："英国在华中、华南地区拥有贸易上的重大利害关系，故英国政府不能无视南方人的思想感情，甘冒遭受攻击的风险而轻易采取措施，以强行贯彻君主立宪。"①而且，此时南方方面也暗示，如袁同意共和，愿选他为总统。因此，共和对英来说是一举两得：既推举袁当总统，又不得罪南方，反而得到南方革命党人的好感。因此英国放弃君主立宪制，以袁当总统的假共和来维护其在南方的殖民权益。

这两种因素结合起来，促使袁伪装赞成共和，逼迫皇帝退位，同时要挟革命党人让出政权，进而建立假共和的北洋政府。

可是，日本坚持己见，既反对共和，又反对袁当总统。12月22日内田外相在致驻英临时代理大使山座的训电中指出："推袁为总统以求稳定一时之方策，不仅颇难实行，亦非为清国谋长治久安之策。直至今日，帝国政府仍认为君主立宪制度为匡济清国时局之最良方策，切望英国政府同意此种制度并为其确立而充分尽力。"②可见日本的态度颇为强硬。

袁世凯忧虑日本的反对态度，认为日本是他搞假共和及当总统的一个障碍。于是他开始要扫除这一障碍。12月20日下午，袁紧急召见日本公使馆的翻译官高尾。他特意出示唐绍仪自上海来电，电文写道："革命党坚决主张共和……在正式会议上双方若公开坚持各自主张，谈判必至破裂；且各国领事之外交方针似亦有新变化，未必仍旧支持君主立宪。"③袁是赫赫有名的大人物，但他不召见伊集院公使，而找翻译官并出示此种内容的电报，其存心何在？不外乎是：一面进一步刺探此时此刻日本的真实想法究竟如何，一方面通过高尾这样小小的翻译官，再次暗示袁本人虽不赞成共和，但南方革命党的态度异常坚决，且各国也倾向共和，故本人也不得已，希望日本也放弃君主立宪，赞成共和。可是日本没有领会袁的真意。内田外相依然认为："袁世凯究竟能否抛弃其一向

---

① 《日本外交文书——清国事变（辛亥革命）》，第438～439页。
② 《日本外交文书——清国事变（辛亥革命）》，第441页。
③ 《日本外交文书——清国事变（辛亥革命）》，第436页。

标榜之君主主张,甘冒不韪,允就大总统职,现尚不得而知。"①更为可笑的是伊集院公使把袁的这一举动视为他对日友好的表示,建议内田外相:"袁世凯似亦期待我国之善意援助能够收到实际效果,故此时我国能否考虑通过某种途径,从背后向革命军方面讲求缓和策略?"②这就是通过和南方有联系的大陆浪人,对革命党人施加压力。这便说明日本外交手腕的笨拙。

可是,在对袁世凯和南北议和问题上一直掌握主动权的英国,又施出老奸巨猾的外交本领。要建立共和,必须召开国民大会,制定宪法,选举总统。来自南方十七个省的代表,这时云集在南京准备选举大总统,建立共和国。于是英国公使朱尔典便提出将计就计、顺水推舟的解决办法。他向袁世凯提出召开国民大会的建议:"目前革命党方面拟议召开之国会只能代表局部地区,尚不能真正代表全国人民。我方何妨乘此机提议将此局部性机构改变为确能普遍反映全民意志之全国代表机关,然后讨论国体问题。"③唐绍仪在南下议和时曾说:"开国会之后,必为民主,而又和平解决,使清廷易于下台,袁氏易于转移,军队易于收束。窃以为和平解决之法,无途于此也。"④可见,朱尔典的召开国民会议的建议是既能迫使清帝下台,又把南方统一于北方,使袁窃夺总统宝座的一举多得的伎俩。袁举双手同意此建议,并立刻转告伊集院公使道,"英公使所言,固不失为一种方案"⑤,望日本赞成。但伊集院却顽固坚持己见,说日本政府"自必始终支持君主立宪,并援助其实现"。日本之所以反对这一建议,正如内田外相 25 日致驻英临时代理大使山座的训电中所说:"如将政体问题由国民会议讨论,最后必然采用共和政体,几已显而易见"⑥,最后必定由袁世凯当总统。

---

① 《日本外交文书——清国事变(辛亥革命)》,第 441 页。
② 《日本外交文书——清国事变(辛亥革命)》,第 437 页。
③ 《日本外交文书——清国事变(辛亥革命)》,第 451 页。
④ 杨度:《上资政院陈情书》,第 79 页。
⑤ 《日本外交文书——清国事变(辛亥革命)》,第 451 页。
⑥ 《日本外交文书——清国事变(辛亥革命)》,第 458 页。

日本的反对阻挡不住袁和朱尔典的奸诈行径。24日袁和朱尔典就磋商决定："在三个月内由各省公举代表,按照双方先行商议的办法而组成的国民会议来决定将来的政体问题"①,并电告唐绍仪。

事到如此境地,日本还在坚持君主立宪。同一天,庆亲王在袁官邸召见英、日两国公使,征求他们对国民会议的意见。朱尔典公使立即回答："英国政府当不致有何异议。"②而日本公使伊集院却称："此种手段过于危险"③,望稍缓两日复电唐。但袁不听伊集院的劝告,也不等候日本政府的正式答复,断然发出致唐电。伊集院恼羞成怒,26日向袁言称"按帝国政府之希望,断不能同意此举",并警告他"由此产生之一切后果以及会后事态如何发展,应由阁下负完全责任"。④

日本仍不甘心,想和英国采取联合行动。26日驻英临时代理大使山座遵照内田外相的指令,向英国建议:日英两国共同"采取某些措施,例如向革命军晓以利害,仔细说明采取君主立宪制度为收拾时局之最良方策,劝诱彼等在此基础上继续商谈"。⑤ 英国不仅不接受日本的建议,而且说这是"极为危险"的"重大冒险行动"。英国外交部还郑重地发表声明:"关于日、英两国正在采取协同行动支持清国实施君主立宪政体,必要时甚至不惜使用武力等等报道,全与事实不符。"⑥这无疑是对日本君主立宪外交的沉重打击。在这种形势下,内田外相也不得不承认日本外交的失败。他哀叹："事态既已如此,则帝国政府单独继续拥护君主立宪之理由可谓业已丧失。""关于本问题,帝国政府只能暂时任事态之自然发展。"⑦

这时,南北议和经唇枪舌剑,达成了一个协议:召开国民大会,就君

---

①《英国蓝皮书》,中国第1号(1912年),第120页。
②《日本外交文书——清国事变(辛亥革命)》,第458页。
③《日本外交文书——清国事变(辛亥革命)》,第461页。
④《日本外交文书——清国事变(辛亥革命)》,第469页。
⑤《日本外交文书——清国事变(辛亥革命)》,第458～459页。
⑥《日本外交文书——清国事变(辛亥革命)》,第465页。
⑦《日本外交文书——清国事变(辛亥革命)》,第468页。

主和共和问题付诸公决。袁对此十分满意,以诱骗和逼宫的手法,迫使清廷公布退位诏书。清政府于2月12日发布《清帝退位授袁世凯全权组织临时共和政府谕》:"是用外观大势,内审舆情,特率皇帝,将统治权公诸全国,定为共和立宪国体。……袁世凯前经资政院选举为总理大臣,当兹新旧代谢之际,宜有南北统一之方,即由袁世凯以全权组织临时共和政府与民军协商统一办法。"①宣统皇帝退位后,13日袁致电南京政府索取大总统职位,14日孙中山提出辞呈,15日南京参议院选袁为第二任临时大总统。

综上所述,支持共和反对君主立宪,或反对共和支持君主立宪,这在中国国内是个革命的原则性问题,是区别革命派和立宪派的试金石,但从列强的角度来说,这不是实质性问题。辛亥革命是资产阶级民主革命,是属于资产阶级范畴的。辛亥革命的共和政权如不直接反对帝国主义,维护其在华权益,和帝国主义列强不一定产生不可调和的矛盾。因此,共和政体本身不是和列强产生矛盾的所在。支持或反对共和不是问题的实质,而是日本和英国等列强争夺殖民权益的一种手段,如果说政体是实质,那么日本为何"支援"南方革命党人?实质不在于政体,而在于拥立效忠于自己的新走卒,即拥护或反对袁世凯的问题。后来的事实也证明如此。1915年袁世凯称帝时,日本并不那么热心支持,而且劝告袁不要操之过急。主张君主立宪的核心人物山县有朋也于1916年1月直言不讳地道出:"我是希望和袁世凯携手,攫取日本必须占有的权益的人。不论中国成为共和或帝制,这无须过问。无论如何,袁死前和他携手……如袁死后第二个人起来掌权,则和他图谋共事,以便确保日本的权益,这是紧要的。"②山县有朋的这一自白供出了政体问题的实质所在。

袁世凯窃国掌权后,日本对他又采取什么政策?

袁登临时总统宝座后面临的一大困难是财政问题。他当时至少需

---

① 中国第二历史档案馆编:《中华民国史档案资料汇编》,江苏人民出版社1979年版,第217页。
② 北冈伸一:前揭书,第92页。

要银一百一十八万两,但国库却仅有十七万两。袁进一步投靠英美来应对这一财政危机。而英、美、德、法组成的四国银行团,为了豢养袁,极力给他输血打气,以便趁袁之危,攫取新的权益。袁2月28日提出向四国银行团借二百万两贷款;3月9日又提出借一百一十万两。于是,四国银行团3月19日在伦敦开会,决定给袁提供贷款。据统计,仅1912年上半年四国银行团给袁贷款五次,总计银一千二百余万两。

  日本也不甘心落在列强之后。内田外相获悉四国银行团的这笔借款活动后,立即电训驻华公使伊集院:"凡属政治性借款,帝国政府必须参加",并指令他探询英国公使对日本参加银行团的意向。① 1910年11月四国银行团成立时,日本因怕银行团侵犯其在东北的权益,就加以抵制而未参加。可是这时为何要求参加?四国银行团掌握着袁世凯的财政命脉,并操纵北洋政府的经济。日本的对袁政策一再夭折,对华外交远远落在其他列强之后。因此,日本想参加四国银行团,获取和四国平起平坐的地位,进而获得控制袁的一份权利。所以日本参加四国银行团,与其说是为扶植袁,还不如说是为攫取权益。这时俄国也要求参加。四国则认为,日、俄接近中国,对袁需要施加军事压力时,便能利用日、俄,因此同意日、俄参加。1912年3月日、俄接到参加该银行团的邀请,6月成为银行团的正式成员。于是四国银行团变成六国银行团。

  银行团是以贷款形式瓜分中国的组织,其内部由于各国拿出的贷款多少而发生了瓜分新权益的斗争。在这一斗争中,美国、英国等凭借其雄厚的经济实力,占据主导地位;而日本由于拿不出更多的贷款,处于小伙计的地位。因此,日本在银行团中未能达到预期的目的。由于这些争夺,美国于1913年3月退出银行团,六国变为五国。五国银行团于4月贷给袁世凯二千五百万英镑。

  袁世凯以此贷款为资本,一面暗杀宋教仁等南方革命党人,一面积极准备反革命内战。这便加剧了南北双方的矛盾。

---

① 《日本外交文书——清国事变(辛亥革命)》,第230页。

在南方，革命失败的血的教训，惊醒了孙中山和革命党人，使他们逐步认清袁的反革命本性。孙中山举起反袁旗帜，毅然提出"非去袁不可"，力主"武力讨袁"，于1913年7月发动了二次革命。

二次革命时期，日本对袁世凯又采取什么政策？

这时期，日本社会舆论与财界主张"援助"南方革命党人，反对日本参加银行团"援助"袁世凯。《东京日日新闻》6月上旬发表一篇社论，谴责日本政府"援助"袁世凯。政界的尾崎行雄在6月上旬的宪政会晚餐会上鼓动财界说："袁过去就对我国抱有敌意，即使援助他也对我国毫无有益之处。与此相反，南方革命党首领与我国有较深的关系，他们笼络南方派民心对我国是最有益的。"①会上犬养毅也发表了同样内容的演讲。他和头山满组织日华国民会，大井宪太郎组织日华实业协会，鼓动财界反对"援助"袁世凯。犬养毅、尾崎行雄、头山满、中野武营（东京商工会议所的负责人）等还成立对华外交反对协会，并决定：政府对南北纠纷严守中立，延期交付五国银行团的款项，监督已付贷款的使用，等等。②

从辛亥革命爆发到二次革命，日本更换了三次内阁，即西园寺内阁（1911年8月至1912年12月）、桂内阁（1912年12月至1913年2月）、山本内阁（1913年2月至1914年4月）。但三届内阁都没有"诚心诚意"地支持过袁世凯，甚至阻挠和牵制他上台执政。因此，当英美等在清朝崩溃后豢养扶植了效忠于它们的新的侵华走卒——袁世凯时，日本尚未找到替它效劳的代理人。

在此种情况下，元老山县严厉批评内阁，说对华政策未获得预期效果的原因在于对袁世凯没有采取一贯"友好"的态度。他批评山本内阁没有和袁的北洋政府建立"信赖"的"提携"关系。这时袁急需的是钱，谁给他提供巨款，他就对谁效忠。于是，后藤新平在山县和井上馨的授意下，提出了和袁合办东洋银行的设想，由日本和袁各出五千万元，共计一

---

① 曾村保信：《近代史研究——日本与中国人》，小峰书店1952年版，第145页。
② 曾村保信：前揭书，第146页。

亿元。但历来缺少资金的日本一下子拿不出这笔款项,且即使"援助"袁世凯,能否把亲英美的袁变成亲日的袁也有疑虑。因此,山县和后藤的这一计划变成纸上谈兵。

1913年9月1日袁军攻克南京,二次革命也宣告失败。在二次革命中日本对袁的政策由于上述原因毫无进展。

恰巧在二次革命中先后发生了汉口、南京、兖州等三事件。袁军在汉口、兖州逮捕了日军军官各一人,在南京攻占都督府时打死日人三名。这便给黔驴技穷的日本创造了对袁采取强硬政策的新机会。

日本政府为了对袁采取强硬政策,首先唤起国内舆论。这时由于辛亥革命的失败,大部分浪人回到国内。这些浪人在唤起国内舆论中首当其冲。他们以浪人会为中心,联合十二个团体,成立对华同志联合会。该会于9月5日召开评议会,通过了出兵占领中国的决议,决议写道:一、占领蒙古的东部、南满的要冲;二、"出兵扬子江一带要冲之地","占领将北京政府置于死地的地点,并且向保护我国国民的地区出兵"。① 9月7日,该会在东京日比谷公园举行对华国民大会,通过了"国民希望政府出兵"的决议。会后举行示威,包围外务省,施加压力。9月5日,在浪人岩田爱之助的唆使下,两名青年刺死负责中国事务的外务省政务局局长阿部守太郎,以"抗议"对中国的"软弱"政策,反对"援袁"政策。这些浪人的主要目的是借此武力解决满蒙问题。对华同志联合会9月7日散发《趣旨书与章程、满蒙问题理由书》的小册子,公然要吞并满蒙。该小册子写道:"相信现在是解决满蒙问题的时机,力图统一国家舆论,促进政府的决心和行动"②,接着又写道,日本缺乏经济资本,因此要依靠政治力量即军事力量来解决满蒙问题。这些浪人如此猖狂活动,是与陆军在背后的支持有关的。当时陆军为加强对满蒙侵略,要求增加两个师,但山本内阁由于财政困难未能积极支持,因此,陆军便利用浪人制造舆

---

① 曾村保信:前揭书,第148页。
② 野泽丰:前揭论文,见《论集日本历史第12卷·大正民主》,第72页。

论,对内阁施加压力。①

浪人煽动起来的社会舆论,为日本政府对袁提出强烈要求创造了良好条件。山本内阁9月2日和9日分别开会,向袁提出兖州事件的三项要求和南京事件的五项要求及汉口事件的三项要求。其大致内容是:一、严惩肇事者,二、袁政府赔礼道歉,三、肇事者所属部队官兵到南京领事馆前举枪谢罪。② 9月7日山座驻华公使向袁世凯转达日本政府的诸项要求时,附加了他自己的两个新条件:一、革职张勋,二、大总统发布对日友好的指令。③ 袁世凯卑躬屈膝地接受了日本的条件,但革职攻克南京有功的张勋,对袁世凯来说犹如割自己的肉,不敢执行。于是牧野伸显外相便提出,如不革张之职,就将辽东半岛的租借权延长九十九年,允诺日本在东北的修路权(四平至洮南线,洮南至热河线,开源至海龙线等)。④ 可是山座驻华公使认为,这一要求过分刺激袁,且会引起英美等列强的反对,因此劝牧野暂时收回这项要求。两年后日本便在"二十一条"中重新提出这一要求。这便说明,日本1915年向袁世凯提出的"二十一条",实际上从辛亥革命时期起便逐步形成,乘列强无暇东顾之机,全盘端出来实现了在辛亥革命中未能达到的预期目的。

辛亥革命失败了,袁世凯窃夺了革命果实。他1912年3月10日在北京就任临时大总统,1913年10月6日又被选为正式总统,建立了假共和国的北洋政府。于是承认袁的总统地位及其政权的问题提到了列强的议事日程上。

在承认袁及其政权问题上,曾经支持他出山窃国的英美也好,曾经反对他登台的日本也好,都想借承认袁及其政权之机,迫使袁许下维护帝国主义在华既得权益和提供新的更大殖民权益的诺言。维护和扩大殖民权益,这是承认袁及其政权时各列强共同的目标,是帝国主义侵略

---

① 内阁首相山本权兵卫是海军大将,这也反映了陆军和海军的矛盾。
② 栗原健:前揭书,第103～113页。
③ 白井胜美:前揭书,第39页。
④ 《日本外交文书》大正二年第2册,第504页。

本性所决定的。但在承认的具体方法和步骤上,因各列强争夺袁世凯、瓜分中国而引起了分歧。

在这一致而分歧的复杂斗争中,日本采取什么态度?因为日本对袁的政策一直落在英美之后,所以在承认问题上抢在列强前,争取了主动。日本之所以争取主动,除维护和扩大自己的权益之外,以承认时的"统一步调"来限制英、美、俄等其他列强借此扩大新权益的行动。而英美等因怕"得罪"袁,在承认袁的问题上不打头阵,让日本站在自己前面,向袁提出较为苛刻的条件,从而让日本"得罪"袁,而自己坐享其利。因此执袁之牛耳的英国等在此问题上容忍日本的主动。于是,早在1912年2月21日即袁还没有就任临时大总统时,日本向列强发出了关于承认袁政权的《日本政府备忘录》,作为承认的条件。该备忘录指出:"新政府能显示出具有履行该国所承担之各项国际义务的意志和实力时,各国即应对此新政府予以承认",并且须对列强在华的"权利、特权及豁免权等明确表示正式承认"。① 至于承认的步骤与方法,日本则主张"各国政府应完全保持统一步调"②。这一建议,相继得到英、法、德等国的支持和同意。

可是侵略成性的俄国却提出不同意见。2月26日俄国外交大臣对日驻俄大使本野说:"考虑到目前清国形势与日俄两国在中国所享有之特殊地位,认为无论如何必须乘此时机迫使中国特别承认日俄两国所享有之特殊权益",如袁政权不予承认,日俄两国也不予承认袁政权,"只要日俄两国政府能显示出强硬态度,对中国共和政府不予承认,其他列强恐亦不会急于承认"。③ 俄国的主要目的是借此扩大新权益。俄国于1911年10月25日曾向清朝提出修订1881年中俄《伊犁条约》的要求,④同时要扩大在中东铁路及俄租借地内的行政权以及在中国西部的

---

① 《日本外交文书——清国事变(辛亥革命)》,第609~610页。
② 《日本外交文书——清国事变(辛亥革命)》,第609~610页。
③ 《日本外交文书——清国事变(辛亥革命)》,第612~613页。
④ 入江启四郎:《辛亥革命与新政府的承认》,见植田捷雄编:《近代日本外交史研究》,有斐阁1956年版,第242页。

特权。日本看出俄国的这一勃勃野心,想和俄联合行动。但和俄国的联合,势必影响日本在承认问题上的主动权。因此,牧野外相29日电训本野大使,"此时帝国政府在立场上碍难响应俄国政府提议"①,拒绝了俄国的建议。

接着,日本政府于3月23日向英、美、俄、法、德、奥、意等国发出《关于承认中国新政府之条件细目》(草案)。这一草案,要求袁政权承认和承担如下条件:

(一)新政府确认旧政府与各国所订之一切现存条约、协定以及为履行此等条约、协定而颁布之一切现存规章、条例(包括上谕),同时约定,非经有关各国政府同意,对此等规章、条例一概不做任何改变或废除。

(二)关于旧政府或事实上曾经存在之临时政府以及各地方政府所借之外债,其中现实存在者,新政府一律继续承担其完全之责任与义务,并约定诚实履行上列政府为负担此等外债而缔结之各项契约及合同。

(三)凡各届旧政府或地方政府与外国政府、团体或个人间缔结或签订之上列债务以外的一切契约、合同、义务、特惠与转让等之现实有效者,新政府一律继续履行。

(四)各国在中国已被公众所理解且正在实行的治外法权或领事裁判权制度,以及外国政府、团体或个人在中国所现实享有的权利、特权及豁免权等,新政府一律继续承认。② 这就是说,袁世凯及其北洋政府承认和承担1842年《南京条约》以来,列强强加给中国的一切不平等条约、特权、债务、治外法权等,使袁及其政权替代清朝继续充当帝国主义侵略中国的工具。这一条件反映了列强的共同要求。

可是,在承认的具体步骤和方法以及予以承认的时机问题上发生了分歧。到7月,美国要率先承认袁政权。7月24日,美国驻华公使嘉乐恒向伊集院公使说,"此时予以承认,对促进新民国之安定能产生良好影

---

① 《日本外交文书——清国事变(辛亥革命)》,第615页。
② 《日本外交文书》第45卷第2册,第12页。

响"①,并探询日本的意向。德国也倾向予以承认。但日本、英国、法国等"尚不能认为承认中国新政府之时机业已成熟"②,反对予以承认。

到1913年,日、美间的矛盾更加激化。4月2日即民国第一次国会开幕前夕美国要承认袁政权,并向各国发出备忘录:"(美国)总统拟于4月8日中国国会开幕之际承认中国新政府。总统热切希望并恳请日本国政府通力合作,亦于同时采取同样行动。"③德国也于4月初电告日本政府:"德国政府很可能不顾其他国家意向如何而独自贯彻其本国主张。"④日本依然坚持己见,反对美、德的意见。英、法、俄也同样反对。

它们之间的这种矛盾和分歧反映了列强之间的新的争夺和利害关系的差异。美国侵略中国较晚,在中国的权益也远不及英、日、俄。因此美国迫使袁政权承认在华既得权益的迫切性不如日、英、俄那么大。因此,日、英对袁施加压力时,美国率先承认袁,必将换取袁对它的好感。美国3月18日退出六国银行团时也同样采取这种态度,说银行团提出的贷款条件过于苛刻,侵犯了中国的主权。1913年春,威尔逊任总统后,急剧改变对华政策,摆出"友好"的架势。这一态度必然得到袁的"赞赏"。3月25日袁世凯通过驻美公使向威尔逊总统致谢。

至于德国,其殖民权益在山东半岛,该地区依然控制在袁政权之下,因此不敢开罪袁。而且德国国王威廉二世1906年曾提出中美德缔结联盟的建议,袁也支持过。因此,德国和袁之间有过密切关系,故德国采取早日承认袁及其政权的政策。

日、英、俄则不然。它们既要维护既得权益,又要扩大新权益。如英国1912年8月17日向袁世凯提出关于西藏的照会,要求袁放弃在西藏的主权,承认西藏的所谓"自治权"和英国在西藏的新权益。⑤ 而袁世凯

---

① 《日本外交文书》第45卷第2册,第16页。
② 《日本外交文书》第45卷第2册,第18页。
③ 《日本外交文书》大正二年第2册,第8页。
④ 《日本外交文书》大正二年第2册,第14页。
⑤ 入江启四郎:前引论文,见植田捷雄编:前引书,第261～262页。

1913年春向朱尔典表示,他没有重建对西藏统治的意图,希望英国帮助中国军队退出西藏。① 俄国也要修订1881年订立的条约。日本也同样要扩大在华权益。本野驻俄大使曾建议内田外相:"英、俄两国政府为保护其本国利益既如此肆无忌惮,分别施行手段,帝国政府即不应再袖手旁观。……诸如延长辽东半岛租借年限以及南满洲铁路条约年限等,作为承认中国政府之先决条件,以求乘机一举作出决定,实为避免将来发生困难之最有利的措施。"②这些扩大权益的想法,使日、英、俄在承认袁政权的问题上采取一致行动。

其次,列强的这种分歧和矛盾也反映了它们在南方的不同利益和对南方革命党人的不同态度。1913年春,南北矛盾日趋激化,二次革命即将爆发。因此,在南方有殖民权益的英、日不能不考虑承认袁政权对南方革命党人带来的影响。4月4日牧野外相在答复美国意见时说道:"当此时刻,若遽然承认北京政府,即等于援助袁世凯,与南方孙、黄作对。"美国则不然,在南方没有多大权益,无须顾及对革命党人的影响。因此,4月4日美国国务卿召见日本驻美大使珍田时就说:"时至今日,若顾虑南方一派之活动而遽然改变预定步骤,反而可能招致袒护南方一派之嫌……若过分拘泥于南北纷争,恐亦难免引起偏袒一方之责难。"③

美国要率先承认袁政权,对袁造成了有利的形势。袁便利用美国,对日本施加压力。4月6日他派外交总长陆徵祥到日本公使馆通知:美国即将承认新政府,希望日本也早日承认。④ 在这一形势下,日本如不承认,就失去主动权。于是4月19日日本向有关国家发出《日本政府关于承认中国新政府之第二次倡议》,认为:"如果过于推迟对新政权之承认,将使与中国具有重大利害关系之各国蒙受甚大不便。因此,帝国政府认

---

① 彼得·洛:前揭书,第93页。
② 《日本外交文书》第45卷第2册,第22页。
③ 《日本外交文书》大正二年第2册,第10页。
④ 入江启四郎:前引论文,见植田捷雄编:前引书,第269~270页。

为应在可能范围内尽早宣告承认。"①这是日本以退为进的伎俩,妄图制止美国单独承认的行径,以便自己争取主动。但事与愿违,5月2日美国承认袁政权,日本在这一竞争中又败给美国。

10月初,民国国会开会,将选袁世凯为正式总统。在这一形势下,英国如不承认袁政权,它苦心扶植上台的袁则会翻脸不认主人,将失去袁这一新走卒。于是英国政府于9月19日通知日本政府:"当此有关列强正在准备承认中国大总统之际,女王陛下政府无法推延承认日期。因为此种行动将会带来严重的不利和不便。"②在众叛亲离的形势下,日本也无可奈何,不得不承认袁及其临时政府与各国所订条约、协议及特权。而袁6日就职宣言中特别声明:"所有前清政府及中华民国临时政府与外国政府所订条约、协约、合约,必应恪守,及前政府与外国公司、人民所订之正当契约亦当恪守",对于外国人在中国"已享之权利并特权豁免各事,亦切实承认,以联交谊"。③ 不仅如此,他在当选正式总统前夕,还特地给帝国主义以新的权益。例如,10月5日,日本政府和袁世凯政府交换《满蒙五路借款修筑预约办法大纲》(五条铁路是:四平至洮南,长春至洮南,开源至洮南,洮南至承德,吉林至海龙)。日本攫取了五路修筑权,把势力范围从南满扩大到热河。这样,日、俄、法、英等十三国同一天承认了袁及其政府。

我们从辛亥革命时期列强对袁的不同政策和其政策的演变中看出始终不变的一种目的,即维护和扩大殖民权益。日本一直反对袁上台,因此承认袁时对他施加种种压力是必然的。可是曾经一直扶植袁的英国在承认自己培植上台的袁政权时,却和日本伙同在一起,对他施加压力,迫使他不仅承认列强既得权益,而且要允诺新权益。这便说明,英国扶植他是一种手段,扶植的目的则在于维护和扩大其权益。同样,日本反对袁上台也是一种手段,反对的目的也在于维护和扩大权益。由此可

---

① 《日本外交文书》大正二年第2册,第25~26页。
② 《日本外交文书》大正二年第2册,第59页。
③ 《政府公报》第615号,1913年10月11日。

见,反对的也好,支持的也好,手段虽然不同,但目的皆为殖民权益的维护和扩大。这便说明,列强对袁的政策虽然不同,但不同的政策却反映了它们的共同目的,说明了帝国主义对袁的政策在不同时期虽有变化,但其维护和扩大殖民权益的本质却不变。

还有一个问题是,日本在帝国主义列强通过袁世凯对辛亥革命施加压力中所处的地位和作用问题。如上所述,日本在袁上台执政到承认他的总统地位的过程中,基本上是反对或牵制他,没有一次积极支持过他的。日本只是在南北议和时想通过他实现君主立宪制,维护清朝皇帝,参加五国银行团,借给袁一笔贷款。相比之下,这在日本对袁的政策中占次要地位。因此,如果说帝国主义列强通过袁之手绞杀辛亥革命,那应该主要是英、美,不应该笼统地说包括日本在内的所有帝国主义列强。

3. 日本对南方革命党人的政策

对袁世凯的政策和对南方革命党人的政策是辛亥革命时期日本对华政策的两翼。我们只有具体地考察和比较对两者的政策时,才能全面地看清辛亥革命时期日本的对华政策。

辛亥革命时期,日本对南方的目标是什么?1911年10月24日日本内阁通过的《关于对清政策问题的内阁会议决议》写道:"调转视线,再看看帝国与清国本土(指满蒙之外的地区,包括南方——笔者)的关系。我国侨民之多,我国通商贸易额之大,以及与我国有关的企业之日益增多,所有这些都明显地显示出一种趋势,即我国在该地区逐渐占有优势地位","今后应着重致力于在清国本土培植势力,并努力设法使其他各国承认帝国在该地区之优势地位"。① 这就是说,借辛亥革命之机,向中国南方进行侵略,扩大权益,建立在该地区的优势地位。南方是中国资产阶级革命的摇篮,是革命政权的管辖地区。日本要扩大在该地区的权益,势必牵涉到南方革命势力。那么,日本对南方革命党人究竟采取了

---

① 《日本外交文书——清国事变(辛亥革命)》,第50~51页。

什么政策？下面仅就提供贷款和武器、对北伐军的态度、二次革命及大陆浪人与辛亥革命的关系等诸问题来具体剖析日本对南方革命党人的政策。

如前所述，辛亥革命伊始，日本统治阶级尤其是军部想出兵干涉，以武力镇压革命，进而扩大在中国南方的权益。但动武的企图未能如愿以偿。

武昌起义得手后，各省革命党人便纷纷起事。到11月下旬，已有十四省脱离清廷独立，其他各省的反清斗争也风起云涌，清王朝的瓦解已成定局。于是，日本和其他列强不得不重视南方革命力量，不仅不敢动用武力，而且"极力避免采取徒伤革命军感情之措施"①并和它进行交往。于是，日本同南方革命党人之间形成了既不承认它为合法，又和它往来的微妙关系。

可是在民间，如前所述，大陆浪人却"声援"南方革命党人，要求承认它建立的共和国。但其目的是吞并东北和内蒙古。

一些外交官和军人，作为个人意见，也想把中国分为两国，要承认革命党及其政权。驻华公使伊集院10月28日建议内田外相，承认南方为一国家，"在华中、华南建立两个独立国家，而使清朝廷偏安华北，继续维持其统治"②。他认为："人心所向与东亚大势业已不可阻挡。民意已完全背离清朝廷，乃属确凿无疑。现今朝廷完全丧失昔日统治四百余州的威势与实力，不论采取何种怀柔妥协办法，恐已无法平定目前局势。"③伊集院对中国时局的判断是正确的，但承认南方为一国是使清朝苟延残喘的伎俩，是分而治之的毒计。

参谋本部第二部部长宇都宫太郎也提出《对中国的个人意见》。他认为，"保全"中国是困难的，应分为满汉两个国家，日本对清廷也适当予以援助，对南方也秘密地予以"援助"，并把其中的一国作为保护国，另一

---

① 《日本外交文书——清国事变（辛亥革命）》，第112页。
② 《日本外交文书——清国事变（辛亥革命）》，第277页。
③ 《日本外交文书——清国事变（辛亥革命）》，第277页。

国为同盟国,而日本作为调解南北双方的"报酬",攫取满蒙。

可见,对革命党及其政权的承认也好,"援助"也好,其目的都是为日本的侵略扩张,尤其是为吞并满蒙。

在辛亥革命时期,日本对革命党人提供了武器和贷款。那时,大陆浪人居中引线,政府出钱,财阀供贷款,军部拿武器,三者结为一体,扩大日本在中国南方的权益。那么,这三者是怎样结合起来的呢? 内田良平从朝鲜回来后,伙同大江卓、小美田隆义等人,继续说服政府"援助"南方。同时又动员三井财阀向革命党人提供贷款。如前所述,三井财阀的益田孝接到内田良平的信后,便认为,这是三井向南方扩张的良机。他携带这封信找三井的政治后台井上馨,说明向南方扩张的欲望。井上不仅同意益田孝的意见,而且替他出主意。他说:"其内容和内田谈的一样,我也完全同感。三井的方针,按你的想法执行,但决定政府方针是先决条件,因此先找桂(太郎)商量,然后和桂一道去找西园寺(首相)。"①内田良平从大江卓和小美田那里得知这一消息后,喜出望外,立即电告在上海的宫崎滔天,叫孙中山和黄兴立即给西园寺首相和桂太郎、井上馨打电报,以便换取他们对革命党人的"援助"。事过不久,西园寺内阁便同意三井财阀对南方革命党人的"援助"。

于是,内田良平派去的北辉次郎和清藤幸七郎在南方同宋教仁商谈武器供应问题。南京临时政府于1912年1月派文梅村等三人东渡日本。他们经内田良平和小美田隆义的介绍,和三井进行借贷款购军火的交涉,于1月24日订立借款三十万日元的合同,以此购买日本的三一年式速射野炮六门,三一年式速射山炮六门、重机枪三挺及炮弹、子弹等。此外,通过各种渠道购买的武器也陆续运到南方。1911年12月8日,日本云海丸把步枪一万枝和带剑短枪三百支运到上海;1912年1月8日,日本巴丸把步枪一万两千枝、子弹两千万粒及机关炮六门、山炮六门、炮弹六千发运到南京;1月28日,御代丸把一万九千四百支步枪运到广东;

---

① 黑龙会编:前引书中卷,第441页。

2月22日,荣城丸把三万支步枪和八万粒子弹运到广东。购买这些武器的贷款由大仓洋行和三井物产公司提供,而三井物产公司的贷款是由政府提供的。这些武器来自陆军的军火库,有的大炮是从要塞中卸下来的。这些武器从各地集中到门司,从门司未经海关即运往中国南部。当然日本在这一批武器供应中必然获取暴利。因为这些武器不是新式的,而是日本陆海军更新装备后不用的陈旧兵器。即使如此,这些武器对革命军来说却不可缺少。

日本向南方革命党人提供贷款。贷款和供应武器是往往联系在一起的。当时提供贷款的名目虽不是为购兵器,但实际上却是用于购买武器。在借款中,大陆浪人往往起桥梁作用。1911年12月孙中山从欧美回国时,宫崎滔天专程从上海到香港迎接孙中山,并陪同孙中山抵达上海。随同宫崎去的还有三井物产公司的山田纯三郎、高田商社的郡岛忠次郎等五人。在从香港到上海的途中,宫崎可能与孙中山谈到借款问题。因此他抵沪后立即通过山田向三井物产公司上海支店长藤濑政次郎传达孙中山借款之事。

当时南京临时政府的最大困难之一是财政问题,因此不得不借外债。英、美等明显地支持袁世凯,所以南京临时政府向日本借款。1912年1月招商局董事会决定要借款一千万两。日本闻讯后,指派日本邮船公司和日清汽船公司出面和南京革命党人交涉。结果,2月5日由日本邮船公司上海支店长伊东和孙中山、黄兴草签借款合同,并先付一百万两。这笔借款名义上是招商局借,但事实上是南京政府应付财政困难和购买军火的。而日本方面虽由邮船公司提供贷款,但款是由日本政府提供给邮船公司的。由此可见,当时日本政府与南京临时政府的内在关系,即日本不敢公开提供,但暗中往来。

日本的此种贷款活动都是在英国的势力范围内进行的。因此,各项贷款必定和英国权益发生冲突。就这次贷款来说,招商局是先与英国交涉的,后来日本从中插手。因此,英国政府2月5日向日本政府提出抗议,说这笔借款"无疑将提供革命军作为军事费使用,希望贵国政府加以制止"①。法国政府也对这笔借款表示不满。2月17日法国外长塞尔弗斯召见日本驻法临时代理大使,提出"日本现在单独行动,实与上述共同行动准则不合,令人深为遗憾"②。这是日本和英、法在这一地区争夺的表现。这时英国的汇丰银行、太古银行等暗中和财政总长陈锦涛进行借款活动。当时,《每日新闻》也于2月13日发出一则消息说,英国某商为阻止日本在长江航运中无限扩张其势力,已对此借款展开竞争。③ 2月28日,英国伙同四国银行团,和招商局订立七百万元的借款合同。通过香港的银行向南方临时政府先付二百万元。④ 由于英国的这一争夺,日本不能不放弃对招商局的借款。

其次是沪杭铁路借款。该借款早在1898年英国就与清廷进行过交涉,1908年正式签订借款合同。这次江苏财政总长朱葆三先和英国汇丰银行商谈。后来日本大仓洋行插手,1月18日大仓洋行的川野和王子亭草签二百五十万两的借款合同,并于27日正式签署,当即付款。大仓洋行的这笔借款,受到日本政府的幕后支持。外相内田1月11日就这笔贷款问题电训上海总领事有吉:"希我总领事就近向该支店长(指大仓洋行上海支店长——笔者)询明详情,予以必要关切,尽力促其实现。"⑤他接着指示有吉:"不容否认,此项借款之用途必与革命军具有密切关联,如果向外界露出帝国政府或帝国官员对于此项借款曾经暗中援助或加以干涉等等形迹,殊多不便,故望我总领事对此点深加注意。"⑥这便说明日本政府对南方革命政权的两重性政策:既不公开支持,暗中又提供借款与军火。

英国获悉此消息后,令朱尔典驻华公使向伊集院公使提出"严重抗议","英国方面断然不能承认","希望日本方面罢手"。但伊集院公使佯

---

① 《日本外交文书——清国事变(辛亥革命)》,第26、36号文书,第211页。
② 《日本外交文书——清国事变(辛亥革命)》,第26、36号文书,第214页。
③ 《日本外交文书——清国事变(辛亥革命)》,第26、36号文书,第223页。
④ 鹿岛守之助:《日英外交史》,鹿岛研究所出版会1959年版,第472页。
⑤ 《日本外交文书——清国事变(辛亥革命)》,第185页。
⑥ 《日本外交文书——清国事变(辛亥革命)》,第185页。

装不知，回敬朱尔典道："此次大仓洋行提供借款，纯属该企业之独自行动，日本政府并不知悉，亦未参与"，当面顶回。这便说明日、英在长江流域的激烈争夺和日本外交的虚伪性。

在辛亥革命期间，日本对南京政府最大一笔贷款是对汉冶萍公司的贷款。日本对汉冶萍垂涎三尺，由来已久。这是因为汉冶萍是日本钢铁工业不可缺少的原料供应基地，主要供应日本最大的钢厂八幡制铁所。1908年至1912年日本从该公司掠取铁矿石七百多万吨，占该制铁所铁矿石用量的52.5%。为保证这一掠夺，1904年至1911年，日本正金银行和兴业银行曾向该公司投资贷款一千五百三十万元和银一百万两。①

辛亥革命时期，日本想方设法将该公司攫为己有，曾和清廷、南京政府、北洋政府进行三次交涉。

辛亥革命爆发后，革命军占领了汉冶萍地区。于是该公司副经理李维格，希望日本驻华公使和驻汉口总领事出面与革命军交涉，以便加以"保护"。十来天后，该公司总经理盛宣怀向日本正金银行借款六百万元。接着他又提出由邮传部出面，以湖南萍乡至株洲的铁路为抵押，再借一百万两。伊集院公使认为，盛乞求贷款是日本在南方扩张权益的良机。他于24日、25日向内田外相建议：汉冶萍贷款"会有助于我方向汉冶萍伸展势力和确保权益。故望不逸时机，设法促其实现"②。至于萍乡至株洲铁路借款，"不论时局发展结果如何，均足以成为我国向湖南省扶植势力、权利之确实依据"，和前借款一起"均请极力设法促其早日实现"。③

恰巧，盛宣怀10月下旬被革职，避居大连。伊集院认为，"盛宣怀避居大连，将为我方关于汉冶萍问题之策划带来甚大便宜"。④ 当时日人高木陆郎跟随盛。盛抵大连后，正金银行指派小田切万寿之助和盛继续谈

---

① 白井胜美：《日本与辛亥革命——其侧面》，见《历史学研究》1957年第207号。
② 《日本外交文书——清国事变（辛亥革命）》，第142～143页。
③ 《日本外交文书——清国事变（辛亥革命）》，第143页。
④ 《日本外交文书——清国事变（辛亥革命）》，第146页。

判借款事宜。这一借款谈判是日本支持清朝政府的组成部分。当时盛借款的目的,犹如伊集院公使所猜测:"不外乎想借此获得我方对保护汉阳铁政局作出确实保证;同时想乘此清廷急于筹措军费而穷极无策之际,通过此次借款,以维系摄政王等对其本人之信赖。"①可见,这笔借款不是提供给革命党人的。

可是,到1912年情况就发生了变化。孙中山抵沪后,通过宫崎滔天向三井借款。日本政府早已同意三井财阀对南方革命党人的"援助"。三井财阀指派常务理事山本条太郎,和内田外相、西园寺首相及八幡制铁所所长中村等商议拟定如下计划:借革命党人急需军火和借款之机,由日中合办汉冶萍公司,公司总资本为三千万日元,日中各出一半,但日方已贷款投资一千多万元,故只出五百万日元。其中一部分以现款贷给南京政府,其余由三井物产提供军火。这一计划反映了日本吞并汉冶萍公司的贪婪野心。此时,南京政府财政极为困难。黄兴于1月26日致电盛宣怀:"兹已电授全权于三井洋行直接与执事交涉,请勿观望,即日将借款办妥,庶公私两益,否则民国政府对于执事之财产将发没收命令也。"②在黄兴的催促之下,1月29日盛宣怀、李维格和正金银行的小田切万寿之助在神户草签《汉冶萍公司中日"合办"草约》。其第一条规定:"改汉冶萍煤铁厂矿有限公司之组织为华日合办有限公司。"③可是该公司股董会3月22日投票否决这一合同。于是盛宣怀第二天致函小出切万寿之助,通知"该草合同自应取消"④。日本吞并汉冶萍的野心,由于股东的反对而未能实现。

但日本窥伺时机,1913年12月和袁世凯的北洋政府签订了一千五

---

① 《日本外交文书——清国事变(辛亥革命)》,第142页。
② 陈旭麓等主编:《盛宣怀档案资料选辑之——辛亥革命前后》,上海人民出版社1979年版,第235页。
③ 陈旭麓等主编:《盛宣怀档案资料选辑之——辛亥革命前后》,上海人民出版社1979年版,第240页。
④ 陈旭麓等主编:《盛宣怀档案资料选辑之——辛亥革命前后》,上海人民出版社1979年版,第261页。

百万元的贷款协定,其条件是该公司聘请日人为最高技术顾问和财政顾问。这样,日本终于攫取了控制汉冶萍技术和财政的大权。

变中不变的、反复出现的便是本质,是规律性的东西。我们从日本对汉冶萍公司的贷款活动中看出,虽然跟它交涉的对象有变化,但贯串始终的是扩大在该公司中的权益,甚至要吞并它。这便说明,日本在辛亥革命时期,不管是清廷、南京政府,还是北洋政府,只要能扩大权益,扩大侵略,就跟它打交道,就向它提供借款。这再次说明,辛亥革命时期日本对华政策的根本目的是维护和扩大权益。

列宁说:"自由竞争占完全的统治地位的旧资本主义的特征是商品输出。垄断占统治地位的现代资本主义的特征是资本输出。"[1]日本三井财阀等对南方临时政府的贷款,实质上是垄断资本的资本输出。资本输出的目的是剥削中国人民的血汗,扩大在中国的权益。在对南方的贷款活动中最活跃的是三井财阀。这有其原因。三井财阀1910年派尾崎敬义和松元势藏到中国考察一年。尾崎回国后写了《对华投资论》。他在书中献策说:"从列强的立场来说,如想在中国获得相当的势力和发言权,除贷款之外绝没有其他手段。换句话说,对当前的中国予以贷款,不是拿钱储蓄的单纯目的,贷款是手段,其首要目的在于获得利权。"[2]尾崎的这一献策,成为辛亥革命时期三井财阀向南方贷款扩张的理论基础。益田孝也公然地鼓噪:"如果(辛亥)革命获得成功,三井即日本则一手攫取扬子江沿岸一带的利权。"[3]这不打自招了日本提供贷款的目的是在南方攫取和扩大权益。

日本对以蓝天蔚为首的北伐军的态度又是怎样?

南京政府成立后,组织北伐军,拟从陆海两路攻打清廷。1912年1月16日,以蓝天蔚为首的北伐军乘船驶抵山东半岛的芝罘。这支部队将配合南京方面的军事活动,拟在渤海湾登陆,从清廷的背后猛击摇摇

---

[1] 列宁:《帝国主义是资本主义的最高阶段》,《列宁全集》第22卷,第232页。
[2] 曾村保信:前揭书,第146页。
[3] 山本四郎:前揭论文,见《史林》1966年第49卷第1期,第48页。

欲坠的清朝统治。这是推翻清朝统治的一项重要军事措施,日本陆军的太田大佐等六名军官直接参加了此次行动。

蓝天蔚抵达芝罘的第二天,以关外民军都督的名义,照会大岛关东都督,说明北伐军的来意,并称:"切望贵国确保南满铁路之中立,对于民军及清军均应一律同等对待。"①对此,大岛都督曾表示同感。但内田外相数次电训大岛都督和落合奉天总领事:"不能允许革命军在中立地带以内登陆"②,"北伐军在租借地及中立地带以外之其他地带登陆时,我方可采取旁观之态度"③。日本采取此种态度的目的是维护其在辽东半岛和满铁沿线地带的既得利益。这虽然限制了该军在渤海湾的军事行动,但毕竟不是赤裸裸的武装干涉。

2月1日至4日,北伐军果然在关东租借地北端的高丽城和碧流河地带登陆,并和清军发生武装冲突。清政府外务部的曹汝霖前来日本公使馆要求:一、阻止该军登陆;二、如已登陆,利用日本管辖之铁路运送清军增援该地。对此,伊集院公使答道,北伐军未在中立地带登陆,传言有误,并且表示"如果为对抗革命军而经我铁路运送军队,则无论如何不能承诺"④,当即拒绝了曹运兵的要求。这对北伐军是有利的。但内田外相和大岛都督数次要求北伐军尽速退出中立地带。于是,北伐军退到辽西。3月9日,外务省次官石井菊次郎又训电:"蓝天蔚在我国势力范围以外之辽西地区登陆时,我国方针是不加干涉。"⑤

日本为什么此时对北伐军采取这种限制但不压制的微妙政策?是仅仅为维护其在关东州和满铁的既得权益吗?不是的。此时正是清王朝即将崩溃的前夜,东北局势也将发生新的变化。此刻北伐军在辽宁一带的军事活动势必促进这一变化。因此,日本是想从这一局势的变化

---

① 《日本外交文书——清国事变(辛亥革命)》,第294页。
② 《日本外交文书——清国事变(辛亥革命)》,第301~302页。
③ 《日本外交文书——清国事变(辛亥革命)》,第301页。
④ 《日本外交文书——清国事变(辛亥革命)》,第398页。
⑤ 《日本外交文书——清国事变(辛亥革命)》,第213页。

中,浑水摸鱼,从中渔利。2月2日内田外相致落合奉天总领事的训电就说明此点。他指令落合:"近来满洲形势已经发生变化……尤其满洲朝廷之让步,已成为大势之所必然;且今后赵总督等人态度如何变化,一时亦难预料。基于上述情况,此际,对革命党施加压力,究应保持何种分寸,亦须慎重考虑。如果革命党势力日益壮大,即使满洲秩序一时发生紊乱,亦未尝不可能因此而造成我国对满洲政策待以向前推进一步之契机。"①日本是从这种目的出发,根据形势的发展,见风使舵,对革命党和北伐军采取灵活的、微妙的政策,以便利用北伐军的力量来推进它的满蒙政策。

从以上所述中看出,日本对北伐军的政策是:一、不许它"侵犯"其在辽东半岛和南满的权益;二、不公然镇压;三、妄图借北伐军推进其满蒙政策。

1913年由于袁的反攻倒算,又爆发了二次革命。那时南方革命党人为筹集二次革命的资金,暗中争取日本的贷款。5月17日,黄兴在上海会见日本东亚兴业公司的白岩龙乎,探询日方对南方革命党人的意向。当时黄兴以南昌—萍乡铁路贷款之名,向他借一千万日元贷款。白岩把此意报告大仓洋行的门野重九郎。门野也倾向借这笔款。他们借款的目的,依然是扩大在江南的权益,白岩就在致门野的报告中写道:"此时对孙逸仙、黄兴等多少表示同情,以便促进我们对南方的经济政策,同时确立我国政府大方针——在江西建立根本政策的难得机会。"②当时,涩泽荣一希图建立日中合营的中国兴业公司,和孙中山进行交涉。三井物产公司的森恪趁革命党人急需贷款和军火之机,以一两千万日元和两个师的武器装备为交换,妄图割让中国东北。③

二次革命时期陆军的一些军官也主张"支持"南方。日本驻华公使馆武官青木宣纯建议陆军大臣上原勇作:"从我国将来的立场"来考虑,

---

① 《日本外交文书——清国事变(辛亥革命)》,第312页。
② 白井胜美:前揭书,第33页。
③ 山浦贯一编:《森恪》,森恪传记编辑委员会1940年版,第402~406页。

"把同情寄于南方为上策"。① 关东都督府参谋长福田雅太郎也主张"声援"南方。他们之所以"支持"南方,正如日本华中派遣军司令官与仓喜平大佐所说,"北军(指北洋军队——笔者)之胜利,今后必定对日本政策带来坏影响"。② 陆军的这些人从反袁的目的出发主张"援助"南方,以"援助"南方革命党人来牵制亲英、美的袁政权。

可是,日本政府没有采纳他们的意见。其原因是:第一,二次革命不到两个月就被袁军镇压,革命被镇压后再"援助"南方不会有什么希望。第二,英、美等主要列强表面上虽然采取静观态度,但暗中支持袁讨南,而且怀疑日本在南方挑动革命党人挑起二次革命。因此英国驻华代理公使阿尔斯顿要求发表以五国银行团名义谴责革命党人的共同声明,以便捆住日本手脚。第三,北洋政府极力反对日本"援助"南方,5月4日总统府秘书长梁士诒提醒伊集院公使叫日本浪人不要参与革命党人的活动。而且日本也不敢公然开罪袁世凯。因此,二次革命失败后,日本政府设法阻挠孙中山、黄兴等到日本继续从事革命活动。

二次革命时期日本对南方革命党人的政策,和1912年前后时期相比发生了新的变化。日本政府虽然没有"支持"南方,但也没有压南方革命党人。可是,对袁世凯,如前所述,却采取了强硬政策,迫使他向日本低头"认罪"。相比之下,日本对南北双方的政策确实不一样。

日本对南方革命党人的态度和英、美相比较有何区别?英、美全力支持北方的袁世凯,因此对南方的态度非常冷淡,甚至通过袁世凯绞杀南方革命。英国在南方的权益,占其在华权益的四分之三,而日本只占其在华权益的十分之三。按经济基础来说,英理应"支持"南方,以便维护南方权益。可是英国却没有那样做。其原因,除袁是"最强大的人"之外,英认为孙与大陆浪人关系密切,是亲日的,因此对他无好感,甚至认为他是"没用的政治家"。③ 因此,10月下旬,孙中山从美国回国途中经

---

① 北冈伸一:前揭书,第99页。
② 北冈伸一:前揭书,第99页。
③ 彼得·洛:前揭书,第59页。

由伦敦,要求英政府向南方革命党人提供一百万英镑贷款时,英国断然拒绝了孙中山的要求。① 12月下旬,孙中山抵香港时,英国政府虽然解除了不许孙中山进港的禁令,但只许他经由香港,不准停留。因此,孙中山本人也对英国没有好感。

美国对南方革命党人的态度,和英国大致相同。美国对孙中山和革命党人颇有看法。美国驻华公使在1912年1月16日致国务卿的电报中谈道,孙中山不具有代表性,不能控制局势,不能支配清朝被推翻后崛起的相互矛盾的各种势力,②因此,不主张支持孙中山和南方革命党人。

英、美虽然不像日本那样,一开始就不想出兵压南方革命党人,但对南方的总的态度显然和日本不相同。此种不同态度,一是来自于对袁的不同态度,二是日、英、美在中国的争夺。由于争夺,两者对南方革命党人不可能采取完全相同的政策。不同政策的实质是争夺,争夺的不外乎是权益。可见,日、英、美对南方革命党人的不同态度和不同政策的实质依然在于权益,这是两者的不同政策所反映的共同之点。这就是说,政策即手段虽不同,但目的却是一样的。

在辛亥革命中,革命党人和日本大陆浪人交往密切,不少浪人亲身参加革命活动。孙中山和革命党人曾经把他们看作热心赞助中国革命的日本志士。他们人数虽不多,但活动能量很大。

如前所述,头山满、内田良平、小川平吉等发起组织有邻会,在东京曲町区内的旭馆设办公室,一面与在北京的平山周、武汉的末永节取得联系,搜集革命情报,一面派北辉次郎、新藤幸七郎、宫崎滔天等来中国参加革命活动。

当时,日人寺尾亨、副岛义一应黎元洪的邀请,在革命政府中任法律顾问,内田良平任南京政府的外交顾问,直接参与了辛亥革命的政治、外交活动。

---

① 彼得·洛:前揭书,第68页。
② 《美国对外关系文件》1912年,第62页。

民间人士梅屋庄吉等人,筹集巨款,供给革命党人,并替南京政府印刷纸币。在武汉地区,萱野长知等二十余人,直接参与革命军对清军的战斗,有的甚至流血牺牲。牛丸友佐等带领医疗队,在战场上做战地救护。

萱野长知为牵制清军的南下,派一些浪人北上,和北京的平山周等一起,以天津租借地为据点,协助北方革命党人白逾桓,搞刺袁的恐怖活动,和川岛浪速一起准备了一支武装。

在山东芝罘,浪人末永节和三菱的上海支店长中岛久万吉联系,以提供山东渔业权为条件,借一笔贷款给以蓝天蔚为首的北伐军,这些浪人,从表面上看都是声援辛亥革命,在革命中的表现也似乎都是一样。但是同一个现象中却包含着两种不同的动机。因此,我们把日本大陆浪人大致可分为两种:第一种是民权派浪人,第二种是玄洋社、黑龙会系统的浪人。

民权派浪人人数较少,其代表人物是宫崎滔天。他是在其兄宫崎民藏的自由民权思想影响下,要在中国的大地上实现在日本未能实现的自由民权理想。他希望以革命胜利的中国为据点,变革"弱肉强食的现状",进而实现世界革命。他认为,"人类皆为同胞","世界是一家","使中国成为理想的国家,以其力量号召宇内,道化万邦"。[1] 宫崎是希图实现大同世界的浪漫主义思想家,富有政治理想。他的民权主义思想与孙中山和革命党人争取资产阶级民主自由的理想是一致的。因此,宫崎滔天等民权派浪人是革命党人的战友,诚心赞助中国资产阶级革命,是中国人民的朋友。此种浪人和后一种浪人的明显区别是不提满蒙问题。宫崎滔天虽然在革命党人和财阀间起过穿针引线的作用,但他和内田良平等不同,不是为吞并满蒙,而是解决革命党人的困难。后来,他也不参与财阀的贷款活动,和内田良平等人的关系也逐渐疏远。在纪念辛亥革命七十周年(1981年)之际,我们怀念曾为中国革命献身的这些浪人,衷

---

[1] 宫崎龙介、小野川秀美编:《宫崎滔天全集》第3卷,平凡社1972年版,第253页。

心感谢他们的声援和支持。

头山满、内田良平等是属于玄洋社、黑龙会系统的第二种浪人,是以"帮助"革命为代价,妄图吞并满蒙。这些浪人曾反对南北议和,反对迁都北京,反对孙中山北上,似乎比革命党人更为"革命"。这是因为他们反对袁世凯,反对袁世凯背后的英美。他们即使"赞助"革命,但其目的是鲸吞满蒙。1912年春天,头山满路经东北回日本时,他看到东北平原,情不自禁地喊出:"多么辽阔啊!这儿应由日本掌握治理,中国是治理不好的。"①一语道破他对东北的贪婪心理。

他们不仅要鲸吞满蒙,还鼓动财阀侵入中国南方。内田良平1912年2月在《太阳》杂志上的一篇文章中鼓噪:"日本吞并满洲,将给我国带来多大利益,这点暂且不提,满洲的山间荒芜之地较多,人民几乎都是忘恩负义之徒……中国幅员辽阔,我们不必固定在满洲这一局部地区。如放眼南方,那里则有无限的天然资源和事业"②,大肆渲染侵入南方的重要性。过去日本财阀注重东北,对南方的关心不如北方。浪人的这一宣传鼓动使财阀把经济侵略的矛头从北方又转向南方。这便是这些浪人在辛亥革命中所起的又一种作用。

曾在孙中山身边任秘书的池亨吉,何许人也?他是亲中义会(也叫振中义会)的成员。该会成员中有好几名陆军和海军的预备役军官,还有东京赤坂警察署长本堂平四郎。该会从政府领取活动经费,向外务省政务局提供情报,如今在外务省的档案中还能找到他们所提供的情报材料。日本的一些学者甚至怀疑本堂警察署长亲自到南方搜集过情报。该会还委派太田陆军大佐等七名军官参加北伐军,妄图掌握北伐军的实权。该会成员曾在革命党内部挑拨离间,进行阴谋活动。由此可想池亨吉是什么人。③

我们对大陆浪人不能一概而论,对具体人应做具体分析。如前所

---

① 宫崎龙介、小野川秀美编:前揭书第2卷,第650页。
② 曾村保信:前揭书,第141~142页。
③ 宫崎龙介、小野川秀美编:前揭书第2卷,第639页。

述,曾经"声援"革命,反对出兵干涉的一部分浪人,在二次革命尤其是在汉口、兖州、南京事件之后,猖狂主张出兵占领中国,显现出他们的本来面目。其中尤为突出的是内田良平。他在1913年6月写的《对支那案》中,完全否认中国民主革命的可能性,大肆攻击和诬蔑革命党人,把希望寄托于宗社党人。7月26日,他建议山本首相,如果政府私下默许,他们就和宗社党人协作,实现满蒙独立。他在10月1日写成的《支那观》一文中,诬称汉族"是彻底的利己主义民族",把中国人比喻为犹太人。① 更为可憎的是,他认为:"中国国民事实上都是欺软怕硬的,一旦遇到强者,就说'没法子',屈服于(强者),因此应以强硬手段压服他们。"②

孙中山和革命党人由于时代、阶级、革命战略的局限,未能认清他们的本性,认他们为友,和他们共事。这无疑是革命党人的弱点,也是孙中山的革命战略。

4. 日本对满蒙的政策

辛亥革命时期日本的对华政策是19世纪90年代以来其大陆政策的继续和发展。通过中日甲午战争和日俄战争,日攫取辽东半岛,建立了以"满铁"为中心的殖民权益。尔后以此作为跳板,继续扩大侵略,进一步推进其大陆政策。20世纪前期日本大陆政策的核心是满蒙,先要割取满蒙,然后想吞并整个中国。

日俄战争后,日本对满蒙的政策是维护和扩大在《朴次茅斯条约》和《中日会议东三省事宜正约》中攫取的殖民权益,进而吞并满蒙。1911年10月24日,日本政府《关于对清政策问题的内阁会议决议》就清楚地道出了日本对满蒙的这一野心:"在满洲,延长租借地之租借期限,决定有关铁路之诸问题。进而确立帝国在该地区之地位,以求满洲问题之根本解决。为此,帝国政府必须经常策划,不遗余力;一旦有机可乘,自应加

---

① 黑龙俱乐部编:前揭书,第538页。
② 黑龙俱乐部编:前揭书,第544页。

以利用,采取果断手段,实现上述目的。"①该决议接着又写道:"至于满洲问题之根本解决,要俟其机会最有利于我,且条件充分之时,方始而实施,此为得策。"②因此,辛亥革命初期,日本静观形势,维护满蒙的现状,等待时机。到1912年初,中国局势发生急剧变化,统治中国两千余年的封建王朝即将崩溃。日本认为,这是"最为有利""且条件充分之时",要动手解决满蒙问题。

辛亥革命时期日本的满蒙政策由三个方面组成:一是武力占领;二是掀起"满蒙独立运动";三是勾结沙俄,进一步瓜分满蒙。这三个方面相互促进,成为一个政策的三个方面。下面就此三个方面,分别进行论述。

如前所述,满蒙政策与日本的反袁是有密切关系的。日本一直反对袁上台执政。但经南北议和,袁即将窃取革命果实,当上民国临时大总统。袁的上台必将进一步限制日本在满蒙的扩张。于是日本在袁上台之前,想用武力解决满蒙问题。山县有朋于1912年1月14日向陆军大臣石本新六建议:派遣一至两个师占领满蒙。他认为"现在是出兵满洲的适当时机"③。根据此建议,陆军省军务局局长田中义一拟派第十二师出师。但这一计划,如前所述,在国内遭到内阁、议会的反对,在国外受到列强的牵制。德国代理外交大臣亚米兹曼于1月31日对日本驻德大使杉村暗示:"倘若日本国政府在此时对清国采取单独行动,德国政府则万难同意。"④美国《纽约时报》也在2月4日发表《中国与列强》一文,警告日本不许单独出兵。日本在众目睽睽之下,不敢出兵占领。对此,山县极为恼火,说:"失去千载一遇之机会,实为国痛愤不堪。"⑤

在武力占领满蒙的阴谋未能得逞后,日本采取双管齐下的政策,即

---

① 《日本外交文书——清国事变(辛亥革命)》,第50页。
② 《日本外交文书——清国事变(辛亥革命)》,第51页。
③ 内田康哉传记编纂委员会、鹿岛研究所出版会编:《内田康哉》,第181页。
④ 《日本外交文书——清国事变(辛亥革命)》,第530页。
⑤ 山本四郎:《辛亥革命与日本的动向》,《史林》1966年第49卷第1期,第45~46页。

一面唆使大陆浪人掀起第一次"满蒙独立运动",一面勾结沙俄进一步瓜分满蒙。

第一次"满蒙独立运动"是在清朝政府即将崩溃之际,日本大陆浪人川岛浪速等人在陆军参谋本部和政府的支持下,要挟满蒙亲贵以"独立"为名出卖满蒙,而日本借机吞并为己有。这一运动与日本的反袁有密切关系。1911年10月袁出山掌管清廷军政大权时,日本利用满蒙亲贵反对袁。当时,驻清公使伊集院和公使馆武官青木少将以及浪人川岛浪速暗中支持和鼓励陆军大臣铁良和良弼,推翻袁的责任内阁,妄图建立以铁良为中心的君主立宪内阁。因此,当时在社会上也流传袁将辞去总理大臣之职的流言。1912年1月26日,汪精卫等在北京唆使彭家珍炸死坚决主张君主立宪的良弼。恰巧此时正是袁为当总统逼宫退位之际。这两件事的巧合,使满蒙亲贵胆战心惊,感到大势已去,清廷难保,只好丢掉王冠,四处逃命。趁此机会,大陆浪人川岛浪速等人在日本政府、陆军参谋本部及朝鲜总督寺内正毅等人的纵容和支持下,掀起第一次"满蒙独立运动"。

川岛浪速是大陆浪人,曾被清朝政府任命为北京警务厅总监督,终日与清廷亲贵交游,和肃亲王善耆结拜为把兄弟。肃亲王曾主张黄种人同盟论,迎合了大陆浪人的大亚细亚主义。因此,他便成为日本拉拢的对象。川岛于2月2日在北京守备队队长菊池武夫的掩护下,唆使陆军军官宫内少佐等五人劫持肃亲王逃出北京城,路经秦皇岛,抵达旅顺。抵达旅顺后,日本外务省和陆军、海军省分别指示关东都督大岛对他严加保护,并予以优厚的待遇。

日本搞"满蒙独立运动"的目的是在"独立"的美名下独吞它为日本的殖民地。日本和肃亲王7月23日订立的《誓盟书》就说明此点。《誓盟书》共有六条:"第一条,南满铁路、安奉铁路、抚顺煤矿、关东州、旅顺、大连一带,日本所得权利等件,以后展为长期,以至永久。第二条,吉长铁路、吉会铁路,其他将来于满蒙布设一切铁路,均俟独立之复兴,经与大日本国政府协商,可从其如何办法。第三条,鸭绿江森林,其他森林、渔业、开垦、畜牧、盐务、矿山之事业，均协商以为两国合办。第四条，于满蒙地方，应允日本人之杂居事宜及一切起业。第五条，外交、财政、军事、警察、交通及其他一切行政皆求大日本国政府之指导。第六条，以上所订之外，如大日本国政府有如协商之件，统求指示，定当竭诚办理。"①

另外，川岛又唆使松井清助大尉和木村直人大尉等陆军军官，把内蒙古喀喇沁王贡桑诺尔布和巴林王带出北京，在内蒙古举事闹"独立"。喀喇沁王以卓索图盟五旗内所有矿山为抵押，向川岛借二十万日元，以便筹集举兵闹"独立"之经费。和川岛一起搞"满蒙独立运动"的高山公通大佐立即致电福岛参谋次长，希望陆军和政府予以帮助。他在电文中写道："目前，在蒙古掌握各种权利之时机已到，故谓余上述二十万元外另寄五万元来备用。此次所贷款，大部分将使其用于举兵。"②内田外相接到高山大佐的电报后，喜出望外。2月2日训电伊集院公使："帝国政府鉴于内蒙古东部与南满洲之间的密切关联，若能在该地区建立某种利权关系，在万一时可能对我国有利。"③17日他又训电伊集院公使："我方所以提供此项借款，目的在于为将来留下地步，故利息不必过重，而以延长期限以收羁縻之效力为上。"④并指示他多加过问此事。结果，由大仓洋行出面，和喀喇沁王订立了借款九万日元的合同。但其全部款项"由政府支付，其发生之权利、义务亦均由政府承担"⑤。他们以此贷款购买日本军火，通过大连、公主岭，运往内蒙古境内，但途中被东北当局截获，发生了武装冲突。这样，暗中搞的"满蒙独立运动"，败露在光天化日之下。于是外务省和陆军参谋本部相继指令川岛浪速及高山公通停止活动。

在内蒙古举兵的阴谋虽然未能得逞，可是川岛浪速和喀喇沁王于

---

① 曾村保信：《辛亥革命与日本》，日本国际政治学会编：《日本外交史研究——日中关系之展开》，有斐阁1961年版，第50~51页。
② 《日本外交文书——清国事变(辛亥革命)》，第367页。
③ 《日本外交文书——清国事变(辛亥革命)》，第367页。
④ 《日本外交文书——清国事变(辛亥革命)》，第269页。
⑤ 《日本外交文书——清国事变(辛亥革命)》，第372页。

1912年1月29日订立的十条契约却表明了日本吞并内蒙古为殖民地的野心。该契约写道:联合内蒙古成立统一团体;川岛推举喀喇沁王为首领,而喀喇沁王任川岛为总顾问,一切文武事宜都与川岛商量决定;未经日本允准,不得与俄国往来。①

以上事实说明,第一次"满蒙独立运动"是日本建立伪满洲国的第一次尝试,妄图在辛亥革命时期建立伪满政权。同时,"满蒙独立运动"以具体事实揭露了大陆浪人和政府、军部的内在关系。后来,内田良平等也勾结宗社党人,妄图掀起新的"满蒙独立运动"。这便显现了他们为日本帝国主义侵略充当别动队的原形。

日本在搞"满蒙独立运动"的同时,通过外交途径,勾结沙俄,进一步瓜分满蒙。满蒙历来是日俄两国的角逐之地。在日俄战争中,日本打败俄国,从俄国手中掠取了辽东半岛和南满铁路,迈出独吞满蒙的第一步。日俄战争后,由于美英的争夺,1907年7月和1910年7月,日俄两国前后订立两次秘密协约,划分在满蒙的势力范围。辛亥革命爆发后,两国都以为这是扩大在满蒙权益的良机。10月23日,俄国外交大臣沙查诺夫召见日本驻俄大使本野一郎,探询日本对进一步瓜分满蒙的意向。他说:"根据1907年及1910年两次秘密协约,日俄两国关于分割满洲和蒙古问题已经有设想。只要时机一到,两国即可根据1907年协约中规定的分界线分割满洲,并可进一步商谈如何分割蒙古的问题。"②俄国首先对外蒙虎视眈眈,唆使活佛哲布尊丹12月1日在库伦宣布蒙古国的"独立"。接着,1912年1月11日便发表公报:"俄国对于蒙古具有重大利害关系,故不能无视事实上业已成立之蒙古政府;倘若蒙古与清国断绝关系,俄国政府即不得不同蒙古政府开展事务关系。"③不仅如此,俄国以外蒙为跳板,向内蒙古渗透。这样,俄国在进一步瓜分满蒙中占据了有利地位。

---

① 黑龙会编:前揭书中卷,第326～328页。
② 《日本外交文书——清国事变(辛亥革命)》,第501页。
③ 《日本外交文书——清国事变(辛亥革命)》,第526页。

历来和俄国争夺满蒙的日本,不甘心落在俄国之后,立即采取行动。日本政府于1月16日拟定《关于缔结第三次日俄协约问题》之决议。决议写道:"在当前清国因此次事变而使蒙古问题即将展现一新局面之际,日俄两国就内蒙古问题签订某种协定,实为最佳机宜。"①日本政府当日训电本野驻俄大使就此探询俄国之意向。18日,本野大使面晤俄国外交大臣,转达本国训令。该大臣立即答称,对两国就此进行交涉不持异议,"随时均可接受商谈"②。这样,日本转被动为主动,并于1月22日急忙提出具体瓜分方案:

"第一,明治四十年七月三十日《日俄秘密协约》附加条款所定分界线应该加以延长。从托罗河与本初子午线东经一百二十二度交叉点以西地区起,分界线应沿乌珑楚尔河与木什画河至木什画河与哈尔达台河之分水点之处,由此地点起,再沿黑龙江省与内蒙古境界线以至于内、外蒙古境界线。

第二,以张家口至库伦间之大道为界,划内蒙古为东、西两部。以此为界,日本国政府承认俄国对该分界线以西部分之内蒙古享有特殊利益;俄国政府承认日本国对该分界线以东部分之内蒙古享有特殊利益。两缔约国约定,互不进行任何可能损伤对方特殊利益之干涉行动。"③

由此提案中看出,关于延长瓜分东北分界线的第一条,使日俄两国都能从中获得同等权益,双方没有多大矛盾。但第二条却触犯了俄国在内蒙古的权益。以张家口到库伦间之大道为界瓜分内蒙古,其东西面积虽然大体相同,但经济价值却大不相同。因此,俄国外交大臣说:"属于俄国势力范围之地域,概系不毛之地,对于俄国毫无实际价值,而连接北京至库伦间交通要道沿线地域,对于俄国最为重要。故以此通道为界划分两国势力范围,俄国方面无论如何不能同意。"④接着2月20日,俄国

---

① 《日本外交文书——清国事变(辛亥革命)》,第287页。
② 《日本外交文书》第45卷第1册,第50页。
③ 《日本外交文书》第45卷第1册,第56~57页。
④ 《日本外交文书》第45卷第1册,第70页。

外交大臣向本野大使提交一份备忘录,驳回日本的提案。备忘录写道:"日本国所提协约草案,对于俄国来说,实际上切断了俄国向两个世纪以来即保有最重要利益的直隶省方面连接的途径。其结果,将使内蒙古境内俄国与日本国至少应享有同等程度之利害关系的部分,编入日本国的势力范围。"①因此,俄国拒不接受日本的提案,要求日本退让。

在俄国的强硬态度面前,日本不能不退让。4月2日,日本政府答复俄国政府:"将内蒙古分界线设定于上述通商要路以东之地。"②俄国借此就提出:"以通过北京之经度作为日、俄两国势力范围分界线最为公平。如此划界,则内蒙古境内与南满铁路关系较深的部分将全部归入日本国势力范围,而连接库伦—张家口间的几条通路将归入俄国势力范围",并且趁机要求日本承认俄国在中国西部享有特权。③ 这是趁火打劫,妄图在清朝崩溃之际,进一步扩大在中国西部的权益。对此,内田外相于5月10日答复俄国:"在协约条文内公然承认俄国在西部中国享有特殊利益,则帝国政府无论如何不能同意。"④俄国外交大臣依然坚持己见,只是改变手法,妄图"以交换秘密文件形式加以规定"⑤。但日方不仅不同意,而且以恫吓的口吻说:"如果俄国政府坚持此种主张,帝国政府即不得不中止此项协约谈判。"⑥于是俄国不得不收回要求日本承认其在中国西部享有特权的提议。这一过程说明了日俄在瓜分内蒙古中的激烈争夺。

日俄瞒着其他列强秘密瓜分了满蒙。但纸包不住火,消息泄露在外。美国、德国等5月中旬分别向日本提出警告,反对日俄对满蒙的进一步瓜分。可是,日俄两国不顾其他列强的反对,1912年7月8日签订第三次《日俄秘密协约》,进一步瓜分了满蒙。这是日俄又一次宰割中国的一桩罪状,在帝国主义侵华史上写上了罪恶的一页。

---

① 《日本外交文书》第45卷第1册,第72页。
② 《日本外交文书》第45卷第1册,第74页。
③ 《日本外交文书》第45卷第1册,第78页。
④ 《日本外交文书》第45卷第1册,第81页。
⑤ 《日本外交文书》第45卷第1册,第82页。
⑥ 《日本外交文书》第45卷第1册,第82页。

上述满蒙政策在辛亥革命时期日本的对华政策中占据什么地位,起什么作用?满蒙政策不仅在日本的大陆政策中占据重要地位,而且在辛亥革命时期的对华政策中占第一位。如前所述,在10月24日内阁决议中满蒙问题尤为突出,南方问题占第二位。日本政府、军部和大陆浪人向南方革命党人提供武器和贷款虽有在南方扩大权益的一面,但在另一方面依然是以"援助"为代价,割取满蒙。内田良平等大陆浪人曾直言不讳地谈过此点。因此,辛亥革命时期日本对南方的政策,在某种意义上是其满蒙政策的组成部分,从另一个方面补充了满蒙政策。

满蒙政策较为突出、较为集中地说明:辛亥革命时期日本的对华政策的根本目的是维护和扩大其在华权益。满蒙政策虽有干涉、破坏辛亥革命的一面,但这是次要的,而且干涉、破坏的目的依然在于扩大在满蒙的权益。

满蒙政策在日本的反袁外交中也占据一定地位。满蒙政策和日本向革命党人提供贷款、武器大体都是袁任临时大总统前后开始的。这在外交态势上自然形成对袁世凯的南北夹攻,牵制了亲英美的袁世凯。

二、二次革命时期孙中山的反袁策略与日本的关系

二次革命时期,孙中山所采取的反袁策略和方法,前后有过多次变化,而这一变化与日本官方的态度有着密切的关系。笔者拟根据最近在日本档案中查到的有关史料,对这一问题进行具体考察。

1913年3月20日,宋教仁在上海被暗杀。袁世凯暗杀宋教仁,是反革命势力对共和制度的挑战。如何把反革命势力的总代表袁世凯从临时大总统的宝座上拉下马,便成为维护共和制度的首要任务和二次革命的直接目标,而这一时期孙中山与日本的关系也始终是围绕这个问题展开的。宋教仁被暗杀时,孙中山正在日本访问。惊悉噩耗后,孙中山于25日上午返抵上海,当晚便在黄兴寓所召集各省主要同志商讨对策。据周震鳞、李景城回忆,孙中山在会上指出:先发制人,非用武力解决不

可。① 这就是说，孙中山一开始就是主张用武力讨袁的。据笔者考察，周、李的回忆并不准确。孙中山武力讨袁的思想是经过多次曲折的变化而形成的，这个变化过程以 7 月 12 日二次革命爆发为界可分成两个时期、六个阶段。

1. 宋教仁被暗杀之后

第一个阶段（3 月 25 日至 3 月 31 日），孙中山想通过国会解决袁世凯辞职问题，他对日本并未提出更多希望和要求。

当时国民党在国会中占据多数席位，因此孙中山认为国会有力量弹劾袁世凯。3 月 26 日，即孙中山返抵上海的第二天，他首次会见日本驻上海总领事有吉明，谈了自己的上述想法。他对袁世凯暗杀宋教仁非常愤慨，表示不能熟视无睹。但他没有说到武力讨袁，而是主张"用正当的手段，诉诸世界公议，以此排斥他"②。

孙中山的这种说法是符合他当时的思想实际的。当时，广大民众经过辛亥革命的动乱，渴望安定和平的生活。作为一个革命的政治家，孙中山在政治解决尚有希望的情况下，是不愿轻易动用武力的。由于孙中山在这一时期主要是想依靠自己的力量，即通过国会解决袁问题，因此没有向日本提出具体要求，仅希望日本对中国南北局势"予以充分注意和警戒"③。有吉总领事当天即把会见情况电告外相牧野伸显，内称："这不仅成为南北分裂的原因，而且北方也难免陷于混乱局势。"④他认为，弹劾袁世凯将引起中国南北分裂，中国政局将再次动乱。这个判断，成为日本政府制定对孙中山和二次革命政策的依据。27 日，驻北京公使馆武官青木宣纯少将向军部报告，称上海国民党的一些人欲派刺客暗杀袁世凯和赵秉钧。

---

① 《辛亥革命回忆录》第 1 集，中华书局 1961 年版，第 206、338 页。
② 1913 年 3 月 26 日驻上海总领事有吉明致牧野外相电，第 30 号，日本外交史料馆藏。
③ 1913 年 3 月 26 日驻上海总领事有吉明致牧野外相电，第 30 号，日本外交史料馆藏。
④ 1913 年 3 月 26 日驻上海总领事有吉明致牧野外相电，第 30 号，日本外交史料馆藏。

牧野外相接到有吉和青木的电报后,27日电令有吉总领事,速向孙中山转告青木报告的情况,请孙"叫党员切勿轻举妄动","现在中国是最需要避免动乱、保持平静的时候,南北权威人士如诉诸引起相互猜疑的谣传的手段,则局势立即混乱,局面难以维持"。① 有吉总领事于28日走访孙中山,转达了牧野外相的意见。对此,孙中山否认国民党党员进行暗杀活动,表示"坚决采取光明正大的手段,在议会上弹劾袁世凯",如果袁世凯用武力对付议员,则"我方也用武力与之对抗,南方已有这一决心"。② 可以看到,孙中山思想上有些变化,但出发点是对袁的武力防备,而不是主动以武力讨袁。有吉还与黄兴面谈过,黄兴的看法和孙中山大体相同。

但是,当时的国会能否弹劾袁世凯?孙中山对此产生了怀疑,进而有避开南北冲突去日本的想法,并在30日③会见有吉时谈了这一想法。据有吉明报告,孙中山当时对时局表示忧虑,对有吉明说,如有可能,自己则站在南北双方的中间,用和平的方法收拾局势;但当地情况,如你所知,热衷于同北京的对抗,如被卷进这一旋涡,从大局来说甚为不妙,因此希望暂时离开此地,旁观南北双方的局势,予以注意和忠告,尽可能谋求用和平手段解决的方案。④ 当时孙夫人因车祸负伤,在东京筑地的圣·路加医院住院治疗。孙拟借看望或接回夫人的名义,于4月4日再赴日本,在东京逗留几日,然后偕夫人前往箱根或轻井泽,在那里将来自南北双方的情报及自己的看法转告日本当局。他赴日时准备隐姓埋名,秘密旅行。他还说,如不能赴日,便改赴其他地方。据有吉电,孙中山于29日从正金银行取出3万元,汇往香港和日本等地。⑤ 孙中山赴日的目的是在4月8日召开国会后的两周避开中国。此外有无其他目的,尚无

---

① 1913年3月27日牧野外相致上海总领事有吉明电,第21号,日本防卫研究所藏。
② 1913年3月29日驻上海总领事有吉明致牧野外相电,第33号,日本外交史料馆藏。
③ 原档记为26日,此电是30日0时30分从上海发的,据此分析,26日为30日之误。
④ 1913年3月30日驻上海总领事有吉明致牧野外相电,第37号,日本外交史料馆藏。
⑤ 1913年3月30日驻上海总领事有吉明致牧野外相电,第37号,日本外交史料馆藏。

材料可证。据现有史料分析,这次赴日目的是消极的,是想避开南北斗争。

有吉总领事对孙中山的要求表示理解,并于当日电告牧野外相。他认为,孙赴日目的是暂时摆脱政治旋涡,以求公平解决,对我方也不抱什么期待,故无必要阻止他赴日。① 至于公开或秘密赴日问题,请牧野外相电示。有吉未深谈同意孙中山赴日的原因,但驻华公使伊集院彦吉在致有吉总领事的电报中说得很清楚。他认为,"孙若不能赴日,则避到其他地方。毋宁将其引至日本国:此不失为基于帝国方针利用孙之又一策,在帝国政策应用上,也为得策"②。他认为,孙即使隐姓埋名秘密赴日,也不可能阻止他在日本抛头露面。反而会引起国内外猜疑,因此不如借看望其妻子的名义公开赴日。

但是,牧野外相不同意孙中山赴日,31日电训有吉总领事说:孙再来日是不得策的,应阻止他来。理由是:孙中山访日期间及回国后曾鼓吹"亲日",这样的人在宋教仁被暗杀而上海为世界所瞩目的时候再次来日,"不可避免地引起内外的误解和猜疑"。③ 言外之意是怕孙来日会引起袁世凯和欧美列强的猜疑,进而累及日本。可见,牧野外相拒绝孙中山赴日也是从维护日本帝国的利益出发的。日本帝国的利益是日本对孙政策的核心,是制定对孙政策的基础,是否同意孙中山赴日,完全视是否有利于日本帝国的利益而定。牧野外相拒绝孙中山赴日,并不是他个人的意愿,而是日本政府的方针。同一天,即3月31日,日本内阁在首相官邸研究了中国形势及对孙政策,并决定:帝国政府对中国南北纠纷"全然采取中立不偏的方针,且无意乘此争端谋求何等特殊利益"④。这是日本政府对二次革命和孙中山所采取的基本方针,并根据这一方针,

---

① 1913年3月30日驻上海总领事有吉明致牧野外相电,第37号,日本外交史料馆藏。
② 1913年3月31日驻华公使伊集院彦吉致上海总领事有吉明电,第16号。3月31日,有吉将此电转致牧野外相,其电为39号,日本防卫研究所藏。
③ 1913年3月31日牧野外相致上海总领事有吉明电,第881号,日本外交史料馆藏。
④ 1913年3月31日牧野外相致上海总领事有吉明电,第23号,日本外交史料馆藏。

对孙中山采取了不予援助的政策。

日本政府采取这一政策的原因,首先是与日本国内政局变动有关。1913年2月11日,日本发生大正政变,曾支持孙中山的桂太郎内阁下台,新的山本内阁执政,内阁的更迭直接影响了日本的对孙政策。其次,它与日本政府对中国南北力量的估计有关。日本一开始便估计到,如南北发生武装冲突,南方革命党人敌不过北方的袁世凯,肯定遭到失败而逃亡国外。牧野外相在3月31日对有吉总领事的电训中就指出,如孙中山遇险,要到日本避难的话,予以协助。① 因此,日本不会支持即将在南北冲突中失败的孙中山。再次,它与辛亥革命时期日本的对华政策有关。当时,日本虽打着中立旗号,暗中却"支持"和"支援"了南方革命党人,结果得罪了辛亥革命后君临中国的袁世凯。革命后,日本设法调整与袁世凯的关系,因而不愿支持与袁对立的孙中山。最后,它与日本的对华贸易有关。辛亥革命期间,因中国政局动乱,日本对华贸易锐减,影响达半年之久。因此,日本希望中国避免武装冲突,保持平静。

根据日本帝国的对孙政策和牧野外相3月31日的电训,有吉总领事于31日拜访孙中山,转达了日本政府不同意孙赴日的意见。对此,孙中山表示理解。并且说,同志们也劝自己暂留此地,"即使赴他地,也暂时推迟。如不能赴日,则赴广东或香港"②。孙中山暂时未离开上海,与他对日本及列强持有新的希望和要求有关。随之,他的反袁策略也有了变化。

第二个阶段(3月31日至4月上旬),孙中山希望依靠日本和列强对袁的劝告和压力,迫使袁辞职。

3月31日,孙中山对有吉总领事说,此时能否和平解决时局,要看列国的态度如何。有吉问其意,孙答:"由列国对袁世凯施加压力,让他辞职"。有吉反问道,如列国对袁施加压力,不等于希望列国干涉中国内政

---

① 1913年3月31日牧野外相致上海总领事有吉明电,第881号,日本外交史料馆藏。
② 1913年4月1日驻上海总领事有吉明致牧野外相电,第42号,日本防卫研究所藏。

之意吗？孙回答，即使不施加压力，由列国对他予以"启发"也可以，如怯懦的袁有意表示立即辞职，则给袁以充分的名誉让他退下来，圆满解决之。① 当时黄兴也持同样想法。

这个时期孙中山仍然想用和平方法解决袁辞职问题，但在策略上却由依靠自己的力量——国会，转变到依靠外来力量——列强方面，并且是从弹劾袁转变为让袁以体面的形式辞职。孙中山还设想在万不得已时，利用选举排除袁世凯而另选他人充任总统。② 这不能不说是孙中山的妥协和退让。但鉴于当时情况，也不无一定合理性。孙中山对有吉说，据来自北京的消息，袁正积极备战，国会召开前肯定施行暴力，有可能暗杀准备提出弹劾案的议员，因此不能提出弹劾案，即使提出也不会成立，所以从国会得不出满意的结果。孙中山依靠日本和列强的压力来解决反袁问题的设想，显然与上述情况有直接关系。

依靠列强的压力迫使袁世凯下台，实际上是行不通的，日本和欧美列强是不会听从孙中山的这一意见的。英国自辛亥革命以来一直支持袁，美国也急于承认袁的北京政权。日本虽自辛亥革命以来对袁存有戒心，但因袁掌握北京政权，是中国最强力的人物，因而把统一中国的希望寄托在袁身上，不愿对袁施加压力。再者，由于英美的牵制，日本也不敢公开反袁。在这种情况下，即用和平方法不能解决反袁问题之后，孙中山的思想不得不转变到武力反袁上来。

第三个阶段（4月上旬至6月下旬），孙中山准备武力讨袁，并希望日本从经济和军事上给予支持。

孙中山武力讨袁的决心并不是凭空得来的，而是对客观形势和敌我双方力量进行一番权衡的结果，他认为：1. 如在国会上得不到满意结果，则南方的都督立即举兵对抗，直至袁辞职。2. 除北京的一部分军队外，其他军队都不依服于袁，容易讨伐，一年内可制服北方。3. 南方的军费

---

① 1913年4月1日驻上海总领事有吉明致牧野外相电，第43号，日本防卫研究所藏。《日本外交文书》大正二年第2册，第335～336页。
②《孙中山全集》第3卷，第54页。

比北方充足。4.在南方建立巩固的新政府,采用日本币制,促进两国贸易和亲善,日本将会迅速承认新政府。黄兴对形势也持乐观态度,认为黎元洪也可能成为南方的友军。① 孙、黄甚至想,迫使袁下台后,让黎元洪当总统。显然,他们对形势和南北双方力量的估计过于乐观。

孙中山虽然对形势乐观,但也感到自己力量不足,希望得到日本的经济援助。4月7日,孙会见横滨正金银行上海支店长,希望正金银行提供贷款。② 作为条件,孙提出中日合办日华银行。4月25日,孙会见有吉总领事时,再次提出这一希望。③ 但日方没有满足孙中山的要求,除前述的原因外,还在于袁世凯从背后牵制了日本。袁通过外交部照会日本政府,声称只有北京中央政府有权向外国贷款,弦外之音是不许日本向孙中山贷款。黄兴也想争取日本军部的支持,4月5日,派部下杨廷溥赴日,向日本军部的宇都宫少将等说明自己对南北问题的立场和态度,力图争取日本军部的援助。④ 杨在日本陆军参谋本部的熊中大尉陪同下,乘山城九号日轮赴日,但军部没有予以援助。

日本军部在对华政策上有时与政府、外务省有分歧,步调不一致。但在二次革命时期,它们却采取了一致的所谓中立政策。4月1日,陆军省次官本乡房太郎向汉口驻屯军司令与仓发出指令:"帝国政府此际取不偏不党的态度和方针,贵官也遵照此方针行动。"⑤这是军部对二次革命采取的始终一贯的政策。

牧野外相收到孙黄武力讨袁的电报后,4月9日又电训上海的有吉总领事,命其速劝孙黄二人,尽力避免南北冲突。⑥ 牧野提示的理由之一是外蒙问题,当时沙俄和袁准备签订有关外蒙独立的条约,牧野企图把孙中山的注意力引到对外问题上,即先解决对外问题。这是因为,沙俄

---

① 《日本外交文书》大正二年第2册,第337页。
② 1913年4月7日驻上海总领事有吉明致牧野外相电,第48号,日本防卫研究所藏。
③ 1913年4月25日驻上海总领事有吉明致牧野外相电,第67号,日本防卫研究所藏。
④ 1913年4月5日驻上海总领事有吉明致牧野外相电,第46号,日本防卫研究所藏。
⑤ 1913年4月1日陆军省次官本乡致汉口驻电军司令与仓电,日本防卫研究所藏。
⑥ 1913年4月9日牧野外相致上海总领事有吉明电,第28号,日本防卫研究所藏。

对外蒙的侵略,直接威胁了日本在满蒙的利益,先解决外蒙问题有利于日本。早在3月31日,有吉总领事与孙中山会晤,提醒孙注意在面临涉外问题时引起内争将对国家的未来产生不良影响。孙承认外蒙问题也很重要,但认为暂时只能搁置起来。① 孙中山未听从牧野的劝告,依然准备武力讨袁。

4月27日,五国银行团正式向袁世凯贷款2500万英镑,这是日本伙同欧美列强支持袁世凯武力镇压南方革命党人的行动。28日,孙中山致电日本外务省,请日本勿援助袁世凯。② 4月下旬,又致电各国政府和人民,揭露袁制造宋案及借款阴谋。③ 4月下旬,日本政府起草了为参加此项贷款辩解的声明,但未敢发表。

5月,南北双方矛盾更趋激化,各自加紧备战。孙黄在得不到日本援助的情况下,将徐州一带的兵力撤回江南,拟用海军阻止袁军渡江,准备采取持久战略,以待日本军械到来。④ 当时,黄兴为争取日本支持和援助而要求访日,并于5月上旬通过日本陆军参谋本部的斋藤少佐转告日本当局和元老。他向斋藤流露了对日本的不满情绪,认为日本当局把袁当作东亚大局所不可缺少的人物,对袁为保其地位而把列强引入中国,进而危害东亚尚无觉察,而且怀疑我们的决心,这是令人遗憾的。黄兴希望日本当局了解孙黄方面的真意,缔结解决两国间悬案的密约,以便从内部得到日本政府的有力支持,实现两国合作。⑤ 对此,陆军参谋本部次长大岛曾会访陆军省次官松井,征求对黄兴访日问题的意见。这说明日本军部研究过黄兴访日问题,因未查到有关史料,不知其内容。据后来史实推测,日本军部不同意黄访日,也不给黄兴以任何援助。

5月中旬,唐绍仪来沪,力图调解南北双方。日本对此也抱有希望,5

---

① 1913年4月1日驻上海总领事有吉明致牧野外相电,第43号,日本防卫研究所藏。《日本外交文书》大正二年第2册,第336页。
② 郭廷以编:《中华民国史事日志》,"中央研究院"近代史研究所1979年版,第90页。
③ 《孙中山全集》第3卷,第56~57页。
④ 1913年5月6日斋藤少佐致宇都宫少将电,日本外交史料馆藏。
⑤ 1913年5月6日斋藤少佐致宇都宫少将电,日本外交史料馆藏。

月15日,有吉总领事访问孙中山,谈了南北融合、收拾时局的好处。孙中山表示,"自己也希望圆满地加以解决,南北融合的必要条件是袁世凯下台",但袁不肯,我们"不能坐以待毙,除决一雌雄外别无他法","现在动干戈是时间问题,是立即举事还是暂时忍耐,正在考虑之中"。① 这便表明了孙中山以武力讨袁的决心。5月17日,孙中山致函日本元老之一井上馨,揭露袁世凯的罪行,希望他支持自己的事业。② 同日和22日,黄兴在上海两次会见日本东亚兴业公司的白岩龙子,以南昌至萍乡铁路贷款之名,希望对方向自己贷款一千万日元。李烈钧也和该公司交涉了贷款之事。白岩向大仓组的门野重九郎报告了此事,门野同意放贷。6月2日,白岩与孙黄及江西李烈钧的代表在黄兴寓所再次商议贷款一事,决定贷款一千万日元。白岩等给孙中山贷款的目的,正如他给大仓组的报告所说的那样,"此际多少要对孙逸仙、黄兴等人表示同情,以有助我对南方的经济政策,同时这是确立我国政府之大方针——在江西确立根本政策之难得机会"③。但这次贷款因政府干涉未能兑现。有吉总领事继5月15日访问孙中山后,19日又访问黄兴,进行了同样的劝告。黄兴与孙中山一样,坚决主张袁辞去大总统。但据有吉的印象,他注重于和平解决。黄说,"不到非自卫不可的地步,尽量用和平手段解决的想法至今没有变","在议会存在的情况下,在议会上决一雌雄。袁虽然采取卑劣手段,但难于取得以和平的方法成为正式大总统的绝对多数。最后他除诉诸武力之外别无他法,我们只是准备万一"。他希望以和平的方法加以解决。据有吉当天致牧野外相的电报,黄兴大体持稳妥意见,对孙中山的"猛进论"采取"慎重论",切实希望和平地加以解决。④

人们过去认为孙黄在讨袁的策略上自始就有分歧。据上海总领事有吉的外务报告和孙中山在这一时期的思想演变来分析,这种分歧大约

---

① 1913年5月15日驻上海总领事有吉明致牧野外相电,第86号,日本外交史料馆藏。
②《孙中山全集》第3卷,第60～61页。
③ 白井胜美:《日本与中国——大正时代》,原书房1972年版,第33页。
④ 1913年5月19日驻上海总领事有吉明致牧野外相电,第90号,日本外交史料馆藏。

是从 5 月中旬开始的。日方也较为重视孙黄二人的分歧,加强了对他们的劝诱工作。宫崎滔天是孙黄最信赖的日本友人,日本政府因此派宫崎做孙黄的工作。按照日本政府的方针,宫崎于 5 月 19 日到上海,劝孙黄以和平方法解决中国时局。此时孙黄都坚持不妥协,并在联名发往日方的电报中说:"宫崎传言,不胜感激。恨无妥协之余地。即使我不举事,彼必施加压力,危机迫在眉睫。若得日本援助,将取积极行动;倘无外援,只能背水一战。恳请援助。"①电报表明了孙武力讨袁的态度和切望日本援助的心情。但日本依然不予以援助。日驻华公使馆参赞山座圆次郎表示:"如南北不幸分裂,虽然遗憾,却无理由予以援助",希望孙黄忍耐和妥协。② 5 月 20 日,牧野外相再次电训有吉总领事,让黄兴提醒江西都督李烈钧劝其部下,预防事端发生。翌日,有吉向黄兴转达了此意。③ 24 日,有吉又访问孙黄,进行劝诱。孙黄都说,我方不会先动干戈,但孙更强调除动干戈外别无其他有效方法。通过此次谈话,有吉依然认为,两人主义虽然相同,具体计划却有分歧。④

5 月 25 日或 26 日,将接替伊集院任驻华公使的山座圆次郎专程来沪,劝孙中山不要以武力抵抗袁。孙坚决表示,反袁不是私怨,而是破坏与保卫共和制的问题,如有不排斥他而能保持共和政权的妥协方法,请赐教。孙认为,和平方法终究不能抵抗袁,同时也看出日本不会援助他,他对山座说:"虽不能求得日本之援助,但倘能尽力阻止他国援助袁即可",希望日本牵制列强。⑤ 这样,孙中山对日本的希望和要求也就降了一格。当时,有吉总领事劝黄兴不要武力解决南北问题,但言辞笼统,没有具体内容,甚至是无原则的。对此,黄兴提出了下述和平解决的具体方案:

---

① 1913 年 5 月 24 日牧野外相致上海总领事有吉明电,第 39 号,日本外交史料馆藏。
② 1913 年 5 月 24 日牧野外相致上海总领事有吉明电,第 39 号,日本外交史料馆藏。
③ 1913 年 5 月 22 日驻上海总领事有吉明致牧野外相电,第 94 号,日本防卫研究所藏。
④ 1913 年 5 月 25 日驻上海总领事有吉明致牧野外相电,第 83 号,日本防卫研究所藏。
⑤ 1913 年 5 月 27 日驻上海总领事有吉明致牧野外相电,第 99 号,日本防卫研究所藏。

1. 继续维护共和政体,不干涉国会;
2. 宋案交法庭公平裁决;
3. 五国借款交国会审议;
4. 撤回北方南遣的军队,同时南方也解除军备,一切恢复正常状态。①

黄兴的方案是合情合理的。黄希望日公使同美公使一起劝袁接受,但日本未敢承诺。这时,日本前外相加藤高明来华访问,6月1日在上海会见了孙黄,也是劝他们"要十分忍耐,和平解决时局,谋求长远之策"②。孙反问,如南方发生革命,日本采取什么态度？加藤回答说,作为个人同情革命派,但政府一贯和列国协调,为确保袁政府的安定而努力,③一语道出日本劝和的目的就是确保袁的统治地位。

到6月,南北双方剑拔弩张,武装冲突一触即发。6月9日,袁罢免李烈钧江西都督职务,这是二次革命爆发的导火线。

李烈钧被罢免立即在日本引起反响。李曾留学日本,与日本军人和大陆浪人来往较多,有十几位日本现役和退役军人参与了李的军事活动,致使袁和列强误以为日本支持李挑起南北武装冲突。这时李的一举一动都会影响日本,而日本则生怕李的举动连累自己。6月10日,驻汉口总领事芳泽把李被罢免的情况电告牧野外相,并说李可能在南昌举事或赴日,如此则会影响日本。芳泽一面派人向黎元洪询问关于李免职的善后对策,一面电训该总领事馆派往湖口的八木及在那里的日人谨慎从事,并请求牧野外相指示。④ 6月11日,牧野复电称:"如李烈钧有来本邦就其将来计划期待我方援助之意,则以直接或间接方法通告他,此际(日本)政府不参与中国内争,断然不予以何种援助。"⑤结果,当6月16

---

① 1913年5月27日驻上海总领事有吉明致牧野外相电,第99号,日本防卫研究所藏。
② 1913年6月1日驻上海总领事有吉明致牧野外相电,第105号,《日本外交文书》大正二年第2册,第359页。
③ 臼井胜美:前揭书,第32页。
④ 1913年6月10日驻汉口总领事芳泽致牧野外相电,第116号,日本外交史料馆藏。
⑤ 1913年6月11日牧野外相致汉口总领事芳泽电,第43号,日本外交史料馆藏。

日李在汉口会见八木并提出赴日要求时,八木转达了牧野的指示,断然予以拒绝。但是,李烈钧周围的日本军人,不顾政府和军部的指令,对李的行动提供方便,李乘坐日舰,来往于南昌、汉口、上海等地。这些军人参与李的军事活动,纯系出于个人意志,但这却引起袁世凯和英国等列强的误解,认为日本支持李烈钧和南方革命党人挑起武装冲突。对此,日本向袁和列强进行了反复的解释。

日本在李被革职后,非常关注孙中山和黄兴的动态。6月11日,有吉拜访孙黄,探询他们的反应和对策。据有吉观察,孙黄两人持不同态度,黄表示坚决采取和平主义,昨日已派特使赴江西,劝李圆满处理此事。孙中山则主张一举排除袁,但对袁用五国贷款收买李部下表示担忧,说推翻袁比推翻清朝更难。① 12日,孙中山交给黄兴5万元,部署讨袁军事。② 这再次表明孙中山武力讨袁的决心。

袁世凯步步进逼,6月14日又革除胡汉民广东都督职务。形势紧急。6月17日,孙中山乘毕约号汽船赴港澳,与胡汉民和新任广东都督陈炯明商讨武力讨袁,但回来后思想有所波动。

第四个阶段(6月下旬至7月上旬),孙中山又考虑利用国会多数倒袁的问题。

孙中山的港澳之行是极为秘密的,但日本驻上海和香港的总领事还是掌握了其行踪,并及时报告给外务省。孙中山于20日抵港,驻港总领事今井即派人与孙约会。但孙立即转赴澳门,派马君武向今井谈了来港澳的目的。21日,孙中山在澳门海面的军舰上与胡汉民、陈炯明共商武力讨袁问题。据马君武对今井的谈话,孙主张打,而陈鉴于商人不愿意"乱"的情况,不大赞成打;胡汉民也不大愿意打。③ 孙回香港后,和胡汉民一起会见了今井总领事。6月29日,孙乘巴拿马号船返回上海后,又

---

① 1913年6月11日驻上海总领事有吉明致牧野外相电,第114号,《日本外交文书》大正二年第2册,第361~363页。
② 罗家伦主编:《黄克强先生书翰墨迹》,"中央文物供应社"1973年版,第272页。
③ 1913年6月24日驻香港总领事今井致牧野外相电,日本防卫研究所藏。

会晤了李烈钧。当时李也在观望形势,不敢孤军在江西举事。

经过港澳之行,孙中山的思想发生了波动和变化。30日,上海总领事有吉访问孙中山,孙谈了自己的想法。据有吉给牧野外相的报告,孙的情绪较南下前大不相同,对本派势力感到悲观。孙说,陈炯明虽然强硬,但其部下中有势力的两三人被袁收买;而且去年以来自己提倡的袁中心主义深入人心,今天很难一下子改过来;加之多数人希望和平,因此目前举事有困难。孙认为,目前除观望形势、等待时机、在国会上对峙外,别无其他办法,并准备让张继等在国会中有影响的议员回到北京。① 当时汪兆铭也持和孙中山一样的思想。② 靠国会倒袁,不需要日本和外来势力的援助,所以当时孙中山没有向日本提出任何希望和要求。

如上所述,当时孙中山重新考虑利用国会解决反袁问题,而陈其美等少壮派则积极主张武力讨袁。7月6日返回江西的李烈钧也主张武力讨袁。国民党内部在反袁问题上明显地分裂为两种意见。鉴于此种情况,有吉总领事7月7日或8日访问黄兴和陈其美,劝他们不要轻举妄动。但陈其美坚决主张武力对抗,认为舍此只能自我毁灭,国民将继续受革命前那样恶劣的政治压迫。他说,我党现在分为温和、过激两派,前者只靠国会,但这几乎没有成功的希望。他批评孙、黄,认为前年的革命也由我们计划,孙黄是中途归来的,他们长期流浪于国外,不通晓国内形势,因两三位旅长被袁收买而气馁失望。黄兴说,对李、胡两位都督的革职没有进行反抗,证明我党采取了和平手段,而袁却在江西等地一再施加压力,这就难免不发生反抗,各地的小纠纷也许发展到大事,暗中默认了少壮派的主张。有吉总领事根据孙、黄和陈其美等人的言论分析认为,孙黄因无成功的把握而不主动举事,陈其美、李烈钧等少壮派则欲抓住任何机会举事。③

---

① 1913年6月30日驻上海总领事有吉明致牧野外相电,第128号,《日本外交文书》大正二年第2册,第362~363页。
② 1913年7月6日驻香港总领事今井致牧野外相电,第38号,日本防卫研究所藏。
③ 1913年7月8日驻上海总领事有吉明致牧野外相电,第132号,《日本外交文书》大正二年第2册,第363~364页。

2. 二次革命爆发之后

第五个阶段(7月中旬至7月底),孙中山主张武力讨袁,并关注日本和列强对二次革命的反响。

7月12日,李烈钧在江西举兵讨袁,宣布独立,二次革命爆发。14日,孙中山召见有吉总领事,谈了自己的想法。他说:"江西是试金石,只有坚决奋斗";黄兴赴南京,今日可能宣布独立,广东、福建也不日独立;如按预期进展,将在南京成立临时政府,如长江一带形势不利,则把它设在广东。孙把江苏、江西、浙江、福建、广东、湖南、山西、陕西都算在自己的势力之内,认为南北力量大体上相等。孙中山对军费问题有些悲观,想在近期内设法解决,但没有乞求日本提供资金或军械,只顾虑日本的意向和外国人对二次革命的反应,一再问及此事。对此,有吉答道,日本的意向尚不清楚,但如保持外人居留地的安宁,则不会招致外人反感;至于对占领江南制造局的北军,应慎重行事。这也是孙中山所苦恼的问题,但有吉没有就是否由列国领事团劝北军撤回表态。据有吉致牧野电,当时孙中山尚无十足信心,对时局甚为忧虑。①

但是几天以后,孙中山信心大增,对日态度也有了变化。7月21日,孙中山与有吉面谈,当时南京、安徽、广东、上海已相继宣布独立,革命形势发展迅猛。有吉在致牧野的电报中说,孙中山"意气昂扬,非常得意",谈了各省相继独立的大好形势。② 孙断言,如果袁不辞职,则不能期望和平;他致电袁,促他辞职,③如其不从就向全体国民发出促令袁辞职的宣言。④ 这次谈话表明了孙中山与袁世凯斗争到底的决心。

孙中山的这种决心,使他公然批评日本和欧美列强。他说:"在五国

---

① 1913年7月15日驻上海总领事有吉明致牧野外相电,第135号,日本外交史料馆藏。《日本外交文书》大正二年第2册,第366~367页。
② 1913年7月21日驻上海总领事有吉明致牧野外相电,第152号,日本外交史料馆藏。
③《孙中山全集》第3卷,第68~69页。
④《孙中山全集》第3卷,第66页。

借款成立之际,我向各方预言此项借款必成为内乱的原因,但哪个国家也不听,假借中立之名,都采取了对己有利的政策,即暗中援袁的方针。"他还说:"南方上下都信赖日本,对日本抱很大希望,但日本却和列国一起,依然采取利己的中立态度,使日本失去了大家的信赖和希望。"这是孙中山访日归来后对日本的第一次批评。但这个批评不是要与日本决裂,意在得到日本的协助,他"希望日本,劝诱一两个国家,率先给袁以辞职的友好劝告,如其他国家狐疑,可由日本单独劝诱他"。孙中山断言:"袁仰赖于外国,如外国进行此种劝告,袁将格外迅速地服从,立即实现和平。"①这说明,孙中山虽然主张武力讨袁,但未完全放弃通过列强劝告解决反袁问题的希望。有吉在与孙中山的这次谈话中,再次说明了日本政府的方针,并以个人身份发表看法说,如进行那种劝告就开了外国干涉中国内政的先例,劝孙不靠外援,从内部解决问题。但是,孙中山坚持己见,他说:"袁始终以外援为生命,终于以蒙古为诱饵,依靠俄国。外国的插手和干涉,鉴于现状,事实上难免。在我们希望的时候,不如由日本掌握主动是有利的。"②有吉没有明确拒绝孙中山的这一要求,遂将这一情况电告日本政府要人。但牧野立即于22日电训有吉,断然拒绝孙中山的要求,还批评有吉与孙谈话时留了余地。③

　　日本不支持孙中山和二次革命的态度是坚决的。二次革命爆发后,胡汉民为把广东的军队迅速运往长江流域,曾向香港总领事今井提出借用日本商船,但遭今井拒绝。④ 7月25日湖南宣布独立后,为筹集军费而向长沙的三井物产公司支店提出借款二百万日元。⑤ 但汉口总领事芳泽和牧野外相不许三井公司提供借款,理由有三点:1. 此次冲突可能以袁的中央政府胜利告终,2. 袁中央政府不承认和南方订立的借款契约,

---

① 1913年7月21日驻上海总领事有吉明致牧野外相电,第152号,日本外交史料馆藏。
② 1913年7月21日驻上海总领事有吉明致牧野外相电,第152号,日本外交史料馆藏。
③ 1913年7月22日牧野外相致上海总领事有吉明电,第41号,日本外交史料馆藏。
④ 1913年7月19日驻香港总领事今井致牧野外相电,第41号,日本防卫研究所藏。
⑤ 1913年7月26日驻汉口总领事芳泽致牧野外相电,第212号,日本外交史料馆藏。

3. 此款等于向南方提供军费。此外,此款的交涉还受到了黎元洪的牵制。7月31日,黎质问芳泽总领事是否由三井公司向湖南提供了贷款。① 结果这项贷款终未成立。

与此同时,日本当局严厉限制一些军人和浪人在江西参与李烈钧的军事活动。7月18日,外务省致电汉口、上海、广东等地的驻华领事馆,重申对二次革命的所谓中立方针,指令:"不允许日本文武官员参与中国内乱。如居留该地的日人参与,则毫不犹豫地采取不许继续居留该地的措施。"②军部也采取了同样措施,同一天,陆军参谋总长致电驻北京公使馆武官坂西大佐和汉口驻屯军司令与仓以及上海、江西等地的日本军人,要求不许参与南北"内乱",因侦察去南北军驻地的人员也不许久留该地。③ 不过一些日本军人不顾政府、军部的指令,继续参与李的军事活动,7月27日的沙河镇战斗中,曾有日人平山某阵亡。

日本口称中立,实际却为袁世凯提供了方便。7月23日,日本日清汽船公司派船将袁军两门大炮和三百支枪从沙市运到汉口。④ 这是驻汉口总领事芳泽同意实施的。在此之前的7月3日,芳泽曾致电牧野外相,表示了应该支持袁世凯的看法。他说:"鉴于中国现状,支持和利用中央政府对扩大我权益是有利的,实际情况也是朝这一方向发展。"⑤日本此时支持袁世凯并不是偶然的。日本先已估计到袁胜孙败,因此南北紧张乃至双方发生武装冲突时,便自然地远孙近袁。二次革命时期日本对孙中山的政策不是孤立的,而是和对袁政策相对存在而实施的。

第六个阶段(7月底至8月)。二次革命失败后,孙中山先想离沪赴粤,再图举兵,但广东都督陈炯明无意欢迎。孙遂改赴日本,希望日本政

---

① 1913年8月1日牧野外相致汉口总领事芳泽电,第223号,日本外交史料馆藏。
② 1913年7月18日日本外务省致汉口总领事芳泽等驻华领事电,日本防卫研究所藏。
③ 1913年7月18日长谷川参谋总长致与仓华中派遣队司令官电,日本外交史料馆藏。
④ 1913年7月23日驻汉口总领事芳泽致牧野外相电,第208号,日本防卫厅藏。
⑤ 1913年7月3日驻汉口总领事芳泽致牧野外相电,第502号,日本外交史料馆藏。

府允许他以日本为基地进行新的革命活动,并希望得到日本政府和军部的经济、军事协助。对此,日本当局采取了什么态度呢?

这里先谈谈日本对黄兴的态度。黄兴在南京情况危急时打算离宁赴粤,再图举兵。7月27日,黄通过第八师旅长王考缜向南京大和商会的野村提出,希望当晚乘日舰或日商船赴粤。① 但牧野外相翌日电告南京领事船津,拒绝了黄的要求。② 日海军采取了灵活的政策,7月29日,海军省次官指令游弋在长江和东海的第三舰队司令官,如南方领袖要求避难时,虽不采取主动保护措施,但根据外交惯例,不能不收容,并把他们转移到他们要去的地方。③

7月28日,黄兴和他的参谋长黄恺元潜入泊于南京的日舰龙田号,29日乘日舰嵯峨号赴沪。为防止此事泄露,海军大臣斋藤实指令第三舰队司令官,可根据具体情况采取如下对策:1. 尽可能否认收容黄兴的事实;2. 如情况不能完全否认时,则言明黄兴为脱险曾来龙田舰要求保护,但当时情况不算危险紧迫,帝国军舰遵照以往采取的公平态度,拒绝了这一要求;3. 如收容之事已泄露,采取第二项措施不利时,则言明:黄兴为脱险投奔龙田舰要求保护,我舰队从人道主义出发,一时加以保护,时隔不久他便离开该舰。④ 日本海军的做法,一方面是为自己解脱,一方面也有保护黄兴之意。当时,牧野外相曾就黄兴问题与海军大臣商议,态度有些不同。29日和30日,牧野接连致电南京领事船津和上海总领事有吉,命其阻止黄兴来日,但可请他去香港或其他安全地方,万不得已时可暂时潜往冲绳。⑤ 牧野阻止黄兴赴日的原因是怕外界产生日本援黄的

---

① 1913年7月28日驻南京领事船津致牧野外相电,第64号,日本外交史料馆藏。《日本外交文书》大正二年第2册,第376～377页。
② 1913年7月28日牧野外相致南京领事船津电,第10号,见《日本外交文书》大正二年第2册,第377页。
③ 1913年7月29日本海军省次官致第三舰队司令官电,日本外交史料馆藏。
④ 1913年7月31日牧野外相致上海总领事有吉明电,第69号,见《日本外交文书》大正二年第2册,第385～386页。
⑤ 1913年7月30日牧野外相致上海总领事有吉明电,第67号,见《日本外交文书》大正二年第2册,第379页。

误解,进而影响日本与袁及列强的关系。

在上海,有吉总领事和第三舰队司令按照牧野外相和斋藤海军大臣的指令,具体安排孙中山和黄兴转赴香港和广东。7月30日,黄兴乘嵯峨号舰抵沪,翌日转乘日商船静冈丸赴香港。8月1日,牧野外相又电训香港总领事今井,命其设法避开黄兴赴日。① 8月2日,孙中山也乘德国约克号船离沪赴港,准备在广东再次举兵。他和黄兴都相信广东都督陈炯明。但是,在战局逆转的形势下,陈以孙黄来广东会使士气沮丧为由,反对孙黄来粤,劝二人转赴日本,同时还请日本驻广东总领事赤冢协助。② 赤冢和今井总领事请陈派炮舰到香港接走孙黄,但陈未派。8月3日,黄兴抵港,同日孙中山也到达马尾。两人原拟在香港会晤。但孙中山在马尾获悉广东形势逆转后,4日转赴台湾基隆港。3日晚11时,黄兴与香港总领事今井面谈,今井劝黄去新加坡,黄未同意,最后决定由日本赴美国。今井总领事拟用日人名义为黄办理赴美护照,但被牧野外相否决。4日,黄兴乘三井物产公司的第四云海丸船离香港,9日抵下关,27日到东京。8日,孙中山抵门司,经神户,18日到达东京。

二次革命前后,孙中山对日本的希望和要求随着反袁策略的变化而改变,当他觉得自己力量不足时,曾经希望得到日本协助。为什么孙中山对日本有所期待呢?原因主要有以下三点。一是1897年以来他和日本的传统关系,以及他在1913年2~3月访日时曾受到日本朝野隆重欢迎;二是日本和袁世凯之间的微妙矛盾;三是日本同支持袁世凯的欧美列强有矛盾。

但是,孙中山对日本的期待最终变成了泡影,原因在于他和日本之间存在着三个根本分歧和矛盾。其一,日本不相信孙中山能战胜袁世凯而统一中国,也不指望通过孙获取在华利益。其二,孙中山是为维护共和制而争取日本的支持;而日本是君主立宪国家,深恐中国的共和思想

---

① 1913年8月1日牧野外相致香港总领事今井电,第41号,见《日本外交文书》大正二年第2册,第387页。
② 1913年8月1日驻香港总领事今井致牧野外相电,第52号,日本防卫研究所藏。

及体制影响日本,因而采取戒备态度。其三,日本从维护在华利益考虑,与袁保持着微妙关系。二次革命时期日本的对孙中山政策是日本对外总政策的一部分,是服从于总政策,并受其制约的。当时日本的对外政策是由对华、对孙、对袁、对欧美列强等政策组成的。对华政策是制定对孙政策的前提和基础。支持和援助孙中山,对日本的对华政策是否有利,这是决定对孙政策的前提和基础,还受到对袁、对欧美列强政策的牵制。

辛亥革命以来,英美等列强支持袁世凯,袁也是靠他们的援助窃取辛亥革命成果的。因此,与列强争夺在华权益的日本,曾经对袁世凯存有很大戒心,一些日本浪人甚至要暗杀他。但在辛亥革命之后,袁世凯君临中国,而且在南北对立中占有军事上的优势。因此,日本也从对华政策的利益出发,不得不调整和改善与袁的关系。而且日本和欧美列强一样,认为袁世凯是安定和统一中国所不可缺少的"强人",因此不得不讨好袁。鉴于以上原因,日本在孙袁对立中不敢公然支持孙中山。而袁也为阻止日本支持孙中山,采取了种种牵制性措施。另一方面,欧美列强对袁世凯的支持反过来也牵制了日本,因为日本如果支持孙中山,就将开罪于欧美列强。当时日本是二流帝国主义国家,它的对外政策还不能不依赖英美而与其协调。因此,二次革命时期日本的对孙政策,是在这种错综复杂的矛盾中形成的。

三、试探对孙中山"满洲租借"问题的态度

1. 问题的提出与研究状况

"满洲租借"问题是辛亥革命时期孙中山与日本关系中的一大悬案。日本学者对此做了大量研究,①国内的一些论著也有所涉及。这里先回

---

① 藤井升三:《孙文的对日态度——以辛亥革命时期满洲租借问题为中心》,见《现代借中国与世界——其政治性展开》,《庆应通信》,1982年,第109~150页。久保田文次:《孙文的所谓"满洲让与"论》,见中屿敏先生古稀纪念事业会编:《中屿敏先生古稀纪念论集》(下卷),汲古书院1981年版,第601~624页。

顾一下此问题的提出和日本学者对此的研究。

首先提出此问题的是山田纯三郎。他在 1943 年出版的《森恪》一书中作为回忆陈述了此问题。他说,1913 年夏天二次革命爆发后,在东京的森恪致电山田,称如孙把满洲割让给日本,日本则提供装备两个师的武器和现款两千万日元。山田与宫崎滔天商议后两人赴宁,与孙和胡汉民谈了此事。孙与隔屋的黄兴协商 30 分钟后,表示同意。山田把孙的意思打电话告诉在东京的森恪,森恪回电指示向南京下关派日军舰,接孙到九州三池,在这里与桂太郎会谈此事。孙则表示,目前情况下本人不能赴日,可派黄兴作为代理。森同意黄兴来日。这样,一切谈妥,只等军舰到来,但军舰并没有来接黄兴。① 根据这一回忆,包括笔者在内的国外学者都曾认为此事发生于二次革命时期。

1981 年久保田文次在《孙文的所谓"满蒙让与"论》一文中,对山田的回忆提出质疑,并做了一番考证。久保田根据有关人员的当时情况和孙中山的满蒙意识等各方面分析,得出结论:(1)所谓孙"让与满蒙"之事并不是发生在二次革命时期;(2)类似的交涉在其他时期存在的可能也不可否定。② 久保田从国会图书馆的有关山县有朋、井上馨等人的史料分析,辛亥革命时期孙、黄与井上、益田孝、森恪之间可能有过以提供满蒙权益为条件的借款交涉,但由于山县的反对,没有实现。③

1982 年 3 月和 6 月,藤井升三在《辛亥革命时期孙文关系资料——有关"满蒙问题"的森恪书简》和《孙文的对日态度——以辛亥革命时期的"满蒙租借"问题为中心》等文中,先后发表了他在日本三井文库中新发现的森恪于 1912 年 2 月 5 日和 8 日致益田孝的两封信,④进一步证实了久保田的推测,并断定此事发生在 1912 年 2 月即辛亥革命时期。

---

① 山浦贯一:《森恪》(上),高山书院 1943 年版,第 402～406 页。
② 久保田文次:前揭文,第 601～624 页。
③ 久保田文次:前揭文,第 618 页。
④ 藤井升三:《辛亥革命时期孙文关系资料——有关"满蒙问题"的森恪书简》,见亚洲经济研究所内部资料,调查研究部 No.56～58。此两函文由李吉奎译成中文,发表在中山大学《孙中山研究论丛》1990 年第 7 期。

"租借"或"让与"满蒙一事是涉及国家主权的重大问题，同时涉及中日双方。但中方却至今未发现可供下结论的有关资料。笔者为解决这个问题，曾去东京三井文库查阅了森恪的两封书简和有关史料。三井文库现供大家阅览的是复印件，而且没有信封。笔者请求该文库工作人员拿出原件查阅，但原件也没有信封。该文库有三井物产公司的《社报》，而森恪是三井物产公司上海支店的职员。《社报》详载了该公司驻外人员回国、出国时间，森是1912年1月5日从上海抵东京的。① 不过《社报》没有记载他回上海。鉴于书简没有信封即没有从上海发的邮戳和没有记载他回上海的情况，以及在山田回忆中森恪是坐镇东京并没有直接参加会谈的，我曾怀疑书简是否森在东京写并从东京发的？但后来在盛宣怀档案中发现了1912年2月1日三井物产公司常务董事山本条太郎从上海致孙中山的函件。该函写道："森恪君今日晨（由日本）到达，将有很多事须与阁下商谈，尚祈为贵政府之利益与中日两国之关系，予以接待为盼。"②这就证明2月森恪确实在上海、南京，到4月才回日本。③ 这证实了这两封信的确是从上海发出的。

2. 对2月5日函的考释

这里先考证一下森恪于2月5日致益田孝函的内容。该函虽然不直接涉及"满洲借款"问题，但与8日致益田孝的"满洲借款"函有内在联系，对考证8日函的真伪颇有益处。

5日函涉及五个问题。第一个问题是孙、黄2月2日是否与森会谈并在有关汉冶萍公司的合同等文件上签字。该函开头写道：

> 小生于二日晨七时从当地（上海——笔者）出发，下午四时半抵南京，立即往访孙文，并促请黄兴参加。三人鼎足而座，就当前至关

---

① 三井物产公司：《社报》1912年1月6日。
② 陈旭麓等编：《辛亥革命前后——盛宣怀档案资料选辑之一》，上海人民出版社1979年版，第244～255页。
③ 三井物产公司：《社报》1912年4月18日。

重要之汉冶萍公司日中共同经营一事进行了交涉。虽有过三四处异议,但最终照我方希望,同意共同经营,顺利签署契约。①

孙、黄在此签署的是指汉冶萍公司的哪一个契约? 1 月 29 日,横滨正金银行的小田切万寿之助与盛宣怀在神户草签了中日合办汉冶萍公司的合同。② 根据这一合同,日方向汉冶萍公司提供 500 万日元,并从中将 250 万日元给南京临时政府。这时候汉冶萍公司在南京临时政府管辖以内,因此需要南京临时政府也承认这一合同,并保证其实施。所以森恪带着有关的合同草案及认证书乘船离神户,赴沪宁请孙、黄代表南京临时政府在有关中日合办汉冶萍公司合同及其认证、权利合同及其认证、南京临时政府与三井的借款合同等三个文件上签字。③ 中日合办汉冶萍公司合同及其认证是小田切、盛宣怀、孙和黄三方签字的,权利合同及其认证书和借款合同是孙、黄与三井签署的,其中保存至今的是 1 月 29 日在神户草签的合同④和 2 月 2 日在南京签署的南京临时政府和三井间的借款合同英译本⑤。这些合同都有中、日、英三种版本,双方约定,"若字句发生疑义时,依附英译文决定"⑥。因此英译本同样具有法律效力。据南京临时政府与三井的借款合同英译本,签署日期为 2 月 2 日,签有"中华民国总统孙文"和"陆军总长黄兴"的名字,并盖有二人的印。这些事实证明,5 日函件的第一个问题是确实的,孙、黄 2 月 2 日与森会谈并在汉冶萍公司的有关文件上签过字。

该函的第二个问题是同一天孙、黄托森恪致日本元老井上馨的电

---

① 1912 年 2 月 5 日,森恪致益田孝函,三井文库藏。
② 武汉大学经济学系编:《旧中国汉冶萍公司与日本关系史料选辑》,上海人民出版社 1985 年版,第 314~316 页。日本外务省编:《日本外交文书》,第 45 卷第 2 册,第 114~115 页。
③ 武汉大学经济学系编:前揭书,第 310~316 页。日本外务省编:前揭书,第 45 卷第 2 册,第 132~134 页。
④ 武汉大学经济学系编:前揭书,第 314~316 页。日本外务省编:前揭书,第 45 卷第 2 册,第 114~115 页。
⑤ 武汉大学经济学系编:前揭书,第 313~314 页。
⑥ 武汉大学经济学系编:前揭书,第 311 页。日本外务省编:前揭书,第 45 卷第 2 册,第 133 页。

报。5日函中有孙、黄致井上电文：

> 尊意已由森君转告，致谢。万事当遵阁下劝告，今后同日本之关系，一切仰阁下之指导，以期统一。近日将派代表置阁下指挥之下。唯因事急，故以电信恳请，切乞援助，请将愚意转告山县（有朋）、桂（太郎）二公。以上同意与否，乞复电。孙文、黄兴。①

该文为日文，是用三井公司密码发的。此电现存于日本国会图书馆宪政资料室的《井上馨文书》之中。② 同一天孙中山又致井上一函，该函为中文，其内容与上一电相同，仅有一些修辞不同。此函也收录于《井上馨文书》。③ 而且在2月5日函中，孙、黄二人委托森恪转告井上的四点意见，与孙、黄致井上电、函的内容大致吻合。

第三个问题是该函中所谈的招商局借款及安徽省铜官山铁矿的合办合同。森恪代表三井洋行与安徽省议会代表、安徽省矿务总局草签了合办合同。④ 招商局借款众所周知，此不赘述。⑤ 这也说明第三个问题确有其事。

第四个问题是该函第二段中言及的黄兴致函井上馨，希望日本援助，以及孙中山通过森恪向日本借款。日本是抓住他们的希望，迫使他们租借或割让东三省的。因此考证这个问题对解决"满洲借款"之事非常重要。"据5日函，2月2日会谈时黄对森说，不久之前第一次写信之后，还研究了井上侯之为人……"⑥ 这是指孙中山回国前黄兴致函井上馨，希望日本财政上援助革命党之事。黄兴是否发过此函，并提过此种

---

① 1912年2月5日森恪致益田孝函，三井文库藏。
② 《日本历史》1987年8月号，第87页。此电文是李廷江从日本国会图书馆宪政资料室的《井上馨文书》中发现的，并登载在此刊上。此刊上的电文，与5日函中的电文有三个不同之处，如"由森[恪]君转告""切[约]乞援助"等。这也许是李抄写或校对时的错误。
③ 同上杂志，第86页。
④ 日本外务省编：前揭书，第45卷第2册，第91页。
⑤ 参见拙文《辛亥革命时期日本的对华政策》，《纪念辛亥革命七十周年学术讨论会论文集》，中华书局1983年版，第1414页。
⑥ 1912年2月5日森恪致益田孝函，三井文库藏。

希望呢？据《原敬日记》，原敬内相1月9日访井上馨时，井上对原敬说，黄兴直接致函给他，希望他同情革命党，并操心其金融。① 这便证明此事是确实的。至于孙中山1911年12月25日抵沪后向三井物产公司上海支店提出借款一二千万日元的要求，②森把此事转告益田孝也是确实的。据《原敬日记》，井上又对原敬说，"益田孝访问（井上）时说，他从三井物产派往汉口（这是上海之误）的森恪那里详细听到上述之事"③。这便说明孙的借款要求已通过森恪和益田孝的渠道转达给井上馨。据森的5日函第二段中孙、黄与森的谈话，井上对孙、黄的希望和要求表示支持，孙、黄二人也对此表示满意。于是他们二人3日联名致电井上，表达感谢之意。这又证实该函第二段的谈话也是确实的。

第五个问题是孙、黄托森恪写信禀告井上馨的四件事。5日函的一半涉及此事，其中除"四"的"对满族皇族所作之忠告"之外，其他三件事与孙、黄3日致井上电和孙致井上函的内容基本相同。这也证明确有其事。

以上五个问题的考证，说明森恪5日函及其内容毋庸置疑。该函中不能证实的事只有一件，即5日下午2时森接到的益田孝电及其内容。此电在森恪和益田孝的有关资料中尚未发现，有待发掘。但这不影响对5日函件的总体性考证。5日函为甄别8日森恪致益田函的真伪提供了一个有利的根据。上述5日函的第二、四、五诸问题，与3日会谈和8日函有直接关系。若分析5日和8日函的内容，则知道2日是预备性会谈，为3日关于"满洲租借"问题的正式会谈做好准备。

3. 对2月8日函的考释

8日函涉及五个问题，这些问题也是该函的主要内容。

---

① 原奎一郎等编：《原敬日记》，第3卷，福村出版株式会社1965年版，第210页。
② 山浦贯一：前揭书，上卷，第382～383页。
③ 原奎一郎等编：前揭书，第3卷，第210页。

第一个问题是3日在南京是否举行过会谈。据8日函,参加会谈的有孙中山、胡汉民、森恪、宫崎滔天、山田纯三郎五人。① 此事至关重大,所以森把宫崎和山田作为证人,从上海一起来参加会谈。他们颇受孙、黄的信赖,邀其参加有助于会谈的成功。孙中山和胡汉民对此次会谈没有留下任何回忆和资料,山田纯三郎有回忆,虽有忆误,但证实他参加了此次会谈。宫崎滔天的文书或全集中虽未谈到此事,但其全集的年谱中有"2月3日在南京总统府访孙文、森恪、山田纯三郎同道"②的记载。年谱编者虽未注明其史料来源,但证实了森、山田、宫崎三人访孙之事,并纠正了山田回忆中森恪没有参加之误。参加会谈的五个人中,有三人证实了会谈之事,说明3日孙与森等五人在南京举行会谈是确实的。

第二个问题是森恪在正式谈满洲问题之前力图取得孙中山的信任。按外交惯例,会谈重大问题或缔结条约时,应相互提示证明有权力有资格谈判,或有缔结条约资格的全权代表证书或者相应的文件,以此建立相互间的信赖关系。这是谈判或缔结条约是否有效的前提条件。森是三井的小职员,按其地位是没有资格与孙谈这么重大问题的。因此2日与孙会谈时,森先转交井上馨的名片,解释他与井上、山县、桂等日本元老的关系,说明他是接受他们的指令来会谈的,并表示井上馨有意协助孙、黄和南京临时政府。孙、黄二人都相信森是受命于井上、山县、桂而来会谈的。③ 5日函中的第二、四、五个问题是为取得孙、黄的信任所做的准备,3日偕宫崎、山田参加会谈,如8日函所说也是争取两人的信任。因此3日会谈伊始,森再问孙:"阁下相信我能接近日本政治中心吗?"④孙中山通过2日的会谈探知森有来头,相信他背后有日本政界和财界要人的支持,所以孙即答道:"相信你背后之力量,增强了完全信赖你的念

---

① 1912年2月8日森恪致益田孝函,三井文库藏。
② 宫崎龙介等编:《宫崎滔天全集》,第5卷,平凡社1976年版,第703页。
③ 1912年2月5日和8日森恪致益田孝函,三井文库藏。
④ 1912年2月8日森恪致益田孝函,三井文库藏。

头。"① 森再次确认孙对他的信任后才谈出"满洲租借"问题。② 这符合会谈重大问题的外交程序,也解决了交涉满洲问题的前提条件。

该函的第三个问题是 3 日会谈中是否谈了租借或割让满洲及"满洲借款"问题。据 8 日函,森在得到孙的充分信任后提出了此问题,双方会谈也较为具体。森是当事人,他所写的东西无疑是考证此问题的重要依据。山田的回忆虽有几处误忆,但内容与此函大致相同。因此作为当事人的山田的回忆也是考证此问题的有力证据,同时也是森 8 日函的直证。

森与孙开始谈满洲问题时说:"我要说的事有一定的根据。"③这是说他谈的"满洲租借"是有来头的,有背景的。其背景是益田孝、井上馨、山县有朋等大人物在东京策划满洲问题,并指示森向孙提出租借或割让满洲之要求。如没有这一指示,作为一个支店小职员的森,不敢也不能与孙谈这么大的问题。这也就是满洲问题出笼的过程和 3 日会谈的历史背景。若不弄清这一点,则无法考证此问题,就像出土文物不知其出土地层一样。

1911 年 12 月 21 日孙抵香港时,山田纯三郎、宫崎滔天等五人去港迎接,并同道乘船去上海。在船上,孙向山田提出希望从三井处得到一千或二千万日元贷款的要求。回到上海后,经山田介绍,孙与三井上海支店长藤濑政次郎、森恪谈了借款问题。当时谈的是中日合办汉冶萍公司的借款,而不是"满洲借款"。④ 这一巨额贷款,上海支店不能擅自做主,森便回东京与三井的元老益田孝谈了此事。益田向元老井上馨报告。在此之前,井上已接到黄兴的一封信。从此信内容推测,是 1911 年12 月即南京临时政府成立前写的。此信如今收录于国会图书馆宪政资

---

① 1912 年 2 月 8 日森恪致益田孝函,三井文库藏。
② 1912 年 2 月 8 日森恪致益田孝函,三井文库藏。
③ 1912 年 2 月 8 日森恪致益田孝函,三井文库藏。
④ 参照《森恪》(上),第 392~396 页。

料室《井上馨文书》之中,①有其日译文。信中黄兴希望"井上同情革命党,操心革命党的金融问题"②。这封信又成为当时提出满洲问题的起因之一。黄兴在该信中写道:"东三省是与日本有因缘的地方,因此劝诫同志不要在此地骚扰。"③这是革命党保护日本在东三省外的既得权益,而不是把它割让给日本的意思。可是森访问益田转告孙借款要求时,益田则对森说,革命党"如此想依赖我方,则借此机会有必要与革命党定密约:一旦成功就将东三省割让"给日本。④ 森回答:"此事能办到。"⑤其依据之一是黄兴在致井上函中的那一段话。益田把割让东三省之事向井上馨报告,井上又转告山县有朋。此时,山县、田中义一等军部要人乘革命动乱之际,想出兵两个师占领东三省。这一计划虽然遭到内阁的反对,但山县等为把东三省窃为己有,当然支持他们的意见。井上和山县对来访的内相原敬表示,"赞成借此机会与革命党订立将东三省攫取为己的密约"⑥。贷款、割让东三省之事,按决定政策的程序,一定要经过内阁的同意。因此井上把此事委托给内相原敬。因此时西园寺首相暴病,原敬遂将此事转告内田康哉外相,同时转交了黄兴致井上的信。1月12日,在内阁会议上原敬内相强调了政府对东三省问题采取紧急措施的重要性。⑦ 对此,海相、法相等表示同意。在16日召开的内阁会议上再次讨论满蒙问题,并作了"适当解决"的决定。⑧ 森回东京后的上述活动也表明,此时日本是企图由中国割让或以租借方式攫取满洲的,而且森回南京与孙中山谈此事至少是井上、山县等人的授意。这便是8日函的政治背景,它再次证实森在会谈中向孙提出"满洲借款"和"满洲割让"是确

---

① 藤井升三:前揭文,第120页。
② 原奎一郎等编:前揭书,第3卷,第210页。
③ 原奎一郎等编:前揭书,第3卷,第211页。
④ 原奎一郎等编:前揭书,第3卷,第211页。
⑤ 原奎一郎等编:前揭书,第3卷,第211页。
⑥ 原奎一郎等编:前揭书,第3卷,第210页。
⑦ 原奎一郎等编:前揭书,第3卷,第210页。
⑧ 原奎一郎等编:前揭书,第3卷,第212~213页。

实的。

第四个问题是该函涉及的"满洲借款"与南北议和、南京临时政府的财政情况,信函中有关情况,尤其是孙中山的话都符合当时的历史事实。

第五个问题是函中列举的在沪的森和在宁的孙之间以及森与益田、井上之间就"满洲借款"往返的六封电报。这些电报是考证此问题的非常重要的物证,借此能对"满洲借款"下正确的结论。但保存下来的只有函中提到的 2 月 3 日下午 5 时 40 分森致益田的电报,它被保存在日本国会图书馆宪政资料室的《井上馨文书》之中。① 这也说明井上阅过此电,知道 3 日孙、森会谈的情况。据山田的前述回忆,往返的电报等文书其后都烧毁了。② 当时他们都是用暗号发电报的。在日本爱知大学收藏的《山田纯三郎文书》中有一份暗号,但这不是森交给山田的"MBK Private code 的'イロハ'暗号",而是其他暗号。在《山田纯三郎文书》中也没有有关的电报。其他五份电报,有待今后发掘。

除上述五份电报外,2 月 8 日益田孝致森恪的电文保存在日本国会图书馆宪政资料室的《井上馨关系资料》之中。这份电报在涉及南北议和及铜官山、招商局借款问题之后写道:"关于满洲问题劝一位(指孙或黄——笔者)来日订秘密契约。如订约则有获众多同情之希望。"③此电似乎是 2 月 3 日下午森致益田电的回电,其内容与 2 日和 3 日会谈诸问题相吻合;这再次证实森向孙提出过满洲问题,但并不能说明孙对森的要求采取了何种态度。

4. 孙中山对"满洲租借"问题的态度

孙中山对森要求租借或割让满洲抱何种态度,这是 8 日函的关键问题,也是学界意见分歧所在。有人认为孙中山同意租借或割让满洲,其

---

① 藤井升三:前揭文,第 149~150 页。
② 山浦贯一:前揭书,上卷,第 405 页。
③ 藤井升三:前揭文,第 140 页。

根据就是山田的回忆和森恪的8日信函。笔者认为：首先，现在下此种结论为时尚早，要对这么重大的问题下肯定的结论，非有孙、森双方的直证材料不可。尽管森的信函是直证材料，但那只是单方面的，只有发现孙的直证材料才能下确凿的结论。

其次，从森恪的信函中不能看出孙对"满洲租借"的明确态度。乍一看8日函，孙似乎是同意租借或割让的，可是再仔细分析一下此函的内容，便知孙的态度前后矛盾，含糊不清。孙先说"当此次举事之际，曾希望将'满洲'委于日本，作为补偿日本对我革命给以援助"；"假如本人在从欧洲返回途中，至少在香港能得知桂公（桂太郎）的意向，我将立即绕道日本，以决定此问题"。但是又接着说，"时至今日，业已丧失时机。当其时，凡革命军之事皆可由我与黄兴决定方针。今则不然，各省均赞成我等之说，任意揭出我等之旗号，加入我等行列，因而缺乏兵权和金权的我等不能任意实行其主义，大事须有众议才能决定"。这里就反映了孙内心的矛盾，并表达了此事不能由他个人决定之意。接着孙说南京临时政府财政穷乏到极点，如数日内筹集不到资金则陷于军队离散、政府瓦解之命运，因此他又希望日本提供1500万日元贷款。这又是一层矛盾，即他希望得到日本的贷款，但他无权决定东三省租借。在此种双重矛盾中，他最后表示："机会虽已失去，但万一桂公认清我等之心事，有推行其为日本之所志，无论如何，为防止革命军队离散，供给至危之现金。我等现在之情况，如有金钱则安心，可得军队之信赖。军队问题能确实解决，则如所望，我或黄兴中的一人赴日，与桂公会见，商定满洲问题和革命政府之大计。但鉴于当前情况，不能离开南京一步。"孙中山在会谈中两次表示"机会已失去"，也就是说同意日方所说的"机会已失去"，但为解决临时政府面临的财政危机，防止军队的离散、政府的瓦解以及与袁世凯的南北议和等诸多之事，又希望日本提供贷款，其代价是"与桂公会见商定满洲问题和革命政府前途之大计"。但孙的大计是什么？没有明确表示。孙在会谈后致益田的电文中也没有表示确切的意见。

此电文是森用中文确认其大意之后由孙、胡进行删改的，在某种意义上表达了孙的意向。此电就满洲问题说:"孙ハ满洲租借ヲ承知セリ。""承知"一词在日汉字典中有两种解释:一是应允、同意、答应、允许之意;二是知道、知悉之意。笔者认为,"承知"一词应理解为"知道"或"知悉"比较合适,符合日语的习惯。即使"承知"一词含有允许、同意等意思,但其文字的表现形式是含糊的、模棱两可的。这就是日语的特点,因此不能当作绝对明确的同意或者应允,应将该句译成"孙知悉满洲租借之事"。该电接着又说,"如立即借一千万元,则与袁世凯中止议和,孙文或黄兴赴日,缔结满洲秘密契约"。这里虽提到"满洲密约",却没有提到内容是什么,这也是含糊的。通过以上的分析,可以看出孙在满洲问题上没有明确表态。

退一步讲,即使孙有可能答应日方的要求,我们从孙和森的会谈及往返的电文中可提出以下几个问题:

第一,满洲"租借"或"割让"要求是益田孝、井上馨、山县有朋等先后提出的,并胁迫孙承诺。森是在他们和内阁授意之下与孙会谈的。在2日会谈中森对孙说:

> 如阁下所知,当今世界乃黄种人与白种人之战场,为遏制白人先锋俄罗斯南下,确保我日本安全存立与东洋和平,日本认为,必须以日本势力保全满洲……

> 在俄国企图南下、德国占据青岛之际,满洲终归应由日本保护。今日之大势,满洲若单靠中国政府保护其安全,纵使阁下恐亦无此把握。况且从日本立场来看,将满洲完全委于中国政府更是危险至极。中国政府不可能单独保护满洲,这无疑是贵我双方早已承认的事实。应该说,满洲之命运早已确定。革命政府之前途,想必有诸多困难,倘若没有在地理上和历史上具有特殊地位之日本的特殊援助,完成革命或属疑问。若阁下放弃命运既定之满洲,决心将其委于日本势力,得日本特殊援助以为其代价,以图完成革命之大业,日本必将应允其要求,立即争取必要手段……

不知阁下决心如何？若阁下所思与小生相同，则当从速判断。其实，桂公已向益田[孝]吐露此般密旨。若阁下有断然实行之意，[孙黄]二人中之一人，可秘密前往日本会见桂公。日本派军舰在阁下认为方便之地接迎，直驶[日本九州]三池港，再乘特别列车至京都，尔后促桂公自东京前来会见，往返时日约两周即可。

这是想借孙中山和南京临时政府财政穷乏之际，趁火打劫，以提供贷款为名，图谋租借和迫使中国割让东三省。因此在研究和考证"满洲借款"时，应先揭露日本军国主义的这一侵略野心。

第二，孙和森在会谈中的主张是对立的。孙始终强调优先提供借款，力图先得资金，然后再谈满洲问题。森则相反，先解决"满洲租借或割让问题"，把它作为提供贷款的条件。此种对立，说明了两者目的不同，由此产生的态度也不同。此种对立又表现在是先孙、黄赴日还是先提供借款上。孙始终主张提供借款为先，在某种意义上反映了他在满洲问题上的抵抗心理。如果没有此种抵抗心理，若孙同意先赴日缔结"满洲契约"的话，"满洲租借和割让问题"也许变成现实了。

第三，孙中山对当时形势的判断是错误的。孙把提供贷款的日期限于2月9日，其原因与旧历年有直接关系。1912年的春节是2月18日，2月9日是旧历的12月25日。按旧习，春节是大庆之日，节日前南京临时政府应给政府干部及军人发一笔赏金，让他们愉快度过创建共和国后的第一个春节。若不能发这笔钱，也许会有军队离散、政府瓦解之危险。因此当森提出5日内通知年内能否提供贷款时，孙即反驳道，"如真正到年底才提供，也可能会失去提供援助的意义"①，强调必须25日前送到。其实，后来的事实是虽然未能得到日本的贷款，但并未发生孙所预料的那种军队离散、政府瓦解的情况。这也许与孙同袁世凯在南北议和中的妥协有关。历史证明，中国不是依赖日本援助来完成革命的，而是在反对列强侵略的革命战争中废除了与包括日本在内的列强缔结的一切不

---

① 以上引文均见1912年2月8日森恪致益田孝函，三井文库藏。

平等条约,恢复了国家独立和领土完整。这一历史事实又反过来说明,孙中山依靠日本来实现革命的战略是行不通的、错误的。

第四,日本为什么没有提供一千万日元的贷款呢?如上所述,首先当是孙优先提供贷款的要求使然。这种要求并非孙中山独创,其他政治家也有先例,明治维新前后日本的外交中也有类似的现象。然而,日本不愿在得不到孙的确切允诺前提供贷款。此外还与以英国为首的欧美列强的牵制有关。辛亥革命时期日本与欧美列强要维护在中国的既得利益方面虽然一致,但在扩大新权益方面则相互争夺。此时这一争夺是以牵制对方在中国扩大权益的形式表现出来的。在资本主义世界中,日本是二流帝国主义,对欧美列强的牵制不能不有所顾虑,在未得到他们的承认或默认的情况下,不敢胆大妄为地租借或要求割让满洲。这也是其不轻易提供贷款的原因之一。

第五,如孙同意租借或割让东三省的话,如何分析其原因?如何评价他的这一行动?孙从欧美回国后向三井提出借款要求的主观愿望是为推翻清朝实现共和;2月3日要求日本贷款是为防止军队离散和临时政府瓦解。这种动机是好的,符合革命的利益,可是日本趁火打劫,逼迫孙租借或割让满洲。在这种紧急情况下,如孙含糊不清地同意了森和日方的要求,是因为孙当时似乎认为,完成共和革命的最终目的和一时丧失国家部分主权这一矛盾,能够在以借款维持军队和政府来完成革命最终目的的过程中统一起来,也就是说他试图在革命成功和国家富强起来以后再逐渐废除不平等条约,恢复丧失的主权。尽管如此,我们在详析此问题时应考虑的是"满洲借款或割让"是否变成现实?如变成现实,对此问题的结论和评价将大不相同,但毕竟未变成现实。这与前述孙的不明朗态度大有关系。经考证和比较,从日本方面看,有关孙中山与所谓"满洲租借"问题的材料较多,提供了重要的直证和旁证。但这些材料所反映的孙中山本人的态度是矛盾的、含糊的,而且缺乏出自孙中山本人的直接材料。因此,我们目前只能说此事可能性较大,但下肯定性的结论为时尚早。

四、护国运动前后黄兴与日本的关系
——兼论孙中山、黄兴对日战略的异同

黄兴在 15 年的革命生涯中,在国外达八年两个月,其中在日五年半,进出日本 9 次,占其旅居国外时间的 67.4%。可见黄兴与日本的关系较为密切。但过去侧重于对黄兴在国内的革命活动的研究,较少注意他与日本之间的关系。本节试图究明护国运动前后(1914 年 8 月至 1916 年 10 月)围绕第一次世界大战爆发后日本对山东半岛的侵略、"二十一条"交涉以及护国运动等三大问题,探讨黄兴所采取的对日策略。并就此与同时期的孙中山加以比较,从中找出同一代革命领导人对同一个问题所采取的革命策略的异同,进而分析这种异同与孙黄二人革命战略的关系。

1.

1914 年 7 月,第一次世界大战爆发后,日本对德宣战,并乘机占领胶州湾和胶济铁路,攫取了德国在山东的殖民权益。这激化了日本与北京政权及袁世凯的矛盾。同时,英国等列强因卷入欧战,无暇顾及东方,袁世凯一时失去了支持和援助。孙中山等认为,这是反袁的好机会。他说,"刻下欧洲战乱确为中国革命之空前绝后的良机"①。孙中山动员在日的革命党人回国策划起义,同时走访犬养毅、头山满,要求日本在外交、经济及军事上支持中国革命党的反袁斗争。② 此时,黄兴正在旧金山,他虽然身居太平洋彼岸,但密切注视国际、国内风云的变化。他对一战爆发后的形势及反袁策略持有与孙不同的看法。他说:"人谓乘欧乱吾人可起而击袁,不则失此时机,吾人终无倒袁之日。此似是而非之说,观察不到,理解不真,最足以偾事。……如利用此少数人之激烈心理,逞

---

① 《犬养毅与孙文会见之事》乙秘第 1651 号,1914 年 8 月 27 日。
② 参照拙著《孙中山与日本关系研究》,人民出版社 1996 年版,第 191~196 页。

一时之愤,或一部之力,必终归无效,徒自减杀其势力。"①这显然是指孙中山的上述反袁行动,不同意其主张。他认为,因欧战爆发,欧洲列强无暇东顾,难以助袁,"观此,袁贼将来之破产可必。或袁贼以无外援之助,于国内必横加诛求,国民既负担之不胜,其积怨必甚。吾国国民之性质,必待其身受痛苦然后求援,此时吾人乘其不备而捣之,袁贼将不受一击也"②。此时欧事研究会在东京成立,黄被推为该会的首领。该会的主张与黄的这一反袁策略似乎相同。他致函在东京的欧事研究会的李根源和谭人凤等,"尚望蓄远势毋狙于目前,计全局毋激于一部。袁氏自失外款,本不足倒,惟在吾人一致进行,庶预备方有所着"③。对外政策方面,黄兴认为,"袁贼以德、日之冲突,转乞怜于美,内容想亦许以特别权利,故美亦极欢迎"④。因此,他在美努力制止美国对袁的援助。他"一面揭开袁贼黑幕,渐图挽回外人之议论,使表同情于吾党"⑤。一面筹集反袁所需之资金。但美国政府"颇取慎重态度",对美工作进展不大。

　　对外的另一个大问题是日本问题。日本乘机侵占德在山东的殖民权益及赤道以南的德国岛屿后,在一段时间中仍采取了拉拢袁世凯的政策。黄认为,"惟日政府态度已定,于吾党行动必多掣肘"⑥。这一判断是正确的。但11月7日日军攻占青岛后,他先后致函宫崎滔天和萱野长知探查日本的对华政策是否有变化,1914年11月10日致宫崎函中问道:"欧洲战乱,扰及亚东,贵邦仗义兴师,得收青岛,均势局面或有变迁。贵政府态度,得似(视)海陆两部。前已得青岛后,于吾人可与便利,不知能否实践? 乞为一探,速示方针。"⑦二次革命以来日本政府重视与袁关系,不敢也不想支持孙黄等革命势力反袁。日本对孙黄革命势力的政策

---

① 湖南省社会科学院编:《黄兴集》,中华书局1981年版,第390页。
② 湖南省社会科学院编:《黄兴集》,中华书局1981年版,第390页。
③《黄兴集》,第389页。
④《黄兴集》,第390页。
⑤《黄兴集》,第390页。
⑥《黄兴集》,第389页。
⑦《黄兴集》,第393页。

并不是根据孙黄对日的期待和希望来决定的,而是从日本对袁世凯的政策来决定的。这一时期袁世凯已镇压了孙黄势力,独自君临于中国,因此,日本力图修好与袁关系。但另一方面,日本为侵占山东半岛,迫使袁世凯同意在山东半岛东部设立中立区时,又有利用孙黄的革命党胁迫袁世凯的意图。结果因袁屈服于日本的威胁,同意设立中立区,日本政府没有支持革命党反袁。这时期,日本执政的是大隈内阁。日本占领青岛后,黄兴虽然对日本抱有希望,但他认为在大隈内阁执政下难于实现。他指出,"隈阁与袁亲交,只顾目前小利,于黄种前途,毫不思及"①。他在致宫崎函中又写道,"贵国政府方针(指亲袁言)倒执,于敝国之改革,颇生障碍,即将影响于将来东亚之前途"②。这些表明黄兴不满于大隈内阁的对华政策,对他不抱很大希望。他将希望寄托于大隈内阁的对立面,即犬养毅的国民党和政友会等在野党。国民党当时反对大隈的对华政策。因此黄兴认为"识微瞩远,是在民党诸君,不知足下等已谋及否?"③此意就是让萱野、宫崎等做一做在野党的工作,"能倒之派或可与图。请速谋之,详示方略为幸"④。在东京,萱野等协助孙中山做了犬养毅及头山满的工作。头山满虽然认为大战的爆发对中国革命有利,对日本政府对中国革命党人的政策颇为不满,但无能为力。犬养毅也认为"如周围条件允许,现在是举革命大旗之大好时机",但对筹款之事,没有明确表示态度。⑤ 有鉴于此,黄兴对萱野、宫崎及犬养、头山的期待变成泡影。但这些活动反映了黄兴力图利用日本的支持和援助来反袁的策略,这与孙中山是一样的。但孙在日,黄在美,两人联日的迫切性和活动情况则有所不同。

1914 年下半年,日本占据胶州湾和胶济铁路后,1915 年 1 月 18 日

---

① 《黄兴集》,第 393 页。
② 《黄兴集》,第 395 页。
③ 《黄兴集》,第 394 页。
④ 《黄兴集》,第 393 页。
⑤ 《犬养毅与孙文会见之事》乙秘第 1651 号,1914 年 8 月 27 日,日本外交史料馆藏。

又向袁世凯提出了"二十一条",妄图独霸中国。这使民族危机进一步加深,中华革命党人的反袁斗争也随之加剧。加之,当时革命党人内部分成两大派别,他们的革命策略各异。在这种错综复杂的条件下,如何处理对袁和对日关系及反帝和反对国内政敌的关系,便成为黄兴及革命党人需要解决的迫切问题。当时革命党人有三种选择的可能:(1)联日制袁;(2)待袁制日;(3)不讨袁,不待袁,亦不联日。大体来说,孙中山与中华革命党是属于(1);何海鸣等属于(2);熊克武、程潜、李根源等也接近于(2),但两者又有所区别;黄兴等则选择了(3)。下面分别叙述孙与黄的具体情况:

孙中山在中日交涉"二十一条"时期,对"二十一条""默不一言"。柏文蔚面见孙中山,要求他表态时,他表示:各同志可自行通电反对,他自己"另有对策"。[①] 交涉时期孙中山对"二十一条"和对袁、对日的直接谈论不多。1915年3月19日致康德黎夫人函中指责:"袁世凯作风之暴戾,对权力之贪婪,其本性之自私,与德皇毫无二致",并称袁为"彻头彻尾亲德人物",希望英国不要支持他。[②] 这是对袁的一种牵制措施,力图在国际上孤立袁。这是孙反袁的一种表现。在该函中,他言及日本:"由于英国政府的干预及其保守影响,日本政府未敢给我们以友好支持。我们正不靠外援,独立工作,深信必能成功。"[③]这表明孙抱有谋求日本支持和援助的希望,并将日本未予支援的原因归结于英国的牵制。1915年4月7日,孙中山对日本太阳通讯社社长波多野春房说,"现在正通过某日本人(姓名秘而不言),谋求日本政府之援助,正在活动中",倘若日本政府不援助,则赴欧美各地争得他们的支持,并筹集军资。[④] 以上事实说明,孙中山欲利用日本与袁矛盾的激化,争取日本的支持和援助,以便打倒国内政敌袁世凯。这时期孙中山言论也证实了这一点,他对波多野

---

① 柏文蔚:《五十年经历》,转引自《近代史研究》增刊《黄兴研究文集》,1994年,第206页。
② 《孙中山全集》第3卷,第163页。
③ 《孙中山全集》第3卷,第163页。
④ 《孙文之谈话》,乙秘第657号,1915年4月8日,日本外交史料馆藏。

说:"在日中交涉问题上……袁进退维谷,处境愈益窘迫,予将乘此时机,以遂平生夙愿。"①在美的同志马素等致函孙中山,请示孙:可否暂停国内革命运动,实行一致御侮?孙复电称:"袁世凯蓄意媚日卖国,非除去之,决不能保卫国权。"②这些再次说明,孙中山在选择策略时,都是以反袁为其出发点的。孙中山在三十余年的革命生涯中始终把反对国内政敌放在首位,为完成这一革命任务而利用包括日本在内的各列强。"二十一条"交涉时期也正是如此。其原因并不是因为他对"二十一条"和日本帝国主义的侵略本性认识不足,而是他上述的革命战略使他选择这种策略的。

黄兴在"二十一条"交涉时期对袁和对日的策略则与以前又有所变化。二次革命以来,黄一直是反袁的,但这时他却改变了对袁的策略。1915年2月25日黄兴等联名发出的通电称:"兴等流离在外,无力回天,遇有大事与吾徒有关者,亦惟谨守绳墨,使不危及邦家而已。"③这是不与袁合作,但亦不干扰之意。这与欧事研究会一些成员的"停止革命,一致对外"的主张也有所区别。黄兴对袁不予干扰,并不是由于他对袁的认识不清楚,而是根据内外形势所采取的一种策略。

黄兴之所以采取这种策略,与他对"二十一条"和日本帝国主义的侵略本性的认识有关。黄兴闻讯袁接受"二十一条"后,气愤无已,与李烈钧等17人联名发出通电,痛加申斥:"外交失败,丧权蹙国","条约既成,国命以绝"。④这明确表示了他对"二十一条"和日本帝国主义本性的正确认识。因此,这时期他改变力图争取日本援助之想法,明确表示:"兴等固不肖,然亦安至国家大义蒙无所知?窃览世界诸邦,莫不以民族立国。一族以内之事,纵为万恶,亦惟族人自董理之。倚赖他族,国必不

---

① 《孙文之谈话》,乙秘第657号,1915年4月8日,日本外交史料馆藏。
② 李云汉编:《黄克强先生年谱》,台北,1973年,第386页。
③ 《黄兴集》,第399页。
④ 李云汉编:《黄克强先生年谱》,台北,1973年,第387页。

保。"①与以往任何时期都不同,这时期黄兴确定拒绝采取联日的举措。但是,黄兴所采取的上述策略,未能取得预期的效果。其原因何在?黄兴认为:"实由吾国自始无死拒之心,而当局尤有不能死拒之势,外人审此,恫吓以乘,至不拟吾以困兽蜂虿之论,其所以然,则一国政权集结一人之身,与吾接者只见一人不见国民,人以一国而敌一人。"②这里,他将外交交涉失败的原因归结于袁的独裁专制,把斗争的矛头重新指向袁。

"二十一条"交涉时期,如将黄兴与孙中山的策略相比较,两者则不同:一、孙将反袁当作首要的国民任务,而黄不干扰袁或暂停反袁运动;二、孙力争日本的支持和援助,而黄暂不要求日本的援助。产生此种不同策略之原因,不在于两者对袁和对日认识的不同,而是两者持不同的革命战略所致。黄兴在中国近代社会中的两大矛盾中,民族矛盾上升为主要矛盾时,将反对国内政敌的斗争放在次要的地位。孙中山则始终把反对国内政敌的斗争放在首位。

但袁接受"二十一条"并欲称帝时,孙中山和黄兴在反袁问题上重新达成一致,从而消除了两人自二次革命以来的分歧,重新团结,共同反袁。

2.

时至 1915 年,形势发生了急剧变化。5 月,袁世凯继接受"二十一条"之后,又复辟帝制。这激起全国人民的强烈反对。12 月 25 日,唐继尧、蔡锷、李烈钧等在云南宣布独立,反对帝制,武力讨袁。接着贵州、广东、广西、浙江、陕西、四川等省先后宣布独立,通电要求袁退位。日本和欧美列强也鉴于形势劝袁延期实行帝制。迫于内外压力,袁于 1916 年 3 月 22 日撤销帝制,企图平息事态。但是,反袁声势愈加高涨,孙中山也决定在山东、上海、福建等地发动起义,袁的统治出现了崩溃的征兆。在

---

① 《黄兴集》,第 397 页。
② 李云汉编:《黄克强先生年谱》,台北,1973 年,第 388 页。

这种形势下,日本的对华政策发生了变化。1916年1月19日,大隈内阁决定不承认帝制,并通过了"注视南方动乱发展"的决议。① 3月7日又进一步决定:"袁氏掌握支那之权力,不能不成为帝国完成上述目的(即维护和扩大在华权益的目的——笔者)之障碍。为完成帝国的上述方针,要袁氏退出支那权力圈是为适宜",如果南方的反袁势力进一步发展,可以承认它为交战团体,并默许日本民间人士对中国反袁运动的援助。② 这表明日本支持包括孙黄革命党在内的西南地区的反袁势力。③

此时,黄兴在美从事反袁的宣传活动,致函各地的同志表示讨袁的决心,并指示讨袁的具体策略。但他并不急于回国投入反袁运动,其原因之一是对日的认识和态度。1916年1月4日,他致彭丕斯函中写道,"昨接电云,东南各省亦相约保滇。除彼独夫,为期当不在远。兴义当归国,效力战场。惟今欧战方酣,不暇顾及东亚,能为我助以抵制日人之侵入者,厥为美国。势不得不暂留此,以与美政界接洽,或为将来财政之一助"④。其意是为抵御日本侵略,要争取美国的援助。由此可见,黄兴对日本借大战疯狂侵略中国有明确的认识,企图依靠美来抵制日本。黄兴于1915年12月撰写《辨奸论》(英文),发表在26日的《费城新闻》上。在此文中,黄兴在揭露袁的独裁统治的同时,大谈中美友好,呼吁美国公民:"吾因是代表吾国四万万同胞,敬求伟大共和国之代表,予吾人以道义上之协助。"⑤但黄兴在美未能得到预期的支持和援助。这便成为他再返日本的原因之一。

1915年11月26日,他在致张孝准函中陈述讨袁策略时,言及外交:"外交绝不必先有所顾虑,以起与不起,利害均相等,惟须尽力图之。日本近日真意如何,能探得否、可要一欧探问宫崎,即由宫崎详函与我为

---

① 《日本外交文书》,大正5年,第2册,第13页。
② 《日本外交文书》,大正5年,第2册,第45~46页。
③ 详见拙著《孙中山与日本关系研究》,第198~203页。
④ 《黄兴集》,第423页。
⑤ 《黄兴集》,第423页。

要。"①这表明,二次革命后,黄兴对日失望,但形势发生变化时,又注意日本的动向。如上所述,日本对袁和对孙黄的政策是1915年底或1916年初开始转变的。黄兴获悉此消息后,决定先回日本,争取日本的援助。4月22日他自旧金山启航回国。孙中山闻及黄准备回国之消息便电告檀香山的吴铁城,转告黄"直乘原船到沪相会"②。但黄兴经檀香山驶奔日本,5月9日抵横滨港。头山满、宫崎滔天、萱野长知等协助黄兴秘密上岸,暂住日本。黄兴暂住日本的另一个原因是与孙黄的分歧有关。宫崎滔天说,"黄兴认为,在日争吵不像话,不愿被日本人嘲笑,虽然从美国归来,但十分踌躇。不过,最后,在日的同志不用说,上海的亦要求黄兴早日归来。因此,黄兴又归来。船抵达时,孙不在,黄到檀香山时已知孙要离日,即使他在亦无可奈何,若自己能忍耐即无妨,所以归来了"③。孙中山也知道黄兴来日。宫崎回忆道"我对孙说,一周后黄能抵此地,请等待,但他无法等待,先行于4月30日回国了"④。

在日争取日本的援助是黄兴的一项重要活动。这与武昌起义爆发后孙中山在海外所做的工作相似。在日本的这56天中,黄兴做了以下几件事:

(一)1915年5月26日拜访原敬。访原敬是由日人寺尾亨安排的。原敬是日本政友会系的政治家,辛亥革命时期任西园寺内阁的内务大臣。该内阁在革命时期暗中支持过南方革命党。⑤因此革命党人认为原敬是同情和支持革命党的,曾拜托他协助革命。此时他是在野党政友会的总裁,是大隈内阁的对立面。如前所述,1914年欧战爆发后黄兴对大隈的对立面抱有希望,希望他们打破大隈内阁的现行政策,支持中国的反袁斗争。因此,5月26日晚,黄兴在寺尾亨陪同下亲自登门拜访了原

---

① 《黄兴集》,第411~412页。
② 毛注青编:《黄兴年谱》,湖南人民出版社1980年版,第276页。
③ 《宫崎滔天全集》第4卷,第312~315页。
④ 《宫崎滔天全集》第4卷,第312~315页。
⑤ 详见拙著《孙中山与日本关系研究》,第353~412页。

敬。原敬问了这次反袁运动的性质及有关的各种问题。在谈话中黄兴"数次请求日本援助,并举美国独立战争之时法国人援美之例"①。原敬认为,"他(指黄兴)的衷情应予以同情,但能否成功尚有疑问"②。因此,他采取"极为中立的态度",回答说:"现在为在野党,当然无所作为,……即使日本予以援助,其力量也有限,如中国人本身没有充分的决心,他人援助也没有效果。"对此黄兴称:"固然如此,(我们)应下充分的决心,但一时除日本之外没有可依赖的国家。"③这次访原敬没有具体的成果,只是表达了他个人和反袁势力对日的希望。

（二）访问了外务省政务局局长小池张造。孙中山与小池没有直接往来,但黄兴与小池关系并非一般。1913年至1914年黄兴在日时曾两次拜访过小池。1914年11月11日致萱野函中请萱野代他去说"小池君处并希致意"④。这表明,黄兴与小池之关系较为密切。这次回到日本后,于6月24日上午会见石井菊次郎外务大臣时,黄兴说,"借款之事已拜托小池政务局长,希望阁下亦予以考虑"⑤。7月3日即他离门司归国之前一天,黄兴致电小池:"感谢好意。个人借款之事请尽力,拜托。现在启程。请向大臣(指石井外务大臣——笔者)转达致意。"⑥根据以上事实可以断定,6月24日前黄兴访问过小池,并委托他为革命势力筹集资金。小池是在外务省中积极主张大陆政策的实权派官员,这次在支持革命势力反袁问题上采取积极态度。他每周与参谋本部次长田中义一和该部情报部长福田雅太郎会合一次,讨论中国形势,推进了支持南方反袁势力的政策。此次他与黄兴谈的也是反袁及援助南方反袁势力问题。

（三）6月24日上午9时至11时访问外务省,与石井菊次郎外相会谈了两个小时。在此之前,黄兴访问小池,托他为革命势力筹集贷款,并

---

① 《原敬日记》第4卷,福村出版社1965年版,第177～178页。
② 《原敬日记》第4卷,福村出版社1965年版,第177～178页。
③ 《原敬日记》第4卷,福村出版社1965年版,第177～178页。
④ 《黄兴集》,第394页。
⑤ 《日本外交文书》,大正5年,第2册,第186页。
⑥ 1916年7月3日黄兴致小池张造电,日本外交史料馆藏。

且与石井外相会谈时又言及拜托小池贷款之事。可以说,黄兴访石井外相是访小池的延续,如无小池这一外务省实权派人物作引线,黄兴是不可能见到石井外相的。黄兴访石井外相,石井外相见黄兴,是在反袁问题上两者有共同利益。黄兴先揭露袁世凯"专制之弊害不亚于前清室"之罪行;石井外相也指责袁"采取了借欧美势力抵制、排斥日本的方针",并说明了这次日本支持南方势力反袁的原因。① 两者在反袁的表面现象上虽然是一致的,但反袁的目的和性质是不同的。石井是为了控制中国,而黄兴是为了维护共和体制,这一不同之点,便反映在他们会谈的第二个问题上。

会谈的第二个问题是袁死之后如何收拾时局问题。袁死后副总统黎元洪继任大总统。石井外相认为黎"有一改袁世凯方针之迹象",因此,"日本亦应援助之"。② 当时日本政府的对华政策是先支持和援助黎元洪,以此稳定局势。稳定局势对日本和其他列强是有利的,因为反袁运动,中国金融陷入混乱,货币失去信用,财政陷入窘境,对日本和欧美列强在华的经济利益有不利影响。因此,石井外相认为"收拾时局为当务之急,相信此最为紧要"③。为此,石井外相主张南北求同存异,相互妥协。④ 石井以1840年普法战争后的法国为例,提出不要只是纠缠政体问题,南北双方应相互让步,迅速寻找妥协之途径,以便稳定时局。⑤ 但黄兴却持不同看法,黄兴认为,黎元洪身边皆为段祺瑞等袁世凯之余孽,"袁死后,仍有众多小袁,反对南方之主张。妥协难以推进"⑥。但黄兴口头上不能不表示"本人之主意为尽力谋求双方之调和"⑦。

第三个问题是希望以让步争取日本贷款,支持南方的反袁势力。黄

---

① 《日本外交文书》,大正5年,第2册,第183页。
② 《日本外交文书》,大正5年,第2册,第183~184页。
③ 《日本外交文书》,大正5年,第2册,第185页。
④ 《日本外交文书》,大正5年,第2册,第185页。
⑤ 《日本外交文书》,大正5年,第2册,第184页。
⑥ 《日本外交文书》,大正5年,第2册,第183、185页。
⑦ 《日本外交文书》,大正5年,第2册,第185页。

兴虽然在口头上表示了南北调和之意,但心中仍然希望以让步谋求援助,以便增强革命势力,抗衡北方。他们具体谈的是东亚兴业公司借款问题。该公司成立于 1909 年,主要对中国进行投资。黄兴与小池政务局长会谈时提出过从该公司借款的问题。但该公司提出了较高的担保条件,此事没有谈成。因此,石井表示"此时立即再次提议借款,将难以成立,只能暂且等待时机。"①黄兴通过石井外相借款之目的未能达到。

第四个问题是就日本是否侵略中国这一问题各自做出解释并表示某种姿态。石井认为在中国"仍有人误解日本,认为日本欲侵略中国,特别是怀疑日本有分割并吞并满蒙之计划"②。他对黄兴一再解释,说"日本对支那毫无领土野心"③,希望黄兴"为消除此误解,随时加以说明"④。对此,黄兴本应反驳,但他却说,"非常理解阁下之言意,在我国人中有误会日本者,本人逢有机会即会加以说明,以贯彻阁下之意,促进两国之和睦"⑤。这是外交辞令,而不是黄兴之本意。如前所述,黄兴对日本侵华早有清醒的认识,但此时黄兴为求日本的支持和援助,迎合石井,说出了违心之言。

(四)在日筹集资金,购买军械。在这次反袁运动中给孙中山等反袁势力提供贷款的是久原财团。久原房之助这年 3 月 10 日向孙中山提供了六十万日元贷款。⑥黄兴来日后,他又给黄兴提供了十万日元的贷款。⑦黄兴利用这些贷款在日购枪二千、炮六门,准备运往国内。⑧据李书城回忆,日本政府"提出借给黄先生五百万日元,作为招集旧部编练军队之用"⑨。据柏文蔚回忆,"日本政府允以克强私人名义借款日币三百

---

① 《日本外交文书》,大正 5 年,第 2 册,第 186 页。
② 《日本外交文书》,大正 5 年,第 2 册,第 185 页。
③ 《日本外交文书》,大正 5 年,第 2 册,第 186 页。
④ 《日本外交文书》,大正 5 年,第 2 册,第 186 页。
⑤ 《日本外交文书》,大正 5 年,第 2 册,第 186 页。
⑥ 参照拙著《孙中山与日本关系研究》,第 199~200 页。
⑦ 栗原健编著:《对满蒙政策史的一面》,原书房 1981 年版,第 148 页。
⑧ 《黄兴集》,第 435 页。
⑨ 毛注青编:前揭书,第 281 页。

万元,练兵一军即刻成立"①。

黄兴在日的这些活动,与孙中山的指示有关系。孙中山获悉黄抵日后,于5月20日致函黄兴,通报国内反袁形势,希望黄兴在日筹资购买军械。居正在山东举义是孙中山领导的武力讨袁。孙认为,若有两个师的兵力,可以先取齐鲁,尔后迫近北京。为此他在上海与日参谋本部派来的青木宣纯少将和松井石根商议:②东京方面由黄兴活动,两者密切合作。③ 但其具体情况尚不清楚。

这一时期黄兴与孙中山之所以克服长达两年之久的分歧和隔膜,相互协作,共同反袁,是与这一时期两个人的革命战略和策略有关。袁世凯接受"二十一条"并图谋称帝之后,黄兴随即调整前一个时期的革命战略和策略,适应形势的变化,将反袁作为革命的首要任务。而孙中山在"二十一条"交涉时期的革命战略和策略,未经变化继续延续到这个时期,两者的反袁战略和联日策略形成一致。这时期为推翻袁,只能依靠日本的援助,欧美列强绝不可能、也不会支持孙黄反袁,因为正是他们在背后支持袁的。这时期黄兴在美未能得到支持和援助从一个侧面也说明了这一点。因此,这时期孙黄选择正在疯狂侵略中国的日本为求援对象,是最不理想的、不得已的选择。这一选择变成现实,主要不是由于孙黄对日的期待和乞求,而是日本与袁之间长期存在的矛盾,这一矛盾在中国国内反袁护国运动形势下,公开化为日本的反袁政策。这样孙黄与日本在反袁问题上暂时达成一致,日本于是援助其从事反袁运动。

袁世凯于6月6日暴死,袁政权顷刻瓦解。日本支持孙中山的目的既然已经实现,其对华、对孙黄政策再一次出现变化。日本不再支持孙黄,并反过来支持黎元洪新总统及段祺瑞的北京政府。在这种情况下,

---

① 毛注青编:前揭书,第281页。
② 《孙中山全集》第3卷,第290页。
③ 《黄兴集》,第434~435页。

黄兴继续留在日本已无意义,遂于7月初回国。① 黄兴回上海后,与孙中山一起继续与驻上海的青木宣纯中将和有吉明总领事往来,其目的仍然是争取日本的支持。7月23日,黄兴与孙中山、张继、伍廷芳等40余名革命党人一起赴青木和有吉的宴会,25日,与孙中山一起回请青木和有吉。② 但这时日本已不再支持孙黄,以往短暂的支持成为昙花一现。

3.

综观护国运动时期黄兴与日本的关系,黄兴对国内政敌袁世凯的战略决定了他的对日策略。坚决反袁时,即利用日本与袁世凯的矛盾,积极争取日本对其反袁运动的支持和援助。不急于反袁或不反袁时,则不积极争取日本的援助。这就是说,黄决定对日政策时,其对袁的战略起决定性的作用。而日本亦是根据每个时期或者每个事件中的对袁政策如何,决定对黄政策。如需要与袁改善关系或保持一定关系时,则不会支持黄兴反袁;如需要反袁时,即利用黄兴,并给予一定的支持和援助。这就是说,日本决定对黄政策时,其对袁的政策也起决定性作用。黄兴与日本在决定政策与策略时,都将不同时期对袁的态度放在首位,对袁的战略与政策决定黄兴对日策略和日本的对黄政策。这是辛亥革命以来黄兴与日本关系的一种规律。

这时期孙中山始终把反袁的革命任务放在革命战略的首位,而且始终坚决反袁。因此,他始终争取日本对反袁斗争的支持和援助。黄兴则不同,一战爆发后日帝侵占山东时期、"二十一条"交涉时期和护国运动时期,他对袁的战略有所不同,因此他对日的策略随之发生变化。孙黄对日策略不同的根源在于对袁战略的异同上。两者的对袁战略一致时,他们的对日策略也大体一致;他们的对袁战略不一致时,他们的对日策

---

① 1916年7月4日福冈县知事谷口留五郎致石井外务大臣电,高密,第9321号,日本外务省史料馆藏。
② 神谷正男编:《宗方小太郎文书——近代中国密录》第241卷,原书房1975年版,第689页。

略也就不同。

护国战争前后是日本加紧侵略中国的时期。1914年11月至12月，日本先后侵占胶州湾和胶济铁路，1915年春又强提称霸中国的"二十一条"，此时黄兴求援于已成为中国头号敌人的日本并不是由于他对日本的侵略本性认识不清，而是围绕中国形成的双重国际关系所决定的。日本与欧美列强维护在华既得利益时往往能够采取一致行动，但在扩大新权益时，又相互争夺，相互牵制。中国与日本、欧美列强的关系是侵略与被侵略的对立关系。但中国利用日本与欧美列强之间在中国扩大新权益时产生的矛盾，可采取"以夷制夷"的政策，或利用欧美列强抵抗日本，或利用日本牵制欧美列强。护国运动时期，中国出现南北对峙，南北当局便都是利用日本和欧美列强在华利益上相互争夺、相互牵制的矛盾来为自己的目的服务。日本与欧美列强也为各自的在华目的巧妙地利用中国的各种势力。这种错综复杂的国际关系，不仅决定了黄兴对日本和欧美的策略，而且决定了日本及欧美列强对黄兴的政策。

黄兴是中国革命党的代表之一，他与日本某些政府官员的交涉实质上关系到各自所代表的政治利益。黄兴要实现其革命的理想，日本企图维护和扩大在华利益，两者在为实现各自的目的时，都采取了现实的灵活态度，在对袁的态度与举措上暂时找到了某种契合点。

黄兴对日本采取这种灵活和实用的政策是有其必然性的。这时期黄兴及其革命党势力是夹在袁世凯与日帝之间的第三种势力，他们的首要任务是推翻袁世凯的统治。但他们力量薄弱，不得不利用列强。袁亲欧美，欧美列强也支持袁，而不会支持反袁的黄兴等。黄兴在美国曾尝试寻求援助，但没有得到回应。因此，黄兴不得不争取日本的支持。这时期日本因侵占山东和强提"二十一条"而进一步激化了与袁及与欧美列强的矛盾。黄兴则利用这两对矛盾，争取日本的支持和援助。而日本的政策则是当北京政权掌握在亲欧美的袁手上时，如果客观条件允许，即支持反袁的黄兴等革命势力。如北京政权掌握在亲日的人物手中时，日本则反过来压黄兴等反对北京政权的势力。

护国运动前后时期,中国国内阶级矛盾和民族矛盾交织在一起。这就给孙黄提出了如何处理对内革命任务和对外革命任务关系的问题。如上所述,孙中山始终将推翻袁世凯的对内革命任务放在首位。他认为,将卖国的袁世凯统治推翻后,就不难完成收回丧失的国家主权、实现民族独立的对外革命任务。因此,他不仅把反对日帝侵略放在次要的地位,而且极力利用袁与日本之间的矛盾,争取日本对反袁运动的支持和援助。黄兴则有所不同。日本侵占胶州湾、胶济铁路,强提"二十一条"时,他不急于展开反袁斗争。主要原因便是由于日帝的疯狂侵略,与日帝的民族矛盾上升为中国社会的主要矛盾。此时黄兴暂时调整了二次革命以来的反袁革命战略,由于这一调整,1914年8月至1915年5月上旬黄兴没有争取或者不积极争取日本的援助。5月9日,袁接受"二十一条"并欲称帝时,黄兴随即调整革命战略,将反袁的对内革命任务放在首位,并为此积极争取日本的援助。与孙的战略相比,黄兴的战略更具灵活性,更适合于那一个时期的实际需要,并能争得广大民众的同情与支持。日帝侵占山东半岛,强提"二十一条",中国人民的反日运动此伏彼起的情况下,反对日本侵略应成为进步政治势力义不容辞的责任。孙中山对战略和策略不做任何调整,一味求助于日本,很难为中国广大民众接受,对争取民众的支持和扩大革命力量产生不利的影响。

　　护国运动时期,孙黄最关注的是居正领导的山东起义。孙黄从日本得来的军资和军械,优先供应给起义军,而且起义的背后有占领山东半岛日军的直接支持。应该说,这一起义在孙、黄的革命运动的发展史上具有重要的历史意义。但当时中国社会潮流是反日的,孙黄在日本的支持和援助下发动起义,与中国广大民众的反日情绪发生抵触,对社会产生了消极影响,响应起义的民众为数极少。因此,山东起义犹如广州起义、惠州起义,具有积极和消极的双重性。

　　其实,在近代中国民主革命运动中,黄兴与日本之间的关系亦有这种双重性。从革命运动的短期利益来说,日本对黄兴革命运动的支持,尽管是短暂的,但对革命任务的完成却起到了一定的作用。这是黄兴等迫在眉睫的革命利益与利用日本援助的策略在短暂的历史时期内的相互统一。因此,应当予以适当的积极评价。

但从长远来看,黄兴未能把革命的长远利益、整体利益和最终理想与利用日本援助的策略统一起来。统一需要一个条件,即需要增强自身的力量,只有依靠自身革命力量的增强,才能实现革命理想与策略的统一,完成对内外的两大革命任务。

但黄兴在十五年的革命生涯中未能把两者统一起来。这与中国近代社会潮流有关。甲午战争以来,日本替代英国逐渐成为侵略中国的最危险的敌人,因此近代中国社会潮流是反日的。黄兴的对日策略从某种意义上说是逆潮流的。如辛亥革命时期他坚决要将汉冶萍公司改为中日合办,遭到股东的反对。这表明黄兴是在与民族资产阶级利益相对立的情况下推行这一举措的,这便脱离了民族资产阶级,削弱了自己所依存的阶级基础。护国运动时期,中国社会舆论虽然反袁,但日本侵占山东半岛、强提"二十一条"以来,中国社会反日潮流风起云涌,黄兴转而依靠日本的策略不能不说是脱离了广大民众,削弱了其革命所依存的群众基础。这使他反过来加深了对日的期待和依靠,这是一种恶性循环,对中国革命的发展极为不利。

五、南京临时政府时期的中日外交

南京临时政府是近代中国民主运动的必然产物。近代中国民主运动在历史上与日本有密不可分之关系。因此,南京临时政府也作为其运动的产物,必然与日本发生种种的关系。纪念辛亥革命七十周年时,笔者曾在《辛亥革命时期日本的对华政策》①一文中就此阐述过南方革命党人与日本之关系。时过十年后,又发现了若干有关的新史料。本节即是利用这些新史料,就南京临时政府的承认和南北议和问题,对南京临时

---

① 中华书局编辑部编:《纪念辛亥革命七十周年学术讨论会文集》,中华书局1983年版,第1410~1425页。

政府与日本的关系做进一步之探讨。

1. 南京临时政府的承认与日本

南京临时政府的一大课题是争取日本与欧美列强的承认。下面就以此为中心,结合各省军政府与日本关系等其他问题,阐述南京临时政府与日本政府、军部及民间的相互关系。

南京临时政府是在南方诸省军政府的基础上成立的。因此,在论及南京临时政府之前,应当先考察南方诸省军政府与日本的关系。这是后来南京临时政府与日本发生关系的序曲,南京临时政府与日本的关系是这一关系的继续和发展。

武昌起义后建立的第一个革命政权是湖北军政府。湖北军政府筹划成立统一的中央临时政府时,希望日本承认这一政权。11月13日,湖北省都督黎元洪作为中华民国中央政府的代表向驻汉口总领事松村提出:"今后与贵国交涉的事件中,凡与中华民国全局有关之事,必须都与本都督协议",并对即将成立的统一的中央政府希望"贵国政府予以承认"①,作为承认的代价,黎元洪认可武昌起义前清朝政府与各国缔结的不平等条约及一切借款契约继续生效;但起义后各国与清政府的借款和条约,无论任何一个国家,都一概不予承认。② 黎对日的这一要求和希望,一是想得到日本对新政权的支持,二是牵制日本对清政府的援助,进而在外交上孤立清政府。

以湖北省为首的南方诸省相继独立后,日本应该先承认其为交战团体,但日本却没有这样做。日本只是默认其存在,与其进行有条件的往来和交涉。11月25日,内田外相就黎的要求指示松村:"在革命军事实上行使权力的情况下,与它不得不进行各种交涉;今后有必要时,与革命军进行适当交涉也可","如革命军主张作为交战者所拥有的权利……则

---

① 《日本外交文书——清国事变(辛亥革命)》,第109~110页。
② 《日本外交文书——清国事变(辛亥革命)》,第109~110页。

我方由此不受实质性损失情况下可以默认其权利"。① 默认交战者的权利，就意味着默认其为交战团体。但默认和承认则不同。按国际法，日本应该承认其为交战团体，以此保护其管辖地域内的日本权益。但日本为了维护革命军占领区内的日本权益，只是默认其存在，外交上与其往来。

内田外相 25 日的指示，不仅对湖北，而且在军政府成立的上海、广东等各省亦同样行之有效。在上海，王正廷、李青平等上海军政府成员与有吉明总领事往来频繁，并向其提供了筹建临时政府等内部消息及孙中山归国途中的情况。② 在上海的池亨吉等日人也从中联络，沪军政府与日本关系较为密切。

孙中山归国前，黄兴主持南方革命军的工作。黄兴为了加强与日本的联络，12 月 5 日派何天炯为其代表，前往日本。③ 何抵日后，先到横滨。12 月 12 日他到达东京，通过有邻会拜访犬养毅等几位日方要人，希望日本提供军费、武器、防寒用具等。④ 翌年 1 月 9 日，何经和田三郎介绍拜会板垣退助伯爵。何在事前，与原大藏大臣坂谷芳郎筹划成立中日合资的中华中央银行。上海等各省军政府也相继派人东渡日本，筹集资金和武器。上海都督陈其美派文梅村、吴偶赴日，与三井商议贷款和武器供应等问题。据日方记载，当时在日本有十几位南方军政府代表。为了统一行动，他们于 1912 年 1 月 14 日成立了相当于临时政府驻日公使馆的组织——俱乐部。⑤

黄兴等为争取日本对各军政府的支持和支援，请求曾经支持民主革命的日本老友的帮助。神户的三上丰夷是孙、黄的老友，曾帮助过他们。黄兴托他做日本上层领导人的工作。三上受黄兴的委托，12 月 24 日特

---

① 《日本外交文书——清国事变（辛亥革命）》，第 111～112 页。
② 1911 年 12 月 7 日驻上海总领事有吉明致内田外相电，机密第 104 号，日本外交史料馆藏。
③ 小川平吉文书研究会编：《小川平吉关系文书》（二），三铃书房 1973 年版，第 431 页。
④ 1911 年 12 月 13 日《清国革命党员渡来之事》乙秘第 1917 号，日本外交史料馆藏。
⑤ 《清国革命党员关系者谈话》乙秘第 1938 号，日本外交史料馆藏。

意拜访当时西园寺内阁中举足轻重的内相原敬,传达了希望支持军政府的意愿。原敬历来对革命党持与其他官员不同的态度。他说:"我政府并非想排斥革命党,北京政府尚存在时与此政府交往是理所当然的,但为此而忌革命党是个误解。"①原敬以"非想排斥""忌革命党"等措辞来表达他对革命党、军政府的微妙态度。

那么,黄兴等南方革命党人和军政府为什么加强与日的联络,期待日方的支持和声援?武昌起义爆发后,孙中山、黄兴等革命党领导人鉴于义和团运动时以日本为首的八国联军的武力干涉及日本政府和军部对革命党人的粗暴态度,担心日本借起义之机出兵干涉。武昌起义爆发后,孙中山在欧美数次提到日本出兵干涉革命之可能性。11月初黄兴在武汉前线对日人波多野(翻译官)说:"甚为担心日本对革命军之态度。"②黄兴还表示:"如外国干涉,一是在湖南,一是在广东,继续抗战到底。"③这表明起义初期孙、黄并不期待于日本,相反却甚为警戒日本。但汉阳被清军攻陷后,黄对日态度发生了新的变化。清军攻打汉阳时,德国在其背后支持它,清军的新式武器多半来自德国,而且德国军事顾问在汉阳前线直接指挥清军,甚至到起义军不知道是与清军打还是与德人打的程度。这对指挥汉阳战役的黄兴刺激很大。他从汉阳退到上海后就说,"革命军的失败的最大原因是兵器不良",极力主张"从日本购进新式兵器"。④他要求日本提供步枪2万支、野炮54门、机关枪70余挺及与其有关的弹药。⑤黄兴还致函日本元老井上馨,希望日本提供财政援助。⑥从此,黄兴对日态度发生变化,而这一变化又促使孙中山的对日态度也随之转变。据在上海的本庄繁少佐对陆军参谋总长的报告中说,孙中山

---

① 原奎一郎编:《原敬日记》第3卷,福村出版1965年版,第202页。
② 1911年11月16日驻汉口川岛第三舰队司令致斋藤海军大臣《关于清国事变警备报告要领》第18次,日本外交史料馆藏。
③《南京特派员情报》(甲),1911年12月23日,日本外交史料馆藏。
④ 1912年1月17日参谋本部《清国事变特报附录》第28号,日本外交史料馆藏。
⑤ 1912年1月17日参谋本部《清国事变特报附录》第28号,日本外交史料馆藏。
⑥《原敬日记》第3卷,第21页。

回国后在黄兴等人的主张和热心说服下认识到：实际上不依靠日本，无论如何也没有成功的希望。①

除这一原因外，孙、黄和军政府的领导人中不少是留日学生，与日本有这样和那样的传统关系。而且武昌起义爆发后，英国等欧美列强在政治思想上虽然评价了这次革命和革命军的活动，对革命的意义也有一定的了解，但在行动上则期待于袁世凯，对革命党人和军政府毫无支持之意。但日本的军部、财界和民间的一些人，为扩大在中国的权益直接和间接地支持了革命和军政府。这是孙、黄及各省军政府期待于日本的客观条件和原因。南京临时政府与日本之关系是这一主观愿望和客观条件相结合的产物，也就是说，是主客观目的矛盾的产物。两者关系的特点也即在于此。

1912年1月1日，南京临时政府成立。这一政府对外的一大任务就是获得日本和欧美列强的承认。按国际法，承认南京临时政府是承认新政府问题，而不是承认国家问题。对新政府的承认与对新国家的承认有时是一致的，但有时又是不尽相同的。对南京临时政府的承认则是后一种情况。这是由于辛亥革命导致了政权的更迭和社会制度的变化，然而中国这一国家在国际法上的主体资格不受其影响，因此发生政府的承认而不引起国家的承认问题。

南京临时政府在争取承认问题上，在争取各列强承认的同时，尤为重视日本的态度，想把日本的承认作为突破口。正如前文所述，南京临时政府成立前，已与日本有着这样或那样的关系。因此，首先争取日本的承认，并以此来带动其他列强。

辛亥革命时期日本的对华政策，由内阁首相西园寺公望和外相内田康哉所决定，但在幕后掌握实权的是元老，尤其是山县有朋。他是这一时期推进满蒙政策的主要后台，在对华政策中起重大作用。孙、黄也认识到，想要得到日本的支持和承认，首先就要得到山县有朋的支持和承

---

① 1912年1月8日驻上海本庄繁少佐致参谋总长电，第172号，日本外交史料馆藏。

认。于是孙、黄于1月联名致电山县，"欲保东亚的和平，想得日本对民国的赞成"①。山县对此有何反应？因目前缺乏这方面的史料，尚不清楚。

南京临时政府设有外交部，第一任外交总长为王宠惠。外交部的首要任务也是取得列强对新政府的承认。1月17日，王宠惠总长致电日本的内田外相："民国政府业已成立，为外国与我国国交的便利，为顺利履行国际间的义务，速承认我政府为上策，为此切望予以考虑。"②这是作为临时政府外交总长正式向日本提出承认的要求。

南京临时政府还通过在临时政府工作的日本民间人士做有关承认问题的对日工作。池亨吉当时任孙中山秘书，处理与日有关的事宜，孙中山派他去日本驻南京领事馆，先向日本政府转达"对最先承认新政府的强国想提供某种重大的利权"③的意向，以便争取日本率先承认新政府。孙中山还向他表示，为了争取各国的承认，准备发表如下的宣言：

第一，在政府所在地，允许外国人经商，外国人及其公司可租借土地。

第二，将不征收阻碍商业发展的所有税收，对进口货，除规定之外，不再课税。

第三，外国商人及其公司要在其营业地登记，共和国政府对不交纳二万五千两银者不提供第一项的特权。

第四，共和国政府努力铺设铁道，尤为希望外国资本经营铁路。

第五，共和国政府努力改善货币制度。

第六，改革法律和审判制度，努力提高为废除治外法权所需的条件。

第七，对外国人也扩大同中国人一样的内地航行权。④

日本和欧美列强在华的最终目的是扩大经济权益。孙中山和临时

---

① 《山县有朋关系文书》，见《日本历史》1987年8月号，第88页。
② 1912年1月17日南京临时政府外交总长致内田外相电，日本防卫研究所藏。
③ 《日本外交文书——清国事变（辛亥革命）》，第172页。
④ 1912年1月21日驻南京领事铃木致内田外相电，第10号，日本防卫研究所藏。

政府抓住列强的这一心理，给它们提供一定经济特权，并创造它们在华经商有利的内部条件，来吸引它们承认共和国的新政府。

孙中山在起草这一宣言时征求副岛义一的意见，并托他调查有关的情况。副岛对此宣言草案也提过忠告。①

但日本驻南京领事铃木则不然。他是想利用孙中山和临时政府要求承认的时机，扩大日本在华权益。铃木领事在立即向内田外相报告上述情况的同时还建议："此际采取何种方法来获得优先权，将会带来不少便利"，"此际想采取什么方法扩大帝国的权益，这并非全然不可能之事"。② 铃木领事如此强调扩大日本在华权益，是与其他列强借此机会扩大在华权益进行争夺分不开的。据铃木领事致内田外相之电，英、法、美各国都以竞争的姿态争夺权益，综观当地的外国人活动，最近都在接近孙中山，这是值得注意的。③ 这就是说，各列强都想借孙中山对承认新政府者予以特殊权益的机会接近孙中山，力图扩大各自的在华权益。武昌起义以来一直支持清政府的德国也不甘心落后。驻南京的德领事于1月22日访孙，并问"应该如何扫除革命军过去对德国的恶感"④，力图改善与革命军和南京政府的关系。孙回答道："当然为承认共和国。"⑤这是说承认新政府是改善关系的最好方法。铃木领事唯恐落在德国之后，再次建议内田外相"有必要对孙采取何种积极的手段"⑥。

在南京的铃木领事虽然积极，但外务省对此没有做具体的回复。当时日本基本上与英国采取协调一致的外交政策。1月11日英国驻日大使与石井外务次官会谈承认问题时，向石井转达了英国外相格雷"对承

---

① 副岛义一：《我参加中国革命的抱负与经历》，见《早稻田大学讲演》1912年5月改卷纪念号，第56页。
② 《日本外交文书——清国事变（辛亥革命）》，第128页。
③ 1912年1月22日驻南京领事铃木致内田外相电，第13号，日本外交史料馆藏。
④ 1912年1月23日驻南京领事铃木致内田外相电，第14号，日本防卫研究所藏。
⑤ 1912年1月23日驻南京领事铃木致内田外相电，第14号，日本防卫研究所藏。
⑥ 1912年1月23日驻南京领事铃木致内田外相电，第14号，日本防卫研究所藏。

认等问题不准备予以任何答复"①的意见,并希望两国政府采取同一政策。因此,日本也不敢贸然率先承认南京临时政府。

但是,南京临时政府依然对日抱有希望,希望它先承认。临时政府副总统黎元洪2月3日派特使,向驻汉口的松村总领事表示,希望"鉴于过去的亲密交往,日本此际率先承认中华民国"②。松村本人是想承认的,他就此向内田外相建议:"希望帝国政府在适当时机对此问题采取主动措施。"③孙中山也亲自出马,想争取日本的承认。2月中旬,孙中山直接与驻南京铃木领事会谈此事。在日本尚未承认南京临时政府的情况下,作为大总统与外国领事直接会谈是破格的行动。这便表明了孙对日的莫大期待。孙问铃木:"内田对承认共和国的意向如何?"铃木避而不答,反问道:"阁下对此究竟有何期望?"孙说,"现在共和国政府在南方掌握实权,但各国尚不承认。我认为这是由于各自相互观察对方态度的结果",各国不应该互相猜疑。孙为打破这种局面,对铃木说美国舰队司令来访表示要承认新政府,以此促日本早日承认。④

南京参议院也配合孙中山和临时政府做争取承认的外交努力。2月上旬,参议院决定派宋教仁东渡日本,做日本朝野的工作。而且想通过日本做其他列强的工作。⑤ 在日本,内田良平等黑龙会系统的浪人和有邻会负责人小川平吉(政友会议员)等对宋教仁访日颇为关注。其原因之一是他们对宋的评价较高。小川认为,宋是"第一次革命(指辛亥革命——笔者)中极为重要的功臣……国民党中第一位的人物",并于2月2日在上海两人彻夜畅谈天下大势,还约定今后缔结中日同盟。他回国后致电宋:"承认时期到来之前来日,便于疏通双方对各种问题的意见。

---

① 《日本外交文书——清国事变(辛亥革命)》,第545页。
② 1912年2月4日驻汉口总领事松村致内田外相电,第38号,日本防卫研究所藏。
③ 1912年2月4日驻汉口总领事松村致内田外相电,第38号,日本防卫研究所藏。
④ 以上引文均见1912年2月14日驻南京领事铃木致内田外相电,机密第13号,日本外交史料馆藏。
⑤ 1912年2月4日驻南京领事铃木致内田外相电,第38号,日本外交史料馆藏。

政友会自不待言,各方面诸君也欢迎你来日。"①内田、小川等在日本朝野如何开展承认南京临时政府的活动情况,因现缺具体史料,亦无法详知。此后,他们曾数次请宋早日访日。请宋访日的目的,除了承认问题外,还有阻止孙与袁妥协,把临时大总统让给袁的意图。

日本政府虽然不承认南京临时政府,但民间的有志之士,开展了承认运动。当时属于有邻会的梅屋庄吉等,致电祝贺孙中山当选临时大总统,并决心"为贵国共和国的早日承认而努力奋斗"②。他们在东京成立"中国共和国公认期成同盟会",1月28日在东京筑地精养轩召开共72人参加的大会,通过了促政府早日承认中华民国临时政府的决议。③ 在大阪,石崎酉之丞、永易三千彦等7人于1月29日发起成立中国革命政府承认期成同盟会,开展承认革命政府的运动;后通过了"希望我国政府早日承认中华民国政府"的决议。④ 这些运动虽然规模不大,影响也不大,但反映了日本人民对新的共和国的声援和对共和体制的向往,在近代中日关系史上是颇有其意义的。

日本民间的有志之士不仅要求承认南京临时政府,而且亲自来南京,支持和参加该政府的工作。南京临时政府1月6日宣布聘请犬养毅为政治顾问,寺尾亨、副岛义一为法律顾问,坂谷芳郎、原口要为财政顾问。此外,池亨吉作为孙中山的秘书,萱野长知作为黄兴的秘书,北一辉和北丰次郎作为宋教仁的秘书,在南京政府任职。他们主要处理对日关系问题。聘请日本人任这些要职本身即说明南京临时政府与日本关系之密切,而他们的任职又进一步促进了该政府与日本的往来。

更有意思的是早稻田大学法学博士副岛义一作为法律顾问,直接参加了《中华民国临时约法》的制定工作。起草和讨论该法时,各省的一些代表主张联邦制,但他与黄兴始终坚持单一国家制,并把它规定在该法

---

① 《小川平吉关系文书》(二),第443页。
② 《梅屋庄吉关系文书》,小坂哲琅、主和子藏。
③ 车田让治:《国父孙文与梅屋庄吉》,六兴出版1975年版,第234页。
④ 日本辛亥革命研究会编:《辛亥革命研究》第8号,第78页。

中。在国家的名称问题上，副岛主张"大汉国"或者"中国共和国"，其理由是辛亥革命是以"排满兴汉"的旗帜来进行的。但这意见未被采纳。在是否设置内阁总理大臣的问题上，副岛则倾向于法兰西共和国的政体，主张大总统下设内阁总理大臣，但参议院最后采取了美国式的总统制，设国务院。副岛虽然在一些问题上与参议院有不同的意见，但在制定《临时约法》的工作中起了一定的作用。①

南京政府的军事机关也聘请日本军人当顾问或教习。孙中山归国时说，"从英、法、美等国招聘军人"，但其后改变了这一方针，提出"军事指导将来全然必以日本为师"。在南京等各军事学堂里，不少日军官充任教习。黎元洪继续聘请寺西中佐当其军事顾问。相反，其他国家的顾问和教习则甚少。在海军中，英、法留学生较多，但南京临时政府海军部副总长汤芗铭（留法生）和参谋王时泽访问驻南京的日本领事馆，表示"临时政府将从日、英两国各聘一位顾问，根本改革海军组织"②之意，希望日方大力协助。对此海军省次长财部彪表示，"到适当时期可应允这一希望"。但海军省提出了与此相关的条件：（一）"此际让革命军充分依赖我方，并预先约定完全服从于我方指导"；（二）"在革命军海军部的要害部门配备相当数目的我方武官，万事都咨询于这一武官"；（三）"已招聘的英国武官不必排斥……但将来不再招聘他国武官"，"如不能全部实行这一条件时，不妨实施其一部分也可"。③ 这说明，日本海军要借机加强对南京海军的控制。

这时期南京临时政府管辖的南方各省军政府与日本的民间关系也较密切。例如，在广东省，都督胡汉民等军政府不少要人是留日学生，因此与日本的关系比清政府时期更为密切。而且1911年12月21日孙中山归国途中在香港会见宫崎滔天等日本友人之消息传出后，这一关系得

---

① 副岛义一：《我参加中国革命的抱负与经历》，见《早稻田讲演》1912年5月改卷纪念号，第46～52页。
② 1912年1月3日新高舰长致斋藤海军大臣电，日本防卫研究所藏。
③ 1912年1月8日口述照会《革命军招聘我海军武官之事》，日本防卫研究所藏。

到了进一步发展。就此种情况,驻粤日本总领事濑川报告外务省说,在当地居留的日人与军政府领导人的交往比旧政府时代更密切,在商业和其他关系上当地日人比其他外国人占有更便利的地位,因此,居留在当地的日人一般都同情军政府,暗中期待其成功。① 广东政府外交司长陈少白,1895 年广州起义失败后曾流亡日本。他和留日的军务司长与广东三井洋行关系密切,粤军的武器都是经三井洋行从日本进口的。广东政府财政司也与台湾银行往来密切。广东革命军与日本的关系也颇密切。该军的师长、旅长、参谋长等都是留日学生。广东讲武学堂教习细野中佐"与广东军事当局者间现在还保持着颇为密切的关系"②。但日本驻粤总领事馆与广东军政府没有直接的来往,有事则派官员交涉而已。濑川总领事把双方的关系限制在"不过分亲密,但又不过分疏远的程度上"③。湖北、湖南等省军政府也与日本保持着这样或那样的关系。

综上所述,南京临时政府在对外政策上把日本当作头一号国家,希望它从经济和军事上援助新政府,期待它首先承认新政府。而日本政府、军部和财界以各种形式提供了一些贷款和武器。与欧美列强相较,日本支持和援助了南京临时政府。但在承认的问题上,尽管孙中山和南京临时政府如此殷切希望它率先承认,但最终日本也未承认它在国际上的合法地位。其原因何在?

在国际法上,一个新的政府获得其他国家的承认,应具备两个条件。一是新成立的政府有遵守国际法、国际条约的意识和能力。南京临时政府是具备了该条件的。孙中山在《对外宣言书》中承认清政府与外国缔结的不平等条约的重要原因是以此来表示南京临时政府有遵守国际条约和国际法的能力。孙中山的此种思想是一以贯之的。1906 年制定的《中国同盟会革命方略》中的"对外宣言"即表达了此种思想。1912 年的《对外宣言书》是这一思想的具体体现。孙中山为获得承认付出如此巨

---

① 1912 年 2 月 5 日驻粤总领事濑川浅之进致内田外相电,机密第 7 号,日本防卫研究所藏。
② 1912 年 2 月 5 日驻粤总领事濑川浅之进致内田外相电,机密第 7 号,日本防卫研究所藏。
③ 1912 年 2 月 5 日驻粤总领事濑川浅之进致内田外相电,机密第 7 号,日本防卫研究所藏。

大的牺牲和代价,是欲以这一牺牲和代价来换取承认,从而在外交上阻止列强的出兵和干涉,保住新生的共和国。而列国如承认了南京临时政府,就意味着在国际上孤立清政府和袁世凯,阻止列强对它们的支持和援助。孙中山和南京临时政府是想以承认以往的不平等条约来求得这两个益处,即一举两得。这在当时的客观条件下也许是可能的。

承认新政府的第二个条件是"有效统治原则",即必须在本国领土内有实际上的控制权,有效地行使政权,能行使国际法所规定的国家权利和义务。从这一条件来说,南京临时政府尚未俱全。它所管辖的地区是南方诸省,是中国领土的三分之一的地域。因此,它所行使的国家权利和义务也局限在一定的区域内,不能遍布全中国。与此相反,清政府所管辖和控制的地区要大得多,而且清政府从国际法上依然是代表中国的政权,尚未被推翻。因此,日本和欧美列强也继续保持与清政府的外交关系,不想先承认新政府。如果承认新政府就等于断绝了与清朝的外交关系,至少在时机上说承认新政府为时尚早。

新政府要获得承认的话,一定要具备和表现出政府的稳定性。但这一新政府刚刚建立,不仅其内部尚不稳,而且与清政府和袁世凯正在议和,想把总统让给袁,新政府前途未卜。这都表明这一政权尚不稳定。后来的事实也证明,由于其不稳定,只存在了很短时间。这一不稳定因素是其未能获得承认的又一因素。因此,即使孙中山提供特殊权益,日本也不想和不会正式承认他的统治地位。

而这一时期日本的对华外交是以日英协调一致为基础的。英国始终支持北方的袁,对南京临时政府和孙中山根本不放在眼里。这有形或无形地牵制了日本对南京临时政府的外交政策。同时,袁也在英国的支持下牵制了日本对南京临时政府的承认及二者关系的进一步发展。

日本民间人士和大陆浪人虽然主张承认南京临时政府,并开展承认运动,但其规模和影响都不大,对日本政府未构成强大的外部压力。因此,都没有发挥其作用,只是表达了民意。

在承认问题上,驻在中国南方的总领事和领事多倾向于承认南京方面,想通过承认,从政治、经济上获得一些实惠。这是日本的实用主义外交思想的反映,但这时期其未占主导地位。

2. 南北议和与日本

南京临时政府的成立,与1911年12月南北议和破裂有关。但该政府的成立,又促使破裂的南北议和以不同的形式继续进行。因此,南京临时政府的另一大课题即是南北议和问题。

孙中山归国后反对南北议和。在上海的宗方小太郎当时为日本海军军令部(指参谋部)收集孙的动向,并及时上报。据他的报告,"孙的意见是绝对排斥(南北)议和,如果列强进行武装干涉,其结果即使中国四分五裂,也在君主政体的名义下不讲和。最后达不到共和国的目的,如十年达不到,则二十年、三十年也要争取它"①。但孙的此种想法遭到南京方面的反对。因此,他也不得不赞成议和,并于1月2日复电袁世凯,"文不忍南北战争,生灵涂炭,故于议和之举,并不反对","倘由君之力,不劳战争,达国民之志愿,保民族之调和,清室亦得安乐,一举数善,推功让能,自是公论"。② 同日,孙又通过伍廷芳向袁表示,如袁迫使清帝退位,孙则把大总统之职位让给袁。③

对袁世凯来说,南京临时政府的成立既是对他的威胁,又是利用它来迫使清帝退位的有力武器。因此,袁对它采取了既想消灭又想利用的两面手法。袁通过梁士诒、唐绍仪、伍廷芳与孙中山秘密进行南北议和。

那么,日本对这次南北议和与孙中山让位采取了什么态度?为了说明日本就此的态度,不能不涉及英国对此问题的态度和日英的相互关系。因此,以孙与袁、日与英这四者就此问题所开展的外交活动为中心,来考察日本对此问题所采取的态度。

---

① 宗方小太郎自上海致海军军令部函,日本外交史料馆藏。
② 《孙中山全集》第2卷,第5页。
③ 骆惠敏编:《清末民初政情内幕》(上),知识出版社1986年版,第850页。

袁在此问题上也想得到英国的支持。袁接到孙的电报和内传消息后,于1月11日派梁士诒询问朱尔典公使:各方意见都认为目前情况下皇帝应退位,由他建立临时政府,如建临时政府列国是否予以承认?① 朱尔典虽然没正面回答,但暗示支持和承认。当时日本坚持君主立宪,反对共和政体,且反对袁上台执政。因此,袁、梁和朱尔典都担心日本。12日朱尔典与日本公使伊集院密谈此事,并问了日本的意见。② 伊集院没有直接表示意见。同一天,袁又找其日人军事顾问坂西利八郎,探测日本的态度。袁说,英国不再支持君主立宪,其他列国也持旁观的态度,如果这样下去清廷只好瓦解;日本声言赞成君主立宪,但在南方有影响的日人相继参与革命军的谋议;据新闻报道,日本官民似乎都赞成共和,日本国政府究竟对时局持有何想法?③ 这实际上是希望日本放弃君主立宪,支持共和制。对此,伊集院公使通过坂西对袁说:"如清朝廷瓦解则产生重大的后果,应认清此点。"④言外之意是不赞成清帝退位。但伊集院公使在对内田外相的报告中说,清帝退位是大势所趋,只是时间问题,如要抗衡这一大趋势,让清廷和袁世凯维持现状,则须有从外部用实力援助它到底的决心。⑤ 伊集院为何如此坚持君主立宪,维护清廷呢？其理由有二。一是从政治上坚持君主立宪的政体。作为君主立宪的日本,从主义上不赞成共和,赞成共和等于否定了自己万世一系的天皇体制。因此,伊集院顽固坚持已见。二是从经济上共和制对日本和列强非常不利。伊集院认为,清帝退位后中国必然失去中心,导致四分五裂,这会对日本和列国的对华贸易与经济活动带来严重的后果,而且有可能招来各列强瓜分蒙古、西藏等的争夺战。⑥

　　这正值南京临时政府希望日本承认该政权的时候,承认与和议的外

---

① 胡滨译:《英国蓝皮书有关辛亥革命资料选译》(上),中华书局1984年版,第241页。
② 《日本外交文书——清国事变(辛亥革命)》,第543页。
③ 《日本外交文书——清国事变(辛亥革命)》,第543～544页。
④ 《日本外交文书——清国事变(辛亥革命)》,第544页。
⑤ 《日本外交文书——清国事变(辛亥革命)》,第544页。
⑥ 《日本外交文书——清国事变(辛亥革命)》,第544页。

交交涉是同步并行的。在此种情况下,如此顽固地支持君主立宪的日本,不承认南京临时政府是理所当然的。这便是日本未承认新政府的原因之一。英国是支持袁,支持共和制的。因此,英国出面做对日说服工作。1月16日,英国外交部通过驻日英国大使向内田外相传达了梁士诒和朱尔典11日会谈的内容。英大使对内田外相说,"知道日本何等强硬地反对共和政府的成立,如要建立那种政府,最为忧虑的就是这一问题"①。这就是说,日本是建立南北统一的共和政府的最大障碍,希望日本让步。对此,内田表示了何种态度尚不清楚,但驻日英大使在致格雷外相的电报中推测,"当共和国政府成立并遇到承认这一政府的问题时,日本政府脱离我国政府采取特殊态度的意向是不会有的"。② 莫理循也认为,日本为支持帝制进行干涉的可能性是没有的。③ 后来的事实也证明他们的此种推测是正确的。

那么,大陆浪人等民间人士对此采取了什么态度?日本政府和伊集院公使为坚持君主立宪反对共和,进而反对南北议和,但大陆浪人等民间人士则反对孙让位于袁,因此,他们也反对南北议和。两者虽然都是反对,但反对的内容则不同。孙没有将议和、让位等问题告诉在上海的头山满等日人。因此,头山满等都不知道南北议和的具体情况,更不知道孙让位问题。可是在日本的内田良平探知了此消息。他认为,如果现在把政权让给袁,则不知道老奸巨猾的袁会干些什么事情,其结果是革命的目的变成泡影,因此,此际决不应妥协,④并明确表示不赞成孙让位。这是站在南方一面的日人的共同态度和主张。内田立即派葛生能久去南京,向头山等人传达这一消息和意见。头山开始不信有此事,但事实终究是事实。头山偕宫崎滔天、萱野长知、寺尾亨从上海亲自赴宁总统

---

① 《日本外交文书——清国事变(辛亥革命)》,第545页。
② 《日本外交文书——清国事变(辛亥革命)》,第545页。
③ 骆惠敏编:《清末民初政情内幕》(上),第832页。
④ 黑龙会编:《东亚先觉志士记传》中卷,原书房1966年版,第446页。

府说服孙不要让位,叫袁来南京,让袁明白孙是革命的主人,然后北上。①葛生也赴宁说服宋教仁不要妥协,但宋固执己见。如前所述,内田良平等就承认南京临时政府之事请宋东渡日本的背后还有这一目的。因此,宋也未去日本。

可是,在朱尔典的支持下,袁积极推进了清帝退位、建立新政权的计划。但伊集院公使却被完全排斥在这一计划之外,消息也非常不灵。朱尔典为说服伊集院曾给他透露过袁的这一计划。但伊集院不仅仍然反对,且还认为,南北妥协而成立的"新政府自然提出强迫收回权益、修改关税、废除治外法权等问题,不难想其排外倾向,尤其排日倾向"②。因此,他依然反对经南北议和成立的新政府。伊集院建议内田外相:"帝国应站稳独立的地位,以便让其他国家明白顾忌日本国之必要,并让它们感觉到抛开日本国不可能收拾时局。这会对俄国将来的行动带来好处的。"③此时日本与俄国关系较密切。伊集院是想联合俄国抗衡袁和英国所策划的南北议和及新政府的成立。两国公使经密谈一致认为:"如果成立革命党所主张的那种政府,它们则采取突发性的排外措施,惹起麻烦的外交问题。当此之际,列国预先牵制此种行动,收拾时局为好。"④俄国公使甚至建议在清帝退位之际,让清朝廷退到热河,然后从其王公中另立一位,由日俄两国加以利用。⑤

1月20日前后,孙在让位问题上附加了种种条件,其对袁的态度明显地强硬起来。⑥ 如前所述,头山满等就孙中山让位的问题劝过孙,让他以南京为中心建立新政权。因此,袁和莫理循等都认为这是日人在背后唆使孙的结果。⑦ 而且还认为铁良、良弼等在京的反袁活动也与日本有

---

① 头山满翁正传编纂委员会编:《头山满翁正传》(未定稿),苇书房1981年版,第247~248页。
② 《日本外交文书——清国事变(辛亥革命)》,第602页。
③ 《日本外交文书——清国事变(辛亥革命)》,第602页。
④ 《日本外交文书——清国事变(辛亥革命)》,第603页。
⑤ 《日本外交文书——清国事变(辛亥革命)》,第603页。
⑥ 《孙中山全集》第2卷,第26~27、30、38页。
⑦ 骆惠敏编:《清末民初政情内幕》(上),第842页。

关,因为他们都是日本陆军士官学校毕业的,袁和朱尔典认为,伊集院公使和公使馆武官青木宣纯少将在幕后指挥他们反袁。① 因此,袁于21日召见伊集院,再次说明放弃君主立宪的理由,力图说服他,但伊集院固执己见,毫不退让。②

袁世凯在南北的反袁势力夹攻形势下,故作姿态,一时放出辞职下野之风声。这对英国是个冲击。因此,23日莫理循找日本公使馆二秘松冈洋右谈日人唆使铁良等反袁势力迫使袁下台之事,并希望英日合作,劝袁不要辞职。③ 朱尔典也于同日访伊集院谈及此事,但伊集院拒绝这一要求,说袁耍手段,力图得到外国的支持,如列国采取阻止他辞职赴津的措施,则正中他的诡计。④ 伊集院建议内田外相,此时帝国政府采取旁观态度,任其自然发展,这样也许促进帝国活动良机的到来。⑤ 弦外之音是袁的下台可能给日本的对华政策带来新的机会。

日本的大陆浪人非常恨袁。袁下台赴津的消息传出后,革命党人白逾桓和大陆浪人平山周、小幡虎太郎等在袁于天津站下车时想暗杀他。他们在天津站袭击了下车的"袁",但他不是袁,而是天津道台张怀芝。这一计划未实现后,他们在中国驻屯军司令部司令官阿部贞次郎的支持下,于1月30日袭击了天津镇台衙门,但遭失败。此次袭击中,一名大陆浪人被击毙,两名被捕。

在反袁势力的夹击下,袁也不甘示弱,1月下旬,袁在反击北京王公的反袁势力,迫使清帝早日退位的同时,力图切断日本与南京临时政府的关系。2月6日,外务部的曹汝霖对伊集院公使提出:日本政府停止对南京临时政府的借款,对南北双方维持严正中立。能否得到日本的借款是孙和南京临时政府能否进行北伐,以武力完成革命的关键问题之一。

---

① 《日本外交文书——清国事变(辛亥革命)》,第553页。
② 《日本外交文书——清国事变(辛亥革命)》,第547~551页。
③ 《日本外交文书——清国事变(辛亥革命)》,第553页。
④ 《日本外交文书——清国事变(辛亥革命)》,第555页。
⑤ 《日本外交文书——清国事变(辛亥革命)》,第556页。

有关招商局借款、沪杭铁路借款、汉冶萍公司借款、东三省借款等问题，不少论著中都有阐述，在此不再复述。这里仅谈东三省借款与南北议和的关系。

2月初，孙中山和南京临时政府面临新的抉择。一是从日本借款，继续进行北伐，武力解决清帝退位，建立共和国；二是与袁妥协，让位于袁。孙中山力争第一种选择。据2月8日森恪致益田孝之函，2月3日孙中山与森恪会谈以东三省租借换取一千万日元贷款之时，森恪问道："五日内即至八日夜钱未弄到手，就决定和议吗？"孙答："然。"森恪又问："和谈方案已完成否？"孙答："和议条件已经决定，唯发表前送参议院披露即可。"孙中山和南京临时政府在与清廷和袁继续进行和谈的同时，又与日本交涉借款问题。据森恪2月8日致益田孝之函及2月6日下午孙致森恪电中有"与袁世凯和议延至九日为止，故此确复一千万贷款之事"之文，这就是说，9日前拿不到日本的一千万日元贷款就与袁妥协让位。但日本方面出于种种原因，未答应这笔贷款。其中一个原因是北方的袁无形中牵制了日本。在此种情况下，孙中山不得不做出了第二种选择。于是南北议和达成协议，12日清帝退位，13日孙向临时参议院辞去临时大总统之职，并推荐袁以代之。① 由此推理，如日提供一千万日元贷款，孙也许不会让位。

孙辞职让位后，南北统一的新政府理应建在南京，袁也答应来南京就任临时大总统。对此日本和英国采取了何种态度？孙让位时袁虽答应南下就职，但他不能离开北洋军阀的巢穴北京。袁认为，孙要求他南下就职的背后有日本的唆使。2月29日他派曹汝霖去日本公使馆刺探伊集院的意见。伊集院是既反袁又反主张和的孙。因此他回答道："孙的要求在道理上甚为无理，皇帝退位后按过去的秩序，应南方派委员到北方才是合为顺序的。"②但这话也并非意味着就支持袁。他报告内田外

---

① 以上引文均见1912年2月8日森恪致益田孝函，三井文库藏。
②《日本外交文书——清国事变（辛亥革命）》，第570页。

相,袁陷入进退维谷之境地,又如往常一样,袁求列国之帮助。①

英国则反对袁南下,从侧面支持袁。要支持袁,又得做对日的说服工作。2月24日朱尔典对伊集院说,我已对外务部首领胡德惟说过"从已退位的南方北上是顺序"②,希望日本也支持这一意见。但伊集院没有直接回答,伊集院不支持这一意见的理由之一是,如南方人知道为实现袁的主张而别国干涉,则南方因袁乞求于别国援助而心中对袁更加不快,使他们更加反感袁,使事态更恶化。③ 这似乎是为了袁,但实质上是不支持袁的一种托词。在北京,莫理循与袁的心腹蔡廷干策划了对付孙的措施。④ 在南京,英驻宁领事访南京临时政府外交总长王宠惠鼓吹北京首都说。⑤

南京政府继续坚持袁南下就职。2月下旬派蔡元培、宋教仁、汪兆铭等迎袁专使北上,劝袁南下。蔡廷干预料蔡元培一行定拜访莫理循,先对莫理循做工作,让他对蔡一行说迁都南京的危险性和各国公使反对迁都之意。⑥ 而日本大陆浪人反对蔡等北上。内田良平等从回国的葛生那里听到这一消息后,又立即派葛生再赴南京,阻止他们。但葛生抵宁时,他们已北上。葛生跟踪而去,到北京见宋教仁,劝宋赴日研究对付时局的新措施。⑦ 3月1日政友会议员小川平吉致电孙、黄和宋教仁,称日本政府业已开展了承认中华民国的运动。⑧ 这是阻止南方与袁妥协的一种措施。但这些都未能阻止南京临时政府与袁的妥协。

2月29日至3月初,袁指使第三镇统制曹锟在北京制造所谓的"兵变",纵火抢劫,造成混乱。紧接着通州、保定、天津也发生同类事件。其

---

① 《日本外交文书——清国事变(辛亥革命)》,第570页。
② 《日本外交文书——清国事变(辛亥革命)》,第571页。
③ 《日本外交文书——清国事变(辛亥革命)》,第571页。
④ 骆惠敏编:《清末民初政情内幕》(上),第887~888页。
⑤ 胡滨译:《英国蓝皮书有关辛亥革命资料选译》(下),第485~487页。
⑥ 骆惠敏编:《清末民初政情内幕》(上),第899页。
⑦ 《东亚先觉志士记传》中卷,第450~452页。
⑧ 《小川平吉关系文书》(二),第452页。

目的是阻止袁南下。那么,日本和英国对此采取了什么态度呢? 从袁制造此次"兵变"的目的来看,袁是希望列强介人。3月2日唐绍仪对朱尔典说:"希望外交团立即开会决定采取制止北京的掠夺、杀戮的手段。"①朱尔典对此心领神会,认为此为"希望外国军队战领"北京。② 当日驻京的各国公使开外交团会议,决定驻京的外国军队只在白天巡逻,并把驻京军队的人数增加到一千人。③ 3月3日,八国驻京官兵七百人整队行军在北京主要街道,以示列强的军事威力。这并不是要用武力干涉"兵变",而是为维护北京、华北的外国既得利益的一次军事示威。但这却给中国人,尤其给南京以八国联军卷土重来之感。当时孙中山和南京临时政府最担心外国出兵干涉。因此蔡元培等迎袁专使见到此种情形立即致电南京临时政府,"北京兵变,外人极为激昂","余尽可迁就,以定大局"。④ 其结果,南京参议院于6日允许袁在北京就职。这是对北京尤其是对列强动静的判断错误而致的。当时列强并无出兵干涉之意。

在北京的伊集院公使力图把这一兵变利用在反袁、反共和制之上,他报告内田外相说,"革命动乱后实行共和政治,如武汉事件发生以来屡次电禀的那样,在中国早晚要爆发大动乱,这是本使当初之意见。可是此次北京事变意料之外地早爆发",而且"明确地证明和自白袁世凯没有收拾时局的实力"。⑤ 伊集院还沾沾自喜地说,"曾赞美袁世凯或讴歌共和政治的某国公使和莫理循之类现在似乎变得颇为软弱"⑥,以此来证明自己反袁、反共和是正确的。

伊集院想借此机大肆伸手,以武力干涉来扭转武昌起义以来处于被动地位的日本对华外交。他所采取的方针是先不出兵干涉,以便使"兵变"继续扩大,而"兵变"扩大后,再出兵干涉。为此,他建议内田外相:

---

① 《日本外交文书——清国事变(辛亥革命)》,第588页。
② 《日本外交文书——清国事变(辛亥革命)》,第588页。
③ 《日本外交文书——清国事变(辛亥革命)》,第589页。
④ 中国史学会主编:《辛亥革命》(8),上海人民出版社1959年版,第525页。
⑤ 《日本外交文书——清国事变(辛亥革命)》,第590页。
⑥ 《日本外交文书——清国事变(辛亥革命)》,第590页。

"此际迅速干涉而过早地收拾时局,对日本的对华政策来说并非上策。宁肯牺牲一点,也把骚乱更加扩大为好。"①他希望北京"兵变"蔓延到全国,各地都发生大骚乱。因此,他在外交团会议上发表反对把外国军队重新部署在城内干涉"兵变"的意见,主张仅仅保护外国人的安全。他又建议内田外相:中国重新动乱时"就是(日本)帝国当然出动强大军队之时,从现在起事先做好其准备"②。可是内田外相立即与陆军商议,决定先向京津地区增派一千二百名陆军,其先遣队于4日抵达北京,10日一千二百名军队从关东州调遣到天津。但此种迅速增兵却与伊集院公使的愿望相反,牵制了骚乱的扩大。因此,他又电告内田外相:"在刻下微妙的时机把单纯增加军队看作为国威、国权的伸张,恐怕不能说是适合于今日机宜的见解。"③其意是不要急于派大批军队,骚乱更加扩大后再派军队干涉,以此扩大和提高日本在中国时局中的发言权和地位。但事与愿违,南京参议院于6日允许袁在北京就职之后,骚乱也迅速平息了下来,伊集院和内田外相所盼望的大动乱时局并未到来。这样,日本想借3月北京"兵变"大显身手,扭转对华外交被动局面的希望也遂成泡影。此后,伊集院公使在北京外交界更为孤立,后不得不调离回国。

如上所述,在北方的伊集院公使和在南方的头山满等大陆浪人都反对南北议和,但反对的内容有所侧重。前者反对的是议和后成立的统一的共和体制的政府,而后者反对的是孙让位于袁。他们反对的都是袁当权。在北方,英国和袁世凯结合成一体,积极推动以袁为中心的南北统一政权的成立,以便袁篡夺辛亥革命的成果,统治全中国。因此,双方都用种种手段做对日工作。而日本虽然反对议和、反对袁,但对与它鼎立的南京临时政府和孙中山,没有给予积极的支持和援助,以此来抗衡北方。如果日本积极地支持南京临时政府和孙中山,南北议和的结局也许发生新的变化,孙中山也不会把总统的职位让给袁。这便是辛亥革命时

---

① 《日本外交文书——清国事变(辛亥革命)》,第590页。
② 《日本外交文书——清国事变(辛亥革命)》,第590页。
③ 《日本外交文书——清国事变(辛亥革命)》,第594页。

期日本对华外交未能取得成功的重要原因之一。而这一原因也正好反映了作为二流帝国主义的日本,不敢违背英国的意旨公然支持南方的客观现实。由此可谓南北议和不仅是孙与袁、南京与北京清政府间的谈判,也不仅是二者力量的较量,而是其背后日、英力量的较量,而后者在一定意义上起更大的作用。袁世凯就靠英国的力量牵制日本对南京的外交,从而窃取了辛亥革命的果实。

综观这时期中日外交,具有如下的几个特点:

这时期中国分裂为北袁和南孙,而围绕分裂的中国的国际环境分裂为日本和英国。这四者既在相互对立、相互牵制,又在相互协商、相互妥协。这时期中日外交是在此种国内外关系中开展的。而这种国内外关系则决定了这时期中日外交的态势、内容及外交交涉进程和结局。

从外交态势来看,南京临时政府和孙中山、黄兴等对日外交是积极主动的,自始至终期待于日本,把日本作为头等的外交对象国,其希望日本提供支持和援助。对此,日本是消极的,甚至持反对的态度。日本虽然如此,但与英国等其他列强相比,相对来说,还是有所倾向于南京,暗中提供贷款和武器,大陆浪人和民间有识之士直接参与南京临时政府和革命军的工作。其目的,除极少数之外,都是为日本帝国在华的权益。两者的期待和支持的目的虽不相同,但客观上,可以说对南京临时政府是有好处的。而且日本大陆浪人等反对孙让位于袁,事实上是正确的。

袁与日本的外交态势是与前者完全相反。袁对日有戒心,处处防备日本,不期待、不希望于日本,而日本对袁耿耿于怀,怀恨在心,积极反对袁,甚至想暗杀袁。这两者基本上是对立,甚至敌对的态势。

孙与日、袁与日的外交态势如此不同,其原因何在? 孙、袁与日本的关系,在辛亥革命前就不同,其结果必然如此。再者,这时期中日外交关系不仅仅是中日两国关系,其背后还有英国。在主义上英国对南方的共和制表示理解,甚至赞赏。但对南京临时政府和孙中山不抱有任何好感,没有提供任何支持。而日本,如上所述,与此相反。如何解释日英的此种矛盾现象? 这与英国和日本在中国的争夺有关。日英在中国具有两重性的外交关系,即一面为维护在华的殖民权益相互协同一致,共同侵略中国;但另一方面为扩大殖民权益又相互争夺。其争夺的第一个焦点即是争夺中国的握有实权的领导人。日英都认为,孙中山不具备统治中国的实力,而袁是中国唯一的强人,把希望寄托在他身上。但袁在辛亥革命前与后都倾向于英国或美国,而与日关系日益疏远。日俄战争后日本逐渐代替英国,成为侵略中国的主要国家。因此,当时当权的袁与日的矛盾加剧,袁"以夷制夷",靠英美来与日本抗衡。这一争夺战中英国明显地处于优势,英国在辛亥革命中的外交成功也在于此。因此,英国即使政治上赞赏共和制,但外交上却支持独裁者袁;而日本政治上反对共和,但外交上却暗中支援孙中山和南京临时政府,其目的是抗衡英国,与英国争夺。日英两国间的此种相互争夺所产生的矛盾现象,又反过来影响和促进了上述的孙与日、袁与日的相互关系,并决定了两者与日本相互间的外交态势。而这种态势又进一步影响和决定了这时期中日外交的内容和外交交涉的进程及结果。

本章第一节原载于《纪念辛亥革命七十周年学术讨论会文集》,中华书局1983年;

第二节原载于《历史研究》1988年第3期;

第三节原载于《南开学报》1996年第5期;

第四节原载于《南开学报》1991年1月;

第五节原载于《纪念辛亥革命八十周年国际学术讨论会文集》,中华书局1994年。

第四章 "九一八"事变与伪满时期的日本外交

一、"九一八"事变时期的张学良和蒋介石

张学良是具有爱国思想和民族正义感的将领,在 20 世纪 30 年代民族危机日益加深、蒋介石坚持反共内战的关键时刻,他以大无畏的气魄和惊世之举动,发动西安事变,扭转了国内局势,促进了全民族抗日统一战线的形成。他发动西安事变虽有种种原因,但其中较为重要的便是在"九一八"事变中持不抵抗主义而断送东三省的沉痛教训。因此,要阐明张学良走上西安事变的漫长道路,必须追溯"九一八"事变时期张学良的不抵抗主义,进而探究"九一八"事变时的张学良何以变成了西安事变时的张学良?但"九一八"事变时期张学良与蒋介石有密切的关系,两者不可分割。因此在探讨张学良的不抵抗主义时定要涉及蒋介石及蒋、张二人在此问题上的相互关系。本节就探讨这几个问题。

1. "九一八"事变

1931 年 9 月 18 日夜,关东军炸毁满铁柳条湖一段铁路后,独立守备队步兵第二大队悍然突袭驻扎在北大营的东北边防军第七旅。该旅认

为"此举不过寻常寻衅性质",①与往常的军事挑衅没有两样,未能判断出这便是日本挑起事变的开端。该旅在遭攻击的紧急情况下,应采取应急措施反击日军,保存自己,这本是作为军队应持有的最起码的态度。但该旅并未那样做。当时张学良在北京,而沈阳由东北边防军代理司令张作相和参谋长荣臻主持军务。荣臻火速电告在京的张学良,请示应付之对策。张令:"尊重国联和平宗旨,避免冲突。"②荣把此令转告第七旅旅长王以哲,"令不抵抗,即使勒令缴械,占入营房,均可听其自便"③。日军继续炮击沈阳工业区,战事在扩大。荣又电张请示。张续令"不抵抗"④。第七旅为避免冲突,撤出北大营,向东陵转移。此时六二团仅仅为突围和保障撤退进行过掩护性的军事行动。19日晨,日军第二师团二十九联队攻占沈阳城。同一天日军占领长春、安东、营口,21日占领吉林。三天内,日军占领除锦州之外的辽宁、吉林两省的要地。日军占领这些地区后,无大规模军事行动,至11月4日方向嫩江发起进攻。在嫩江,马占山部抗击入侵日军。19日,日军占领齐齐哈尔,黑龙江省要地除哈尔滨外都被日军侵占。

日军以少数兵力如此疯狂地占领大片东北土地,其原因在于东北边防军未进行任何抵抗。该军本是边防军,理应保卫边防,抗击侵略者。这是边防军责无旁贷的事。张学良是该军司令,应负其责任。但他却令东北军"避免冲突"。他于19日致南京电中称:"日军自昨晚10时,开始向我北大营驻军实行攻击,我军抱不抵抗主义,毫无反响,日军竟致侵入营房,举火焚烧,并将我兵驱逐出营。"⑤我国台湾学者提出,"九一八"事变中"不抵抗主义"一词始于张的此电。⑥ 9月24日,张致蒋介石等人的

---

① 秦孝仪主编:《中华民国重要史料初编——对日抗战时期》绪编(一),台北1981年版,第259页。
② 《中华民国重要史料初编——对日抗战时期》绪编(一),第262页。
③ 《中华民国重要史料初编——对日抗战时期》绪编(一),第262页。
④ 《中华民国重要史料初编——对日抗战时期》绪编(一),第262页。
⑤ 《中华民国重要史料初编——对日抗战时期》绪编(一),第257页。
⑥ 蒋永敬:《从九一八事变到一·二八事变中国对日政策之争议》,见《抗战前十年国家建设史研讨会论文集》(1928~1937),台北1984年12月版,第358页。

电文中再次称:"为免除事件扩大起见,绝对抱不抵抗主义。"①事变爆发后张学良确持"不抵抗主义",因得"不抵抗将军"之恶名。

那么,试问张为何未抵抗？大陆的学界异口同声皆认为,由于张奉行国民党、蒋介石的"不抵抗政策",其主要依据之一是8月6日蒋致张电,即"铣电"。此外,在张学良身边工作过的人在1945年8月日军投降和1949年中华人民共和国诞生后所写的回忆,也皆认为如此。因此,"张学良只不过是不抵抗政策的执行者,蒋介石才是不抵抗主义的发明人"②。也有人认为,张是"执行了蒋介石的不抵抗主义""蒋介石是不抵抗主义的主帅,应负东北沦亡的主要责任。但是,张学良是主管东北、华北的军政大员,拥有几十万军队,守土有责,在为数不多的日本侵略军面前,竟拱手让出东北,也是严重失职,咎无可辞。"③前者大体代表了20世纪70年代末80年代初的观点,后者代表了80年代末90年代初的见解。"文化大革命"前的一些观点与此不同,只提国民党、蒋介石的不抵抗政策,不牵涉张学良,不追究其责任。④ 当然此种划分并不绝对,在一些论著中是相互交叉的。但随着岁月的流逝,涉及和追究张学良责任者有所增多,并开始探究张奉行蒋不抵抗令之内在因素。

台湾史学界与大陆相反,一些学者认为:"张学良所持态度,自始至终,即是所谓'不抵抗主义';南京国民政府蒋主席除将日方在东北之军事行动诉诸国际联合会以促日方撤兵外,对张学良之不抵抗虽予默认,同时亦准备作必要之抵抗,后者似未获得张学良之支持。"⑤而另一些学者认为,"在国民政府'攘外应先安内'的政策下,东北军奉行不抵抗命令"⑥。前者与大陆史学界观点针锋相对,后者虽含糊其词,但与大陆80年代初之观点相似。

---

① 《中华民国重要史料初编——对日抗战时期》绪编(一),第259页。
② 易显石等著:《九一八事变史》,辽宁人民出版社1981年版,第173页。
③ 张魁堂:《张学良传》,东方出版社1991年版,第77、87~88页。
④ 李新等主编:《中国新民主主义革命时期通史》,第二卷,人民出版社1981年再版,第122~126页。
⑤ 蒋永敬:《从九一八事变到一·二八事变中国对日政策之争议》,第357页。
⑥ 林明德:《近代中日关系史》,三民书局1984年版,第319页。

海峡两岸史学界对同一历史事件和历史人物持如此不同的观点,是有种种原因的。事过六十年,内外形势变迁,产生不同观点的外来因素逐渐在消失,客观地评价此事的环境和条件亦逐步形成。

笔者在读了众多史料、论著及回忆录后颇有感触,认为在研究此问题时,应注意以下几个方面:

第一,甄别史料,尽量引用当时的第一手原始档案。大陆史学界在此方面条件较差,大量引用文史资料中的回忆录。这些回忆是珍贵的,但因时间的流逝,难免遗忘或者记错,或是写回忆时受环境的影响,因此,在使用时一定要注意仔细甄别。台湾方面,虽然保存着有关史料,但因历史的动荡,未能保存好足以研究此问题的史料,尤其是张学良的材料更是如此。而且史料集是选编的,不是将档案库中一切材料都原原本本地编入,这些都成了实事求是地研究此问题的不利因素。因此,今后继续发掘有关的原始档案,是研究这一问题的根本出路。

第二,在研究中应适当区别蒋、张在9月18日以前与9月18日以后的言论与指令,区别万宝山事件和中村事件时期与"九一八"事变爆发后的言论与指令。两个事件与事变虽有密切关系,但两者毕竟有区别,蒋、张对此的判断和对策也有所不同。因此,既要联系起来分析,又要适当区别,有分析地引用。但现有论著中有关蒋令张不要抵抗的材料,几乎都是事变前就中村、万宝山事件致张的电文和指示,与事变后的并未加以区别。将事变前的言论当作重要论据来说明和证明事变后的"不抵抗主义",这并不是没有道理,然而应该慎重分析。这在论述事变初期情况时是有积极意义的,但最好多引证事变后的言论和指令来说明事变后的态度,这样才更有说服力,且更准确地说明问题。事变中、后期更应该如此。例如6~7月发生中村事件、万宝山事件后,张学良于7月6日电告东北政务委员会:"此时如与日本开战,我方必败。败则日方将对我要求割地偿款,东北将万劫不复,亟宜力避冲突,以公理为周旋。"[①]12日,蒋

[①] 吴相湘编:《第二次中日战争史》,上册,综合月刊社1973年版,第83~84页。

密电张:"此非对日作战之时。"①这些都是就万宝山事件、中村事件所下的指令。这一指令在事变刚爆发时仍然起作用,可是到 11 月这一指令所起的作用则不如前一个时期,不能完全用事变前的这些指令来说明他们的抵抗与否问题。

第三,应该区别两者在"九一八"事变初期、中期、后期不同时期的不同态度,并且比较前后时期的异同,进而考究他们的内心世界。

第四,区别两者在不同时期的不同作用,即区别"九一八"事变时期的张学良与西安事变时期的张学良,区别国共内战时期的蒋介石与抗战时期的蒋介石。

第五,区别他们言行的虚像和实像、本质和现象,又要注意区别思想、精神与实际行动。在历史事实中这两者往往交织在一起,有时分不清两者的关系。蒋、张在"九一八"事变中的言论、指令和行动也不例外。

以上便是笔者在研究此问题过程中感受到的几点。在恰当区别这几个问题的基础上,才能辨清蒋、张在"不抵抗主义"问题上的内心想法、态度及两者的相互关系。

笔者初步认为,张学良和蒋介石在不抵抗问题上的基本态度是大体相同的,且其不抵抗的诸原因也有相似之处,但亦有不同之点。

2. 事变初期蒋张的相似之处

正确地认识和判断形势及日军的军事行动的目的,是制定对日政策的基础。这一判断的正确与否,直接影响到政策的制定。"九一八"事变爆发后,蒋、张二人一致认为,这是日军的挑衅行为,是局部的军事行动,称之为"沈阳(奉天)事件";一时未能判断出这是日本侵吞整个东北的开始,因此力求避免冲突,力争就地解决,防止事态扩大。清末民初以来,

---

① 此处虽然被广泛引用,但没有注明其出处。据笔者查核,该电文被日方窃取,由驻北平参赞矢野于 7 月 24 日电告给币原外相。据此电,其旧期为 7 月 11 日,内容是"日本平素虽然狡猾阴险,但我国尚非对抗之时"。见日本外务省缩微档案,S483 卷,S1110—18,第 261 页。

中国面对日本和列强的挑衅或局部性事件都曾让步、忍耐、不抵抗,力图以交涉加以解决。这是弱者对强者所采取的一种态度,似乎成了中国的惯例。因此,对事变前发生的万宝山事件和中村事件,蒋、张二人也不例外地同样采取了此种态度,两者间没有分歧。对这两个事件,蒋、张采取不用武力,而尽量用外交交涉来图谋解决,不能说完全不对。但到事变爆发后,作为前两次事件的继续,二人还是同样采取了此种态度。前两次事件与此次事变虽有联系,但性质和规模根本不同。因此,不应该用处理前两次事件的方法,即不以武力抵抗的方法来处理此次事变。他们的错误判断,导致出错误的对策——不抵抗。

这一错误的判断,虽有其主观因素,但也有其客观的原因。这与日本策划"九一八"事变的特点有直接关系。此次事变不是通过日本发动战争的国内程序和国际上的战争惯例来发动的战争,而是关东军的几位高级参谋板垣征四郎、石原莞尔等在一些陆军中央将校的怂恿下采用谋略形式发动的。因此,事变爆发后连日本军政要人对在中国东北发生的事件情况也不知其所以。张学良在万宝山事件发生后的 7 月 12 日曾向蒋电告:"据万宝山事件及朝鲜人之排华风潮,日本无疑在起动其大陆政策,有急剧侵略满蒙之意。其矛头指向中国或苏联尚不清,但与满蒙存亡有关,须仔细考虑。"[1]这说明张也随时分析日军的动向,觉察到其侵占满蒙的意图,但未想到它要侵吞整个东三省。1990 年日本广播协会记者采访张时,他也说"当初未料到关东军会发动九一八事变……我认为这是我的判断错误"[2]。蒋、张此时未能判断出关东军军事行动的目的是可以理解的,也不能苛求于他们。

可是,问题并非仅限于此。事变爆发后,日本外务省、陆军参谋本部与关东军在是否继续扩大军事行动和战争的最终目标等问题上存在分歧。因此,关东军于 9 月 21 日占领吉林后未采取大规模的军事行动。

---

[1]《日本外务省档案(1868~1945)》,S483 卷,S1110—18,第 261~262 页。
[2]《张学良访谈录》,见《参考消息》1990 年 12 月 23 日。

此时,蒋、张二人都寄希望于反对扩大军事行动的币原外相及其外交,希望他们牵制和控制关东军的军事行动。张在回忆当时情况时说:"我想日本政府会控制关东军的。"①这又使蒋、张对战争形势发展的判断产生了错误。因此,在此种情况下他们仍不敢抵抗,不敢组织东北军反攻,而继续诉诸国联,想以外交手段促使日军撤回。为此,9月26日张学良向东北军将士再次下达了不抵抗命令:"一、此次之所以命令不抵抗主义,是因将此次事变诉诸国际公审,以外交求得最后胜利。二、尚未到与日军抗争之时机,因此各军将士对日人依然平常那样对待,不得侵害。"②这一不抵抗令是较为完整的,有宗旨、有说明,是表明张不抵抗的典型资料。

南京政府和蒋介石判断日本要侵吞整个东三省是11月上、中旬。11月4日,日军以修桥为名进攻嫩江,马占山在此地抗击日军;11月19日日军占领齐齐哈尔。特种外交委员会对中央政治会议的《对日政策报告书》中写道:"判断日军之军事政策,必定要达到完全占领东三省之目的而后已";"判断日军以完全占领东三省,驱逐中国固有之政治军事势力为主要目的"。③ 此时南京政府和蒋介石的对日政策开始发生一点变化。11月中下旬,国民党在南京召开第四次党代表大会,通过了《对日寇侵略暴行之决议案》。该案决定:"今后关于捍卫国权,保护疆土,本大会授予国民政府以采取一切必要的、正当防卫手段之全权。"④蒋也表示出有所抵抗之态度。他在致马占山的电中称:"我方采取自卫手段,甚属正当。"⑤23日又电张:"警卫军拟由平汉线北运,以驻何处为宜?中如北上将驻于石家庄,兄驻北平,则可内外兼顾,未知兄意如何?"⑥对此,张采取

---

① 《张学良访谈录》,见《参考消息》1990年12月23日。
② 关东军参谋本部《关特报》(中国)第32号,1931年9月28日,见远东军事法庭检察官资料缩微胶卷。
③ 李云汉编:《九一八事变史料》,台湾正中书局1977年版,第324~325页。
④ 《中华民国重要史料初编——对日抗战时期》绪编(一),第307~308页。
⑤ 《中华民国重要史料初编——对日抗战时期》绪编(一),第300页。
⑥ 《中华民国重要史料初编——对日抗战时期》绪编(一),第309页。

何种态度？此后蒋是否派警卫军赴冀？因缺史料，尚不清楚。但石家庄是张管辖区，蒋未经张同意不得派其嫡系驻扎冀南地区，而且张也十分警惕蒋嫡系插入该地区。在此之前，即9月21日蒋开会制定对日方略时也决定："军事方面，抽调部队北上助防。"①但蒋未派一兵一卒，仅表示了意思而已。

蒋要抵御日军侵略，应派兵去东北锦州以东地区，直接与日军对阵。但蒋却拟派兵到石家庄地区是何目的？11月23日蒋在致张的电文中即明确了其意图："中如北上将驻于石家庄，兄驻北平，则可内外兼顾。""内外兼顾"之意便是张顾外，即顾关外日军；蒋则顾内，即顾对江西中央苏区的第三次"围剿"，把它当作首要任务，其次顾及阎锡山和山东韩复榘、石友三。前者是攘外，后者是"安内"，两人各有分工。由此可见，蒋此时尚无出阵与日敌直接作战的决心，仅仅表示了抵抗之意。

此时蒋在其日记中写有与日寇"决一死战"②（10月7日）、"吾心与之一战"③（10月17日）等语，不过反映了蒋内心的想法，后并无行动，且这也附有"如果倭寇逼我政府至于绝境"④，或"如日寇相迫过甚"⑤的条件。此时是否达到这一程度？蒋虽没有说，但"如"或"如果"说明尚未到此程度，因此，尚不是"与之决一死战"的时候。以上事实说明，至10、11月蒋仍无抵抗的行动，只在言论和决定中表示了抵日之意。台湾学者认为，蒋支持马占山就显示出他的"所谓'不抵抗主义'已经结束"⑥。但根据上述事实来衡量，下这样的结论为时尚早。

此时，张学良仍持不抵抗主义。东北边防军在辽、吉两省未进行任何抵抗。该军约有三十余万人，其精锐部队二十余万人由张率领进入华北，与蒋会合于中原。在东北的如张海鹏、熙洽等投日敌，其余（除黑龙

---

① 《中华民国重要史料初编——对日抗战时期》绪编（一），第281页。
② 《中华民国重要史料初编——对日抗战时期》绪编（一），第275页。
③ 《中华民国重要史料初编——对日抗战时期》绪编（一），第276页。
④ 《中华民国重要史料初编——对日抗战时期》绪编（一），第275页。
⑤ 《中华民国重要史料初编——对日抗战时期》绪编（一），第276页。
⑥ 蒋永敬：《从九一八事变到"一·二八"事变中国对日政策之争议》，第363页。

江）一溃千里，不战而退到锦州一带。如果9月18日至21日由于对形势判断有误，不及抵抗，尚能谅解，但此后不战而后撤千里，毫无道理。东北军有飞机、坦克等新式武器，兵种齐全，训练有素，应有抵抗日军之实力。而且此时中原会战早已结束，石友三部残军逃至山东。张应调华北精锐赴东北前线；尤其11月初，马占山部在嫩江孤军抵抗日寇，全国上下声援其抗战时，张应从锦州出兵，从背后牵制日寇北进，配合马部，从南北夹击日军。但张电马："饬死守勿退却"，而自己却按兵不动，只从精神上支持了马部。这时期，也许是由于史料残缺，张令其部抵抗日本的电文也不多见。但事变爆发以来，张学良在各种场合说"欲抵抗日本""不屈服，不卖国""不贪生，不怕死"，再三表示抗日之意，而且他支持东北民众抗日救国会与东北各地的义勇军。这仅仅是其抵抗日本在精神方面的表露，而不是抗日的行动。在这点上，张学良与蒋介石也有相似之处。

这时期，蒋、张二人依靠国际联盟促使日军撤回原地的态度与政策也大体是一致的。当时中国是国际联盟理事国，从国际法上看，南京政府作为中国主权国的代表占有一席。因此，张对国联外交上完全依赖蒋。张与顾维钧私交甚厚，后顾由外交部代理部长变为正式外交部长，张与顾电文往来频繁，顾可谓是张在南京的外交咨询代表。这样以顾为媒介，蒋、张二人共同实施对国联外交。在国联外交中，除两者在对日的直接交涉上有所分歧外，在其他问题上基本是一致的。蒋、张对国联的分析，对国联的态度及政策方面，虽有不切实际的幻想，但作为战时外交，可谓都尽了最大努力，并达到了有利于中国的部分目的。

在此谈一谈"九一八"事变时期国际关系中的"二重外交论"问题。围绕日本侵略东北问题，中国、日本和欧美列强这三者相互开展了"二重外交"。日本和欧美列强在侵略包括东北在内的中国问题上有二重关系。两者作为帝国主义列强都想侵略中国，在侵略上二者都有共同的利益，因此，两者在侵略中相互支持，相互同情。但两者在侵略中又相互争夺，争夺对己有利的更多权益，因此，又相互牵制对方的侵略举动，而且有时利用中国反对外来侵略的行动来牵制对方,甚至公然谴责对方的侵略行径。这便是帝国主义在中国的矛盾和对立。中国为抗衡日本侵略,在外交上利用日本与欧美列强的矛盾,对己有利的则加以评价和利用,对己不利的、侵害自己主权的则加以反对。这便是中国对欧美列强的"二重外交"。国际联盟是以欧洲列强为核心组成的机构,美国虽没参加该联盟,但"九一八"事变时期作为观察员应邀出席该会,并派代表参加了该联盟派的李顿调查团,因此说,该联盟就代表欧美列强。围绕"九一八"事变的"二重外交",也就是在该联盟的行政院和大会里展开的。李顿调查团和该团提出的关于"九一八"事变的调查报告,典型地反映了欧美列强对"九一八"事变及中国的二重外交;而日本和中国对这一调查报告的态度也反映了它们对欧美列强的"二重外交"。中国部分地肯定和接受于己有利的部分,日本也既肯定和接受于己侵略的有利部分,又否定和反对于己侵略的不利部分。双方所接受和反对的,都是针锋相对、水火不容的。

事变爆发后,蒋、张诉诸国联不能说不对。他们在该联盟中做了否定伪满洲国合法性的自卫行动。但在战争时期,外交和军事行动犹若两轮,应相互配合,相互补充。军事上的胜利是达到外交目的的坚强后盾,没有这一后盾,外交则不能发挥其应有的作用。事变期间,张在国联外交中的问题不在于诉诸国联,而在于不以军事上的抵抗来支撑这一外交策略,因此,外交显得软弱。如果蒋、张一面积极抵抗,一面诉诸国联,那么他们在外交上取得的成果可能更大一些。如在"一·二八"上海事变时期,南京政府采取"一面抵抗、一面谈判"的政策,结果日本在上海基本上未取得实质性的新权益,只是把列强的注意力从东北转到上海,以此掩护了伪满成立的闹剧。

那么不抵抗与诉诸国联这二者有何关系呢?是否因诉诸国联导致不抵抗呢?不是的。诉诸国联不是不抵抗的原因,而是因不抵抗便更加依赖国联,甚至把诉诸国联当成使日军撤退的唯一手段。蒋、张二人都是如此,而这也是问题的症结所在。

最后一个问题是听从蒋和国民党中央的命令问题。在《文史资料》中刊载的有关"九一八"与张学良的关系的回忆文章及依此写的有关论著,都写道:张学良之所以不抵抗是因听从了蒋介石的不抵抗令。这里有个问题,据现有的有关张学良致蒋介石的电文,事变爆发后,张只向蒋和南京汇报日军入侵东北的情况,没有一封电文中有请求"抵抗"一词和反对蒋不抵抗令的痕迹;如果他坚持要抵抗,则定会在这些电文中出现这些词句。这便说明,张本身没有要抵抗,也没有做抵抗的作战准备。而在蒋致张的电中,除锦州问题外,亦没有指令张坚决抵抗之字迹。这一点,蒋与张有相似之处。

那么,在相似的情况下,为何出现"听从"问题?这是因为蒋是国民革命军陆海空司令,而张是副司令,按军队统帅程序,副司令应听命于司令,一切失误应先由司令来承担。因此,当全国舆论谴责他执行不抵抗政策时,他将自己应负的不抵抗责任归咎于蒋。据现有的在"九一八"事变爆发后蒋与张之间往来的电文及有关材料中记载,蒋的电文材料中见不到"不抵抗"一词,而张的电文中就有"不抵抗""不抵抗主义"的词语,这也许与史料的选编有关。而且,在防守锦州问题上,蒋和南京政府数次令他抵抗,但张悄悄撤兵,日军也几乎不流血地占领了锦州。如果张始终要抵御日军,但因蒋令他不抵抗,故而他不抵抗的话,那么蒋令他抵抗时,他应加倍抵抗才合乎逻辑,但他没有这样做。这一事实说明,张虽然是蒋的副司令,但他作为奉系军阀的后代,尚有相对的独立性和抗御蒋的实力及脾性,与蒋意见不同时,他便不听从蒋指令。事变爆发后在抵抗与否问题上,如果与蒋有不同意见,他更会为保自己起家的东北地盘而不听从蒋的不抵抗命令,奋起抗击日军。但此时,张却完全听从蒋之命令而不抵抗。这一事实本身就说明,他自己也是不想抵抗的,因此出现了听从蒋的这一历史现象,这一现象反过来又说明张的不抵抗不是被迫的,而是主动的。

综上所述,"九一八"事变后,蒋、张二人在不抵抗问题上有不少相似之处,但也有不同之点。这一不同之点在是否防御锦州问题上表现得较为突出。

3. 蒋张对锦州问题的异同

如果说，在日本攻占沈阳、齐齐哈尔等地时，蒋、张二人所采取的态度和政策大体相似的话，那么在锦州问题上两者所采取的态度，相对来说则有所不同。

日军占领齐齐哈尔后，其主力随即调往辽西，准备攻击锦州。锦州是辽西重镇，政治、军事要地。沈阳沦陷后，东北边防军司令长官公署和辽宁省政府迁移到此地，锦州成为张学良在东北的政治、军事中枢，日军如不占锦州，不从锦州驱逐张政权，就等于未完全摧垮张在东北的统治，不能建立伪满洲国。东北军如死守锦州，则向全世界表明：中国人尚在抵抗，日军尚未完全占领东北，东北问题也尚未完全结束，日本也建立不了或只能推迟时间建立伪满洲国。军事上，锦州是榆关屏障，兵家必争之地，阻挡日军向华北侵入的咽喉要地，如锦州失守便危及华北。鉴于此种种原因，对蒋和张及日本来说，锦州都是必争之地。因此，按军事常理，中日两国军队必将在此决一死战。

日军早已准备对锦州开战。11月，土肥原和中国驻屯军在天津挑起天津事件，其目的之一是为日军锦州作战做军事与舆论上的准备。① "九一八"事变时驻扎满铁附属地的日军出动，占领了辽吉两省要地，因此，驻扎在天津的中国驻屯军和驻扎京山线的日警备队有可能借机出动，挑起事端，从背后牵制张学良军队对锦州的增援。

对此，南京政府也采取了相应对策。首先，引诱外国军队介入天津，牵制天津驻屯军的军事行动。其次，派南京政府财政部所属的税警团五六千人去天津，归属张学良指挥。再次，11月25日，南京特别外交委员会也同意："是以锦州一带地方，如能获各国援助，以和平方法保存，固属

---

① 日本国际政治学会太平洋战争原因研究部编：《走向太平洋战争之路》，第2卷，朝日新闻社1962年版，第89～91页。

万幸,万一无效,只能运用自国实力以图保守。"①此时日军威逼东北军撤到榆关。鉴于此种情况,蒋等为以和平方法保住锦州,向英、美、法公使具议:"倘日本坚持要求我军撤退,我军可自锦州退至山海关,但日本须向英、法、美各国声明,担保不向锦州至山海关一段区域进兵,并不干涉该地域内中国之行政机关及警察,此项担保须经各该国认为满意。"②这便是把锦州划为中立地带之意,包含着蒋不以武力抵抗之意。但英美不敢担保,且劝中国不要采取恶化局势的行动。③ 在此种情况下,南京政府和蒋介石决定,"如日方相逼太甚,我方应以实力防卫"④,"惟万一彼仍步步进逼,则自不能不取正当防卫手段"⑤。任南京政府外交部代理部长的顾维钧于11月26、27日两次把此意电告张学良。张此时熟知蒋准备防卫抵抗之意。

此时,张学良与蒋一样,也有以划中立区来避免冲突、保锦州的想法,但不同的是,他拟与日直接谈判解决。11月底,驻北平日本公使馆参赞矢野访张,略称:"英、法、美与中国提商拟以锦县一带为中立区,中国军队撤至山海关。日本对此原则上甚表同意,如贵方赞成此种方法,日方即可派代表商洽。"⑥张答,"惟个人对此颇赞成",并向南京建议"查划定中立区域办法,亦属避免冲突,以图和平解决之一道,日方既表同意,我方似可与之商洽"。⑦ 张对划中立区提出两个条件:"第一,希望日军最大限度不越过原遣地点即巨流河车站。第二,须留少数军队在锦县一带即中立区域内,以足敷防止匪患,维持治安为度。至将来日方如派代表时,总宜舍军事人员,而用外交人员。"⑧在此条件中,没有南京所提的英、

---

① 1931年11月25日顾维钧等致张学良密电,见《民国档案》,1985年第2期,第4页。
② 1931年11月24日顾维钧等致张学良密电,见《民国档案》,1985年第2期,第4页。
③ 1931年11月26日顾维钧致张学良密电,见《民国档案》,1985年第2期,第5页。
④ 1931年11月26日顾维钧致张学良密电,第5页。
⑤ 1931年11月27日顾维钧致张学良密电,见《民国档案》,1985年第2期,第5页。
⑥ 1931年11月29日张学良致蒋介石密电,见《民国档案》,1985年第2期,第6页。
⑦ 1931年11月29日张学良致蒋介石密电,见《民国档案》,第6页。
⑧ 1931年11月29日张学良致蒋介石密电,见《民国档案》,1985年第2期,第6页。

美、法三国的担保问题,此点与南京不同,即在英、美、法不介入的条件下直接与日谈判。这表明在划中立区问题上张比南京、蒋介石更为积极。但矢野要求东北军全数撤退。①

南京政府则同意张学良与日直接谈判。如前所述,此时南京政府也曾向国联提出过锦州中立地带案,"其要点在中立国派视察员居间斡旋一层"②,由英、美、法观察员居间斡旋,监督中立地带的安全。因此,此时已任外长的顾维钧和宋子文驳回张的建议,其理由是:"一、彼可以正由两国商洽办法为辞,请国联无庸预预,彼可于商洽时提出种种苛刻条件,从则难堪,不从即破裂。二、彼可借口于彼已撤兵,迫我撤至山海关,我若不撤,彼即责我违约,进兵攻我。"③宋和顾作为张的知己,率直电陈,劝张绝不要直接谈判,并建议张"如日方无理可喻,率队来攻,仍请兄当机立断,即以实力防御"④。这既是宋和顾外长的意见,又是蒋介石的主张。12月2日,国民党中央政治会议就锦州问题决定:"锦州问题,如无中立国团体切实保证,不划缓冲地带,如日军进攻,应积极抵抗。"⑤南京政府为得到英、美、法的切实保证,要求他们派军队代守中立地带,担保日军勿入这一地带。但他们只答应居间接洽。

日本为排除列强的干涉,再次提出直接谈判。驻中国公使重光葵又向顾外长提出直接谈判和东北军撤至榆关的要求。但顾外长断然予以拒绝。在此种情况下,币原外相又令驻北平的矢里参赞再次说服张学良把锦州问题作为地方性问题直接与日谈判。但张的态度在南京政府和顾的劝告下有所改变,没有承诺,在与日直接谈判与否的问题上,与蒋及南京政府的态度趋于一致。

可是张学良与蒋及南京政府在是否死守锦州问题上发生了分歧。

---

① 1931年11月29日张学良致蒋介石密电,见《民国档案》,1985年第2期,第7页。
② 1931年11月29日宋子文、顾维钧致张学良密电,见《民国档案》,1985年第2期,第8页。
③ 1931年11月29日宋子文、顾维钧致张学良密电,见《民国档案》,第8页。
④ 1931年11月29日宋子文、顾维钧致张学良密电,见《民国档案》,第8页。
⑤ 1931年12月2日顾维钧致张学良密电,见《民国档案》,1985年第2期,第9页。

如前所述,蒋和南京政府一面准备谈判,一面准备抵御,并劝张学良在锦州抵抗。但张未做死守锦州的战略、战术准备,反而从 11 月底或 12 月初开始,拟撤出驻扎锦州一带的东北军主力。这表明张学良在锦州不想抵抗。于是,顾维钧 12 月 3 日致急电劝张:"兄拟将锦州驻军自动撤退,请暂从缓。"①5 日顾维钧和宋子文又联名致电,再次劝张:"现在日人如进兵锦州,兄为国家计,为兄个人前途计,自当力排困难,期能抵御。"②蒋介石亦电张:"锦州军队此时切勿撤退"③,并派航空一队增援北平。可是张依然要从锦州撤两个旅。顾维钧闻此消息后立即致电张:"惟当此国人视线群集锦事之时,军队稍一移动,势必沸议全国,为兄着想,似万万不可出此。……缘日人诡计多端,我退则彼进,彼时新政权统一东北,则不可挽救也。"④这就是说从锦州撤兵则整个东北沦陷,日在东北便可建立统一的伪政权,东北问题也以此完结。南京政府也于 25 日、30 日接连电张:"惟日军攻锦紧急,无论如何,必须积极抵抗,各官吏及军队均有守土之责,否则外启友邦之轻视,内招人民之责备,外交因此愈陷绝境,将何辞以自解? 日军攻锦时,天津或有异动,亦须预先防止。总之,望主任,深体政府之意,激励将士,为国牺牲,是为至要。"⑤

此时,日关东军和陆军中央制定对锦州作战方案,并调驻朝鲜的第二十师团和一个混成旅及重型轰炸机中队参加对锦作战。日军 27 日渡辽河,进入打虎山、沟帮子一线。日军在逼近锦州时,东北军仍撤出锦州。据驻榆关日守备队的侦察,迄 31 日午间经山海关的东北军军列 14 列,兵数 1 万余人,马 2200 匹。⑥ 1932 年 1 月 1 日,关东军司令部下达第二十师团占锦州之令时,东北军主力已撤出锦州一带,日军在侵入该地带时几乎未遭到东北军的阻击和抵抗,1 月 3 日几乎兵不血刃地占领锦

---

① 1931 年 12 月 3 日顾维钧致张学良密电,见《民国档案》,1985 年第 2 期,第 10 页。
② 1931 年 12 月 5 日宋子文、顾维钧致张学良密电,见《民国档案》,1985 年第 2 期,第 11 页。
③《中华民国重要史料初编——对日抗战时期》绪编(一),第 312 页。
④ 1931 年 12 月 9 日顾维钧、刘哲致张学良密电,见《民国档案》1985 年第 2 期,第 10 页。
⑤《中华民国重要史料初编——对日抗战时期》绪编(一),第 313~314 页。
⑥ 臼井胜美:《满洲事变》,中央公论社 1974 年版,第 138 页。

州和绥中一带。但张却谎报军情说:"我军奋勇应战,激战十昼夜之久,前仆后继,死伤蔽野。卒以全力过疲,损失过重,无术继续坚持,至于江(三)日失守锦县。"①

张学良在主观上是想抵抗的,他也曾说:"倘我愈让而彼愈逼,至万不得已时,亦只有采取正当防卫以保持国家之人格。"②但在行动上不听从南京政府和蒋的抵御令,擅自撤兵。这说明,他和东北军虽归属南京政府,由蒋指挥,但依然具有军阀割据时相对的独立性,这使他能违抗命令,选择自己的路。

那么,张为何选择了主动撤退之路?他是以放弃东北来保他占据的华北。在以北平为中心的华北,张有20万大军。在日军即将吞并整个东三省的情况下,华北对张来说是维护其政治、军事地位的唯一基地,其重要性比以往任何时候都更为显著。因此,更有必要保住此地。他在致南京政府主席的电文中称:"自锦县以西,如秦皇岛、塘沽、天津,地处滨海,门户洞开,锦县一带,一有冲突,彼必同时以海军威胁我后方,并扰乱平津,使我首尾难顾……顾此失彼,必不能免。"③26日亦称:"日本在天津现已集结大军,锦战一开,华北全局必将同时牵动,关于此节,尤须预筹应付策略;否则空言固守,实际有所为难。"④按军事战略考虑,日军在天津等地挑起事件,从背后突击华北的可能性是存在的。11月的天津事件便是其预兆,"一·二八"上海事变也是一例。但据日军对锦州的作战计划,当时尚无此打算。当然如果东北军在锦州死力抵抗,日军伤亡惨重,也有可能那样做。因此,作为一军之帅,张考虑到此点有其合理性的一面,但这不应成为其主动撤出锦州的主要原因。

另外,张怕锦州的抵抗引起中日全面战争,并造成全中国灭亡。11月30日张在向顾表明"采取正当防卫以保国家之人格"的同时,又称,

---

① 1932年1月5日,张学良致南京电,见《九一八事变史料》,第281页。
② 1931年11月30日张学良致顾维钧等密电,见《民国档案》,1985年第2期第8页。
③ 1931年12月25日张学良致南京国民政府主席电,见《九一八事变史料》,第275页。
④ 1931年12月26日,张学良致南京国民政府电,见《九一八事变史料》,第276~277页。

"惟兹事体大,影响系全国安危,又不能不慎重考虑之也"①。其致南京国民政府电中也言及了此点。②"影响全国安危""关系全国存亡",便指中日一旦全面开战,就有可能亡国。日本能否发动中日全面战争,与当时的国际环境密切相关,因为日本对华的无节制侵略一直受到列强的牵制。而当时,日本似乎并不具备全面对华开战的条件。事实上,日本在侵占东三省后的一个时期内也只是蚕食华北,未敢全面侵华。因此,张的这一顾虑,虽有军事上、战略上的合理一面,但也难成为其不抵抗的主要原因。

那么,张不抵抗的真正原因何在? 王化一在12月29日日记中记有张学良的这样一句话:"汉公表示'不为瓦碎'主张。他说如果是'玉碎'还可以碎,要是瓦碎则不必。"③所谓"玉碎"即是指对全国抗战而言,而"瓦碎"则是指对于东北或锦州的单独抵抗而言。据当事人的回忆,张常说:"我们是主张抗战的,但须全国抗战,如能全国抗战,东北军在第一线作战,是义不容辞的。"④把这句话反过来说就是全国不抗战,我张某也不单独抵抗。其理由便如他所说的那样,东北军"孤军作战,我小敌强,无非是徒然牺牲"⑤。这也有一定的道理。当时国民党四分五裂,内战不休,国共两党也未结成抗日统一战线。"九一八"事变当天,蒋亦在日记中哀叹:"是倭寇果乘粤逆叛变,内部分裂之时,而来侵略我东三省矣。呜呼,痛哉! 夫我内战不止。"⑥所以蒋当时仍推行"攘外应先安内"的政策,而这一政策反过来又更加深了各势力间的分裂与对抗。在这一点上,蒋、张二人是持同一态度的。他二人都认为应先"安内",保存自己的实力。就军事战略来讲,保存自己的实力的确重要,但保存的目的是为了更好地消灭敌人。可是,割据中国的各军阀却与此相反,他们认为消

---

① 1931年11月30日张学良致顾维钧等密电,见《民国档案》,1985年第2期,第8页。
② 1931年12月26日张学良致南京国民政府电,见《民国档案》,1985年第2期,第276~277页。
③ 转印自张魁堂:《张学良传》,第86~87页。
④ 转印自张魁堂:《张学良传》,第81页。
⑤ 转印自张魁堂:《张学良传》,第81页。
⑥《中华民国重要史料初编——对日抗战时期》绪编(一),第275页。

灭敌人是次要的,保存自己的军事实力和地盘才是最重要的。因此历来各军阀都不拿出自己的全部力量与敌决战。张作为奉系军阀的继承人,虽比其父有开明之处,但在中国四分五裂、内战不休的国情下,还是选择了不抵抗和主动撤退来保存自己的实力,不敢与日军在东北决一死战。张学良在事变中始终奉行"保存实力就是保存一切"的思想,这也是他不"瓦碎"的根本原因。他一直坚持:如全国各势力不风雨同舟,不生死与共,不同胜同败,就不单独在锦州抵抗;如全国一同抗战,同在锦州抵抗日敌,他也不会主动撤出锦州。在此种思想支配下,张放弃了包括锦州在内的东北,暂时保住了华北的地盘。但是,随着战争的进一步发展,张的华北地盘最终也未能保住。

此时蒋主张抵抗,其原因何在呢?对蒋应听其言,观其行。当时以学生为中心的抗日救亡运动汹涌澎湃,南京学生发起了"送蒋介石北上"的运动,与从北平等地南下的学生一起赴国民政府,要求蒋签署出兵日期,否则誓不罢休。在这一运动逼迫下,蒋下了命令,派税警团官兵五六千人,送空军一个中队北上。但这不是全面抵抗日军的态度,只是在形势所迫下作出抵抗的姿态罢了。此时蒋国民革命军主力依然在"剿共"前线,按兵未动。而且张学良数次要求蒋提供抗日所需的军械、军需,要求大部队增援。可据现有史料看,蒋并未满足张的这一要求,来替张解难。蒋的抵抗令和实际行动相互矛盾。这表明蒋的抵抗不是诚心实意的,抵抗中也有不愿抵抗的一面,虚实混淆在一起。

其实,锦州危急时,蒋的想法与张大体一致,他也想先保华北。11月下旬蒋拟率兵北上,驻石家庄,其目的之一便是保华北。如丢华北,蒋的中原地盘将直接受到日军的威胁。且蒋害怕日军从山东半岛登陆,直入中原。如蒋真要保东北,应将其主力从"剿共"前线调往锦州,但他毫无此意。蒋作为新军阀势力,"保存自己就是保存一切"的思想根深蒂固,这也是他处理东北、锦州及国内问题的基本出发点。蒋、张二人此时在锦州抵抗问题上,采取的形式虽不相同,但实际目的却极为相似。

蒋、张在思想上的另一个共同点是"恐日病"。这并不是他们二人独有的。清末民初以来，中国政界、军界的不少人都认为日军是战无不胜的，若与日军交战定吃败仗。蒋把这"恐日病"又概括为"三日亡国论"。1932年1月11日，他在奉化武岭学校的讲演中曾谈到对日绝交与宣战问题。这是较为严肃的大问题，当时情况下是否应该宣战、绝交不好下定论。但在此篇讲演中蒋说出，如与日宣战，即与日全面交战，则中国"在三日内悉为敌人所蹂躏"①。敌强我弱，这是客观存在，但问题的关键是即使现状如此，我们应如何图强，如何以弱胜强？张学良也有"恐日病"，也曾讲过："士气虽壮，款弹两缺，敌如大举前进，即举东北士兵尽数牺牲，亦难防守"②；"孤军作战，我小敌强，无非是徒然牺牲"③。强者有强者的侵略经，弱者亦有弱者的抗敌法，两者对立存在。包括蒋介石在内，中国后来不是奋起抗战，八年打败日军，赢得了抗日战争的最后胜利吗？这一历史事实雄辩地说明中国人民是能够打败日本帝国主义的。

"九一八"事变中的不抵抗主义，把东三省拱手送给了日军。从此，东北的大好河山与三千万同胞饱受日军蹂躏，被奴役长达14年之久。这一历史教训是深刻的。后来中国人吸取教训，在"一·二八"上海事变中采取了"一面抵抗，一面谈判"的政策；在热河交战中采取了"抵抗而不谈判"（最后是谈判）的政策；在抗日战争中进行了持久的全面抵抗，直至获得最后胜利。"前事不忘，后事之师"，张学良也好，蒋介石也好，都从"九一八"事变中得到了应有的教训，在后来的日军侵华战争中逐步采取了抵抗政策。而张学良之所以发动西安事变，扭转中国历史潮流的大方向，其原因种种，但因"九一八"事变中不抵抗而蒙受的重重压力定是其中动力之一。张发动了西安事变，他自己也从"不抵抗将军"变成了"民族英雄"。应该说，在这一转变中，始终未变的是他作为中华民族一员的爱国之心和对日军侵略中国怀有的仇恨之心。历史上做任何转变都需要主客观的条件。如无爱国心和仇日心，则无法实现这一历史性转变。

---

① 《中华民国重要史料初编——对日抗战时期》绪编（一），第317页。
② 李云汉编：《九一八事变史料》，台湾正中书局1977年版，第277页。
③ 张魁堂：《张学良传》，第87页。

这一转变是爱国、仇恨与不抵抗这一水火不相容的矛盾心理经长时间的相互斗争而实现的。要说明张学良的这一历史性转变，一定要探究其不抵抗的历史责任及历史根源，这样才能合乎情理地阐明从"九一八"到西安事变的历史过程。本节的目的即在于此。

笔者在校对此文清样时方见到日本广播协会采访组臼井胜美编的《张学良的昭和史最后证言》一书。① 据此书，张学良对"九一八"事变时期不抵抗问题，供认不讳。他说：关于不抵抗问题，"迄今众多研究者都认为，从国民政府中央有过不抵抗的指示。的确，当时中央有过指示，但其内容并不是不要抵抗。国民政府中央发出的指示是'相应处理'。所谓'相应处理'之意就是根据情况适当处理。换言之，就是中央不负责任之意。因此我不能把'九一八'事变中未抵抗之事的责任推诿给国民政府。因为我本身不想扩大事件，所以采取了不抵抗政策"②。张学良的这一自述再次说明，张学良自觉、自主地奉行了不抵抗政策。因张与蒋有共同的思想基础，所以不能把不抵抗的责任完全归咎于蒋介石和南京国民政府。但这也并不能减轻蒋与南京政府应负的责任。

二、"九一八"事变与币原外交

本节主要探讨"九一八"事变与币原外交的关系。所谓币原外交，首先可以认为是反映币原外相个人外交思想的行为，但是由于在"九一八"事变中，他执行的是若槻内阁的对外政策，所以也可以认为币原外交是包含着币原外相个人外交思想的若槻内阁的外交。

---

① 日本广播协会(NHK)于1990年6月17日和8月4～6日在台湾采访了张学良。张在采访中言及"九一八"事变时期的不抵抗主义。该协会电视台于同年12月9日和10日两次播放了采访实况剪辑的录音，《参考消息》把它译成中文，以《张学良访谈录》为题，自12月17日至23日连载7次。1991年8月1日，日本广播协会采访组臼井胜美编采访内容，并加以说明和注释，由角川书店出版了《张学良的昭和史最后证言》一书。其采访内容与《参考消息》的《张学良访谈录》不尽相同。注②所引的张学良的自述在访谈录中就没有。
② 《张学良的昭和史最后证言》，第125～126页。

外交与军事,就像盾的两面和车的两个轮一样,是一个国家推行对外政策的两种手段。在战前、战时、战后,日本是如何调整这两种手段,使它们相辅相成,以实现战争目的的,是日本外交史研究中的重要课题。中国的日本外交史研究几乎都强调军事与外交的一致性,很少承认两者的矛盾和对立。本书认为,"九一八"事变与中日甲午战争、日俄战争、第一次世界大战、太平洋战争有所不同,它是以特殊形式爆发的战争。例如,这次战争不像太平洋战争那样,是在开战前通过四相、五相会议乃至御前会议,对外交、军事、财政等各方面进行充分的调整,并决定了一致的政策、路线之后发动的,而"九一八"事变则是在陆军中央部分将校的怂恿下,由关东军掌握主动权而挑起的战争。因此,从战争爆发开始,关东军、陆军中央、外务省之间便产生了分歧和矛盾,这是以往战争中从未出现过的特异现象,也是华盛顿会议以来日本对外政策中二重外交的一种表现。但是,在"九一八"事变的发展过程中,这种分歧和矛盾逐渐趋向统一,并最终在建立傀儡政权问题上,完全达成一致。

本节拟将币原外交与日本关东军和陆军中央在"九一八"事变前后从分歧到统一的过程,划分为四个时期,以分析币原外交在"九一八"事变中所起的作用,并阐述最终又与军方统一的币原外交的本质。

1. 事变爆发后的对策

外务省具有双重性:对内,是与其他各省并列的一个省;对外,则是代表日本政府的一个机构。所以其在"九一八"事变中起着对内和对外的双重作用。

具体而言,在事变初期,外务省对内牵制了关东军试图一举占领"满蒙"的军事计划。

日本驻奉天总领事林久治郎对突然爆发的事变是这样处理的。林"从事变突然爆发开始,便随时向东京报告事态的发展……以求防止事态的扩大"①。林在事变爆发的第二天给币原外相发了 30 多封电报,还报告了 9 月 14 日抚顺守备队长们袭击奉天机场的计划,他"认为这次的事件完全是军部有计划的行动"②。

同时,林对关东军参谋板垣说,"此时最为重要的是尽量不将事件扩大,应通过外交机构处理事件",并向币原外相建议,"希望政府也采取紧急制止军事行动的适当措施"。③

但是,关东军迅速占领了奉天、新民屯、营口、海城、凤凰城、洮南、郑家屯等地,并于 21 日占领了吉林,妄图一举占领整个中国东北,使之变为日本的殖民地。

19 日,内阁就此事召开会议。若槻首相在会上说:"这次事变果真是中国士兵破坏铁路,并攻击防守铁路的士兵引起的吗?真的是正当防卫吗?如果不是,而是日本军队的阴谋行动,我国将如何面对世界?我非常遗憾发生这样不幸的事。"④币原外相朗读了从林总领事那里得到的各种情报,"这些情报多数是对陆军极其不利的"⑤。陆军大臣南次郎听了外相朗读电报的语气,"意气稍挫,当时内阁会议上的气氛使他丧失了提议有必要派朝鲜兵增援的勇气"⑥。内阁会议根据首相、外相的意见,决定了"不使现今事态扩大"⑦的方针。币原外相在 26 日的内阁会议上说:"现在关东军把多数兵力部署在吉林,这将给外交谈判带来极大的困难。如果陆军不肯从吉林撤退,我将辞职"⑧,坚持不扩大方针。内阁的不扩大方针暂时阻止了关东军在北满和朝鲜军第十九师团对间岛地区的军事行动。板垣参谋也认为"在现今的形势之下,不可能实现一举占领方

---

① 林久治郎:《满洲事变与奉天总领事》,原书房 1978 年版,第 118 页。
② 日本外务省编:《日本外交文书·满洲事变》,第 1 卷第 1 册,第 6 页。
③ 日本外务省编:《日本外交文书·满洲事变》,第 1 卷第 1 册,第 5 页。
④ 原田熊雄口述:《西园寺公与政局》,第 2 卷,岩波书店 1982 年版,第 62 页。
⑤ 稻叶正夫等编:《走向太平洋战争之路》,别卷,朝日新闻社 1963 年版,第 114 页。
⑥ 稻叶正夫等编:《走向太平洋战争之路》,别卷,第 114~115 页。
⑦ 稻叶正夫等编:《走向太平洋战争之路》,别卷,第 115 页。
⑧ 稻叶正夫等编:《走向太平洋战争之路》,别卷,第 129 页。

案"①,转向了以建立傀儡政权为中心的政治策略。

关东军对政府和外务省的不扩大方针"极为不满"②,当出兵哈尔滨的军事行动被制止时,便叫嚣道:"政府的真正意图何在?陆军大臣为何不敢下定决心与政府正面冲突……幕僚们暗地里愤慨、叹息,陆军司令官也沉痛不已。"③这是关东军和政府、外务省之间所谓扩大与不扩大的对立表现。这种对立是华盛顿体制确立以来,外务省以对英美协调为主的协调外交与军部志在和英美对抗的亚洲门罗主义政策④在"九一八"事变中对立表面化的产物。

但是,这种对立不是根本性的对立。关东军企图一举占领中国东北,以扩大日本的殖民地权益。外务省虽然反对一举占领中国东北,但是也希望以关东军事变初期的军事胜利为基础,解决自"二十一条"要求以来的各种"满蒙悬案",以扩大日本的权益。因此,在22日的内阁会议上,当南次郎陆相主张维持关东军现状及一并解决"满蒙问题"时,币原外相表示,"陆相的意见对外交交涉极为有利"⑤,参谋本部也认为,"维持现今态势将为两国解决'满蒙'的主要问题创造良好的环境因素,即现今的态势将成为促进外务省官员交涉成功的强大动力"⑥,因此决定"军方无须强烈反对内阁会议所确定的事宜"⑦。当时,外务省和军部中央一致通过不扩大方针,于9月24日发表了所谓不扩大事态的第一次政府声明。这个声明是由军部起草,经外务省修改的,它是外务省、政府和军部相互调整、妥协的产物,也是外务省和军部合拍的第一步。

所谓不扩大并非绝对的,在不扩大中也存在扩大的因素。"九一八"事变爆发后,军部主张一并解决"满蒙问题",并认为"万一政府不同意军

---

① 《现代史资料(7)·满洲事变》,三铃书房1980年版,第195页。
② 《现代史资料(7)·满洲事变》,第190页。
③ 《现代史资料(7)·满洲事变》,第191页。
④ 参照江口圭一:《一九三〇年代论》(江口圭一编《体系日本现代史》第1卷)。
⑤ 稻叶正夫等编:《走向太平洋战争之路》,别卷,第124页。
⑥ 稻叶正夫等编:《走向太平洋战争之路》,别卷,第116页。
⑦ 稻叶正夫等编:《走向太平洋战争之路》,别卷,第115页。

部的这一方案,那么政府因此而倒台也毫不在乎"①。但是在 21 日的内阁会议上,"全体阁僚还是一致同意一并解决'满蒙问题'"②。在有关增派朝鲜军的问题上,若槻首相在 21 日的内阁会议上表示赞成,22 日的内阁会议决定"全体阁僚承认既已出兵的事实",并"支付其所必要的经费"③,若槻首相向天皇奏请"政府考虑支付派遣朝鲜军的经费"④,对此,天皇予以裁可。这些事实表明,内阁逐渐开始同意军部的行动,在所谓不扩大事态的方针下,开始采取扩大的行动。如上所述,外务省虽然对内一时牵制了关东军的军事行动,但是对外却是配合关东军的侵略行动,为事变创造有利的国际舆论和国际环境,以期关东军的行动能得到国际保障。

林奉天总领事虽然对内欲牵制关东军的军事行动,但是他向币原外相表明,对外将采取与关东军合作的态度,在回答外国人有关事变的质问时,"将按陆军方面的说明给以回答"⑤,"在其他对外关系和治安维持方面,他将全力与军方合作"⑥。

外务省为给关东军的军事行动创造有利的国际舆论和国际环境,还做了如下的工作。

第一,外务省歪曲事变爆发的原因,使国际舆论对关东军有利。在事变爆发初期,最大的问题是事变由哪方以及出于什么目的挑起的。这是决定战争性质和世界舆论导向的重大问题。币原外相通过林奉天总领事的电报已得知这次事变是关东军的阴谋,但是仍在给日本驻国联代表芳泽理事的信函中指示:"这一事件是由于中国军队破坏满铁铁路,我国铁路守备部队采取必要的自卫措施而引起的两国军队的冲突。"⑦芳泽

---

① 稻叶正夫等编:《走向太平洋战争之路》,别卷,第 117 页。
② 稻叶正夫等编:《走向太平洋战争之路》,别卷,第 119 页。
③ 稻叶正夫等编:《走向太平洋战争之路》,别卷,第 123 页。
④ 若槻礼次郎:《古风庵回忆录》,读卖新闻社 1950 年版,第 377 页。
⑤ 日本外务省编:《日本外交文书·满洲事变》,第 1 卷第 1 册,第 7 页。
⑥ 日本外务省编:《日本外交文书·满洲事变》,第 1 卷第 3 册,第 10 页。
⑦ 日本外务省编:《日本外交文书·满洲事变》,第 1 卷第 1 册,第 156 页。

理事按照币原外相的指示,在 22 日的理事会上发言道:"事件的起因是中国军队破坏我国在奉天附近的铁路,我国少数守备部队不得已拿起武器来对付这种破坏行为。我军为了防止事态的扩大,且保护满铁铁路及居住在该地区的日本人的生命财产,不得不占领几个城市的要害地点"①,为关东军的侵略性军事行为辩解。23 日,币原外相又对国联议长勒鲁强词狡辩:"只在吉林和奉天城内驻扎少量部队,或在几个地方驻有若干士兵,这无论如何也不算是军事占领。"②他对英国和美国也作了同样的辩解,以欺骗国际舆论。

此外,外务省为了掩盖关东军挑起事变的事实,以刺激日本人的感情为由,始终反对国联派遣观察员调查事件的真相。

第二,外务省以努力排除国联和第三国的干涉为最大的外交任务。因为日本是二流的帝国主义国家,有过惨痛的历史"教训",在英美等一流列强的直接干涉之下,眼睁睁地看着凭军事胜利争夺到的猎物从自己的手中"溜走",例如甲午战争后归还辽东半岛,第一次世界大战后归还山东半岛等。所以,外务省企图通过外交手段来确保关东军的军事胜利猎物。9 月 19 日,在日内瓦召开的国联理事会上,日本外务省竭尽全力使"九一八"事变免于受理。芳泽理事向币原外相报告说:"我方目前正在尽力使理事会不受理此事"③,驻华公使重光葵也向币原外相建议:"无论如何都应避免由国联等第三者来处理满洲问题。"④币原外相对此深有同感,他说:"我认为,现在把这个问题作为国联大会或理事会的问题,将对日中两国的舆论产生新的刺激,反而造成事件纠纷"⑤,主张尽量避免国联的干涉。但是,中国南京政府采取以夷制夷的政策,向国联申诉了事变。22 日,国联理事会开始审议"九一八"事变。

---

① 日本外务省编:《日本外交文书·满洲事变》,第 1 卷第 3 册,第 164 页。
② 日本外务省编:《日本外交文书·满洲事变》,第 1 卷第 3 册,第 184 页。
③ 日本外务省编:《日本外交文书·满洲事变》,第 1 卷第 3 册,第 155 页。
④ 日本外务省编:《日本外交文书·满洲事变》,第 1 卷第 2 册,第 317 页。
⑤ 日本外务省编:《日本外交文书·满洲事变》,第 1 卷第 3 册,第 157 页。

第三，外务省在应对国联时，利用了所谓不扩大的方针。这个方针是币原外交在事变初期使用过的有效的外交手段。所谓不扩大方针，对内虽然起到了牵制关东军一举占领中国东北军事计划的作用，但是对外则用于企图缓和日本与列强之间的尖锐矛盾，排除干涉，为关东军的行动创造有利的国际环境。日本政府公布了不扩大方针之后，"英国代表认为，根据日本方面的回答，事态已经缓和，根据《盟约》第十一条，理事会已经完成确保和平的任务"①；美国国务卿史汀生评价币原外相说："由报纸及其他情报得悉，币原男爵对此次事件深表痛心，并正在努力处理时局，实堪同情……我确信在若槻首相的带领下，由币原男爵负责外交的现任内阁，将环顾世界大势，并鉴于日本自身的利益，能迅速撤销占领，解决这一事件"②，公然回避对日本的劝诫。此外，由于24日的政府声明，"美国的舆论有所缓和……国务院对日本持良好态度"③。这样一来，日本在国际上暂时获得了有利的地位。

所谓不扩大方针虽然一时缓和了日本与列强之间的矛盾，但不可能完全消除它们之间的矛盾。列强依然警惕关东军的军事占领，要求其早日撤兵。中国和一些小国打算在国联大会上争论事变问题。对此，芳泽理事向日本国内呈报了"以预期确保居留民的生命财产安全为绝对条件，限期全部撤兵"④的意见。这主要是芳泽担心日本"与世界全部舆论为敌，将陷入孤立无援之境，并导致和友邦断绝经济往来"⑤的缘故。但是，28日币原外相对芳泽的意见表示反对，"限期撤兵之类的方案……违背日本的荣誉和威严，不能予以承认"⑥，在撤兵问题上采取了强硬的态度。德拉蒙德为了早日结束理事会会议，希望日方发表"明确表示不作

---

① 日本外务省编：《日本外交文书·满洲事变》，第1卷第3册，第188页。
② 日本外务省编：《日本外交文书·满洲事变》，第1卷第3册，第6~7页。
③ 日本外务省编：《日本外交文书·满洲事变》，第1卷第3册，第13页。
④ 日本外务省编：《日本外交文书·满洲事变》，第1卷第3册，第193页。
⑤ 日本外务省编：《日本外交文书·满洲事变》，第1卷第3册，第194页。
⑥ 日本外务省编：《日本外交文书·满洲事变》，第1卷第3册，第196页。

保障性占领"①的声明。

为了排除国联的干涉,币原外相不得不按照德拉蒙德的要求,于9月30日,发表了如下声明:"有如帝国政府历次声明那样,在确保我国铁路安全及在满帝国臣民的生命财产安全的情况下,我军坚持执行将全部部队撤回属地之内的方针。有关现今部分帝国军队驻在属地外的状况和今后的争议交涉属于不同的问题,特此声明。"②这个声明在撤兵问题上,附加了两个先决条件,必须确保铁路安全和居留民的生命财产安全,如果不能确保这两个条件,便不撤兵。国联理事会在接受了这个声明,采纳了九项决议之后闭会。决议案要求,不区分侵略国与被侵略国,采取不使两国之间事态恶化的措施,"并谅解日本代表的声明,日本政府将在有效确保其臣民的生命安全和财产安全的情况下,将日本军队撤回铁路附属地内,业已开始撤退的军队继续加快撤兵速度,在最短的时间内实现上述意图"③。这是迎合币原外相声明的决议。正如芳泽所说,这个决议"基本上承认了对我方有利的条件"④。这就是外务省所谓不扩大政策所得的猎物,币原外相在"九一八"事变中,完成了获取国际保障的最初任务。

日本在事变初期的外交政策中,最值得注意的是对美外交。美国虽然不是国联成员国,但是它在第一次世界大战后取代英国成为列强之首,建立了以《九国公约》为中心的华盛顿体制,牵制了日本对中国大陆的侵略。它还是《巴黎公约》的缔约国,其以军事和经济实力为后盾,对国联和国际形势有很大的影响力。所以,日本外务省格外注意美国对事变的态度,试图阻止美国根据《九国公约》和《巴黎公约》对事变进行干涉。

外务省还试图牵制美国与国联的协调,切断美国和国联之间的关

---

① 日本外务省编:《日本外交文书·满洲事变》,第1卷第3册,第202页。
② 日本外务省编:《日本外交文书·满洲事变》,第1卷第3册,第204~205页。
③ 日本外务省编:《日本外交文书·满洲事变》,第1卷第3册,第208页。
④ 日本外务省编:《日本外交文书·满洲事变》,第1卷第3册,第209页。

系。例如，在派遣调查团到中国东北的问题上，国联希望美国也对日本提出同样的要求。外务省担心美国与国联协调一致，25日出渊大使访问美国国务院，极力陈述日本的反对理由。结果，美国副国务卿卡斯尔表示："派遣调查委员不会收到任何实际的效果，只会刺激国家舆论，我非常理解日本对满洲问题的心态"①，不赞成国联派遣调查委员。但是，外务省却欢迎美国向南满派遣外交官，并予以方便。这表明外务省利用美国和国联之间的不一致性，来牵制美国与国联的协调。

那么，币原外交是如何对待南京政府的呢？

第一，试图通过与南京政府的直接交涉，排除国联的干涉，和南京政府一并解决"满蒙问题"。19日，宋子文代表南京政府向日本公使重光葵提出了关于组建中日委员会的方案。21日，币原外相指示："可以转达政府对宋之提案的意向，帝国政府对宋的意见深有同感。"②重光葵对宋的提案抱有很大的希望，"认为现在开始的有关这一重大满洲问题的国际斗争与日本方面能否有效地利用这次与宋的会见有着密切的关系"③。但是，22日，宋子文说："在日军撤兵之前组建委员会，在现今的气氛之下很难实现"④，撤回了设置委员会的提案。虽然日本因此失去了与南京政府直接交涉的可能性，但是外务省却把排除国联和第三国的干涉作为主要的外交手段，始终主张直接谈判。

第二，外务省为了镇压中国人民的抗日运动和抵制日货运动，向南京政府施加压力。10月13日，重光葵对孔祥熙说："严重取缔排日运动乃当务之急，并劝说如不取缔排日运动，日本政府将不再忍耐。"⑤南京政府屈服于重光葵的要求，不仅不抵抗日本的侵略，反而镇压人民的抗日运动。

---

① 日本外务省编：《日本外交文书·满洲事变》，第1卷第3册，第13页。
② 日本外务省编：《日本外交文书·满洲事变》，第1卷第2册，第305页。
③ 重光葵：《外交回忆录》，每日新闻社1978年版，第94页。
④ 日本外务省编：《日本外交文书·满洲事变》，第1卷第2册，第308页。
⑤ 日本外务省编：《日本外交文书·满洲事变》，第1卷第2册，第343页。

第三,日本政府的所谓不扩大方针对南京政府的不抵抗主义造成了相当的影响。19日,重光葵公使向南京政府外交部亚洲司徐司长转达这一方针时,徐说道:"日本政府决意防止事态的扩大,乃不幸中之幸事。"① 南京政府的齐世荣在东京会见币原外相之后,对币原外交很感兴趣,并抱有一定的幻想,他说:"我充分了解币原外相冷静而公正的意见,并将报告民国政府的重要部门,如果按照币原男爵的意见行事,则没有很大的困难。"② 这一幻想对南京政府的不抵抗主义确实造成了一定的影响。

第四,外务省和军部共同利用中国军阀内部的矛盾,进行阴谋活动,起到了从背后牵制张学良和南京政府的作用。9月30日军部为了一扫张学良的势力,在《对中国本部的政策方案》中决定:(1)"利用反蒋势力和北洋军阀";(2)"支持广东政府,策划瓦解南京政府";(3)"上述两种方针政策的目的在于利用中国全国上下的政治混乱,减轻满蒙政变的严重性,并且在满蒙政权建立前后,由于列强对我国的友好支持,中国北方和中部政权与俄国相互之间很难占据优势地位,因此可缓解对满蒙新政权的抵抗态度,从而较易善意引导对我国的一般态度"。③ 外务省还联络南京、广东、北洋军阀中的亲日势力,探查其内部动向,利用他们的协助达成上述目的。币原外相在枢密院的证词中承认了这一事实。

由于对南京政府实施了上述外交政策,币原外交在中国国内为关东军的军事行动创造了有利的形势,并对南京政府镇压"九一八"事变引起的中国人民抗日运动浪潮起了很大的作用。这种作用是关东军的武力无法达到的。如上所述,币原外交的对内牵制和对外保障似乎是一种矛盾现象,但实际上是完全统一的一种外交政策的两个方面。币原外交牵制关东军一举占领计划的目的,是想通过外交活动来获取国际保障。币原外相担心关东军一举占领中国东北会激化日本与列强及苏联之间的矛盾,并因此招致经济和军事制裁。在确认这种担心消失后,这种矛盾

---

① 日本外务省编:《日本外交文书・满洲事变》,第1卷第2册,第395页。
② 日本外务省编:《日本外交文书・满洲事变》,第1卷第2册,第343页。
③ 稻叶正夫等编:《走向太平洋战争之路》,别卷,第131页。

便没有了,双方的政策达到完全一致。所以对内牵制和对外保障是事变初期币原外交的特殊表象之一。

2. 日本在国联的外交活动

币原外交的第二个时期是轰炸锦州及10月13日至24日理事会讨论美国观察员是否出席理事会和关东军撤兵问题的时期,也是日本从所谓不扩大转向不撤兵的时期。

10月8日,关东军轰炸锦州。这是对张学良的东北政府及其军队的轰炸,但也是由于关东军对币原外交不满,所以在这次行动中轰炸了与列强利益有着直接关系的北宁线,从而激化了欧美列强与日本的矛盾,使币原外交在国联的信誉一落千丈。石原莞尔在轰炸锦州之后评价其作用说:"这样一来,日本政府在国联的信用就完全告吹了。"①当时,南次郎陆相也对币原外交不满,曾对币原说:"日本退出国联不是更好吗?"②

关东军轰炸锦州的意图之一是针对币原外交的,但是币原外交却为其行动采取辩护的立场。若槻首相说:"日军轰炸锦州,恶化了国联的气氛,对日本非常不利。在14日国联会议举行之前,对这一事实必须进行相应的解释说明。"③币原外相解释说,轰炸锦州是由于中国军队"向我方侦察机开炮,为了防止发生其他事故,我军不得不进行正当防卫",并警告国联,"如果国联听信中国方面的宣传而表现出压制我方的态度,日本则不得不作出重大决定"④。币原为了掩盖轰炸锦州的真相,还反对国联调查锦州事件,他说:"如若只是调查锦州事件,不仅违反我方试图根本解决问题的宗旨,反而使中国方面有机可乘,使事态更加恶化。"⑤为了阻止国联根据《国联盟约》《巴黎公约》《九国公约》强行采纳有关轰炸锦州

---

① 山口重次:《满洲国》,行政通信社1975年版,第115页。
② 原田熊雄口述:《西园寺公与政局》,第2卷,岩波书店1982年版,第84页。
③ 原田熊雄口述:《西园寺公与政局》,第2卷,第91页。
④ 日本外务省编:《日本外交文书·满洲事变》,第1卷第3册,第296页。
⑤ 日本外务省编:《日本外交文书·满洲事变》,第1卷第3册,第261页。

的决议或宣言,他采取了强硬的态度。

经过锦州的北宁线与英国资本有关。所以英国对轰炸锦州格外关心。10月10日,英国大使反驳币原外相的辩解:"我认为侦察机和轰炸机的性质不同,它是以轰炸为最初目的而行动的",同时提醒币原外相:"该铁路与英国资本有关,英国政府也感到有某种利害关系"。① 币原外相辩解说:"我很清楚京奉线与英国方面有着利害关系,并接到我方飞机妥善注意不会破坏铁路的报告,本大臣却未闻有阁下所说的破坏铁路和工厂之事。"②

轰炸锦州对美国也是一个很大的打击。美国政界对日本产生了极大反感。美国政府一改以往对国联的态度,决定和国联合作,12日向日本政府提出了抗议轰炸锦州的备忘录。外务省警惕美国的这一动向,采取了阻止美国与国联合作的对策。而美国也不想直接干涉。10月13日美国各家报纸报道:"美国政府认为此次满洲事件可以通过日中两国间的直接交涉解决,因而对两国没有施加任何压力的意图,当然也没有直接干涉之意。"③

由于币原外相和外务省驻外机关的辩解,国联和美国没有对轰炸锦州采取什么特别措施,只是在中国代表的要求下,预定在10月14日召开的理事会提前在13日召开了。

这次理事会的议题焦点是美国观察员出席理事会和日军撤军问题。

轰炸锦州激化了日本与列强之间的矛盾,美国采取与国联合作的态度,国联也希望美国观察员出席理事会并采取共同行动。日本驻国联事务局长泽田"担心国联和美国同心合力,出现共同对付日本的形势"④,14日他警告国联秘书长德拉蒙德:"如果邀请美国参加理事会,将视为国联和美国共同对日本施加压力,这将益发刺激国家舆论,且使之陷入僵局,

---

① 日本外务省编:《日本外交文书·满洲事变》,第1卷第3册,第252~253页。
② 日本外务省编:《日本外交文书·满洲事变》,第1卷第3册,第253页。
③ 日本外务省编:《日本外交文书·满洲事变》,第1卷第3册,第33页。
④ 日本外务省编:《日本外交文书·满洲事变》,第1卷第3册,第284页。

导致难以解决时局的危险。"①在 15 日下午召开的不公开理事会上,讨论美国观察员出席理事会的问题,日本理事"着重指出法律上的疑点,并强烈反对"②,但表决时,仅有日本反对,因此决定邀请美国观察员参加。币原外相不顾理事会已经作出的决定,17 日指示驻美大使出渊向美国国务卿建议不要主动派遣观察员。但是,美国拒绝了这一意见;16 日观察员吉伯特已经出席了理事会。

美国观察员出席理事会后,外务省表面欢迎,却努力阻挠美国在国联采取强硬的态度。同时,币原威胁国联说:"如果国联将来在其他问题上也像这次一样,以压迫的态度对待我方,那么不仅是满洲事变问题,很难保证不发生诸如决定帝国如何对待整个国联关系的事情。"③

美国观察员出席理事会是美国和国联合作的第一步,但并不表明美国已经完全和国联站在统一战线上。17 日,在中日两国理事缺席的理事会上,美国观察员提议根据《巴黎公约》向中日两国提出终止战斗的警告。理事会根据这一提议起草了警告案。这一方案没有区别侵略和被侵略的界限,只是要求中日两国停止军事行动。这是一种不平等要求。10 月 22 日,日本政府针对这一方案进行狡辩:"9 月 18 日夜间以来所采取的军事行动完全是针对中国军队及匪兵的非法攻击,基于我军自卫和保护南满铁路及帝国臣民生命财产之必要,我帝国政府完全没有为了解决与中国的各种悬案而诉诸战争的考虑",中国人民的抗日运动"不能认为是符合《巴黎公约》第二条的明文规定或其精神的",诬陷作为被侵略者的中国人民的抗日运动违反了《巴黎条约》的第二条。④ 19 日,币原外相对英国大使也说道:"应该明白,中国所进行的'抵制日货'等其他各种反抗运动不能视为和平手段,现在中国正利用这种非常手段来努力达到

---

① 日本外务省编:《日本外交文书·满洲事变》,第 1 卷第 3 册,第 288 页。
② 日本外务省编:《日本外交文书·满洲事变》,第 1 卷第 3 册,第 300 页。
③ 日本外务省编:《日本外交文书·满洲事变》,第 1 卷第 3 册,第 335 页。
④ 日本外务省编:《日本外交文书·满洲事变》,第 1 卷第 3 册,第 386~387 页。

自己的目的,上述通告是希望《巴黎条约》第二条能够阻止中国的行动。"①由于日本政府和外务省的上述反驳,《巴黎公约》第二条没能发挥任何效果。

理事会的第二个焦点是撤兵问题。泽田向币原外相报告说:"现今国联最重视的问题是实行撤兵,在即将召开的理事会上,我方有必要极力陈述在目前的形势下,绝对不能撤兵的理由"。为此,日方提出了"尊重条约论"。泽田认为,在9月的理事会上提出的如果确保生命财产便撤兵的说法,"在中国方面看来,便是因为我方未能完全撤兵,所以不能完全保护生命财产,其结果将争论不休"②,而"这次我方出兵,在于保护在满日人的生命财产,同时也是使中国尊重我方条约上的权利,除此并无他意。即将保护生命财产论及构成事变真正原因的尊重条约论作为我方辩论的论据,可在一般舆论方面加强我方的立场"③。他向币原外相提议:采纳南京政府撤回的宋子文方案,即组建日中共同委员会,由该委员会商讨各种悬案,"使理事会在该委员会的任务完成之前,延期讨论本事件"④。这个"条约尊重论"利用列强都有迫使中国方面尊重侵略条约的帝国主义共同点,认为即使日本不撤兵,列强也能谅解,以此获取列强的同情和支持。

币原外相赞成泽田的意见,9日连续向泽田发出了题为"关于中国方面侵害日本在满权益状况等应唤起国联的注意""关于中国方面妨碍大正四年协约之商租权的状况""关于满洲的中国官员压迫朝鲜人及日本人的实情""关于中国方面对铁路的妨碍行为"的电报,指示如何对付国联和中国的撤兵要求。

基于这个方针,日本政府在10月9日确定了通过日中直接交涉应缔结的五项协定大纲。这一大纲的一、二、三项只是形式,第四项的内容

---

① 日本外务省编:《日本外交文书·满洲事变》,第1卷第3册,第348页。
② 日本外务省编:《日本外交文书·满洲事变》,第1卷第3册,第230页。
③ 日本外务省编:《日本外交文书·满洲事变》,第1卷第3册,第230页。
④ 日本外务省编:《日本外交文书·满洲事变》,第1卷第3册,第227页。

是:"中国政府约定对在东北诸省内任何地方居住、旅行及从事商业、工业、农业和其他和平业务的日本臣民,在其活动不危害公共秩序及安宁的情况下,予以适当而有效的保护"①;第五项的内容是:"为了增进日本国政府及中国政府在两国铁道系统的相互关系中的友好合作,并防止破坏性的竞争,以及为了实施日本国及中国之间有关东北各省铁路现行条约的规定,在南满铁道株式会社与东北各省的有关官厅之间,应不再迟疑地缔结必要的协定。"②这些内容反映了日本政府以关东军的军事行动为背景,试想一举解决"满蒙问题"的侵略意图。而且是以中国方面不能承诺的事项作为撤兵条件的。对此,泽田也承认,"根据本使的经验判断,鉴于蒋介石政府的不稳定地位以及学生团体等强硬的中国舆论,难以想象南京政府能够就此事件进行直接谈判,即使答应直接谈判,其结局也难以期待其全部承诺我方之五项大纲"③。日本政府明明知道中国方面不能接受,反而提出这种五项协定大纲,明显是企图将其作为不撤兵的借口。币原于9月30日就曾说过"帝国之部分军队在附属地之外的现状,与今后的争议交涉是属不同的问题"④,但现在却把直接交涉作为撤兵的先决条件,将撤兵这个另外的问题与交涉联系起来了。这是币原外交为了不撤兵而制造出来的对策。这表明日本政府9月30日的声明不过是为了博取国际好感的一种手段。

泽田向国联议长白里安和秘书长德拉蒙德私下透露了日方的协定大纲,以期得到国联的支持。白里安表示:"国际最关心的事情是撤兵未了,中国方面在撤兵未了的情况下,是不能承诺某种基础上的直接谈判的,这是最为困难的问题。"国联办公厅主任莱杰也说:"第四及第五项是实质问题,撤兵之前不能进行谈判。"⑤英国外交大臣西蒙也表示反对,他

---

① 日本外务省编:《日本外交文书·满洲事变》,第1卷第2册,第335~336页。
② 日本外务省编:《日本外交文书·满洲事变》,第1卷第2册,第335~336页。
③ 日本外务省编:《日本外交文书·满洲事变》,第1卷第3册,第372~373页。
④ 日本外务省编:《日本外交文书·满洲事变》,第1卷第3册,第205页。
⑤ 日本外务省编:《日本外交文书·满洲事变》,第1卷第3册,第290~291页。

说:"所谓确保铁路之事,我是第一次听说。"①泽田辩解说:"本使以往所声明的,不过是抽象的原则,如果对日本人生命财产的安全作出具体的说明,那么财产当中最为重要的部分便是铁路。"②与此同时,币原也对国联和英国的异议进行了强硬的辩驳。

在日本与国联就撤兵问题处于全然对立的情况下,国联方面主动与日本妥协,采取了让步的态度。19日,白里安对泽田试探说:"如果日中就前四项达成协议后日方就立即撤兵的话,那么世界舆论则将称赞日本公正而稳健的态度。在实施四个条款方面,是否需要国联的援助?"③这时,泽田也感到有和国联妥协的必要,便向币原提出:"在某种程度上缓和作为撤兵之前提条件而实施协定大纲的方针,此时是绝对必要的。"④其理由是:"最近当地的对日气氛明显恶化,特别是在美国参加会议问题上,因为我方采取的态度过分强硬,所以行政院内部加强了反对我方的团结,有使我方事实上处于孤立无援之虞。"⑤币原也担心出现不利的国际环境,于是将第五项的内容作了部分修改,将其改为中国政府有义务执行现存两国条约中有关满洲铁路的规定。这种修改只是简化了第五项的内容,并没有实质上的变化。币原强调:缔结五项协定大纲,是"任何压力也不能改变,任何环境也难以动摇的"⑥。

德拉蒙德为了解决日本与国联之间的僵局,于20日向日本代表杉村阳太郎出示了三种解决方案。第一种方案是,将日方的大纲方案纳入9月30日行政院会议的决议范围之内,行政院劝告中日两国立即就撤兵及安全保障问题开始直接谈判,行政院暂时休会3周,在确认直接谈判的结果后复会。第二种方案的内容是,日方在行政院会议上就大纲问题发表有必要实现协定原则的声明,而中国方面正式承诺,尔后行政院会

---

① 日本外务省编:《日本外交文书·满洲事变》,第1卷第3册,第314页。
② 日本外务省编:《日本外交文书·满洲事变》,第1卷第3册,第314页。
③ 日本外务省编:《日本外交文书·满洲事变》,第1卷第3册,第349页。
④ 日本外务省编:《日本外交文书·满洲事变》,第1卷第3册,第350页。
⑤ 日本外务省编:《日本外交文书·满洲事变》,第1卷第3册,第349页。
⑥ 马场明:《日本外交史·满洲事变》,第18卷,鹿岛研究所出版会1973年版,第215页。

议暂时延期3周。第三种方案是,在前两个方案都不能接受的情况下,由两个当事国之外的其他理事国提出全体赞成的原始方案,然后征求当事国的意见。① 第一、第二两种方案接近日本的主张,是撤兵与谈判并行的妥协性方案。德拉蒙德私下表示,第一方案充分容纳了以往日本的所有主张,希望日本接受这一方案。泽田向币原外相报告说,"我个人认为",第一方案"最符合日本的要求"。② 驻英大使松平、驻德大使小幡、驻比利时大使佐藤也建议币原外相接受第一方案。币原外相打算接受他们的建议,以推进既定方针。22日,他向泽田发出训示电报:采纳第一方案的宗旨。③ 但是第一方案将撤兵时间限制在3周内,因此币原外相在第一方案的后面添加了修改条件:一旦理事会延期,日本政府将随时向国联通报直接谈判的经过。④ 这个条件是企图排除国联对撤兵问题的干涉,使日本掌握直接谈判的主导权。

但是22日国联五人委员会在德拉蒙德的第三方案,即日本认为最坏的方案之上,提出了7项决议案。决议案的第一项重针对日本代表的有关声明:日本政府在确保日本人的生命安全及其财产安全的情况下,将其军队尽量迅速继续撤退至铁路附属地内,⑤规定日军早日撤退。第六项规定:在完成撤兵的同时,建议日中两国政府就两国间的一切悬案,特别是由最近事件产生的一些问题和由满洲铁路状况引起纠纷的相关问题,开始直接谈判。⑥ 即规定首先日本要撤兵,然后进行直接谈判。这表明国联由德拉蒙德第一、第二方案中直接谈判和撤兵并行的提案转变为首先要求撤兵的方针。

这一决议草案对日本非常不利。日本代表反对在22日下午的公开理事会上讨论这个草案,并在要求会议延期的同时,起草了针对此决议

---

① 日本外务省编:《日本外交文书·满洲事变》,第1卷第3册,第358页。
② 日本外务省编:《日本外交文书·满洲事变》,第1卷第3册,第359页。
③ 日本外务省编:《日本外交文书·满洲事变》,第1卷第3册,第383页。
④ 日本外务省编:《日本外交文书·满洲事变》,第1卷第3册,第383页。
⑤ 日本外务省编:《日本外交文书·满洲事变》,第1卷第3册,第390页。
⑥ 日本外务省编:《日本外交文书·满洲事变》,第1卷第3册,第390~391页。

案的修正案。修正案要求国联"再次谅察日本代表于10月13日所作的声明;通过实现日中两政府间的先决性协定,即保证日本人的生命及其财产安全的根本原则,使人心稳定及事态缓和的同时,日本将依然驻在铁路附属地外若干地方的军队撤退至附属地内,希望国联以实现此协定为目的,建议日中两国政府立即进行协商"①。外务省坚持以直接谈判作为撤兵的先决条件,并且添加了:在缔结协定后如果人心不稳定、事态不缓和,②则不撤兵等新条件。

其次修正案提出"任何时候都不允许理事会召开会议进行新一轮的审查"③,企图延期重新召开理事会的时间。这是因为理事会决议草案规定了关东军要在11月16日之前完成撤兵的缘故。

币原外相赞成日本代表的修正案。他反对理事会决议案,因为该方案以完成撤兵为日中直接谈判的前提条件。④ 他希望采用德拉蒙德第一方案或日本代表的修正案。

日本代表在23日的理事会上提出了日本方面的修正案。中国理事反对日本的修正案,表示接受理事会的决议案。

24日下午第十六次理事会对决议案进行记名投票。芳泽理事反对说:"这件事关系到日本的死活,不能接受这种不满足日本方面要求的原始方案。"⑤理事会的决议案需要全体理事赞成才能成立,因为日本的反对而成为废案。在这次理事会上,由于日本代表强硬的外交政策,中国和国联试图通过决议使关东军撤兵的努力失败了,日本外务省则通过外交成功保障了关东军的军事占领。

那么,国联方面为什么不以德拉蒙德的第一方案,而是以第三方案为基础起草决议案呢？这是日本和列强之间矛盾激化的必然现象。当

---

① 日本外务省编:《日本外交文书·满洲事变》,第1卷第3册,第399页。
② 日本外务省编:《日本外交文书·满洲事变》,第1卷第3册,第399页。
③ 日本外务省编:《日本外交文书·满洲事变》,第1卷第3册,第400页。
④ 日本外务省编:《日本外交文书·满洲事变》,第1卷第3册,第410页。
⑤ 日本外务省编:《日本外交文书·满洲事变》,第1卷第3册,第415页。

时《伦敦泰晤士报》报道说,根据来自东京的电报,第五项意味着履行1915年的日中条约。币原也说:"该条约是依照两个当事国的自由意志"而批准的,"该条约是现今维持满洲和平的基础"。① 这意味着币原承认大纲第五项包含"二十一条"条约中有关"满蒙问题"的内容。与日本争夺中国的列强没有理由容忍日本的这种庞大的野心和欲望。因此,列强反对大纲,要求日本早日撤兵。

其次,在这个时期,关东军在政治和军事上双管齐下,向齐齐哈尔等北方城市推进,并派飞机轰炸了黑龙江的中国军队。这是日本向列强表示它要进一步扩大事态。所以,国联想利用日本认为最不利的第三方案来牵制日本的军事行动。

理事会结束后,日本政府于10月26日发表了第二次政府声明。这个声明毫无撤兵之意,声称"此时帝国政府如果单纯依赖中国政府的保障,将军队全部撤回满铁属地内,事态将更加恶化,并使帝国臣民的安全暴露于危险之中"②,公然表示坚持在附属地外进行军事占领。这个声明是不撤兵声明,意味着币原外交已由不扩大进入不撤兵阶段。

3. 入侵齐齐哈尔时的外交策略

币原外交的第三个时期是关东军北进嫩江和齐齐哈尔时期。这个时期是币原外交从不扩大转向扩大,从不赞成转向赞成建立傀儡政权的重要时期。

关东军在不扩大方针的牵制下,利用地方军阀和亲日分子,采取以政治阴谋为中心的手段来扩大占领区域,开始建立地方伪政权组织。关东军向洮南地区的军阀张海鹏提供武器和资金,帮助其成立边境保安军,用以作为进攻北满的走卒。从10月15日开始,张海鹏军队沿洮昂线北进,试图打倒齐齐哈尔的万福麟、马占山政权,建立亲日的傀儡

---

① 日本外务省编:《日本外交文书·满洲事变》,第1卷第3册,第410页。
② 日本外务省编:《日本外交年表及主要文书》,下卷,第186页。

政权。

币原和关东军有着同样的想法,他认为:"鉴于马占山占据齐齐哈尔之情况,我方可以让张海鹏北上,以适应南满方面之大势。"①但是,币原考虑到对苏联和国联的影响,又认为应避免采取军事行动,企图通过所谓和平的手段来达到此目的。币原指示奉天、哈尔滨两地的总领事:"鉴于同苏联的关系,不宜在张军北上之际,与马军发生冲突,扰乱中东铁路沿线,而应使马军不加抵抗便撤出齐齐哈尔为要。若使我方部分军队与张军同时北进,我方则要负扩大事态之责,并有恰好落入中国圈套之虞。故而无须让张军与我军同时北进,而应加强该军的实力,使马军感到抵抗是无意义的。同时采取收买马占山等其他方法加以怀柔,在和平的情况下接收其政权。这在各种关系上都是最为适宜的。"②对此指示,哈尔滨总领事大桥向币原报告说:"让马占山效仿奉天一例,组织治安维持会是最适当的方法和策略。"③其理由分析是:"( )按照军方的最初计划,现今正处于张军不可能夺取江省的状态";(二)"日本方面如果坚持现行计划,我方有可能退出国联,这样一来,唯有加强与苏、美一战,由我军歼灭江省军或解除其武装之后再建立张政府。不然的话,只有像吉林那样,将日军驻扎在当地以拥护张政府。"④大桥总领事是想仿效奉天,在黑龙江省也成立治安维持会,任命马占山为会长,以建立伪政权。为此,大桥从10月中旬开始与哈尔滨特务机关的宫崎少佐共同进行了收买马占山的阴谋活动。11月4日,币原外相和军部洽谈后,向大桥总领事和林奉天总领事传达,将为此提供300万日元的活动经费。币原指示说:"此乃机密之事,最好完全由军方实施,贵官应经常与军方保持联络,若贵官参与此事反而更好,可向军方提出此要求,尔后参与实施。"⑤

---

① 日本外务省编:《日本外交文书·满洲事变》,第1卷第1册,第459页。
② 日本外务省编:《日本外交文书·满洲事变》,第1卷第1册,第459页。
③ 日本外务省编:《日本外交文书·满洲事变》,第1卷第1册,第471页。
④ 日本外务省编:《日本外交文书·满洲事变》,第1卷第1册,第471页。
⑤ 日本外务省编:《日本外交文书·满洲事变》,第1卷第1册,第474页。

大桥总领事为使这一阴谋活动获得成功,向币原外相提出了以下意见:"(一)修理桥梁与本事件有关,应尽快进行;(二)派往江桥的军队应为小股部队,并避免与江省方面发生冲突,且在洮南郑家屯方面集结大部队,在对江省方面显示我军威力的同时,暗示我方的意图。"①关东军和陆军中央向嫩江方面派遣小股部队与上述意见有关。这个事实表明,外务省和关东军、陆军中央在北进问题上的意见是一致的。但是,外务省想尽可能避免使用武力来达到北进的目的。

上述事实说明,币原外交主张用"和平"的手段来推动北进,意味着其外交政策从所谓不扩大转向"和平"地扩大,赞成用"和平"的手段在北满建立傀儡政权。这一"和平"地扩大和"和平"地建立傀儡政权的方针,处于币原外交转向军事扩大和武力建立傀儡政权的过渡时期,时间非常短暂。

11月4日,关东军向嫩江方面派遣部队,与马军交战。那么,外务省对嫩江事件采取了什么外交措施呢?

中国理事施肇基向国联秘书长申诉:"日方派遣军队,表面上是为了掩护修理桥梁,实际上是通过支持张军来引发马、张之间的冲突,从而实现日军北上的目的。"②12日,德拉蒙德向币原外相发出了关于北满战局的警告电报。但是币原公然为出兵嫩江辩解:"我军此次出兵嫩江……目的全然在于援助洮昂铁路局的桥梁修理人员,但是中国军队不讲信义加以攻击,我军不得已进行了反击。"③13日,币原外相反而向白里安议长提出要求:"由于中国军队在齐齐哈尔、昂昂溪及其以南地区集结了大于我军十余倍的兵力,对我军的威胁迫在眉睫,请议长对此予以深切注意"④,并狡辩说,保护国土的中国军队威胁了日本军队。

德拉蒙德针对关东军进攻北满事件要求国联委员视察满洲。对此,

---

① 日本外务省编:《日本外交文书·满洲事变》,第1卷第1册,第473页。
② 日本外务省编:《日本外交文书·满洲事变》,第1卷第3册,第481页。
③ 日本外务省编:《日本外交文书·满洲事变》,第1卷第3册,第490页。
④ 日本外务省编:《日本外交文书·满洲事变》,第1卷第3册,第532页。

币原外相表示:"我方尽可能给予方便。"①这表明日方在事变初期反对国联派遣观察员的方针起了变化。这时,币原外相认为国联委员的视察对日本有利。这种改变与林奉天总领事于10月29日向币原外相所做的报告有关。其报告说:"许多来当地视察实情的外国人了解到,在满洲现今情况下,不可能急速撤退日本军队。如此时我方改变以往的方针,主动让国联派遣调查员,不仅有利于国联了解满洲的实情,而且有助于国联处理已经陷入僵局的事变问题,并加以妥善诱导。再者,本庄司令官也认为让国联调查员了解当地的实情是有利的。"②外务省对国联采取这样的策略是为了给关东军进攻嫩江制造有利的国际环境,通过这一外交措施来缓和在关东军北进过程中日本与国联之间日益激化的矛盾。

出渊大使对美国国务卿和副国务卿辩解说:"是马占山的军队破坏了铁桥"③,出兵嫩江是为了修理铁桥。但是美国认为关东军出兵嫩江是侵占齐齐哈尔的前奏,对日本怀有戒心。11月16日美国国务卿史汀生警告出渊:日军是否最终要把马占山驱逐出齐齐哈尔,将北满置于日本的势力之下? 出渊为关东军入侵齐齐哈尔制造借口说:"日本的方针绝不是出兵北方,但在目前的情况下,要在修理桥梁的同时立即撤兵是困难的。而且这两天,在尚未修理完毕的情况下,马军屡次进攻,实在不胜忧虑。"④美国或许相信了这一说法,在嫩江事件上,没对日本采取什么特别的措施。

那么,币原外交又是如何对待南京政府的呢? 11月11日,南京政府外交部长向重光葵公使递交了关于嫩江问题的备忘录,抗议关东军进攻嫩江。

备忘录披露了嫩江问题的事实,暴露了关东军侵略北满的企图。这一抗议对于支持关东军和其军事行动的日本政府,不得不说是一个打

---

① 日本外务省编:《日本外交文书·满洲事变》,第1卷第3册,第532页。
② 日本外务省编:《日本外交文书·满洲事变》,第1卷第3册,第427~428页。
③ 日本外务省编:《日本外交文书·满洲事变》,第1卷第3册,第77页。
④ 日本外务省编:《日本外交文书·满洲事变》,第1卷第3册,第100页。

击。对此抗议,币原外相歪曲事实,试图使关东军在齐齐哈尔的新一轮的军事行动合法化。他说,马占山军队"违反规定,对我方派遣至嫩江掩护修理桥梁的小股部队进行攻击。被我军暂时击退后,继续在齐齐哈尔、昂昂溪及其以南地区集结大于我军十余倍的兵力,连续对我军进行挑衅"①。11月16日,重光葵公使也向南京政府外交部长递交了反驳书,威胁南京政府,为关东军的军事行动辩护说:"此次日中两国军队的冲突是由中国军队不守信用引起,责任完全在于中国方面"②,"万一江省军队依赖人多势众,对我军进行挑衅,惹起与我军之间的冲突,那么由此产生的一切后果,均由贵国政府承担"③。21日、23日,重光葵公使又连续两次向南京政府递交抗议书。这充分表明外务省在外交上是支持关东军北进的。

嫩江事件之后,关东军准备进攻齐齐哈尔。币原又是如何对待这一事件的呢？哈尔滨总领事大桥主张一举占领齐齐哈尔。大桥向币原外相报告说,此时由素质低劣的张海鹏军单独占领齐齐哈尔,恐怕是不可能的。即使占领了,若没有关东军在当地支持,维持其地位也是困难的,另外"现今也绝对不可能用收买等其他方法来怀柔马占山了"。因此"要实施政府征服北满的方针,此时只有一举攻打齐齐哈尔,彻底击败江省军及其友军之后,让合适的我方傀儡占据齐齐哈尔"④。在事变初期主张不扩大方针的林奉天总领事也提出了支持关东军出兵齐齐哈尔的意见。他说:"现今事态实质上已经不在五项大纲可以处理的范围之内,除了维护既得权益之外,应进而征服北满";"我军仍极力避免进攻齐齐哈尔,实际上不可能尽早实现上述方针""我认为出兵齐齐哈尔是由当地情况所决定的,是不得已而实施的方针和策略"。⑤

---

① 日本外务省编:《日本外交文书·满洲事变》,第1卷第2册,第296页。
② 日本外务省编:《日本外交文书·满洲事变》,第1卷第2册,第395页。
③ 日本外务省编:《日本外交文书·满洲事变》,第1卷第2册,第395页。
④ 日本外务省编:《日本外交文书·满洲事变》,第1卷第1册,第502页。
⑤ 日本外务省编:《日本外交文书·满洲事变》,第1卷第1册,第523页。

关东军在准备出兵齐齐哈尔的同时,又通过张景惠,开展阴谋活动,以便让马军撤兵,使马占山下台,把政权交给张海鹏。哈尔滨总领事大桥和关东军一起负责这一阴谋活动。币原外相支持大桥并指示:"我非常重视贵官为贵地政权和平交接所做的努力,此时应与军方密切联系,以尽力达到目的。但此事件有极其微妙的关系,因而日后不要留下可视为我方干涉内政的文书,应尽可能用口头方式进行。"①

当时,在内阁中,陆相南次郎主张:"必须通过中东线进攻齐齐哈尔,否则作为军事战略是不完整的。"②若槻首相却不赞成陆军出兵,他说:"如果陆军越过中东线进攻齐齐哈尔,那么我将不负责任。"③币原外相曾主张"和平"北进,也不完全赞成使用武力。但是,首相、陆相、外相商谈后,最后达成了妥协:"如果不得已越过中东线进攻齐齐哈尔,一旦使敌军屈服,便立即撤回军事据点,不再占领齐齐哈尔。"④这表明币原外交追随关东军的扩大方针,开始从所谓"和平"扩大转向军事扩大方针。此外,由于军事扩大的目的是用武力在北满建立傀儡政权,所以这也意味着币原外交从"和平"转向用武力建立傀儡政权。

19日,关东军占领了齐齐哈尔。其目的是建立傀儡政权。但是,币原外相为了掩盖关东军的这一目的,向国联表示:"我军决无从政治上考虑占领该地的意思,在解除了马占山的军事威胁后,将迅速撤兵,请予以充分谅解。所以希望理事会相信我方诚意,暂且静观事态的发展"⑤,企图阻止国联对占领齐齐哈尔进行干涉。

关东军占领齐齐哈尔后,打算在达到建立傀儡政权,确立日本的统治体制的目的之后,撤出部分主力军,以缓和国际舆论。但是这一计划没有顺利实施,日方没有迅速撤兵。币原改变了"迅速撤兵"的意见。为

---

① 日本外务省编:《日本外交文书·满洲事变》,第1卷第1册,第519、543页。
② 原田熊雄口述:《西园寺公与政局》,第2卷,第133~134页。
③ 原田熊雄口述:《西园寺公与政局》,第2卷,第133~134页。
④ 原田熊雄口述:《西园寺公与政局》,第2卷,第134~135页。
⑤ 日本外务省编:《日本外交文书·满洲事变》,第1卷第3册,第610页。

了协助关东军不撤兵和建立傀儡政权,23日,他向泽田传达说:"通报撤兵的大致日期不仅困难,而且此时轻易作出通报,将来却不能实行时,其结果反而对我方不利。"①

日军入侵齐齐哈尔时,最担心的是与苏联的关系。因为侵占齐齐哈尔要越过中东线,所以有与苏联发生直接冲突的可能性。当时,哈尔滨总领事大桥认为:"此时无论日本采取什么行动,彼方都没有勇气与我方正面为敌"②,因此主张侵占齐齐哈尔。在占领齐齐哈尔的第二天,日本驻苏大使广田为了稳住苏联,拜访了苏联人民外交委员李维诺夫。他说:"日本军队今后将为尊重中东铁路的利益而行动""日本政府在我军不得已进行战斗时也将考虑苏联的利益,让苏联政府也满意我军的行动。同时在这种事态下,两国维持良好的关系乃是两国之幸事"③,以期缓和与苏联的关系,获取占领齐齐哈尔的保障。

对美国,日本又采取了什么措施呢?哈尔滨总领事大桥说:"此时无论日本在满洲采取什么行动,不用说美国,就是国联也只不过在言语上非难,而不至于通过经济封锁或行使武力来妨碍",并推测:"即使特意把矛头指向苏联,不管是目前最担心五年计划的美国,还是保守党一统天下的英国,都会同情我方,而决不会表现出妨碍的态度。"④事实与大桥分析预测的一样。但是欲与日本争夺中国东北的美国不赞成将南北满洲全部置于日本的统治之下。19日美国国务卿史汀生向出渊大使表示其担忧说:"看到日军进攻齐齐哈尔,我不禁感到非常失望。鉴于奉天、吉林的现状,如果齐齐哈尔也陷入同样的事态,南北满洲必将在事实上置于日本的势力之下,这将给美国舆论以重大的刺激。"⑤因为美国舆论对国联的影响很大,因此币原通过出渊大使向史汀生传达说:"为缓和事

---

① 日本外务省编:《日本外交文书·满洲事变》,第1卷第3册,第642页。
② 日本外务省编:《日本外交文书·满洲事变》,第1卷第1册,第502页。
③ 日本外务省编:《日本外交文书·满洲事变》,第1卷第3册,第618~619页。
④ 日本外务省编:《日本外交文书·满洲事变》,第1卷第1册,第503页。
⑤ 日本外务省编:《日本外交文书·满洲事变》,第1卷第3册,第102页。

态,我方明确表示了日本军队从嫩江地方撤兵的日期,但马占山拒不接受我方提议,反而在 18 日早晨整军备战,突然发动攻势,使我军不得不在兵力寡少的情况下应战。在此,我帝国表示,如果我军击败了马军,并追击其进入齐齐哈尔,解除了马军的军事威胁后,将迅速撤退至洮南以南或郑家屯以东地区""希望美国政府相信我帝国政府的诚意,我军近日将从齐齐哈尔方面撤退,请静观事态发展"。① 这是在歪曲事实,部分关东军依然占据着齐齐哈尔。但是币原外相的对美政策却取得了相当的效果。史汀生国务卿对出渊大使说:"昨日贵大使所说的从齐齐哈尔方面迅速撤兵的方针,我已立即转达给道威斯,他将转告施公使,这对说服该公使有相当的效果。今后我将继续以适当的方法采取使中国方面取缔对日敌对行为的方针。"②

关东军侵占齐齐哈尔是事变初期以来最大的一次军事行动,但由于外务省上述外交政策和列强各自不同的情况,列强没有采取特别的制裁措施,默认了关东军对齐齐哈尔的占领。

如上所述,币原外相的外交政策,在 11 月 16 日国联再次举行理事会和日军占领嫩江、齐齐哈尔前后,进入了一个新阶段。这一变化在 11 月 12 日发出的《传达有关政府处理满洲事变的方针》和 15 日的《关于再次举行理事会的对策》的训令中有明确的表述。币原在训令中说:"张学良因其排日态度,不能得到我方的支持。现在他已在东三省丧失其实力,因此不再代表最初的东三省政权""今后满洲出现什么政权是东三省内部的问题,应主要由东三省的民众来决定,我方只有根据今后形势而变化"③,"应谋求充实中国地方治安维持机关的内部实力,待其实际势力波及腹地时,我方将逐渐自发地追随,集结在属地内"④。"政府目前正在充实地方治安维持会的警察力量,使其负责维持治安,以开辟实施撤兵

---

① 日本外务省编:《日本外交文书·满洲事变》,第 1 卷第 3 册,第 104 页。
② 日本外务省编:《日本外交文书·满洲事变》,第 1 卷第 3 册,第 109 页。
③ 日本外务省编:《日本外交文书·满洲事变》,第 1 卷第 3 册,第 559 页。
④ 日本外务省编:《日本外交文书·满洲事变》,第 1 卷第 3 册,第 519 页。

的途径""在现在事态之下,最好索性免去交涉,由我方自主地决定撤兵",这就是日本所谓的方针政策。①

综合分析这一训令内容及币原外相对入侵齐齐哈尔的态度,可以看出这个时期的币原外交有以下四个方面的变化:

一、从不扩大到和平扩大再到军事扩大,不断转变。对出兵嫩江、齐齐哈尔,币原外交虽然附加了各种各样的条件,但最后还是赞成出兵。

二、否定张学良政权。币原外相本想,如果与南京政府谈判不成,便和张学良政权交涉,以一并解决"满蒙问题"。否定张学良政权也就等于否定外交谈判,并且意味着要在中国东北建立新的傀儡政权,取代已经被否定了的张学良政权。

三、在建立新政权的问题上,币原外相否定了自己在事变初期反对建立傀儡政权的立场,赞成关东军以治安维持会的名义组建地方傀儡政权。这是承认伪满洲国的第一步,不能不说是币原外交的转变。

四、在有关撤兵问题上,添加了充实和确保治安维持会的新条件。这是不撤兵的借口。币原外相在这里所说的建立治安维持会,即建立傀儡政权,是"九一八"事变的最终目的。如果这个政权成立了,中国东北将成为日本的殖民地,满铁附属地也将不复存在,也不会再有什么关东军的撤兵问题。所以币原外相主张重新召开的理事会没有必要讨论撤兵问题,完全拥护关东军的军事占领和拒不撤兵。

币原外相的对外政策为什么会发生这样的变化呢? 前面也提到,币原外相企图以事变初期的军事"胜利"为背景,扩大、维护日本在中国东北的权益,因此与国联、列强进行协调,以达到扩大、维护权益的目的。币原认为,如果日本与国联、列强的关系恶化,列强、国联以实力干涉事变时,日本将不可能达到这一目的。但是事变发生以来,国联和列强却避免太多干涉,在某种意义上说,对日本持良好态度。所以,币原外相在11月16日《有关美英法三国政府最近对满洲事变之态度》中分析说:"可

---

① 日本外务省编:《日本外交文书·满洲事变》,第1卷第3册,第560页。

以认为美国政府非常谅解日本对满洲多年来的努力及在条约上所拥有的权益。但是在《巴黎公约》及《九国公约》的关系上,却警惕日本过分的行动,并煞费苦心避免破坏与日本的关系""英国政府在尊重条约权益方面,对我方的主张并无异议。但它极其热心保持国联的威信,因而希望日本方面满足中国在某种程度上所作的保障后,将军队撤回附属地内。最近国内舆论非常反感英国,英国对此深为忧虑,并努力进行各种陈述辩解""法国政府的态度大致与英国方面一样"。① 从这些分析可以看出,列强虽然对事变抱有戒心,但对日本采取了相当友好的态度。所以币原对列强比较放心,认为只要在不扩大方针的基础上,维持与列强的协调关系,则无须担心。因而,币原在这个时期追随关东军,赞成和主张进攻齐齐哈尔、建立傀儡政权以及不撤兵等。这一事实表明,币原外交在事变过程中,随着军事行动的扩大和列强态度的变化而转变。

对于币原外交的这种转变及其影响,有田八郎公使坦率地说:"关于撤兵,当初声称在确保生命财产安全时毫不迟疑地撤兵,中期则主张不缔结有关基本条款协定便不撤兵,最近又声称等待中国方面地方自治机关的实力影响到各地时再撤兵……终究使外部难以谅解,结果使世界认为日本所说的保护生命财产云云,不过是为了解决悬案,保障占领及建立对自己合适的政权的借口而已,而且愈解释愈有加深其疑虑的倾向。"② 然而,这不是疑虑而是事实。

币原外交转变的原因,除了这个时期的国际形势之外,还有俄国十月革命以后日本国内权力结构的改变、国内舆论的影响等。但是根本原因在于币原外交的本质。客观形势是通过事物内部的因素而发挥其影响力的。币原外交企图以事变初期的军事"胜利"为背景,解决一切"满蒙悬案",扩大日本在中国东北的权益。但是扩大权益中不包括参与建立傀儡政权。其原因是考虑到与列强之间的协调关系。币原外交的这

---

① 日本外务省编:《日本外交文书·满洲事变》,第1卷第3册,第565~566页。
② 日本外务省编:《日本外交文书·满洲事变》,第1卷第1册,第529页。

一根本因素,即扩大中国东北权益的因素受到当时客观形势的制约,通过所谓不扩大方针表现出来,但是当这一客观形势发生变化及对应这个客观形势的力量关系发生变化时,不扩大方针的制约因素消失了,不扩大方针也必然向扩大方向转变。

4. 对锦州的侵占

币原外交的第四个时期是侵占锦州时期。侵占锦州的政治目的比军事意义更为重要。关东军占领奉天之后,张学良政权迁移到锦州。张学良政权的存在是建立伪满洲国的最大障碍。所以关东军要侵占锦州,就必须驱逐这个政权,为建立伪满洲国制造条件。否定张学良政权的币原外交,在这个时期也认为"锦州政府已经有名无实,唯有撤兵"①,从否定到驱逐这个政权,与关东军连成一体,开展积极的外交活动。

关东军占领齐齐哈尔后,将矛头指向辽西,为侵占锦州做准备。在国联,中国理事施肇基于11月21日向秘书长德拉蒙德通报日军出兵锦州方面的情况,并希望采取对策。对此,币原外相于23日向国联传达说:"此时不会出现出兵锦州方面之事。"②但是,24日他却以张学良的2万军队在锦州方面集结,威胁日军为借口,为关东军侵占锦州辩解。他说:"上述形势使我方军队在感到重大威胁的同时,难以抑制强烈的同仇敌忾之情是理所当然的""对于对方的挑衅态度,不可能拱手坐视。"③

同时,币原还企图通过外交交涉,使张学良军队从辽西撒兵,以期不流血占领锦州。他向泽田发出训令说:"应提醒白里安等注意中国军队在锦州方面的活动,在适当的时机警告中国方面不要向辽西地区集结兵力。"④25日,泽田按照币原外相的训令,提醒白里安:在锦州方面,"中国的挑衅行为有引起重大事态的危险……希望使其兵力不要向辽西地区

---

① 日本外务省编:《日本外交文书·满洲事变》,第1卷第3册,第727页。
② 日本外务省编:《日本外交文书·满洲事变》,第1卷第3册,第643页。
③ 日本外务省编:《日本外交文书·满洲事变》,第1卷第3册,第656页。
④ 日本外务省编:《日本外交文书·满洲事变》,第1卷第3册,第656页。

集结"①。26日,泽田根据币原24日的电报宗旨起草了备忘录,交给白里安,再次提醒白里安:"日军即使不'主动'采取行动,在中国军队进行挑衅的情况下,将不得不予以应战,致使两军有发生冲突的危险。就此希望议长采取适当措施使中国军队撤出该地区。"②

国联对日本侵占锦州并没有采取积极的对策,而是希望通过两国同时撤兵来解决锦州问题。白里安向泽田询问:"在中国撤兵的同时,日军是否可以撤回到附属地内?"③泽田拒绝说:"我方撤退是困难的。"④这明确表明外务省是支持关东军侵占锦州的。

但是,正出兵锦州方面的关东军,却在陆军中央的命令下于17日开始撤兵。这是由于南京政府提出了锦州地区中立案。外务省在锦州中立地带问题上,与关东军、陆军中央是完全一致的,外务省试图与国联和南京政府开展积极的外交活动,通过外交谈判占据锦州地区。外交谈判的内容几乎是同样的,为了更加明确外务省的作用,拟分别论述其与南京政府和国联的谈判。

南京政府不仅没有抵抗关东军的行动,而且于11月24日向驻南京的英、美、法三国公使提出了所谓中立案:"日本方面如果没有异议的话,则将锦州至山海关地区划作中立地带,日中两国军队都不应进入该地,且将现今滞留在锦州附近的中国军队全部撤回关内。由当事国让上述三国出具保障。"⑤27日法国驻日大使将此方案转告币原外相。币原外相认为这个提案,是日本不流血占领锦州地区的绝好机会,立即表示赞成,并于29日向南京政府转达了这一意思。但是30日,南京政府希望中立军队进驻中立地带,中立国派遣观察员,同双方保持联络并处理一切问题。对此,重光葵公使反对说:"日本对让第三者介入之部分内容不

---

① 日本外务省编:《日本外交文书·满洲事变》,第1卷第3册,第665页。
② 日本外务省编:《日本外交文书·满洲事变》,第1卷第3册,第673页。
③ 日本外务省编:《日本外交文书·满洲事变》,第1卷第3册,第673页。
④ 日本外务省编:《日本外交文书·满洲事变》,第1卷第3册,第673页。
⑤ 日本外务省编:《日本外交文书·满洲事变》,第1卷第2册,第435页。

能表示赞成。"①顾维钧强调:"民国方面提案的重点在于日本政府对三国政府作出保障这一条件"②,反驳了重光葵的意见。重光葵威胁中国方面,强硬要求中国军队从辽西撤退。他说:"日本军队的撤退是在时日紧迫之际,估计民国方面也撤兵,并按照贵方提案承认的意思来进行的。如果这一计划失败很难想象会引起我国舆论和军部的何种行动,而日本军部将有完全被欺之感。"③在事变初期,关东军成立了以袁金铠为委员长的辽宁地方治安维持会。在张学良军队撤兵后,袁等又企图在锦州建立傀儡政权,并在此基础上建立伪满洲国。如果第三国介入的话,即使张学良军队撤退,也不可能建立锦州傀儡政权,而且还有使第三国势力向该地区渗透的可能性,所以日本始终对此强硬反对。

26日,中国理事施肇基向国联秘书长提出了以下方案:"中国政府请求理事会立即采取必要的措施,在现今中日两军驻地之间设立中立地带,在理事会的权利下,由英、法、意等其他中立国派遣军队占领该地区。如能达成上述请求,中国准备按理事会的希望将兵力撤回关内。"④同一天下午,理事会决定派遣观察员,并向日本传达具体内容。币原对此表示拒绝:国联的提案"有使第三者监视我军行动之虞,因此我方终究难以承认"⑤。之后,币原于12月3日又对国联说,"关于在锦州地方设置撤兵地带问题,我方有在日中之间直接协商的意向,希望理事会方面静观协商的进展情况"⑥,依然反对国联和第三者介入。

与国联交涉的另一焦点是撤兵地带的范围。币原向泽田传达说:"我大体考虑为锦州山海关地区。"⑦而理事会方面却想以辽河作为东部界限。泽田等日本驻国联理事代表认为将锦州至山海关作为撤兵区"会

---

① 日本外务省编:《日本外交文书·满洲事变》,第1卷第2册,第447页。
② 日本外务省编:《日本外交文书·满洲事变》,第1卷第2册,第458页。
③ 日本外务省编:《日本外交文书·满洲事变》,第1卷第2册,第459页。
④ 日本外务省编:《日本外交文书·满洲事变》,第1卷第3册,第668页。
⑤ 日本外务省编:《日本外交文书·满洲事变》,第1卷第3册,第679页。
⑥ 日本外务省编:《日本外交文书·满洲事变》,第1卷第3册,第726页。
⑦ 日本外务省编:《日本外交文书·满洲事变》,第1卷第3册,第740页。

给人以过分之感,只要我国持有如此庞大计划,就绝对不可能说服并怂恿中国方面进行日中直接谈判"①,他们反对币原的意见,提议以大凌河为东部界限。币原立即表示反对:"我方的意向是将小凌河定为东部界限"②,并训示,"最为重要的是努力促进日中直接交涉"③。泽田向币原询问,锦州在小凌河以东,该市是否在上述撤兵地区之外?币原说:"小凌河贯穿锦州市,该市街道的三分之二在河之左岸,其余三分之一在河之右岸,这三分之一当然是所说的撤兵地区(即日中两军的缓冲地带)"④,明确说出占据锦州的目的。国联的日本代表也不得不承认:"其结果还是证实了日本最后将进军锦州这一预料之中的疑问。"⑤

国联欲与日本妥协,将大凌河定为东部界限,但币原依然坚持以小凌河为界,谈判陷入了僵局。

由于与南京政府和国联的谈判没有进展,币原外相认为应促进与张学良的对话。12月3日,他向驻北平的矢野参事官发出训令:"让张学良彻底了解,此时避免在锦州地区的日中军队冲突,乃是维护其自身利益的最重大的、最紧迫的任务,我方无意使此事成为锦州地区的永久事态。因此张学良是可以作为地方性问题来决断的。"⑥矢野按照训令向张学良传达了此意,但是张学良认为,"日本方面有某种隐藏的目的"⑦,没有答应。币原外相又委托原东北参议汤尔和去说服张学良,在汤的怂恿下,张学良决定"自动撤兵至山海关"⑧。

币原外相在和张学良谈判中立地区问题时,与军部进行了充分的协商。军部的方针是,如果这次交涉失败,便派遣新的师团或旅团增强关

---

① 日本外务省编:《日本外交文书·满洲事变》,第1卷第3册,第740页。
② 日本外务省编:《日本外交文书·满洲事变》,第1卷第3册,第750页。
③ 日本外务省编:《日本外交文书·满洲事变》,第1卷第3册,第751页。
④ 日本外务省编:《日本外交文书·满洲事变》,第1卷第3册,第755页。
⑤ 日本外务省编:《日本外交文书·满洲事变》,第1卷第3册,第762页。
⑥ 马场明:《日本外交史·满洲事变》,第18卷,鹿岛研究所,第286、287页。
⑦ 马场明:《日本外交史·满洲事变》,第18卷,第287页。
⑧ 马场明:《日本外交史·满洲事变》,第18卷,第289页。

东军的力量,用武力将张学良军队驱逐到山海关以西。

币原外相和国联的日本代表在交涉中立地区问题的同时,为了给关东军出兵锦州方面制造借口,还力图在理事会的决议及议长宣言中加入"讨伐匪贼权"的内容。然而,12月10日的决议案的第二项却规定:"理事会同意两个当事国约定采取一切必要措施避免事态更加恶化,并控制一切主动引起战斗或丧失生命的行为。"①这一规定试图牵制关东军侵占锦州,是对日本不利的决议。日本代表曾努力删除和修改这项内容,但是这个决议对中国方面也有同样的效力,可以牵制中国方面,因此决议案原封不动,并在议长宣言中对此项内容添加了保留条件。保留条件为:"若谅解不妨碍日本军队为直接保护日本臣民的生命财产,对满洲各地猖獗至极的匪贼及不法分子采取必要的行动这一宗旨,将以日本政府的名义,承诺此项内容。"即保留了关东军出兵锦州方面的权利,以议长宣言的形式使其侵略行为合理化,为占领锦州制造国际条件。

若槻内阁于12月11日总辞职,币原外相也辞去职务。13日,犬养内阁成立,犬养兼任了一段时期的外相。犬养内阁在"九一八"事变问题上,无论对内还是对外,都积极应付,与陆军中央和关东军保持一致。

28日,关东军以"讨伐匪贼"为借口,进攻锦州。虽然进攻锦州是在犬养外相时期进行的,但是其外交态度却是在币原外相时期决定的。在此基础上,犬养外相于12月27日发表第三次政府声明,公然支持关东军侵占锦州。通过币原外相时期的交涉,张学良军队撤兵关内。关东军于第二年的1月3日不流血便占领了锦州,将张学良政权逐出锦州,在辽西地区建立了傀儡政权,为建立伪满洲国制造了条件。

通过上述四个时期可以看出,币原外交与关东军、陆军中央从对立和矛盾逐渐走向统一,在锦州问题上基本达到一致。这个过程可以总结为:在战线扩大问题上,从不扩大转向和平扩大,再转向军事扩大;在撤兵问题上,则连续添加确保生命财产安全、缔结五项大纲协定、缓和事

---

① 日本外务省编:《日本外交年表及主要文书》,下卷,第192页。

态、成立治安维持会等中国方面绝对不能接受的条件；在傀儡政权问题上，从反对参与转向为之辩护，再转向赞成成立治安维持会，最后转向驱逐张学良政权。

这种转变的原因在于币原外交的内在本质。币原外相从加藤内阁时期开始到满洲事变时期为止，一直都想解决自日俄战争特别是"二十一条"要求以来的一切"满蒙悬案"，以扩大日本帝国主义在中国东北的殖民地权益。这就是币原外交的本质，这一本质与关东军、陆军中央的要求是完全一致的。在"九一八"事变初期，是将这种权益扩大到建立傀儡政权，还是通过一举占领的军事行动来解决呢？在这些问题上，他们曾存在分歧。但是这种分歧是达成目的的手段及程度上的差异，并不是侵略与非侵略的根本性差别。因此，虽然币原外相和关东军、陆军中央在内部发生矛盾，但是对外却是始终一致的，向国联和第三国歪曲事变爆发的事实真相，为关东军的军事、政治行动辩解，全力排除国联和第三国的干涉，为关东军制造有利的国际舆论和国际环境。这种一致性是币原外交转变的内在原因，也是外务省和军部最终达成完全一致的基础条件。

币原外交的转变还与客观条件的变化有关。事变初期，币原外交与关东军、陆军中央的对立是由于对客观形势的认识和对策的不同而产生的。在处理事变的问题上，对英、美、苏，关东军欲采取对抗态势，而币原外交则想采取协调态势。币原外交考虑到日本对英美的经济依赖和世界军事力量对比等，想在对英美协调的范围内解决"满蒙问题"。列强和苏联虽然试图干涉和牵制事变问题，但对日本是妥协的，没有采取经济制裁和军事干涉手段。因此，对币原外交来说，制约协调外交本质的客观形势发生了变化，而这一变化成了币原外交转变的客观原因。

币原外交和关东军、陆军中央的统一，不仅有币原外交被军方统一的一面，也有军方逐渐了解币原外交，注意军事行动和外交的调整，而被币原外交统一的一面。例如，在嫩江、齐齐哈尔问题上的妥协，在锦州的暂时撤兵和中立地带问题上，军部、关东军和外务省一边调整，一边推进军事行动。这也是因为军方和外务省对中国东北有着共同一致的目的的缘故。

"九一八"事变中的日本外交,与其他事物一样,有其形成和发展的过程。在事变前后的三年间,日本有三届内阁和三任外相更替。如将这三届内阁加以比较,后面的内阁比前届内阁更积极地处理事变问题。第三届斋藤内阁的内田外相为了达到事变的最终目的,让国际承认伪满洲国,不惜退出国联,被世界各国孤立。内田外相这种强硬的政策虽然也有"五一五"事件的影响,但也是对币原外相、芳泽外相外交政策的继承和发展。可以说币原外交为其后的芳泽、内田外交奠定了基础。

三、"九一八"事变后国联与中日的外交二重性评析

"九一八"事变后,中国和日本在国际联盟展开了针锋相对的外交斗争。这一斗争,又牵涉到与欧美列强的关系,实际上形成了三角外交。这种外交格局,关系极为错综复杂。但过去史学界评价国联在"九一八"事变中的外交作用时,多指责它实行绥靖政策,甚至说它完全袒护日本,是日本侵略中国的"帮凶"。近年来对它的评价有了改变,认为国联对日本的态度逐渐强硬,步步紧逼,不应过于强调英、法等大国左右国联的作用。[1]

在探讨此问题时,笔者提出"外交二重性"论。以此分析中、日与国联间错综复杂的三角外交关系。何谓"外交二重性"? 国际联盟是受西方列强操纵的国际组织,列强和日本都是帝国主义侵略者,在侵略中国和保持、扩大在华殖民权益方面具有共同的利益,因此它们相互协力和支持。但另一方面,列强与日本又相互争夺。日本对国联也采取二重态度,对它所作出的对日有利的决议和行动表示接受。而对牵制日本的决议和行动则抵制。这便是日本在"九一八"事变中对国联和欧美列强基

---

[1] 张劲松、马依弘:《九一八事变研究综述》,载《抗日战争研究》1991年第1期,第147~148页。

本的外交态度。

中国与国联、列强的关系基本上是侵略和被侵略的关系,但西方列强对日本企图独霸中国不满,有时要利用中国抵抗牵制日本,故而"同情"和"支持"中国的一些要求。中国反对它们侵略中国的行径,但又利用它们与日本的矛盾,开展外交斗争。这便是中国对国联、列强外交的二重态度。

日本与中国是侵略与被侵略的关系,双方针锋相对,但两国有时也调和、妥协。前者是根本的,后者是次要的,这种关系也可称作外交的二重性。

苏联从其地理位置和其传统外交来讲,是当时能够牵制日本侵略的重要国家之一。苏联作为社会主义国家,同情和支持中国,反对日本的侵略,但为维护其自身的民族利益,在行动上则采取中立立场,这便是苏联对日外交的二重态度。南京政府既想得到苏联的支持,但又因其一贯的反共立场,在行动上不敢积极争取,这亦可称为外交二重性。

1.

国联介入"九一八"事变的调处过程始终贯穿着中日外交的对抗,即日本反对国联和美、苏的介入与中国希望其介入和干预。派遣李顿调查团是国联直接介入和干预"九一八"事变的一次重大行动。这中间经历了一番曲折的外交斗争。这一斗争是从事变爆发后的国联行政院会议上,就是否审议事变和派遣观察员问题讨论开始的。

事变爆发后的第二天即19日,国联行政院在日内瓦开会。日本竭力排除国联介入。日本代表芳泽谦吉在致电外相币原喜重郎时即提出:"我方目前尽可能不让行政院审议此事。"① 币原外相也认为:如国联行政院审议此事,势必刺激日本舆论,可以此为借口力图避免国联的介入和

---

① 日本外务省编:《日本外交文书·满洲事变》,第1卷第3册,第155页。

干涉。①

中国的态度与此相反,积极将事变诉诸国联。9月19日,外交部电训驻国联代表施肇基:"中国政府请求国际联合会,立即并有效地依照盟约条款,取适当之措施,使日军退出占领区域,保持东亚和平,中国政府决定服从国际联合会关于此事所为之任何决定。"②9月21日,施代表照会国联秘书长德雷蒙,请求根据国联盟约第11条立即召开行政院会议,采取明敏有效之方法。③

9月22日,国联根据中方的要求召开行政院会议,讨论"九一八"事变问题。日本代表芳泽遵照币原外相的训电,说什么如第三者干涉则刺激已经激昂的日本舆论,妨碍事变的和平解决,并建议中日双方直接交涉。中国代表施肇基当即拒绝,表示中国有意接受国联任命和派遣的调查团。

国联行政院虽未完全同意中国要求派调查团的请求,但准备派观察员前往东北。国联五人委员会私下向芳泽表示了此意。芳泽表示,日本不会接受此案,但可向政府请示。④ 国联行政院在日军迅速占领长春、吉林等地的紧急情况下,不等日方的回答,于9月23日决定,派观察员赴中国东三省,并要求日方同意。但芳泽表示坚决反对。⑤ 行政院提议观察员由7名人员组成,由中日两国政府各指名两名第三国人,由行政院任命三名第三国人,赴东北了解情况,然后向行政院提出报告。对此,施代表则以这7人皆为行政院调查员为条件,同意了行政院这一调解案。但芳泽继续反对行政院的提案。9月25日,币原外相也电训芳泽。派遣观察员完全没有必要,希国联信赖日本政府的诚意,静观事态的变迁。⑥

国联希望美国支持派观察员并要求它也派人参加。但美国国务卿

---

① 日本外务省编:《日本外交文书·满洲事变》,第1卷第3册,第157页。
② 罗家伦编:《革命文献》第39辑,第2345页。
③ 同上,第2346、2347页。
④《日本外文文书·满洲事变》,第1卷第3册,第168页。
⑤ 同上,第174页。
⑥ 同上,第185页。

史汀生认为"此际主张此事不合时宜",拒绝了国联的要求。① 美国此时虽未加入国联,但它凭借强大的经济和军事实力,对国际政治产生着强烈的影响。日本借机加强对美外交。9月5日,日本驻美大使出渊拜访美副国务卿时,陈述了日本反对的理由,并希望得到美国的支持。对此,副国务卿说,派观察员不会取得实际效果,相反会刺激日本舆论,②表示支持日方的意见。由于日本的反对和美国的不支持,派遣观察员之事未能实现。

国联由于日本的反对和美国的不支持,未能派遣观察员。但国联还是发挥了其职能。事变初期人们关注的焦点就是迫使日军迅速撤出侵占地区。9月30日,国联行政院通过决议,要求日本"将其军队从速撤退至铁路区域以内;并希望:从速完全实行此项意愿"③。这一决议对日构成了一定的外交压力。对此,日本采取了新的对抗措施。它提出中日直接交涉并缔结《五项协定大纲》,该大纲的实质就是妄图把日本在南满的权益扩大到全东北。④ 日方明知中方不会接受,但却提出此种要求,其目的是以此排除国联的干预,拒绝撤军。于是,国联行政院于10月24日又想通过日军在下次开会之前撤回原地的决议。⑤ 因遭到日本代表的坚决反对,不能达到理事国一致同意,这一决议未能生效。但这表明了国联有意介入事变的意愿。

日本为排斥国联和欧美列强的干涉,主张日中直接举行谈判。中国政府为抵制日本的直接交涉主张,提出日军先撤兵后交涉的方案,要求日军在国际监督下撤出。

事变爆发以后南京政府对国联的外交是积极的、有意义的。但此种外交明显依赖国联。没有军事上的支持,不可能取得显著效果。从国联

---

① 《日本外文文书·满洲事变》,第1卷第3册,第9页。
② 同上,第13页。
③ 《现代国际关系史资料选辑》上册,北京大学出版社1987年版,第273页。
④ 《日本外文文书·满洲事变》,第1卷第1册,第335、336页。
⑤ 《现代国际关系史资料选辑》上册,第274、275页。

来说,准备派观察员及要求日军撤出占领地区等决议,对日本构成一种外交压力,也是具有一定积极意义的。

11月中旬,日本侵占了齐齐哈尔。此时,中日双方对国联派出观察员的态度发生了新的变化。日本主动希望国联派观察员来东北调查。11月15日币原外相指示国联的日本代表:"我方主动要求派遣观察员,反而对我方有利。"①过去坚决反对派观察员的日本,为什么此时主动地要求派观察员呢?这与当时形势变化有关。11月上旬日军主动攻打嫩江桥。19日侵占东北北部要地齐齐哈尔。由于日军军事行动的扩大,1月16日国联行政院再次开会时对日本撤军的要求更为强烈。这时日本政府企望以接受国联派观察员来缓和外交上的压力。此种对策是驻国联的日方事务局长泽田向币原外相建议的。② 日本驻沈阳的总领事林久治郎也提出过同样建议。他致币原外相电称,一些欧美人以个人身份来东北视察情况后,从日本和欧美列强的共同利益出发,对日军不能从速撤回表示谅解。③ 日本想利用自己与欧美列强在侵略中国这一问题上相互支持的一面,来缓和因侵占齐齐哈尔而更加激化了的日本与欧美列强的矛盾和对立。

而过去一直主张国联派观察员的中方,此时却表示为难:因为在日军占领齐齐哈尔的紧急情况下,接受日本主动提出的此种方案,不合时宜;同时,国联的调查没有监督日军撤兵的使命,不可能解决撤兵问题。因此,中方作为接受此提案的先决条件,提出在日军先撤兵的同时,要求国联根据盟约制裁日本。这一主张是正当的。可是国联未接受中方的合理要求。国联虽要求日本撤兵,但不肯制裁日本。这反映了国联对日外交的二重性。

日军占领齐齐哈尔后,把侵略的矛头立即转向锦州。在此种形势下,中国不得不同意国联派调查团。接着,中国与日本就如何派遣问题

---

① 《日本外交文书·满洲事变》,第1卷第3册,第561页。
② 《日本外交文书·满洲事变》,第1卷第3册,第511、512页。
③ 《日本外交文书·满洲事变》,第1卷第3册,第427、428页。

继续进行外交斗争。日本要求根据盟约第 11 条来派遣调查团。第 11 条没有规定任何解决争执的具体方法。中国则要求根据盟约第 15 条派遣调查团。该条规定:"秘书长应采取一切措施,以便详细调查与研究","行政院经全体或多数之表决,应缮发行政院报告书,说明争议之事实及行政院认为公允适当之建议",如对行政院报告书该委员会不能一致赞成,则提交国联大会,"大会之报告书除争执各方之代表外,如经联盟出席行政院委员会之代表并联盟其他会员国多数核准,应与行政院之报告书除争执之一方或一方之代表外,经该院委员会全体核准者同其效力"。① 这一规定,实际上是对日本的一种制裁。日本做贼心虚,怕行政院或大会提出和通过谴责日本并要求日军撤出的报告,因此强烈反对。在派遣的目的、调查范围等问题上,中日两国也发生了争执。中国要求调查团只调查与事变有关的问题,调查的范围也只局限在东三省。日本则主张调查与日本和欧美列强利害共同的殖民权益问题,例如中国的"排外"、抵制洋货、保障外国人生命财产、履行中国与外国缔结的条约的执行情况等诸问题,而强调不要调查和干涉日军在东三省的军事行动和撤兵等问题。②

日本代表虽然同意派遣,但又提出先决条件,即如行政院同意中日两国按照日方提出的《五项协定大纲》缔结和约,日本则可考虑派遣调查团问题,妄图通过国联对中国施加压力,让中国接受其侵略条件。

针对中日双方上述的分歧和争执,国联依然采取二重性政策。12 月 10 日,国联行政院通过了有关派遣调查团的决议。该决议用词含糊,没有说清根据盟约哪一条派遣调查团。决议指出:该委员会调查的目的和范围是"在实地调查有影响国际关系并搅乱日中两国间的和平或者和平基础的良好谅解之虞的一切事情,并将调查结果报告行政院"。但又指出:"如两个当事国新开始一种交涉时,该交涉不属于本[调查]委员会所

---

① 华尔脱斯:《国际联盟史》上卷,商务印书馆 1964 年版,第 60、61 页。
② 《日本外交文书·满洲事变》,第 1 卷第 3 册,第 561 页。

规定的[调查]任务范围,同时还达成谅解,即对当事国任何一方的军事措施进行随意干涉,亦不属于本[调查]委员会之权限。"不过该决议又强调:本决议并不影响 9 月 30 日通过的行政院关于日军撤兵的决议。① 可以说,该决议基本上折中了国联盟约第 11 条和第 15 条。

中国在对国联的外交斗争中,就派调查团的目的、调查范围等问题据理与日本和国联抗争,对于国联的二重性政策也采取了相应的二重性外交来抗衡。国联虽然派调查团介入事变,但对日军在东北不断扩大的侵略行径,未能采取相应措施。这都是要从外交二重性方面加以分析的。

2.

国联决定派调查团后,中日双方在调查团的组成问题上也有斗争。12 月 10 日国联行政院决定调查团由英、美、意、德、法五国各派一名委员。中日双方各自希望对本国同情者参加,这在德国代表人选问题上突出地反映出来。日本坚决反对德国委员希奇尼,希望亲日的藻鲁夫参加。② 但中国则反对藻鲁夫,希望希奇尼参加。行政院最后决定为希奇尼,其他四国委员是英国李顿、法国克劳德尔、美国麦考埃、意大利阿尔德罗。李顿为团长。

1932 年 2 月 3 日,李顿调查团离开欧洲,29 日抵达日本横滨。此时,日本已占领整个东三省,并于 3 月 1 日急忙建立了伪满傀儡政权,抢先造成既成事实,企图迫使调查团承认。于是,调查的焦点就从日军撤兵逐渐转到是否承认伪满政权问题上了。

日本为辩解其侵略行径,事前准备了 18 种有关资料,做好了对付调查团的各种准备。调查团抵日后,芳泽外相接见时说,此次事变是因国

---

① 日本外务省编:《日本外交年表与主要文书》下卷、原书房 1966 年版,192 页。
②《日本外交文书·满洲事变》,第 2 卷第 1 册,第 661 页。

民政府推行革命外交,单方面变更与外国缔结的条约引起的。① 日本力图以维护列强在华殖民权益来诱导调查团。犬养首相和芳泽外相前后五次与调查团会谈。对此,调查团的态度如何呢?李顿团长借芳泽的数次质问顺水推舟,提出如中国履行中日间条约规定的诸项义务,日本对此满意吗?芳泽不敢回答,因为这一质问包含着排除以伪满洲国来解决事变之意。后来,李顿问芳泽:日本能否接受以"满洲的国际管理"来解决事变。芳泽当即拒绝。李顿说,那么只有建立地方自治政府的方法,除外无他法。② 李顿的这些谈话,同日本要以承认伪满洲国为前提的方针是公然对立的。这反映了日本同西方列强的关系中相互牵制的一面。对此,日本采取了对抗措施。犬养内阁于 3 月 12 日决定:坚决扶助伪满洲国,并把它装扮成似乎是自主行使主权的"独立国家",争取调查团和国联的承认。

3 月 14 日,李顿调查团抵达上海,南京政府早已做好各项准备,并成立以前外长顾维钧为首的由政府各部门和专家组成的委员会,陪同调查团先后在上海、南京、济南、天津、北平进行调查。中国政府希望调查团能够客观地调查,并公正地制止日本的侵略。但李顿则在中国的欢迎宴会上表示:国联"帮助某一会员国者又必以不损害其他任何会员国为条件"③。他要以中日两国的调和、妥协来解决事变。这种调和立场便是国联外交二重性的表现。

国联行政院的决议中曾规定:中日各派一名委员协助调查团调查。日本派驻土耳其大使吉田伊三郎,中国派前外长顾维钧。当李顿调查团结束关内调查,准备进入东三省时,刚刚成立的伪满洲国政府出面拒绝顾入境,扬言如顾经山海关入境将立即强迫他下车,甚至还在暗地里威胁顾的生命安全。其目的是想借此表明它是行使主权的"独立"国家。日本则作为第三国,在伪满和调查团之间进行周旋,以此证明伪满是根

---

① 《日本外交文书·满洲事变》,第 2 卷第 1 册,第 694、695 页。
② 拙著《九一八事变时期中日外交史研究》,东方书店 1986 年,第 308、309 页。
③ 《革命文献》第 40 辑,第 2655 页。

据其"自由意志"行使主权的"独立"国家。这种把戏,完全是由日本在幕后导演的。满铁调查部在其《拒绝顾维钧入满洲经过调查书》中毫不掩饰地暴露了这一点。① 当时任伪满外交部副部长的是日人大桥忠一,他掌管伪满外交大权,左右顾入境。其背后由关东军和日本外务省操纵。

调查团对此坚决表示:中方委员不随同调查,调查团就不去东三省。② 调查团并把此意告诉了驻北平的日本参赞矢野。矢野却称:"长春政府并不是服从日本政府意见,该政府已发表反对顾入满声明的情况下,阻止它是困难的"③,再次证明其"独立性"。此时日本政府假装出面调解,芳泽外相向调查团提出,如想得长春政府的谅解则需较长的时间,调查团的部分成员和顾乘船可从大连进入东北。李顿起初反对这一妥协方案,但最后还是被迫同意。李顿带顾于4月21日经大连抵沈阳,其他成员乘车同时抵达。这是调查团在日本及其操纵的伪政权的压力下开始妥协的第一步。

调查团到东三省前后一度对伪满政权不予理会。这表明了调查团对伪满的态度。伪满政权却以限制调查团在北满和顾在满铁附属地外的调查活动进行报复。谓查团为展开调查,只好经关东军司令官本庄繁联络,于5月上旬,先后访问了伪满外长谢介石、国务总理郑孝胥、执政溥仪。日本军部认为,这是调查团承认新国家"满洲国"的第一步。而调查团也从此不可能无视伪政权的存在,在调查报告中强调了不可能完全恢复"九一八"前的原状。

针对调查团的妥协态度,顾维钧采取了种种牵制措施。顾向李顿提交一份备忘录,指出国联行政院决议中未提及调查团与第三者(指伪满政权)接触之事,并表示他本人不参加与伪政权要人的接触,以此抗议调查团的不正当行为。④ 顾还向调查团揭露了伪政权要人如何背叛民族、

---

① 《日本外交文书·满洲事变》,第2卷第1册,第866、867页。
② 同上,第739页。
③ 同上,第743页。
④ 《革命文献》第40辑,第2730～2731页、第2743～2744页。

投敌卖国的资料,并向调查团提供应该调查和接触的人员名单。调查团抵达哈尔滨后。顾提议与马占山接触,①但由于伪满政权的反对和苏联的不协助,未能实现。这里也反映出调查团的二重性态度。调查团一面与伪政权接触,一面又要与反对伪政权的马占山接触。既不完全否定伪政权的存在,又承认反伪政权斗争的存在。当时陪同调查团的伪政府外交部副部长大桥一怒之下回到长春,以示"抗议"。

李顿调查团在调查中,虽然对日本有所让步和妥协,但对待伪满政权的态度基本上是公正的,而且调查到了伪满政权是日本一手制造的事实。中国政府和顾维钧等人也在客观条件允许的情况下尽了应有的努力。

李顿调查团于7月20日回到北平,9月4日完成调查报告,9月20日提交给国联行政院。10月2日,国联行政院公开发表了李顿调查团报告书。报告书共分十章,三大部分,洋洋14万言。

综观这一报告,充满了国联和欧美列强对中国和日本的二重态度。记述"九一八"事变的历史背景时,报告书既承认中国在东三省的主权,又承认日本在该地的特殊权益,说"日本在满洲之权利及权益乃不容漠视之一事实,凡不承认此点或忽视日本与该地历史上关系之解决不能认为满意",但又指出该权益与中国主权的冲突;并表示"事变前双方抗争,各有是处",等等。在"九一八"事变的叙述中,该报告虽然未点明日本是侵略者,但又明确地指出:"日本军队未经宣战,将向来毫无疑义属于中国领土之一大部分地区,强夺占领,使其与中国分离并宣布独立,事实俱在。"对伪满政权,报告书虽然肯定了伪满洲国的基础组织治安会,但对伪满洲国持否定态度,"认为'满洲国'之构成,虽有若干助成分子,但其最有力之两种分子,厥为日本军队之在场及日本文武官之活动,若无此二者,则'新国'决不能成立也","基此理由,现在之政权,不能认为由真正及自然之独立运动所产生","所谓'满洲国政府者',在当地华人心目

---

① 《革命文献》第40辑,第2732、2733页。

中直是日人之工具而已"。

调查书关于解决事变的原则及方法,也同样采取二重性方针:既否定中国希望恢复事变前状态之要求,称"如仅恢复原状,并非解决办法",又拒绝日本承认伪国的要求,表示"维持及承认满洲之现时组织,亦属同样不适当"。

在此种二重性方针下,该报告提出解决事变的十项原则,其核心就是"满洲自治"。它提出解决东北问题要"适合中日双方之利益",又提出要"承认日本在满洲之利益"。具体作法便是"满洲自治":"满洲政府应加以变更,俾其在中国主权及行政完整之范围内获得高度之自治权以适应该三省地方情形与特性。""满洲之内部秩序,应以有效的地方宪警维持之;至对于外来侵略之保障。则须将宪警以外之军队,悉数撤退,并须由关系各国,订立互不侵犯条约。"①

从"满洲自治案"中,不难看出欧美列强借机渗透东三省的企图。这表现在:规定由外国教官协助组织特别宪警;对自治政府行政长官配相当数额的外国顾问,外国顾问指导该长官的工作;行政长官定一名外国人为东三省中央银行总顾问。② 这样的自治政府是外国顾问监督下的政府。

对李顿调查团的报告,南京政府采取了既有肯定又有否定的二重性态度。蒋介石表示,该调查团报告的前八章的叙述是公正的,可以接受。但认为第九、十两章内容完全是注重日方的要求,必须修改。作为解决东三省问题的原则,中国坚持恢复"九一八"事变前的原状。③

南京政府外交委员会审议调查报告后,于 10 月 20 日对驻国联代表作了指示:对第九章中十项解决原则中第一、二、三、四、九、十等项未表示异议;对其他几项有条件地加以承认,如对第四项表示"承认日本在东三省之正当利益";对第五项《建立中日间之新条约关系》附加了"必须在

---

① 《革命文献》第 40 辑,第 2677~2695 页。
② 同上,第 2701 页。
③ 同上,第 2756 页。

不损害中国主权及领土行政完整原则之下"。但对有关"满洲自治"的第七、八项表示反对,并提出了根本性的修改意见。对第七项则提出:"中国可向国际联合会声明当积极励行东三省行政之改善,此项计划当包含逐渐设立人民代表机关,实行中央地方均权制度,并予地方政府以宽大之自治范围 Self Government。"①可见,南京政府对"满洲自治",原则上反对,而提出中国自主地实行自治的方案,力争排除外来侵略和干涉。外交委员会还提出以下两点原则:"(1)日本因违约侵略。所得结果当然不能加以承认,更不能使被侵略者受其损害。(2)国际联合会行政院及大会关于日本撤兵决议案,继续有效,并不因报告书而变更。故日本撤兵义务及不能在武力压迫下谈判之原则继续存在。所有日本撤兵之期限,应提前详确规定。"②

蒋介石和外交委员会对调查报告的态度,表明了他们解决"九一八"事变和东三省问题的基本方针,在反对侵略、日军撤兵、不承认伪政权的原则下,接受对中国有利的部分,对偏袒日本,甚至侵犯中国主权的内容则反对。这便是南京政府对国联和调查报告的二重性政策。这说明,南京政府不是盲目地依赖和听命于国联,而是采取了有分析、有分寸地接受李顿调查报告的外交方针。

日本对李顿调查团的报告取何种态度呢?日本外务省针对调查报告起草了《帝国政府对国际联盟中国调查委员会报告的意见书》,极力为日本挑起的事变和一手扶植的伪满洲国进行辩解。日本对东三省自治也表示反对,因为自治的前提是否定伪满洲国。至于对承认和保证日本在满蒙的既得权益部分则表示赞同,反对恢复东北原状。从总体上讲,日本对国联的调查报告反对的部分占主导地位。日本准备不接受这一报告书。对日本的态度,中国亦有所预料。蒋介石曾判断:列强如不对日实行经济或武力制裁,或日本国内不发生对军队不利的重大变化,日

---

① 《顾维钧回忆录》(2),中华书局1985年版,第716页。
② 同上,第718页。

本则不会承诺该报告。目前尚无此种假设的可能性。因此,中方怎样让步对解决事变也不起作用。故不准备更多的让步。① 蒋的这一分析是正确的。

3.

正当中日两国对调查团报告作出不同评价之时,迎来了国联对该报告的审议。

这次由国联行政院主持审议的会议,对中日双方都极为重要。因此双方均派出了阵容强大的代表团。中国指派外交界元老颜惠庆和顾维钧、郭泰祺为全权代表,该团成员达120多人。日本则派主张"满蒙是日本的生命线"的松冈洋右、驻法大使长冈春一和驻比利时大使佐藤尚武为全权代表。伪满政权也派丁士源去日内瓦活动。日本政府于10月21日将政府训令交给松冈。该训令根据《日满议定书》的精神要求国联承认在满的一切既成事实,如不承认则与国联对抗到底。②

中国政府分析日本不会接受调查报告书,故要求中国代表在行政院审议调查报告时,进一步表明中国公正、合理的立场和解决事变的主张,力争澄清:一,"九一八"事变不是日本的自卫行动,而是一次侵略行动;二,伪满洲国不是独立国家,是日本一手制造的傀儡政权;三,根据盟约第15条第4项裁决事变问题,对日进行经济制裁。为达到此目的,中国代表在日内瓦散发了有关"九一八"事变的备忘录4万份。他们还逐个探析了各国态度,对英、德、法、意等国不抱过高希望,但对美国寄予很大希望。这表明,南京政府既依赖于国联,但又不完全相信国联。这便是中国在国联中利用欧美列强与日本的矛盾寻求解决事变最佳方案的二重性外交态度。

11月21日国联审议会议伊始,中国代表顾维钧与日本代表松冈洋

---

① 《革命文献》第40辑,第2756页。
② 《日本外交文书·满洲事变》第3卷,第16、17页。

右便展开了激烈的唇枪舌剑。松冈强调:"满洲"是日本的生命线,否认"满洲"是中国领土的一部分,反对报告书不承认"满洲国"。为伪满傀儡政权辩解。顾代表则全面反驳了松冈的论调,并对调查报告提出了三条补充原则:"第一,不得鼓励侵略;第二,必须赔偿中国的损失;第三,日本撤军仍然是先决条件,在军事占领或既成事实的压力下不能进行谈判。"①

双方第二个争论点是李顿调查团的权限问题。松冈认为该团没有提出解决事变的建议的权限,因此,调查的任务业已结束。松冈尽量贬低李顿调查团的作用,进而否定该团提出的调查报告。但行政院主席反驳了松冈,指出调查团尚未解散,有权根据各国代表所提出的意见补充和修改调查报告。

在各方如此对立的情况下,行政院无法继续审议,只好根据盟约第15条第9项②规定,把此问题提交国联大会。国联大会于12月6日开会,继续审议李顿报告书。中日双方争论的焦点依然如故。中国代表颜惠庆提出:大会应宣布日本违反了三个条约,即九国公约、非战公约、国联盟约,日军先撤回满铁附属地内;解散伪满政权;根据盟约第15条第4项的规定,尽早提出并公布解决争端的报告和建议。③ 松冈则全面辩解日本对满蒙的侵略行径,说什么日本出兵满蒙犹如英国出兵上海,力图争取列强的支持。

国联虽然由大国操纵,但小国也发挥了应有的作用。会上,爱尔兰、挪威等十国纷纷谴责日本,同情和支持中国,并且批判了大国的态度。大国则依然想以调和、妥协的方式解决。英国外相西门片面强调问题的复杂性和特殊性,要双方妥协。法国代表公然说:"我们的使命是先调

---

① 《顾维钧回忆录》(2),第84页。
② 盟约第15条第9项规定:"对于本条约规定之任何案件,行政院得将争议移送大会。经争执之一方请求,大会亦应受理。"
③ 《日本外交文书·满洲事变》第3卷,第129页;《顾维钧回忆录》(2),第89、90页。

停。"①大会上,中国与日本、大国与小国,意见分歧严重,无法统一。因此,大会又把此问题提交给十九国特别委员会。西班牙、瑞典、爱尔兰、捷克四国便向十九国特别委员会提交决议草案,指出:日本武力侵占东三省。日本一手炮制伪满洲国,不能承认伪满洲国。② 这一提案代表了小国维护国际公道的意见。松冈要求撤回该提案,大国的代表也表示反对。因此,该提案未能成为决议。

日本对此次大会是满意的,因为四国提案流产了。中国对此次大会不满,尤其对英国首相西门的发言表示反感。西门在发言中,大肆批判中国抵制洋货和抵御外来侵略的宣传。为此中国新闻媒介掀起反英、反西门的运动,并向驻宁英公使提出抗议。南京政府反对列强攻击中国偏袒日本的态度。

十九国特别委员会是1932年2月21日,即"一·二八"事变时根据国联大会的决定成立的。当时中国代表要求根据盟约第15条第9项组织此委员会,并向国联大会提出解决事变的报告,该委员会由国联大会主席和除中、日之外的理事国及大会选出的瑞士、捷克斯洛伐克、哥伦比亚、葡萄牙、匈牙利、瑞典等国组成。该委员会于12月12日召开第一次会议。会上,英、法等大国与瑞典等小国之间的意见严重对立。小国委员依然同情和支持中国。而中国代表也对小国委员做了种种外交努力。

十九国特别委员会的工作对"九一八"事变和伪满洲国问题的调处起举足轻重的作用。因此,中国政府力求在该委员会起草的报告中:追究日本违反国联盟约、九国公约的责任,不承认伪满洲国,保证将来也不与它缔结交流关系;明确记入日军撤兵;不责难中国抵制洋货运动。③ 此外,中国代表还要求根据盟约第16条对日实行道义和经济制裁,以迫使日军撤兵,解散伪政权。中国为此做了许多工作。外交部通过美国驻华公使争取美国的支持;日内瓦的中国代表团也纷纷对各国代表进行外交

---

① 《日本外交文书·满洲事变》第3卷,第157页。
② 同上,第151页。
③ 拙著《九一八事变时期中日外交史研究》,第350、351页。

活动,寻求支持。中国代表颜惠庆还对苏联开展外交活动,争取苏联代表参加十九国特别委员会。① 但自 1929 年中东路事件后,中苏两国的外交关系极为冷淡。虽然,事变爆发后,苏联对中国表示同情和声援,但在行动上则保持中立。这是苏联对中国的二重性外交态度。

1933 年 1 月 16 日,十九国特别委员会开会。会上中日双方的意见和主张针锋相对。日本方案的主要内容是成立小委员会,调解日中双方,调解的基础是承认伪满洲国,在这一问题上没有让步的余地。② 中国代表于 1 月 20 日发表声明,坚决反对日本方案,不承认伪满洲国,并请美苏参加调停委员会,由调停委员会和中日双方共同谈判解决事变。③

中日双方对成立小委员会或调停委员会似乎意见一致,但在是否承认伪满洲国、美苏是否参加该委员会问题上依然针锋相对。日本反对美苏参加委员会,是因为自第一次世界大战以来日美矛盾加剧及日本侵占东三省引起日苏关系对立。国联和中国都想利用这一矛盾牵制日本。这自然有利于中国,而不利于日本,因此双方争执不下。

由于中日双方主张严重对立,十九国特别委员会认为,调解双方妥协是不可能的。因此决定:根据盟约第 15 条第 4 项,由行政院主席、英、法、德、意、西班牙、瑞典、瑞士、捷克斯洛伐克等国组成的起草委员会,开始起草裁决事变的最后报告。④ 这样,国联力图调解双方妥协的企图遭到了挫折。这对中国来说,从一定意义上讲,是个胜利。中国代表要求从经济和道义上制裁日本。在起草委员会上,小国代表也主张以经济制裁日本。但大国不想制裁。

在起草委员会起草最终报告书时,英国依然暗地里与日本进行妥协工作。国联秘书长德乐蒙与日本代表杉村经过交涉,于 2 月 24 日就"满洲国"提法协调,拟为:"十九国特别委员会知悉日本承认在满洲成立的

---

① 《顾维钧回忆录》(2),第 98 页。
② 《革命文献》第 40 辑,第 2831、2832 页。
③ 同上,第 2833~2835 页。
④ 《日本外交文书·满洲事变》第 3 卷,第 309 页。

现制度和其他加入国联的国家没有采取同样的措施",而且同意不邀请美苏参加小委员会或调解委员会。这显然是对日本的让步。但是,日本内田外相仍然表示"难以满足"日本的要求,加以拒绝。① 十九国特别委员会也不赞成此案。

2月14日,十九国特别委员会通过最终报告,17日公布于世。中国于18日译出该报告,19日公布。这一报告,在法律上以国际联盟盟约、非战公约及国联关于"九一八"事变的有关决定为基础,基本采纳了李顿调查团的报告。十九国报告体现了国联和欧美列强对中国和日本的二重性态度。对此,中国代表顾维钧曾认真分析了该报告,并分别指出其对华的利弊关系:

对中国有利之处:(1)中国对东三省的主权获得了确认。(2)会员国承诺,无论在法律上或实际上都不承认"满洲国",并继续保持一致行动,避免单独采取行动。(3)日本在铁路区(指满铁)以外的一切军事行动以及扶持和承认"满洲国"等行动均遭到明确的谴责。

对中国不利的部分:(1)日军的撤军"取决于日军是否同意谈和是否同意作撤退准备以及撤退的方法、步骤和细节",没有采取具体措施。(2)对万一日本拒绝接受最终报告一点,虽然言及,但未能定出对付办法。(3)在日本尚未接受报告之前,即由中国宣布东三省自治,这无异于使中国受到惩罚,因此,日本尚未明确接受全部报告书之前,决不能作此宣告。②

中国外交部于2月18日发表谈话,对报告中有利于中国的部分表示满意,同时谴责了在起草报告过程中英国外相西门、国联秘书长德乐蒙袒护日本之事实,并对报告中规定东三省设立"自治"政府,未能完全恢复"九一八"事变前之状态表示遗憾。③ 这就是南京政府对该报告的二重性态度。

---

① 《日本外交文书·满洲事变》第3卷,第349页。
② 《顾维钧回忆录》(2),第177、178页。
③ 《革命文献》第40辑,第2850～2854页。

当国联大会开始讨论最终报告时,日本发起了对热河的进攻。这固然有侵占热河的军事目的,但从外交的角度看,这是想把国联的视线从日内瓦转移到热河,进而打乱对最终报告的通过。当时,英国政府害怕其在秦皇岛和开滦煤矿的利益受到威胁。就表示应同"一·二八"事变一样,立即调停双方军事冲突。但南京政府拒绝谈判,主张以抵抗争取在国联中的有利地位。24日,中国代表把热河问题诉诸国联,要求依据盟约制裁日本。从外交措施来说,南京政府和中国代表的这一要求是正确及时的。但国联和列强不敢制裁日本,理由依然是中日未断交,日本的军事行动不能称为"诉诸战争"。国联和列强再次拒绝了中国的合理要求,表现出其对日二重性外交中对日软弱的一面。

2月24日,国联大会通过关于"九一八"事变的最终报告。在中日双方表明各自的态度后,未进行讨论,就进行表决。结果,42票赞成,日本一票反对,一票弃权,十九国特别委员会的最终报告被通过,日本挑起"九一八"事变,建立伪满的侵略活动在国联遭到了否定。日本代表立刻退出会场。3月27日日本政府正式退出国际联盟。至此,国联对"九一八"事变的调处告一段落,但所谓"满洲问题"却仍未解决,直到1945年8月日本投降。

4.

综观中日及列强围绕国联调处"九一八"事变所展开的错综复杂的三角外交斗争,可归纳出如下几点认识。

在三角外交斗争的全过程中,国联和列强对交战的中日双方采取了二重性外交,既不完全偏袒日本,又不完全支持中国,力图调和双方,解决事变。虽然它们未直接点明日本是侵略者,但又不承认日本的军事行动是自卫行动,并要求日军撤回原地。对事变的产儿——伪满洲国也始终未予承认。这在客观上起到了支持中国的作用,因此,中国基本上接受了最终报告,日本则反对该报告,直至退出国联。

国联和列强为何采取这种二重性外交?这与列强的帝国主义本质

有关。列强和日本在侵略中国和保持帝国主义在华殖民权益方面,具有共同性,因此为了维护列强在华殖民势力的平衡,它们袒护事变前日本在东三省的既得利益。但列强与日本相互争夺在华权益,因此,它们牵制日本在东三省的扩张,并要求日本吐出在事变中侵占的中国东三省。这种相互矛盾的利害关系便是国联和列强在调处中日冲突过程中二重性外交的内在本质。牵制居主导地位,袒护居次要地位。

国联和列强解决事变方法的关键,是中日两国军队都退出东北,在东北实行所谓的高度"自治"。"自治"名义上是维护中国主权,实际上则是由列强控制。列强调处事变的二重性外交的实质就在于此,即牵制日本,扩大列强在东三省的利益和势力范围。列强的此种打算,尽管遭到中国政府的反对,但在当时的三角外交斗争环境中,却造成对中国有利的外交态势。

日本始终想排斥国联、列强介入和干涉事变,这也反证了南京政府诉诸国联的意义。国际组织的存在在某种意义上反映了第一次世界大战后各国防止战争、保障和平的意愿。既然存在此种国际组织,中国在遭受日本侵略的情况下在外交上加以利用是理所应当的,结果也给中国的外交带来了一定的好处。因此,不能责难南京政府诉诸国联的外交政策。但南京政府在"九一八"事变后,没有在军事上进行强有力的抵抗,主要靠在国联的外交斗争,是根本无法驱逐日本侵略势力的。

当然,南京政府也并不完全依赖于国联和列强来解决事变。南京政府在外交斗争中逐步认识到国联和列强处理事变的二重性态度。于是中国也以二重性态度对待国联和列强,即一方面依赖(是主要的),一方面抗争(是次要的),这种外交斗争的方法应该说是正确的。中国通过国联和列强进行了有理有节的外交较量,在一定程度上牵制抵抗了日本的侵略。在外交交涉中难免有让步与妥协,但对原则性问题如日军撤兵,拒绝承认伪满政权等,立场则始终如一。因此,南京政府及其在国联代表的外交活动是应该肯定的。

日本在国联的外交,除了它事变前在东三省的既得权益继续得到列强承认外,基本上没有新收获。虽然它在军事上取得了胜利,但在外交斗争中却是失败的。日本未能取得国联和列强对它侵占东北的行径及伪满政权的承认。日本遭到国联的反对和抵制,最终退出了国联。

日本退出国联表面上看是主动的,但实际上却是被迫的。它在"九一八"事变中的所作所为,被国际组织和国际社会排拒,日本在国际上完全孤立,它不得不退出国联。从此,日本放弃历来遵循的与列强协调的外交路线,走上了与欧美列强抗衡的道路。日本在"九一八"事变后,不顾外交失败而在向外扩张侵略的道路上越走越远,最终导致了它彻底覆灭的结局。

四、伪满的殖民体制与日本外务省

1932年3月1日成立的伪满洲国实际是殖民地的傀儡政权,但又有个所谓"独立国"的旗号。这种内在的殖民地的傀儡性与表面上的"独立"形式的矛盾现象,在帝国主义殖民史中也是罕见的。如何处理这种矛盾,是日本对满政策的课题之一。日本外务省和关东军一方面努力确立露骨的殖民体制和殖民统治,另一方面在表面上又极力掩饰和粉饰其傀儡性。本节拟阐述日本外务省在承认伪满洲国、确立殖民体制以及"满洲国"的傀儡外交方面所起的两面性作用。

1. 伪满政权

对"满洲国"的承认,有列强的承认和日本的承认。同样是"承认",但实际性质不同。

列强承认"满洲国"等于列强承认日本对满蒙的侵略,使日本殖民地伪满洲国得到国际性认可。如得不到列强的承认,日本就不能在国际上确保其殖民地。这是帝国主义时代列强间争夺殖民地而发生的现象。

然而自己承认自己的殖民地,是日本承认"满洲国"所表现的特殊现象。将非独立的殖民地以"独立国家"的形式建立起来,从而产生了承认问题。这是从伪满洲国的表里不一性所产生的现象。要研究日本承认伪满洲国问题,首先要考察其建立具有"独立国家"形式的殖民体制的过程。

关东军从事变初期就主张"策立以日本人为盟主的满蒙五族共和国"。1931年10月21日制定了《满蒙共和国统治大纲草案》,企图建立与中国本土分离的具有"独立国家"形式的、"立宪共和制"政权,并采用总统制。① 12月下旬,关东军攻占锦州,军事作战又升一级,确立殖民体制成了紧急的课题。荒木陆相深感事急,希望板垣参谋去东京研究这一问题。1932年1月4日板垣参谋去东京之前,关东军司令官本庄繁和三宅参谋长、松本顾问以及板垣、石原参谋等人讨论了殖民体制的政体问题,指示板垣参谋说:"此际应明确脱离中国本土,成为名副其实的独立国家。"②

日本在其占领地台湾、辽东半岛、朝鲜没有建立具有"独立国家"形式的殖民统治体制,为什么要在满蒙采取"独立国家"的形式呢?这并非偶然,而是当时的国际形势和满蒙的特殊性所致。关东军司令官本庄繁在分析这种做法的理由时认为:(1)"如作为独立政权,因系在中国中央政府主权下建立的,所以满蒙政权有动辄回归中国中央政府之虞。"(2)不建立"独立国家""现在各省的新执政者……因被看作是叛徒,所以常有不安之心理,不能积极地与日本合作并执行其执政者的职务"。(3)"《九国公约》和《国联盟约》都不允许日本使之与中国本土分离。若中国人自己内部分离,则既不违背上述条约的精神,又不受这些条约的限制……只要使中国人自己独立分离即可,日本和列强承认与否没有关系。"③板垣参谋1月5日去东京,日本外务省和陆、海军省利用这个机会,拟订了《中国问题处理方针纲要》,其中规定:当前应该使"满蒙与中国本土分离,独立成为一个政权的统治地区,逐渐具有一个国家的形

---

① 《现代史资料(7)·满洲事变》,第189页。
② 《现代史资料(7)·满洲事变》,第228页。
③ 《现代史资料(7)·满洲事变》,第333页。

态";"由于《九国公约》等关系,应尽可能采取好似基于中国自发的形式"。①

驻奉天的总领事代理森岛守人也同意关东军建立"独立"的傀儡政权的意见。1月2日他对犬养首相建议:"形势至此,只有把新国家的建立作为既成事实。"②作为针对违反《九国公约》的对应措施,森岛进而又说:"现今新国家成立之际,在对外说明上,应根据民族自治主义,使之具备形式,并迅速解决与第三国有关的各种事项。我国暗中参与的事实虽然已不能全然隐蔽,但至少在形式上要采取否认上述事实的方法,以防止给第三国提供借口。"③森岛的上述说法,可谓明确地说明了日本在东北采取"独立国"形式的殖民地体制的国际原因。

然而犬养首相对采用"独立国家"形式犹豫不决。2月15日他在致上原勇作元帅的信中写道:"以现今的趋势按独立国家的形式进行,必引起与《九国公约》的正面冲突,故在形式上只限于政权分立,在事实上要想尽办法达到我之目的。"④芳泽外相与犬养首相采取同样立场。2月20日芳泽外相对关东军的石原参谋说:"满洲问题现在世界上耸人听闻,所以立即实行独立,在国际上对日本不利,最好延期独立。"⑤

犬养的"踌躇"和芳泽的"延期",正如其后的日本内阁和外务省的行动所证明的那样,并非是始终一贯的政策,而是决策过程中的暂时考虑。

在即将建立伪满洲国之际,犬养内阁于2月17日经首相裁决,成立以内阁书记官长森恪为委员长的"对满蒙决策案审议委员会",讨论、审议有关满蒙的维持治安、国防、金融、税制、商租权,充实对满蒙的行政机关等事项,协助建立伪满洲国。

3月1日伪满洲国发表了所谓"建国宣言",9日溥仪就任执政。犬

---

① 《现代史资料(7)·满洲事变》,第343页。
② 《日本外务省档案(1868～1945)》,S563卷,S1620—55,第576页。
③ 《日本外务省档案(1868～1945)》,S563卷,S1620—55,第577页。
④ 筱原一、三谷太一郎编:《近代日本的政治指导·政治家研究Ⅱ》,第247～249页。
⑤ 芳泽谦吉:《外交六十年》,自由亚西亚社1958年版,第142页。

养内阁为对应这个形势,于3月12日通过了《满蒙问题处理方针纲要》,该纲要规定:"鉴于现在满蒙已与中国内地分离,独立成为一个政权的统治地区,要诱导使之逐渐具有一个国家的实质";"由于《九国公约》关系,要尽量采取基于新国家自主发起的形式。"①因为采取傀儡国家的形式,是很有利和方便的,所以采取作为傀儡国家加以扶植的方针。

根据这一决定,3月15日芳泽外相电告驻日内瓦的泽田和驻各国的日本公使:"关于满蒙新国家的出现,要尽可能不使帝国和新国家的对外关系产生障碍。新国家首先是充实其内部,待有了稳定发展之后,再逐步谋求开展对外关系,特别是条约问题乃至承认问题。要以此态度加以诱导。因此,帝国当前对新国家不给予国际公法上的承认,在可能范围内以适当方法给予各种援助,以诱导其逐渐具有独立国家的实质性条件,努力促进将来得到国际承认。"②

与此同时,日本外务省对南京政府的抗议进行反驳,为自己辩护。南京政府外交部于2月24日和3月10日,向重光葵公使发出备忘录,提出警告:"中国政府绝对不承认该地成立的所谓独立政府是自主政府,绝对不承认让中国人民参加这种傀儡组织。对此,贵政府应负完全责任。"③然而重光葵于3月21日竟然声称:"最近在该地方看到变更行政组织之事,帝国对上述事情毫无所知。然而贵部长就上述事情发出了诽谤帝国政府的态度并追究责任的通知,对此本公使难以理解。总之上述通知各点全然违反事实,不过是臆测,我方完全不能接受。"④

尽管如此,伪满洲国成立后,日本不想立即给予承认。其原因正如芳泽外相发给泽田和驻各国公使的电文所述。另外,与国联派出的李顿调查团到达日本和中国东北也有很大关系。

日本外务省着手承认"满洲国"是在6月以后。6月30日斋藤首相

---

① 日本外务省编:《日本外交年表及主要文书》,下卷,第204~205页。
② 日本外务省编:《日本外交文书·满洲事变》,第2卷第2册,第257页。
③ 南京《中央日报》,1932年3月12日。
④《日本外务省档案(1868~1945)》,S563卷,S1620—55,第576页。

在众议院表示:"有尽速承认满洲国之考虑。"①众议院也在14日通过了"政府应迅速承认满洲国"的决议。② 日本外务省于6月8日在省干部会上作出了"承认满洲国"的决定。

日本外务省不是将承认"满洲国"问题单纯作为外交上的形式承认,而是企图通过承认,在粉饰伪政权的同时,缔结各种条约,确立日本在满蒙殖民地的法律体制,在法律上使满蒙成为完全的殖民地。因此,其承认的准备过程是在法律上确定殖民地体制的过程。在这个过程中,日本外务省比日本军部更具主导作用。

日本外务省在《承认满洲国之文件》中规定:"关于解决满洲国问题的根本方针"是"既维持满洲国是个独立国,又要确保和扩张我国的权益。"③然而,这实际是不可能的。随着日本权益的扩张,伪满洲国也就完全变成了日本的殖民地。所谓"独立国"乃是殖民地的代名词而已。

日本外务省通商局局长和满铁理事斋藤良卫在向外务省提出的《承认满洲国问题》《在承认满洲国之同时须缔结两国间的协定事项案》中,曾提出如下主张:① 可"利用满蒙的物资""取得衣食住的原料";② 充实国防;③ 缓和中日将来的纠纷;④ 排除列强对满蒙的干涉;⑤ "排除有关对满蒙的妥协政策,推行自主外交。"⑥ "抛弃我国以往的假面具,最强烈和最大胆地向世界表明我等对满蒙的主张。"④从上述主张中,可以看出日本外务省承认"满洲国"所要达到的目的。斋藤在"必须承认满洲国的理由"中,还列举了承认的其他方面的好处:(1)"最终将使中国断绝对满蒙统治的念头。"(2)"使列强明确认识满蒙是决定我国国防、政治和经济生存的事实,阻止我国进入满蒙,则意味着我国的灭亡。"(3)"用日满间的条约明确规定我国对满蒙的设施,是我国公开涉足各种设施,确立地位的最直接而有效的方法。"(4)"满洲国的出现,为(我国)采取排除各国

---

① 《日本外务省档案(1868~1945)》,S563卷,S1620—55,第577页。
② 日本外务省编:《日本外交文书·满洲事变》,第5卷第1册,第531页。
③ 《日本外务省档案(1868~1945)》,S75卷,S16201,第668页。
④ 《日本外务省档案(1868~1945)》,S75卷,S16201,第607~612页。

干涉的方针措施,提供了极好的机会。"①

显然,日本是想通过承认"满洲国"将其他列强排斥出"满蒙"。这似乎与通过日本的率先承认而获得其他列强承认的动机相矛盾,而实际却是一致的。列强承认伪满洲国,就是承认它完全是日本的殖民地。完全的殖民地与半殖民地不同,前者是不允许其他列强的殖民权益存在的。因此,列强承认"满洲国"就意味着从满洲撤出自己的权益,所以列强当然不会承认"满洲国"。

6月14日日本众议院决定承认伪满洲国之后,何时承认,以何种方式承认则成了主要问题。

日本外务省在《承认满洲国之文件》中,提出在"适当时期承认",即不宜过早,也不应推迟承认,要在对日本有利的时机承认,并要做好承认的准备。

斋藤主张要做好承认的准备,同时要迅速予以承认。"据此方针,作为国家行动,为奠定其基础而进行有组织的满蒙经营,只有这样才有承认的利益。"②同时,他也反对"延期承认"说。③

为了在法律上确立日本的殖民体制,斋藤建议在日满之间缔结一系列协定,诸如"我国国防与满洲国的维持治安问题""防止赤化宣传问题""保护我国侨民和日满共同利益问题""掌握交通实权""统制日满经济"等等,以及在"外交事项"中"日本代行满洲国外交官领事职务问题"协定和"外交部聘用日本人顾问和助理问题"协定。上述协定在承认"满洲国"前后都大体缔结了。只是顾问协定在形式上没有缔结,但在"满洲国"实行了所谓"次官政治",表面上由满洲人执政,而担任次官或总务长的日本人却掌握着实权。

为了控制伪满洲国政府,斋藤向外务省提出设立特派总监制的建议。"有关指导满洲国政府及各省政府政务的根本方针,在征得驻满洲

---

① 《日本外务省档案(1868~1945)》,S75卷,S16201,第649~653页。
② 《日本外务省档案(1868~1945)》,第711~715页。
③ 《日本外务省档案(1868~1945)》,第741~742页。

特派总监的意见后由帝国政府决定。""满洲国政府或省政府不采纳上述建议,或不忠实执行时,特派总监请示帝国指示后,得采取必要措施。"①这个建议集中地表现了日本统治"满洲国"政务的内幕。

日本外务省还起草了日满间的基本条约及附属协定,为承认"满洲国"和确立殖民体制发挥了积极而重要作用。

承认伪满洲国的最大障碍是《九国公约》。成立伪满洲国违反了《九国公约》。南京政府1932年3月12日发表宣言,谴责这个伪政权是"叛乱机关",而且违反《九国公约》。列强也以《九国公约》为由,不打算承认"满洲国"。②

如何对付中国和列强,是日本外务省的一个重要课题。外务省指示立作太郎博士寻求承认"满洲国"不违反《九国公约》的论据。立作写了一份题为《承认满洲国与〈九国公约〉的法律关系》的报告书,从所谓民族自决与民族自卫的角度分析了承认伪满洲国所产生的问题及其不违反《九国公约》的理由和所谓法律根据。

日本外务省以这个所谓的民族自决为理由对中国进行反驳,并以同样理由对付列强。6月23日,当英国驻日大使林德利(Lindley)询问日方承认"满洲国"问题时,日外务省声称:"帝国政府认为《九国公约》并不禁止中国某一地方的人民自行从中国独立并建立新国家。作为《九国公约》的缔约国之一,对上述新国家的成立给予承认亦不与该条约抵触。"③

此外,日本外务省还让立作等人研究殖民地的宗主权问题。立作于8月写成一本《关于宗主权的意见集》④,主张对满洲殖民地行使宗主权。然而这种表面上把伪满政权作为"独立国家"来承认,而实际又要对其行使宗主权的做法,是自相矛盾的。

日本外务省进行这番准备时,内田外相于8月25日在第六十三次

---

① 《日本外务省档案(1868~1945)》,第697~702页。
② 罗家伦编:《革命文献》,第37辑,第1892~1893页。
③ 《日本外务省档案(1868~1945)》,S75卷,S16201,第79~80页。
④ 《日本外务省档案(1868~1945)》,S75卷,S16201,第827页。

国会上就承认"满洲国"问题,发表了焦土外交的讲演,在国际上引起很大反响。他说:"政府决心迅速承认满洲国,目前正稳步进行准备。待做好准备,不日即将承认。"他进而声称:"帝国政府认为承认满洲国是解决满蒙问题的唯一方法。""[帝国政府]为了这个问题,可以说具有所谓举国一致,即使举国化为焦土,在贯彻这一主张上也寸步不让的决心。"[1]内田的上述演说,集中地反映了日本外务省在承认伪满政权上的强硬立场和在准备承认时所起的作用。

应和内田外相的上述演说,森恪也说:"我国外交毅然站起来,对新满洲国单独承认的行为,犹如向全世界宣布我国的外交自主独立了。谓之借助承认满洲国的机会,我国在外交上宣战也不过分。"[2]日本对伪满洲国的单独承认,正如森恪所说的,是对中国和列强进行了十几年的外交战。在这种外交战中,"满洲国"问题一直是其焦点之一。

针对内田外相的宣战外交,8月29日南京政府外交部长罗文干进行了反驳和揭露:"这次演说完全暴露了日本政府的野心,今后无须掩饰其对中国的侵略计划,确实是日本政府向全世界正义舆论的挑战行为。"[3]

2. 伪满与日本的殖民体制

日本在其殖民地朝鲜和我国台湾设置总督府,在关东州设置都督府(1919年后改为关东厅),实行殖民统治。伪满洲国也是日本的完全殖民地,本应建立与之相应的统治体制。但它却有个"独立国家"的形式,在这样一个所谓"独立国家"的殖民地中,究竟应建立什么形态的殖民统治体系呢? 这是日本在殖民地统治中所面临的新问题。

伪满洲国成立前,满蒙是日本和列强的半殖民地。南满主要是日本的半殖民地,满铁附属地和关东州是日本的殖民地。日本通过驻东北的

---

[1] 内田康哉传记编纂委员会:《内田康哉》,鹿岛研究所出版会1969年版,第351页。
[2] 内田康哉传记编纂委员会:《内田康哉》,鹿岛研究所出版会1969年版,第357~359页。
[3] 罗家伦编:《革命文献》,第37辑,第1928页。

领事馆、关东厅、关东军和满铁这四根触角,对满蒙进行侵略和统治。这个统治体系十分复杂,无论下级机构,还是上级机构都是如此,如其上级机构,内阁总理大臣、外务省、拓殖省和陆、海军省分别各自指挥其在满的官厅,无统一的在满机构。

伪满洲国成立后,不仅建立殖民体系,而且统一其在满机构成了亟待解决的课题。建立统一的殖民体系是一个在满各官厅权限调整的过程,也充满了其上级机构之间的权力之争。下面我们着重讨论日本外务省在伪满洲国确立殖民统治体制中的作用问题。

伪满洲国原是日本军部,特别是以关东军为主导而建立起来的,因此在确立殖民统治体制中,事实上是由军方掌握着主导权。关东军首先想设置满洲都督府作为统一的统治机构。这是将日俄战争后所采用的关东州的都督制运用于满洲,进而确立关东军的军事统治的体制。

日本外务省的派出机关也十分关心完善在满的经济体制,从而纷纷提出建议。奉天代理总领事森岛于1932年1月12日向犬养首相提出建议。森岛的建议是鉴于露骨的殖民统治体制将给列强造成影响,因而想设置与独立形式的殖民体制相适应的机构。他主张采用诸如高级委员或其他外国易于接受的形式,而不用都督制。森岛认为,使用都督的名称与建设新国家的形式不能两立,否则会在对外关系或执行新国家的计划上造成障碍。但日本外务省派出机关的意见也不一致。哈尔滨总领事大桥忠一原与关东军关系密切,积极协助关东军,所以赞成关东军的都督制,主张"断然实现满洲总督或都督制,统一所谓四头政治"①。大桥与森岛相反,强调背后的实质,而不是殖民统治体制的表面形式,想以强硬态度对待列强。

3月1日伪满洲国成立。这时,由于日本政府尚未下定决心承认伪政权,且各种意见暂未统一,故犬养内阁于3月12日作出决定:"暂维持

---

① 日本外务省编:《日本外交文书·满洲事变》,第2卷第1册,第348页。

现状。"①其现状就是关东军的特务部在背后支配和控制伪政权。

然而 6 月,日本众议院和政府决定承认伪满洲国后,外务省为获得其统治权而采取了积极的态度。外务省次官有田八郎向内阁书记官长提出了外务省的《关于统一帝国在满机关的文件》。② 这一文件虽然在首长问题上与关东军妥协,但对首长的监督指挥则强调首相、外相和拓殖相的作用,目的在于加强政府的统治,确保和扩大外务省对伪政权的控制权。

有田的这个方案于 6 月 16 日在外务、陆军、拓殖三省的次官会议上进行审议,但是陆军和拓殖次官提出异议,结果未被采纳。其后经过三省次官会议和加上大藏省在内的四省次官会议,制定了《驻满特派总监府官制案》。③

这一方案加强了作为特派总监的关东军司令的权限,同时也对外务省官和领事馆的职权做了相应限制。若如此,外务省对"满洲国"的统治权就会明显削弱。另外,这个特派总监府将和日本正式并吞朝鲜以前所设置统监府的名称一样。这与表面上采取"独立"形式的"满洲国"是不相称的。因此外务省对上述方案表示不满。

日本外务省亚洲局局长谷正之提出了《临时特命全权大使案》,规定:全权大使由现役陆军大将担任,兼任关东军司令官和关东厅长官,有关涉外事项和领事职务事项,受外务大臣指挥和监督,有关关东州的事务受拓殖相的指挥和监督。这一方案无论是在掩盖"满洲国"的傀儡性和殖民地的本质上,还是在对付国际压力上,都是非常合适的。7 月 15 日,外务、陆军、拓殖三省大臣原则上同意了这一方案。7 月 26 日,在此方案基础上,日本内阁会议通过了《在满机构统一纲要》,其中规定:"关东军司令官、关东厅长官及满洲特派临时全权大使,事实上由一人担任""特命全权大使受外务大臣的指挥和监督,掌管外交事项,并指挥和监督

---

① 日本外务省编:《日本外交年表及主要文书》,下卷,第 205 页。
② 日本外务省东亚局第三课编:《昭和七年度满洲国关系诸问题摘要》,第 386~412 页。
③ 马场明:《中日关系和外政机构的研究》,原书房 1983 年版,第 252~253 页。

帝国驻满领事"①。

这样,在设置统一的满洲统治机关的过程中,统治权的大部分仍是在关东军手中。然而由于外务省为确保和扩大自己的权限做了种种努力,在粉饰殖民地傀儡政权的所谓"独立性"方面,起到了比军方更为重要的作用。

8月8日,日本军部任命陆军大将武藤信义担任关东军司令官,同时兼任临时特命全权大使和关东厅长官,对伪满洲国开始实施三位一体制的统治。

9月15日,日本和伪满洲国签订《日满议定书》,武藤就任临时特命全权大使,大使办事处设在长春。10月30日,临时特命全权大使改为正式的特别全权大使,大使办事处于12月1日升格为大使馆,武藤大使于12月23日向执政溥仪递交了所谓的国书。该国书采取了对待共和国的形式,日本天皇称溥仪为"朕之良友"。如此设立的驻满日本大使馆,在形式上虽然与设置在独立国家的大使馆一样,但其实质是以关东军为中心,与外务、拓殖等有关各省共同统治满蒙的机构。

日本在设立驻伪满大使馆的同时,还设立了五个总领事馆、十个领事馆、十个分领事馆和一个办事处。日本外务省的派出机关原来从属于北平公使馆,但设立驻满大使馆之后,则被纳入关东军司令官兼驻满大使馆的指挥之下,变成了统治伪满洲国的机构。

对"满洲国"的统治机构虽然以三位一体的形式而暂时统一下来,但只是把其首脑部门一体化了,下层和东京中央指挥系统,依然处于分散状态。随着满洲殖民政策的进展,统一下层体制和中央指挥系统的必要性增加了。这个问题在1934年下半年成了必须解决的紧要问题。

日本军部为了进一步加强关东军的统治体制,拟订了《驻满全权府官制》,要在满洲设置统监府或督统府式的机构,企图将包括关东州在内的满洲所有的军事、外交、经济和行政权都纳入军部手中。这是日本军

---

① 马场明:《中日关系和外政机构的研究》,第256页。

部想把外务、拓殖两省完全排除在外,确立名副其实的军事殖民统治体制。事实上,日本外务省在完全变成日本殖民地的朝鲜和我国台湾,是没有任何统治权限的,那里也不需要外务省发挥什么作用。这是随着殖民体制的完备而产生的必然结果。

为了对付陆军当局,外务省于 8 月 17 日制定了《暂行调整方案》①。这个方案的特征是要扩大驻满大使馆的权限,并采取外务大臣指挥和监督驻满大使的体制。同时,外务省也想避开对"满洲国"实行赤裸裸的殖民统治,以掩盖"满洲国"的傀儡性,以便争取列强对"满洲国"的承认,争取列强对日本侵略满洲的承认。但拓殖省尖锐地讽刺外务省的这个方案是"挂羊头卖狗肉,改革的宗旨和内容是相反的"。

专门管辖殖民地的拓殖省,在指责外务省方案的同时,也反对陆军方面的方案,以确保拓殖省对满洲的统治权限。拓殖省把满洲作为殖民地这一点和军部是一致的,但双方在统治权力方面的争夺同样是激烈的。

在陆军、外务、拓殖三省方案鼎立的情况下,冈田内阁在官制等形式上采纳了外务省方案,在内容和事实上采纳了陆军省方案后,经与各省的协调和谅解,于 9 月 14 日通过了《关于调整对满有关机构的文件》。同一天,在一些问题上,总理大臣、外务大臣和陆军大臣达成了谅解。同月 26 日以敕令形式公布了《对满事务局官制》和《关东事务局官制》。

综观上述各文件,摘其要者有以下几点:(1) 在内阁中新设特别机构对满事务局,接管大部分拓殖省管辖的对满事项。对满事务局内特设总裁,其总裁由陆军大臣担任。(2) 将现今在满机关的三位一体制改为关东军司令官和驻满特命全权大使的二位一体制。在驻满大使馆内设置行政事务局,大使馆的参事官除了专任外,可由任事务局长者兼任之,对行政事务局长之任命,应事先由内阁总理大臣和外务大臣磋商。(3) 在驻满大使馆内设关东局,关东局掌管关东州的行政事务,管理南满铁路

---

① 日本外务省编:《关于调整与满洲国有关的帝国机关方案》,其二,《暂行调整方案》。

附属地的行政,监督满铁和满洲电信电话株式会社的业务。(这是把关东州和"满洲国"划属于一个机构,实际标志"满洲国"已转化成为关东州一样的完全殖民地。)

通过这次对伪满洲国统治体制的调整,日本扩大和加强了军事当局的权限,关东军掌握了"满洲国"的统治权,外务省未能达到扩大权限的目的。但外务省还是派其代表担任驻满大使馆的专职参事官,对统治伪满洲国保持了一定的地位和权限,并在形式上为保持伪满洲国的所谓"独立",排斥了军方的驻满全权府、统监府、都督府等统治形式,继续保持了驻满大使馆的形式。这不能不说是外务省的特殊"功绩"。当时陆军方面虽然主张统监府的官制,但对"如何伪装保持独立国的面目"很伤脑筋,而外务省恰恰解决了这一难题。

其后,随着对伪满洲国殖民化政策的进展,其统治体制也日益完善,日本外务省参与其统治的必要性逐渐减少。驻满大使馆虽作为统治满洲的最高机构依然存在,但驻满领事馆已失去其存在的意义,日本外务省便主动采取了关闭措施。1939年1月12日,外务省以情报部长谈话的形式,宣布将在执行满蒙政策上曾起过重要作用的奉天、吉林等十九个领事馆关闭。至1941年只剩下新京(今长春)、哈尔滨总领事馆和在牡丹江、黑河、满洲里的领事馆。至此,总领馆、领事馆与其说是统治满洲的机关,莫如说是处理对苏关系的机构了。

1934年调整过的对伪满的统治机构和体制,在太平洋战争爆发、大东亚省成立之后,发生了新的变化。由于太平洋战争的爆发,日本占领了东南亚和西太平洋的广大地区,确立了所谓"大东亚共荣圈"。为加强对这些地区的统治,1942年11月1日设立了大东亚省。该省设立后,撤销了拓殖省和对满事务局,在大东亚省内设满洲事务局,由它统治伪满洲国。

以往标榜为独立国家的"满洲国",这时已全然成了日本殖民地的一个组成部分。这样,除纯"外交"之外,大东亚省的满洲事务局指挥和管理"满洲国"的一切,外务省则只管理所谓的纯"外交"了。所谓的纯"外交"是为了粉饰"满洲国"的"独立性"而进行的外交礼仪或缔结条约的手续等,这仅是一种形式,与对满洲的直接统治无关。

在大东亚省的成立过程中,日本外务省和东乡外相,谋求以日本外务省的东亚局为中心,支配、管理"大东亚共荣圈"内的占领地、殖民地,扩大外务省的权限,结果失败。东乡茂德外相不得不于9月1日辞职。东条英机公然声称:"大东亚共荣圈内无外交。"这露骨表明了包括"满洲国"在内,整个所谓的"大东亚共荣圈"都是日本的殖民地,当然没有外交可言。

大东亚省成立后,在满大使馆成了大东亚省所管辖的派出官厅,外务省被排除于对伪满的直接统治。这是伪满洲国殖民地化达到顶点的必然结果。对此,当时的重庆广播评论说:"以往在我东北地方即在'满洲国'沦陷地区,是由速成的傀儡政府统治,今后则正式成了日本的殖民地,变成了由日本政府直接统治的地区了。"①

3. 伪满外交与日本外务省

殖民地国家因其主权已被宗主国剥夺,不可能有独立的外交。然而伪满洲国虽是日本的殖民地,却又采取了所谓"独立国家"的形式,所以在其国务院中设置了外交部,开展所谓"外交"活动,以图向世界表明其"独立性"。结果却适得其反,更加暴露了它的傀儡性。

关东军在伪满政权建立的初期就认为:"满洲国"的"外交,虽然形式上……设立外交部,但其全部最高职员应录用日本人,应在军部秘密指令下行动。"②当时,谢介石虽然被任命为外交部长,但在次长的职位上,任命的却是与关东军密切合作的驻哈尔滨总领事大桥忠一,并着其兼任伪外交部的总务长。大桥虽只是次长,但他一手把持该部,统治着"满洲国"的所谓外交。这足可从一个侧面证明"满洲国"的傀儡性。

---

① 马场明:《中日关系和外政机构的研究》,第441页。
②《日本外务省档案(1868~1945)》,S563卷,S1620—2,第571~572页。

日本在"满洲国"设置大使馆,"满洲国"在东京设置公使馆(1935年6月升格为大使馆)。伪满公使为丁士源,但参赞为原武兵卫,并由他掌握着公使馆的实权。

伪满洲国在苏联的赤塔和布拉戈维申斯克也设有领事馆,但其副领事都为日本人。伪满洲国对外访问团的副团长也都是日本人。1938年7月,伪满洲国派遣了"访欧友好使节团",其团长是"满洲国"经济部大臣韩云阶,副团长是甘粕正彦和大连海关关长福本顺三郎。该团7月15日从长春出发,先到日本接受日本外务省等有关指示,时间长达20余天。12月21日从欧洲回到长崎,又在日本逗留一个月,向日本外务省等作访欧汇报。"满洲国"的这种"外交活动",本身就暴露了它的傀儡性。

日本外务省以所谓尊重"满洲国"的完全"独立"和"领土、主权的完整"为名,于1934年至1937年间撤销了在满洲的治外法权,移交了满铁附属地的行政权。在殖民地内,展开这样的"外交",实际上是一场闹剧。

治外法权是日本和列强在半殖民地中国所强取的特权。这种治外法权的存在象征着中国的半殖民地性。在完全的殖民地,由于在法律上确立了宗主国的统治,因而其自然地拥有了这种法权,无须再在法律上特别规定治外法权了。因此,随着日本对"满洲国"殖民地化政策的进展,整个满洲已被置于日本的"法定"统治之下,以前的治外法权反而妨碍了完全殖民地化政策的实施,因而撤销日本在伪满的治外法权,也便成了加速殖民地化政策进程的必然结果。

1934年7月,伪满洲国组成撤销治外法权筹备委员会;1935年2月,日本外务省也设立了调查审议这一问题的委员会,并于同年8月公布了撤销治外法权和逐渐撤销满铁附属地行政权的方针。这和1934年7月冈田内阁成立后,日本将对"满洲国"的统治体制从三位一体改为二位一体是同时并进的。这意味着随着日本对满殖民地化政策的进展,"满洲国"和关东州、满铁附属地一样,完全变成了日本的殖民地。

日本在所谓撤销对满洲的治外法权的过程中,首先要缔结规定日本人在满洲的法律、经济和政治特权的条约。为此,日本外务省在1936年

6月10日,与伪政权缔结了《日本国臣民在满洲国居住及有关满洲国课税等问题的日满条约》,从而在法律上获得了"日本国臣民在满洲国领域内有自由居住往来,从事农业、工商业和其他公私各种业务及职务,以及享有有关土地的一切权利"①。过去日本人仅在关东州和南满铁路附属地内拥有这种权利,而这个条约则在法律上将其扩大到了整个满洲地区。

1937年11月5日,日本与伪政权又缔结了《有关撤销在满洲国的治外法权和移交南满铁路附属地行政权的日满条约》,同时还缔结了有关司法管辖、南满铁路附属地行政、警察和其他行政、神社、教育及有关兵役行政、设施和交接职员等方面的具体的附属协定。上述条约的第一条规定:"根据本条约附属协定的规定,日本国政府撤销现日本国在满洲所享有的治外法权",并规定"日本国臣民应服从满洲国的警察和其他行政"。② 这好像是日本确实放弃了在满洲的治外法权,但实际上满洲的司法权、警察权仍旧掌握在日本人手里。如司法部次长是日本司法省出身的吉田正武,司法部刑事司长是日本司法省出身的前野茂,治安部次长是日本内务省出身的薄田美朝,警务司长是涩谷三郎,其下属的司法、警察也都是日本人掌握着实权。另外,法律也是日本人制定的殖民地法律。所以住在满洲的日本人与其说是服从"满洲国"的司法裁判和警察管辖,不如说是这里的中国人必须服从日本的裁判和警察管辖。这说明"满洲国"的完全殖民地化已被"法律化"了。因此,治外法权的继续存在,不仅在扩大日本的殖民权益上不起作用,而且妨碍了日本的权益。1936年6月3日,日本枢密院在审议《日本国臣民在满洲国居住及有关满洲国课税等问题的日满条约》时,荒井在有关说明中谈道:"帝国现在满洲国条约上所享有的治外法权,随着我国对满国策的进展……逐渐失去了它的重要性……为使在满洲国的帝国臣民确有全面发展之可能,进而永远巩固两国间的特殊关系,莫如见机予以撤销为宜。"③这所谓的"全

---

① 日本外务省编:《日本外交年表及主要文书》,下卷,第341页。
②《日本外务省档案(1868~1945)》,WT44卷,IMT181,第3~14页。
③《日本外务省档案(1868~1945)》,WT30卷,IMT181,第13~14页,第14页。

面发展",是指"满洲国"的全面殖民地化。

日本撤销治外法权也是企图限制和排除其他列强在满洲的殖民特权。伪满洲国成立后,为求得列强的承认,日本对尚未承认伪满政权的列强,也曾承认其驻满领事馆及治外法权。① 这对粉饰伪满洲国的"独立性"是有利的,但对日本在满洲确立殖民体制、扩大权益却是一种障碍。在半殖民地的情况下,列强可以在一个国家或一个地区内并存,然而在殖民地情况下,则只能有一个宗主国。因此,6月3日日本枢密院审议上述条约时,荒井说:"英美和其他各国现今在满洲国事实上保持着与治外法权相同的地位,这对该国的健康发展是明显的障碍。因此帝国有必要率先撤销治外法权,使上述各国按照这一事实,放弃事实上享有治外法权的地位。"②11月5日在缔结上述条约的同时,伪外交部外务局长就日本以外享有治外法权的国家的待遇问题发表声明。声称:"与日本国间缔结了有关最终撤销治外法权的条约,其结果日本臣民得服从我国一切法令的限制。因此帝国政府在实施上述条约的同时,对上述的一部分外国人亦废除现在恩许的治外法权待遇。"③并以12月1日为期予以施行。

日本对列强采取这种强硬的措施与中日战争有直接关系。日本通过中日战争占领了华北,将满洲与华北先后置于其统治之下,接着又将战局扩大到上海、杭州、南京。这种情况加深了日本与列强的矛盾和对

---

① 1934年1月在伪满洲国设置的外国总领事馆和领事馆为:
奉天:美、英、苏总领事馆;德、法领事馆;
哈尔滨:美、英、苏总领事馆;法、德、意、波、捷、葡、丹麦、荷兰领事馆;
齐齐哈尔:苏领事馆;
满洲里:苏领事馆;
营口:苏、挪威领事馆;
绥芬河:苏领事馆;
黑河:苏领事馆;
大连:英、美、德、苏领事馆;
其他有领事资格的还有:爱沙尼亚、拉脱维亚、立陶宛代表驻哈尔滨;芬兰、荷兰、瑞典、法国、比利时的名誉领事驻在大连。
②《日本外务省档案(1868~1945)》,WT30卷,IMT181,第13~14页,第14页。
③ "满洲国"政府编:《满洲建国十年史》,原书房1969年版,第90页。

立。因此,在此时期日本采取了限制列强在满洲的殖民特权的措施。

日本外务省在国联争取列强承认伪满洲国的活动失败后,仍然继续这种活动。但这与其说是争取列强承认"满洲国"的所谓"独立性",莫如说是争取列强对日本在满洲的殖民统治和伪满殖民地的承认。

伪满政权成立后,萨尔瓦多于1933年3月3日首先承认了这个"满洲国"。萨尔瓦多是在国联会议上没有对"九一八"事变和关于"满洲国"的最终报告书投票的国家,其为何率先承认伪满政权,至今还是一个没有弄清的问题。

其次是罗马教廷。罗马教廷主要由于传教的原因承认了"满洲国"。其红衣大主教弗·维奥蒂和教皇卡·沙罗蒂,于1934年2月25日向驻吉林的主教卡斯佩颁发的委任状中言称:"对吉林兼新京主教卡斯佩特授予临时代理权,让该主教代表本教会在满洲国境内各教区,与满洲国政府关于天主教会诸问题进行交涉。"①卡斯佩与伪外交部交涉的结果是于4月13日承认了伪满洲国。

日本为侵略满蒙和成立伪满洲国而退出了国联,在国际上陷入了孤立。到1936年以后,以争取承认"满洲国"为桥梁,与法西斯国家结成了新的同盟关系。"满洲国"也通过参加法西斯阵营而获得了法西斯国家的承认。这是日本法西斯外交的副产品。

这里首先探讨一下日本与德国的关系。日本和德国自甲午战争以来,因为辽东半岛与山东等问题而处于相互对立的状态。然而时至30年代,由于凡尔赛·华盛顿体制的破裂,两国在新的力量关系的基础上,又以"满洲国"问题为桥梁而相互开始接近。1933年10月18日,即德国退出国联的前一周,希特勒指示驻日大使迪克森说:如果日本为了改善日德关系而要求承认"满洲国"的话,以解决某些经济问题为前提,不妨予以承认。其后在日本外务省的斡旋下建立了德满经济关系。1934年3月,德国政府的通商代表海埃来满,讨论了用满洲的大豆交换德国飞机

---

① 《日本外务省档案(1868～1945)》,WT58卷,IMT449,第165～166页。

问题。12月以基普为团长的德国经济调查团来满,1936年4月30日签订了《满德贸易协定》(有效期延长至1937年)。1939年9月又缔结了《满德有关贸易和支付协定》,其中规定:德国从满洲进口一亿日元物资,"其中四分之三即7500万日元用外汇支付,其余四分之一即2500万日元用德国马克支付,上述德国马克汇入满洲国政府所指定银行的特别账户,用以支付满洲国进口的德国产品"①。然而,其中的四分之三也即7500万日元的外汇为什么没有明确记载呢?原来是为了调整日德贸易的失衡,这笔外汇汇入了日本指定的银行,由日本使用了。这明确地表示出"满洲国"的对德贸易是傀儡性的殖民地贸易。

由于这种贸易关系以及日德对莱茵地区、满蒙和华北地区侵略的共同行动,双方愈发接近。1936年11月25日,日德两国缔结了防共协定,两国关系更加密切了。因此,1938年2月,德国禁止向中国出口武器,撤回了派遣到中国的军事顾问团,以支持日本侵略中国。与此同时,希特勒在2月20日国会上表示要承认伪满洲国,并于5月12日在柏林缔结了《满洲国和德意志共和国友好条约》,其中决定"满洲国政府和德国政府,在两国间立即开始建立外交及领事关系"②(第一条)。1939年3月24日又缔结了友好条约的追加条约,对在满德国人的通商活动,追加了"原则上给予同最惠国国民一样的待遇"③。这一文字表现的要点是没有称德国是最惠国,即没有给予德国和日本完全一样的待遇。这说明在日本的殖民地内,德国不可能得到与日本同样的待遇。满洲只是日本的殖民地。如果满洲是半殖民地的话,德国的插足其中也许是可能的。

伪满洲国与意大利也通过防共协定建立了相互关系。1935年12月意大利侵略埃塞俄比亚,翌年5月将其吞并。这是意大利在欧洲打破凡尔赛体制的第一步。同年7月西班牙的佛朗哥发动叛乱,向人民战线进

---

① 《日本外务省档案(1868~1945)》,WT58卷,IMT449,第19页。
② 《日本外务省档案(1868~1945)》,WT58卷,IMT449,第11~12页。
③ 《日本外务省档案(1868~1945)》,WT58卷,IMT449,第19页。

攻时,意大利和德国共同予以支援。由于这种协作行动,德、意两国于同年10月结成了"柏林—罗马轴心"的同盟关系。1936年11月日本和德国缔结防共协定时,意大利外相齐亚诺对日本驻意大使杉村阳太郎建议:日意间也应缔结同样的协定。作为缔结这种协定的桥梁,意大利于同年12月又重新启用一度封闭的奉天总领事馆,并表示了承认"满洲国"的态度。这时,日本也在埃塞俄比亚设立总领事馆,表示承认意大利吞并埃塞俄比亚。然而日本外务省并没有立即与意大利缔结协定。这是由于当时意大利的对外侵略,激化了意英在地中海的矛盾,日本外务省考虑到缔结日意同盟必然会影响日英关系。但卢沟桥事变爆发后,意大利支持日本侵略中国,禁止向南京政府出口武器。墨索里尼说:"为了支援日本军队,必要时意大利派遣兵力也在所不辞。"[1]此外,意大利在布鲁塞尔召开的《九国公约》会议上,也支持日本侵略中国。受到意大利如此支持的日本,于1937年10月20日表示同意意大利参加防共协定。同年11月6日,意大利正式签字参加日德防共协定。由于这种法西斯阵营的形成,意大利于11月29日正式承认"满洲国",次日将奉天总领事升格为大使馆。

1938年7月5日,伪满洲国与意大利缔结《通商航海条约》,在满洲的通商等方面,原则上给予意大利人与最惠国国民同样的待遇。与此同时还缔结了"以满洲国和日本国为一方,以意大利国为另一方,为规定有关贸易和支付手段的满、日、意政府协定"。这个贸易协定也和满德贸易协定一样,证明了"满洲国"的傀儡性。1938年5月10日日本枢密院在审议这个协定时,原嘉道解释说:"帝国政府鉴于在以往的日意贸易中,我方略有出超,而此次事变爆发以来,由于我方购入军火而转为大量入超,因而认为通过签订这种协定,将有利于均衡地扩大今后日满两国与意国的贸易。"[2]这实际上是自己表明了这种贸易的目

---

[1] 鹿岛守之助:《鹿岛守之助外交论文选集》,第9卷,第211页。
[2] 《日本外务省档案(1868～1945)》,WT30卷,IMT183—2,第3～4页。

的。这样的贸易协定是由于殖民地的满洲采取了"独立国家"的形式的特异性而产生的,在国际法上并无先例。因而当枢密院审议时,金子提出质问说:"此条约的一方是意大利国,另一方是日满两国,这样的条约在国际法上有先例吗?"对此,宇垣外相只好回答说:"似乎有此先例,但现在记不清了。"①

如上所述,伪满洲国通过日本外务省的斡旋,与德、意密切了政治、经济关系。由于这两国的支持和承认,1939年2月24日伪满洲国参加了防共协定,借此又得到了其他参加防共协定的法西斯国家的承认。据统计,到1941年有17个国家承认"满洲国",其中参加防共协定的,有西班牙、匈牙利、保加利亚、丹麦、罗马尼亚、芬兰、克罗地亚、斯洛伐克等国,还有在二三十年代由法西斯势力掌握政权的立陶宛、波兰等国。其次,日本在中日战争中建立的汪兆铭政权和太平洋战争中在东南亚建立的缅甸、泰国等伪政权也承认了"满洲国"。这种承认是傀儡国间的相互承认。与其说是承认日本对满洲的侵略,莫如说是互相承认对方的傀儡性。

未承认伪满洲国的英美各国,一面暂时维持在满的领事馆,一面探索与满洲保持经济贸易关系的可能性。1934年10月英国派出以前产业联合会会长巴奈(Barnney)为首的英国产业视察团到达满洲,"视察有充分扩大市场希望的满洲国,并探索建立通商关系的可能性"②。英国的部分报纸也从经济目的出发,表示希望承认伪满洲国。

法国于1934年3月派出海外投资团体——法兰西经济发展协会的代表德·索威,经日本外务省同意后,在满洲设立了日法对满事业公司(资本10万日元),对伪满进行投资。

美国在1934年10月派出以《华盛顿新闻报》主编罗维尔·麦列特为团长的由二十六名记者组成的记者团来到满洲,该记者团作为伪满成

---

① 《日本外务省档案(1868~1945)》,WT30卷,IMT183—2,第16~17页。
② 满洲日报社编:《满日年鉴》1935年,第115页。

立以来抵达的最大的外国记者团,曾受到世界的注目。《纽约时报》等报纸强调:"美国不能永远不承认满洲国。"

1934年比利时也派遣该国最大银行的董事倍伦·墨恩来到满洲,探讨对伪满投资问题。

日本外务省允许上述各国在伪满活动,是想利用满蒙的资源和市场,获得列强对日本侵略满蒙和伪满殖民地现实的承认。因此在不能获得承认时,日本便开始限制列强的活动,列强也开始逐次关闭在满领事馆,并从满洲撤出。

综上所述,日本承认"满洲国",确立殖民统治体制,以及日本外务省在"满洲国"傀儡外交中的一贯政策,正如拓殖省对日本外务省所讽刺的那样,是"挂羊头卖狗肉",是表里矛盾的两面性政策。这种两面性政策,是由"满洲国"的实质是殖民地傀儡,表面是所谓"独立国家"的两面性所造成的。其政策的本质在于背后的殖民地化,其表面不过是粉饰殖民地的傀儡性而已。因此日本外务省的这种两面性政策,反过来更加证明了"满洲国"的傀儡性。

日本外务省在执行对满殖民政策的过程中,作为担当对外问题的一个省,发挥了关东军和军事当局所起不到的特殊作用。然而随着对满殖民地化政策的进展,外务省的作用逐渐缩小。最后由于大东亚省的设立,日本外务省几乎完全被排斥在对满洲的统治之外了。这可以说:日本对满殖民地化的程度与日本外务省在满洲的统治地位是成反比例的。这种反比例关系的实质在于:随着日本对满殖民化政策的进展,"满洲国"的傀儡本质日益暴露,它的表面的"独立"形式反而妨碍了日本在满的殖民地政策,所以日本也就逐渐地失去了粉饰伪满所谓"独立性"的必要。以致充当粉饰这种"独立性"的日本外务省,在完成这种任务之后,便逐渐被排斥在对满洲的统治之外。这种情况随着太平洋战争的爆发,特别是通过1942年庆祝伪满"建国"十周年以及大东亚省的成立而更加明显了。

五、"满洲国问题"与日本的战时外交

在日本战时外交中的"满洲国问题",首先是争取"承认满洲国";其次是利用"满洲国"开展对华、对美、对苏的战时外交。争取"承认满洲国"的具体方针,和"满洲国"在日本战时外交中所占地位是随着国际形势和战局的变化而变化的。另外,美国在对日、苏的外交中也利用了"满洲国问题"。因此,"九一八"事变后的"满洲国问题"在日本的战时外交和国际关系中,愈益复杂化了。本节拟将这一"满洲国问题"和日本的战时外交关系分为中日战争、日美谈判、终战三个时期顺次加以考究。

1. 中日战争时期

日本解决"满洲国问题"的焦点是如何使自己一手炮制的伪满政权获得国际承认。日本计划将自己的殖民地"满洲国"作为"独立"国家首先予以承认,然后争得国联和列强的承认,但遭到失败,于是日本悍然退出国联,在国际上空前孤立。

未得到中国和列强承认的"满洲国",在国际上是不稳定的,而且给日本带来了众多的麻烦。事变后,日本在进一步加强满洲殖民统治的同时,又反过来企图先取得中国的承认,然后再利用中国的承认去取得欧美列强的承认。这是因为满洲本是中国的一部分,中国不承认,列强承认是困难的。

下面,将日本外务省和军部要求中国承认伪满洲国的过程分三个阶段进行考察。

第一阶段是从 1933 年 9 月至 1935 年春。这一时期,日本外务省企图首先改善已经恶化的中日关系,从而获得中国对伪满洲国的承认。9月就任外相的广田弘毅和次长重光葵,积极推行此方针。广田外相于 10 月 3 日召开的五大臣会议①上,对此方针作了说明。五大臣会议提出,

---

① 五大臣会议指总理大臣、外务大臣、陆军大臣、海军大臣、大藏大臣会议。

"为了使满洲国得到健全发展,须先控制该国经济并使之与我国经济相调整,实现在帝国指导下的日满华三国的合作共助"①,决定调整与中国的关系。重光葵次官在其回忆录中,对此外交方针作了以下说明:

> 日本对中国自身之事坚持援助中国政府,用事实表明是中国人的朋友。与此同时,在满洲则根据既定方针坚持进行满洲的建设,[满洲国]如能成为中国建设国家的楷模,那么"满洲国问题"不仅在与中国之间会得到解决,并会因此带来机会,使已经发生的与国联和列强间的纠纷得以逐渐消除。②

这是欲先调整与中国的关系,使中国承认"满洲国",进而改善与列强的关系,争取它们的承认。为推行此方针,日本外务省制定了以下三项政策:

> 第一,满洲国的建设按既定方针进行,然而不立即要求中国予以承认,容时间解决。第二,尽可能进行日华间的经济合作,推行日华间融洽合作的方针。第三,极力排除可能助长日华纠纷的第三国或第三种势力的介入,即对想让满洲国和中国本土关系造成混乱的共产党势力,要以反共政策与之反抗。另外,对给中国提供武器或提供财政援助以反抗日本的第三国或第三国人的行动,要采取外交手段加以制止。③

政策既定,日本外务省于1934年10月将满洲的统治机构从三位一体调整为二位一体,是推行其第一项政策。1935年将中日两国的公使馆升格为大使馆,是推行其第二项政策。1934年4月天羽情报部长的声明④,是推行第三项政策。

---

① 日本外务省编:《日本外交年表及主要文书》,下卷,第275页。
② 重光葵:《外交回忆录》,第149～150页。
③ 重光葵:《外交回忆录》,第150页。
④ 日本外务省情报部长天羽英二于1934年4月17日发表的一项声明,不许外国援助南京政府,不许干涉日本在华的行动。

这个时期，关东军也与外务省制定的方针协调行动，展开与华北政务整理委员会的谈判。其结果，1934年7月开通了北平—奉天（沈阳）间的列车，12月开设海关；1935年两者之间开通邮电，两者关系暂时保持平稳状态。然而关东军从1935年夏侵入华北，缔结了所谓的《何梅协定》和《秦土协定》，扩大了对华北的侵略。

在这种形势下，从1935年夏承认"满洲国问题"进入第二阶段。日本外务省利用军部入侵华北，遂提出以默认"满洲国"或承认为前提，"改善"所谓两国的关系。广田外相经过9月27日、28日的四大臣会议①，于10月4日发表对华三原则。② 此三原则是与关东军侵略华北相适应的外交政策。在其第二原则中，要求"中国方面对满洲国虽然最终必须予以承认，但当前应在事实上默认满洲国的独立，不仅要停止反满政策，而且至少在与满洲连接的华北地区，要与满洲国间进行经济、文化方面的融通合作"。广田将中国承认满洲国作为根本问题，十分重视。他强调说："为了彻底调整日满华三国的关系，首先中国要承认满洲国的存在，并与之建立邦交，如不进一步协调双方的利害关系，是不能根本解决的。"③这说明日本外务省已从"与中国先改善关系后承认"的方针，转变为"先承认后改善"的方针。此方针的转变，是伴随着日本军部分离华北工作而进行的。

广田外相为贯彻此方针，10月7日对驻日大使蒋作宾说："为调整日满华三国关系，中方最好于此时断然承认满洲国。然而由于中国对内和其他关系上正式承认还有困难，若承认有困难，当前就不要漠视满洲国独立的这个既存事实，在事实上予以默认。"④据日方记载，南京政府回答说："今后中华民国虽不能与满洲进行政府间的谈判，但对该地区的现状

---

① 四大臣会议是指总理大臣、外务大臣、陆军大臣、海军大臣的会议。
② 对华三原则又称广田三原则，内容为：1. 停止反日；2. 承认伪满洲国；3. 共同反共。
③ 广田弘毅传记刊行会：《广田弘毅》，中央公论社1966年版，第159，162页。
④ 日本外务省编：《日本外交年表及主要文书》，下卷，第304页。

绝不以非和平的方法惹起争端,并采取措施保持关内外人民的经济联系。"①国民政府虽然原则上不承认"满洲国",但在经济上采取部分妥协的态度。这是因为南京政府管辖区内的经济危机深化和其专心致力于"围剿"中国共产党及其工农红军而采取了"安内攘外"的政策。

日本军部对外务省企图利用日军侵入华北,使南京政府默认伪满洲国的设想也表示同意和支持。陆军参谋本部第二部于1936年2月6日起草的与南京政府的谈判方案中记载:"大体上按照外务省方案(守岛个人方案)诱导南方面,至少使蒋政权……承认既成的事实(包括承认满洲国在内)。"②这种设想由于日本扩大在华北的侵略,未能达其目的。然而重光次长将这一责任完全归咎于军部,在其回忆录中竟然说:"最初欲收拾九一八事变的一大政策,由于军部的华北工作而破坏了。"③这并不是事实,其后有田八郎、川樾茂大使也为了解决华北和"满洲问题"继续同蒋介石会谈,企图利用华北的新形势解决"承认满洲问题",然而未能达到所期望的目的。

"九一八"事变是日本侵华14年战争的开始。中日战争是日本侵略满蒙、华北的必然产物。日本关东军从"九一八"事变起就有扩大其版图的企图,在建立伪满洲国时曾这样考虑过:"若将国号冠以满蒙二字,将来倘若满蒙以外之地纳入其版图则不大合适,因此目前还是让中国学者研究适当的国号。"④这说明了"九一八"事变与中日战争的相互关系。所以"承认满洲国问题"自然会与中日战争联系在一起。

这样"承认满洲国问题"便在中日战争爆发时进入第三阶段。日本外务省和军部曾企图利用战争初期的军事优势,首先解决满洲和华北问题。事变初期,日本外务省与陆、海军省在所谓不扩大和日华停战的招牌下,共同制定了《全面调整日华国交方案纲要》,8月8日日本驻华大使

---

① 日本外务省编:《日美谈判资料》,第1部,原书房1978年版,第307页。
② 日本外务省编:《日美谈判资料》,第1部,第337~338页。
③ 重光葵:前揭书,第161页。
④ 《日本外务省档案(1868~1945)》,S563卷,S1620—2,第589页。

川樾茂向南京国民政府传达了该纲要的内容。同时在外务省东亚局长石射猪太郎的斡旋下，日本派遣驻华纺织同业会的理事长船津辰一来中国，对南京政府进行所谓和平诱降工作。在此工作中，日本外务省和军部首先要求南京政府："秘密与[日本]进行今后不得将满洲国作为问题的约定。"①这就是说，它欲让南京政府私下承认伪满政权的存在。

军部也欲借中日战争爆发之际，解决"满洲国的承认问题"。当时日本参谋本部第一部长石原莞尔主张，要将使南京政府"承认满洲国"②作为解决中日战争的两个条件之一。石原的这个主张明确表现在9月13日由参谋次长起草的《指导战争（有关作战及军需事项除外）纲要草案》中。纲要草案提出："要理解这次事变（指卢沟桥事变——笔者注）是结束九一八事变的真正含义，承认'满洲国'是根本。"作为媾和的条件之一，它提出"中方承认满洲国问题"③。这说明在卢沟桥事变的初期对"承认满洲国"日本何等重视。

其后中日战争日益扩大，战局扩大到长江和华中地区。随着战局的扩大，外务省东亚局与海军省的军务课协商，制定《处理中国事变纲要》及其《具体方案》，10月1日得到首相和陆、海军大臣的裁决。在此纲要中值得注目的是要求"中国正式承认满洲国"④。这说明随着军事行动的扩大，"承认伪满洲国"也从"秘密"升级为"正式"的、"公开"的了。此后在处理中日战争的各纲要中，便将"承认满洲国问题"作为对华外交的第一条了。

国民政府拒绝了日方包括"承认满洲国"在内的各项要求，毅然抵抗日本的侵略。日本军队12月13日攻陷南京，企图以军事压力达到其目的。因此，日本外务省和陆、海军省的主管当局，于1937年12月末制定

---

① 日本防卫厅研究所战史室：《战史丛书·中国事变陆军作战(1)》，朝云新闻社1975年版，第249页。
② 日本防卫厅研究所战史室：《战史丛书·中国事变陆军作战(1)》，第223页。
③ 日本防卫厅研究所战史室：《战史丛书·中国事变陆军作战(1)》，第343~344页。
④ 日本防卫厅研究所战史室：《战史丛书·中国事变陆军作战(1)》，第249页。

了《处理中国事变的根本方针》。经过 1938 年 1 月 9 日军部和政府的联络会议及 9 日的内阁会议,在 11 日的御前会议上提出此方针。御前会议通过了此方针,并附加了九项《日华媾和谈判条件细目》。其第一项是:"中国正式承认满洲国";第三、四、五项是要求华北地区"满洲化"。①

日本外务省将此谈判条件于 1937 年 12 月 22 日交给德国驻日大使狄克森,求他托德国驻华大使陶德曼进行斡旋。然而国民政府未接受此谈判条件。

在此情况下,日本政府于 1938 年 1 月 16 日发表声明,"不以国民政府为对手""希望成立和发展足以真正与帝国合作的新兴的中国政府,与之调整两国国交,协助改建新中国"。② 它欲进一步扶植卢沟桥事变后在华北、华中成立的新的伪政权。这是对国民政府施加的政治压力,企图使它接受日本的要求。国民政府依然拒绝,没有屈服。同年 11 月 3 日,日本政府因无法改变国民政府在国际上的合法地位,又发表声明:"即使国民政府……也不予拒绝"③,这表明了就"满洲国"等问题与国民政府仍有进行谈判的可能性。

发表声明的背景是因中日战局变化引起的,1938 年秋武汉失守后,中国抗战转入战略相持阶段,日本也陷入侵华战争的泥潭。

在相持阶段,日本外务省和军部通过各种渠道对国民政府进行"和平诱降工作",以使蒋介石屈服。在此"和平诱降工作"中,"满洲国问题"仍然是谈判的问题之一。

在此时期,日本军部派影佐祯昭、今井武夫等去上海对汪精卫进行工作。影佐和今井与汪精卫的代表高宗武、梅思平谈判时,以汪"承认满洲国"④为日本帮助汪建立伪政权的条件之一。汪精卫承认这个条件后,脱离重庆投入日本怀抱,在南京建立了伪政权。

---

① 日本外务省编:《日本外交年表及主要文书》,下卷,第 385~386 页。
② 日本外务省编:《日本外交年表及主要文书》,下卷,第 386 页。
③ 日本外务省编:《日本外交年表及主要文书》,下卷,第 401 页。
④ 日本外务省编:《日本外交年表及主要文书》,下卷,第 402 页。

1940年春,日本军部又开展所谓"桐工作",今井武夫和臼井茂树等从3月7日开始在香港与重庆方面的"宋子良"、陈超霖等磋商劝降条件。磋商的结果,第一条是"以中国承认满洲国为原则(恢复和平后)"①。3月14日臼井大佐向日本参谋本部报告说:"承认满洲国问题将争执到最后。"②随着香港谈判的进行,闲院宫参谋总长准备派板垣征四郎中将去重庆与蒋介石直接谈判,想诱蒋投降。其诱降的九个条件的第二项则要求"中国承认满洲"③。其后,"桐工作"成了日本军部和政府的共同谋略。7月下旬参谋本部第八课课长臼井茂树根据板垣的训令,起草了停战的基本条件,在其第二项"关于承认满洲国问题"中提出:

  承认的时机当然尽量要快,倘不得已,可考虑在协约外的日军完全撤离的期间内,使之承认。

  关于约定承认的时机和方法,不得已时不妨采用秘密和变通方法,但关于承认满洲国问题必须使之公开提及。④

其承认的实质虽同以往一样,但同意了秘密承认和变通的方法等,在形式上表示了一定的"让步"。然而9月12日"宋子良"与今井会谈时,"宋子良"询问,承认满洲国问题还有让步余地吗?如有,其限度如何?这说明在"桐工作"中,伪满洲国问题依然是重要的焦点。"桐工作"到了9月下旬宣告失败,后来得知,原来"宋子良"不是宋子良本人,而是国民党蓝衣社的曾广。这样,日本通过"桐工作"获得"承认满洲国"的企图遭到了失败。

日本军方的"和平诱降工作"失败后,日本外务省积极开展新的和平诱降工作。1941年1月1日,松冈洋右外相与陆、海军大臣共同决定《对

---

① 稻叶正夫等编:《走向太平洋战争之路》,别卷资料编,第297页。
② 稻叶正夫等编:《走向太平洋战争之路》,别卷资料编,第297页。
③ 日本防卫厅防卫研究所战史室编:《战史丛书·大本营陆军部(2)》,朝云新闻社1968年版,第31页。
④ 日本防卫厅防卫研究所战史室编:《战史丛书·大本营陆军部·大东亚战争开战经纬(3)》,朝云新闻社1973年版,第7页。

重庆进行和平谈判的方案》,把它作为日方要求条件的试探案。该案首先要求"中国承认满洲国",作为附记"此件根据情况也可另外商谈"①。这个时期,日、德、意结成三国同盟。德国与中国曾有密切关系。日本则利用此种关系,将上一个要求条件和其他四个条件一并向中国提出。

同时,松冈外相还通过中国交通银行董事长钱永铭,进行了"钱永铭工作"。松冈于10月中旬派西义显、船津辰一郎、田尻爱义等去香港,与钱进行谈判。在谈判中,田尻爱义根据松冈外相同意的解决中日战争方案,将"满洲国作为现实问题加以处理"②作为条件之一。这比10月1日三大臣决定后退了一步。对此方案,船津同汪精卫会谈时,汪精卫说:"听说这次日方的提案中,暂且未提及满洲国问题,待将来在适当时机由满洲国政府向中国政府请求承认。"③这句话,正好佐证了日方在此问题上的退让。

如上所述,至1940年下半年,日本在"承认满洲国问题"上,虽然原则上要求重庆承认,但在方式上采取了较以前"让步"、妄图使中国承认的方针。这与日本随着欧洲战局的变化所采取的南进政策有密切关系。1940年7月27日,日本大本营与政府联络会议通过《随着世界形势的推移处理时局纲要》:"帝国为对应世界形势的变化,改善国内外的局势,要在促进迅速解决中国事变的同时,抓住时机解决南方问题。"④此纲要正式决定要以南进为国策,这说明日本已迈出了争夺东南亚和太平洋霸权的第一步。日本统治者为了南进,希望及早解决从背后牵制其南进的侵华战争。因此,它积极对国民政府诱降,对"承认满洲国问题"在形式上"让步",以使蒋政权早日投降。另外,至此时期,汪精卫的南京伪政权问题比"满洲国问题"更加紧迫,"满洲国问题"已变成第二位,这也是其"让

---

① 稻叶正夫等编:《走向太平洋战争之路》,别卷资料编,第302页。
② 日本防卫研究所战史室编:《战史丛书·大本营陆军部·大东亚战争开战经纬(3)》,第106页。
③ 日本防卫研究所战史室编:《战史丛书·大本营陆军部·大东亚战争开战经纬(3)》,第104页。
④ 日本外务省编:《日本外交年表及主要文书》,下卷,第437页。

步"的一个原因。

日本企图在承认汪精卫的南京伪政权之前,先使重庆的国民政府屈服,但重庆国民政府拒绝了包括"满洲国问题"在内的日方要求。这样,"钱永铭工作"也告失败。日本于11月30日与汪精卫缔结基本条约,日本正式承认汪伪政权,同时发表《日满华共同宣言》①,这两个伪事政权也彼此相互承认。

这样,处理和承认两个伪政权的问题,又成了日本外交的新课题。此问题在1941年底开始的日美谈判中成为日美双方讨价还价的筹码,从而又变成为太平洋战争开战外交的一个组成部分。

2. 日美谈判时期

1940年春,由于纳粹德国的西部攻势,法国、荷兰等相继被德国占领,法属印度支那、荷属印度尼西亚暂时成了权力空白地带。日本抓住这个大好时机,利用三国同盟,开始实施南进政策。这就使日美间的矛盾和对立进一步激化。日美两国欲通过外交谈判解决这个矛盾,以达到各自在太平洋的目的。于是从1940年底起日美谈判开始。

在日美谈判中,日本以三国同盟和在太平洋的军事优势为后盾,企图通过外交谈判达到南进的目的,同时以南进的态势向美国施加压力,以争取解决包括"承认满洲国"在内的中国问题。美国就这些问题欲与日本妥协,以使之解散三国同盟,从而阻止日本南进。于是满洲和中国问题,便成了日美外交攻防战中的重要问题。承认伪满洲国问题,便从"先由中国承认后再争取列强承认"开始转变为"先由美国承认后再得到中国承认"的方针。

在日美谈判中的满洲和中国问题具有二重性,在日本方面,既是其需要解决的问题,同时又是其实现南进的谈判手段之一;在美国方面,既

---

① 该宣言是日本"承认"汪伪政权时由日本、汪伪政权、伪满政权共同发表的,规定了日本与汪伪、伪满三者间的宗主国与殖民地之间的关系。

是防止日本南进的谈判手段之一,又是与日本争夺的对象。因此,在日美谈判中,"满洲国问题"所占的地位,已比中日战争期间大为下降,在中日战争中日本把"满洲国问题"作为外交目的的第一条或第一项,而在日美谈判时则只作为最后附加的一条。这是因为日美谈判的焦点是南进问题,承认"满洲国问题"不过是其附属问题,是达到目的的手段之一罢了。当然,在日美谈判中,"满洲国问题"也是不能忽视的。

日美谈判在1940年底由民间开始进行,1941年4月升级为政府间谈判。4月16日美国的赫尔国务卿与多洛特神父和岩畔豪雄大佐在华盛顿提出《日美谅解案》。这是日美政府进行谈判的第一个方案,在"两国政府对中国事变的关系"①中有"承认满洲国"问题,内容如下:

> 美国总统承认下述条件,同时日本国政府对此给予保障时,美国总统依此对蒋政权进行和平劝告。
>
> A. 中国之独立。
>
> B. 根据日中间成立的协定日本军队从中国领土撤退。
>
> C. 不合并中国领土。
>
> D. 不赔偿。
>
> E. 恢复门户开放,但其解释和适用在将来适当的时期,由日美间进行磋商。
>
> F. 蒋政权和汪政府合并。
>
> G. 日本自己克制向中国领土大量或集团移民。
>
> H. 承认满洲国。
>
> 蒋政权接受美国总统之劝告时,日本国政府与统一建立的新政府或与组成该政府之成员开始直接进行和平谈判。

早在4月9日的《日美谅解草案》的末项中还有以下记载:"蒋介石政权如拒绝罗斯福总统的劝告时,美国政府应断绝对中国之支援。"②换

---

① 日本外务省编:《日美谈判资料》,第1部,第13页。
② 日本防卫厅研究所战史室编:《战史丛书·大本营陆军部·大东亚战争开战经纬(3)》,第515页。

句话说,蒋政权如不承认"满洲国",美国则停止援助。制定此方案的日方负责人岩畔大佐说:"对承认满洲国问题,美国自始就未提出异议。"①这个事实说明美国曾打算牺牲"满洲国",以阻止日本的南进。

然而对此谅解案,松冈外相做了重大修改,制定了5月12日的日本方案。该方案全部取消了"两国政府对中国事变的关系"中的八项,主张以《日华基本条约》②和《日满华共同宣言》为原则。

针对日本的方案,美国于6月21日提出另一个方案。在此方案中美国对《日本政府的附属追加书》提出八项"对中日和平解决措施"。其中希望"就满洲国问题进行友好谈判"③,暗示承认伪满洲国的态度,以防止日本的南进。

然而日本于7月28日侵入法属印度支那南部,暂时中断了日美谈判。这说明围绕太平洋霸权的日美斗争,不是通过"满洲国问题"等的妥协所能解决的。在这种形势下,日本于9月6日召开的御前会议决定:"通过外交谈判至10月上旬尚无希望贯彻我方要求时,则决定直接对美(英、荷)开战。"④这样,日美谈判便开始转变为开战外交,"满洲国问题"也成了开战外交的一个组成部分。

在开战外交中,日本向美国提出了新的反提案。此提案在满洲和中国问题上,虽然坚持以《近卫三原则》《日华基本条约》和《日满华共同宣言》为原则,但提出了5月所反对的《日华和平的基础条件》。该条件在汪精卫的南京伪政权和撤兵问题上虽然有一定的"让步",但对"承认满洲国",未表示让步。⑤ 这与1940年下半年的所谓"和平诱降工作"中的形式上的让步形成了对照。

---

① 日本防卫厅研究所战史室编:《战史丛书·大本营陆军部·大东亚战争开战经纬(3)》,第518~519页。
② 该条约是1940年11月30日日本"承认"汪伪政权时与它缔结的,规定了日本在政治、军事、经济、教育、宣传等各方面严密控制汪伪政权的诸多条款,体现了汪伪政权的傀儡性。
③ 日本外务省编:《日美谈判资料》,第1部,第74页。
④ 日本外务省编:《日本外交年表及主要文书》,下卷,第544页。
⑤ 日本外务省编:《日美谈判资料》,第1部,第307页。

可是美国的态度却发生了变化。针对日方的这个提案,美国先撤回了曾提出的"对中日和平解决措施"的八项条件。10月2日,罗斯福总统提出了国家间的四项原则,来对付日本。这四项原则如下:

一、保持一切国家的领土和尊重主权。

二、支持不干涉他国内政的原则。

三、支持包括通商上机会均等的原则。

四、除以和平手段改变现状,不打乱太平洋的现状。①

这四项原则暗示美国支持中国恢复在满洲的主权,表明美国政府已开始改变对"满洲国问题"的态度。东条从大东亚共荣圈的角度强硬反对这四项原则。在10月7日的内阁会议上东条首相说:"四原则是《九国公约》的再确立。满洲事变和中国事变为了什么?自不待言,是为了摧毁《九国公约》。大东亚共荣圈的前提是破坏《九国公约》。不能把四原则当作主义……将这个原则要局部地适用于中国,对日本是个生死存亡的问题。"②

至11月,日美矛盾更加激化。2日,日本政府和军部联络会议决定:"动用武力的时间确定为12月初,陆海军要做好作战准备。"③据日方记载,美国国务院远东司于该月17日拟订了"以在太平洋的若干领土交换日本舰只的提案"。该提案提出:"日本向美国出售舰只,从而可从美国获得资金,然后再从中国购入满洲的全部或一部分,以此为条件,美、中和日本或许能达成协定。"④

这是以牺牲满洲与日本妥协的设想。然而中国反对美国在包括"满洲国"在内的中国问题上与日本妥协。另外,美国在日美开战迫在眉睫

---

① 日本外务省编:《日美谈判资料》,第1部,第337～338页。
② 日本防卫厅防卫研究所战史室编:《战史丛书·大本营陆军部·大东亚战争开战经纬(5)》,第103页。
③ 日本外务省编:《日本外交年表及主要文书》,下卷,第554页。
④ 日本防卫厅防卫研究所战史室编:《战史丛书·大本营陆军部·大东亚战争开战经纬(5)》,第589页。

的形势下,想利用中国从背后牵制日本南进,这对美国十分有利。结果美国在满洲和中国问题上没有妥协,11月26日向日本提出最后通牒,即《赫尔备忘录》。该备忘录就有关中国问题向日本提出:

  一、日本政府从中国和印度支那撤回一切陆、海、空军兵力和警察力量。

  二、合众国政府和日本政府,除临时将首都设于重庆的中华民国政府外,不对中国的任何政府或政权给予军事、经济上的支持。

  三、两国政府放弃外国租界和居留地内与之有关的各种权益,以及根据1901年义和团事件议定书所规定的中国的一切治外法权。

  两国政府就放弃外国租界和在居留地内与之有关的各种权利,以及根据1901年义和团事件议定书所规定的在中国的一切治外法权之事,要努力争取英国政府及其他各国政府的同意。①

那么,《赫尔备忘录》中的"中国"是否包括满洲呢?东条首相和东乡茂德外相认为不包括"满洲国"。实际上在"中国"中是包括满洲的。11月19日美国远东部长汉密尔顿向赫尔提出的关于国务院的全面协定案中写道:"从中国(包括满洲——见其他规定)和印度支那撤退所有的陆、海、空及警察部队。"②6月21日的美国方案也提到"对满洲进行友好谈判",所以在文字逻辑上,"中国"中包含满洲的理解是恰当的。美国的主张从对满洲进行友好谈判变作日本从满洲撤兵,两国已无妥协的余地,开战已不可避免。

接到《赫尔备忘录》后,日本于12月1日御前会议上决定:"与美、英、荷开战。"③6日东乡外相对美发出通牒,指责《赫尔备忘录》是"关于中

---

① 日本外务省编:《日本外交年表及主要文书》,下卷,第564页。
② 日本防卫厅防卫研究所战史室编:《战史丛书·大本营陆军部·大东亚战争开战经纬(5)》,第595页。
③ 日本外务省编:《日本外交年表及主要文书》,下卷,第564页。

国问题迎合重庆方面的意见",通知美国"今后继续谈判也达不成协议"。①这样,一年间的日美谈判便宣告结束。7日,美日开战。

如上所述,"满洲国问题"在日美谈判和开战外交中虽然不是最重要的问题,但它成了日美矛盾或妥协的焦点之一。"满洲国问题"是中国问题的起点,同时在中国问题上的妥协会影响到"满洲国问题"。所以这又牵制了在中国问题上的妥协。在满洲和中国问题上的不妥协是爆发太平洋战争的原因之一,同时这个原因又转变成为结束战争时的终战外交的组成部分。

3. 终战时期

1944年7月美军在塞班岛的登陆和东条内阁的总辞职,表明太平洋战争已进入后期,日本的败北只是时间问题。于是,日本外交也就慢慢开始转向终战外交。

以往日本的终战外交是胜利的外交,其任务是如何确保和扩大战争的胜利果实。然而太平洋战争的终战外交不是胜利的外交,而是战败外交。战败外交的课题是以外交手段避免一败涂地,争取体面的终战。于是便产生了日本如何确保和利用在胜利的战争中所获得的殖民地,与英美等国进行停战外交的问题。

1943年9月15日,日本的同盟国意大利投降。这对日本是个很大打击。9月30日,御前会议通过《今后战争的指导大纲》,决定要绝对确保包括千岛、小笠原、内南洋(中、西部)及西部新几内亚、印尼、缅甸在内的环形区域一线。②"满洲国"当然在此圈内。

同年11月22日,罗斯福、丘吉尔、蒋介石等在开罗讨论了结束战争后对日本殖民地的处理问题。27日发表《开罗宣言》,声明:"三国之宗旨在于剥夺日本自1914年第一次世界大战开始以后在太平洋所夺得或占

---

① 日本外务省编:《日美谈判资料》,第1部,第539页。
② 日本外务省编:《日本外交年表及主要文书》,下卷,第589页。

领之一切岛屿,在于使日本所窃取于中国之领土,例如满洲、台湾、澎湖列岛等,归还中国。"①

这样"满洲国问题"作为停战外交中的一个课题,又登上了国际舞台。在这个时期,"满洲国问题"已不像从前那样是争取承认,而是维持其现状,最后日本甚至将"满洲国"作为"礼品",以换取有条件的投降。所以"满洲国问题"的地位发生很大变化。

在此,先探讨日本对中国外交,即所谓"和平诱降工作"中的"满洲问题"。

1940年松冈外相的"钱永铭工作"失败后,对重庆的"和平工作"由于日军在太平洋战场的一时胜利而暂时中止。然而,1944年7月美军登陆塞班岛后,它又被当作一项重要的工作提了出来。1944年9月5日,日本最高战争指导会议决定《关于对重庆实施政治工作的方案》,在与中国和太平洋的两面作战中,想先处理背后的中国问题,争取"中国的善意中立",以便集中全力对付正面的美军。因此日本在对汪精卫政权和从中国撤兵等问题上,表示了相当的"让步"态度。至于"满洲国问题",日本以"不改变现状"为条件,放弃中国正式承认的要求,②企图以此"让步"求得中国的"善意中立"。为此,派陆军次长柴山兼四郎(原汪政权的顾问)去南京,向南京伪政权的陈公博、周佛海提出所谓的和平条件。与此同时,小矶首相派遣宇垣成一去中国,探索调整中日关系的途径。但是,宇垣回来汇报时说:"关于满洲问题,取消满洲的独立几乎已是对方的绝对意见……曾同孔祥熙谈到满洲问题时的意见是默默在暗中解决……现在便不是那种口吻,变得非常强硬……然而满洲问题要想解决也还有途径,那便是即使要求取消独立,日本也不要坚持,只是发现那里的妥协点,就是在将来由俄国、中国、日本进行谈判,使之成为中立地带。"③这说明围绕"满洲国问题",中日双方的意见依然是根本对立的。

---

① 世界知识出版社编:《日本问题文件汇编》,1955年版,第4页。
② 日本外务省编:《日本外交年表及主要文书》,下卷,第605页。
③ 日本外务省编:《终战史录》(二),北洋社1977年版,第97页。

同年12月13日，最高战争指导会议通过《关于在现地对重庆进行政治工作的方案》，于次年2月开始"缪斌工作"。缪斌于3月16日到达东京，与日本要人就中日关系进行各种会谈，提出调整中日关系六个条件。第一条是"对处理满洲问题另行商定协议"①，暗示有妥协的余地。但是由于军部反对，缪于4月末归国，没有任何结果。

"满洲国问题"又被英美用作苏联的对日参战的条件。自1945年2月4日至11日，在苏联克里米亚半岛的雅尔塔，斯大林、罗斯福、丘吉尔举行了三国首脑会议，除决定处理战后德国问题外，还决定在德国投降2~3个月后，苏联对日参战。参战的条件是："大连商业港须国际化，苏联在该港的优越权益须予保证，苏联之租用旅顺港为海军基地须予恢复。对作为通往大连之出路的中东铁路和南满铁路应设立一苏中合办的公司以共同经营之，苏联的优越权益须予保证，而中国须保持在满洲的全部主权。"②这是苏联对日参战的要价，即收回在日俄战争中被日本夺走的俄国在满蒙的权益。会后罗斯福总统将宋子文请到白宫，解释了在《雅尔塔协定》中有关"满洲国问题"的措施。他说："斯大林只希望恢复日俄战争前俄国在满洲的权益，这对中国不是很大损失，而且斯大林表示不承认中共政府，承认国民政府为中央政府并给予援助，所以您亲自去莫斯科，根据上述密约签订条约对中国是上策，其结果如果苏联能早日对日宣战，对整个盟国也都有利。"③这是盟国为了早日结束战争，利用"满洲国问题"做交易，它严重损害了中国在满洲主权的完全恢复。

"满洲国问题"在1945年春进行的日本与美国间的媾和谈判中也被利用。1945年4月，美军在冲绳登陆，日本投降已为期不远；这时，日本驻瑞士公使馆的海军武官藤村义郎等通过伯克博士，向美国的杜勒斯机关探询日美媾和谈判的途径，提出三项媾和条件，其第三项是"保持台湾

---

① 日本防卫厅国防研究所战史室编：《战史丛书·大本营陆军部(10)》，第99页。
② 世界知识出版社编：《日本问题文件汇编》，第5页。
③ 日本外务省编：《终战史录》(二)，第60页。

和朝鲜的现状",欲以满洲实行国际共管为条件进行媾和谈判。① 当时日本驻瑞士的正金银行董事北村孝治郎和驻帕塞尔国际结算银行的汇兑部长吉村侃等,于6月间接与杜勒斯机关联系,也提议朝鲜和中国台湾地区维持原状,满洲实行国际共管。② 这个"国际共管"与"九一八"事变时的李顿调查团的报告相似。他们当时想起了那个报告书,认为也许会合盟国之意。

日本在终战外交中,对苏外交占有重要地位。日本在对苏外交中也利用了"满洲国问题"。

1944年7月以后,日本对苏外交的课题是"对苏要维持中立关系,谋求改善国交,努力迅速实现日苏之和平"③。为此,最高战争指导会议9月12日制定了《关于对苏外交施策的方案》,拟往苏联派遣特使进行外交谈判。苏联若维持中立态度,自动改善日苏两国的邦交,则作为代价,日本把北满铁路即中东铁路让给苏联,并承认苏联在满洲和内蒙古的势力范围。④ 本来日本拟派遣广田弘毅为特使,但是东久迩宫主张派遣久原房之助,并让久原带去三件"礼物"。其中第一件就是"将满洲归还给中国,对苏联在满蒙的权益,由中苏谈判决定"⑤。这是欲以归还满洲和承认苏联在满蒙的权益为条件,使苏联保持中立,以防止苏联从背后进攻。重光外相于9月8日向苏联驻日大使马立克提出派遣特使的希望。然而苏联予以拒绝。日本未能达到其目的。

至1945年,日苏关系急剧恶化。苏联根据《雅尔塔协定》,从2月起开始将西部战线的兵力运送到东部,准备对日作战。4月5日,莫洛托夫外长通知日本,不再延长《日苏中立条约》。这是苏联对日参战的外交信号。这个时期,日本对苏外交的任务,首先是防止苏联对日作战,其次是

---

① 日本外务省编:《终战史录》(二),第218页。
② 日本外务省编:《终战史录》(二),第204页。
③ 日本外务省编:《日本外交年表及主要文书》,下卷,第604页。
④ 日本外务省编:《终战史录》(二),第251页。
⑤ 日本外务省编:《终战史录》(二),第256页。

利用由于欧洲战争的结束而日益激化的美苏矛盾,使苏联与日本同一步调。5月14日,日本最高战争指导会议决定对苏进行谈判。为了使谈判成功,东乡外相提出废弃1925年1月缔结的《日苏基本条约》,以"出让北满的各条铁路""维持苏联在内蒙古的势力范围""租借旅顺、大连""南满为中立地带"等为交换条件,以"尽可能维持满洲的独立"。①

据此方针,东乡外相开始对苏外交。6月3日,广田弘毅在日本箱根与苏联大使马立克进行了预备会谈。6月29日,广田与东乡外相商量后,向马立克提出三个具体条件。第一项是:"可以约定满洲国的中立化(大东亚战争结束后我方撤兵,日苏两国约定尊重满洲国的主权及领土,不干涉内政)。"②这是日本企图以中立的名义维持伪满洲国。对此,马立克采取回避态度,不愿与之谈判。苏联已决定对日开战,这样对待日本是很自然的。广田和马立克的谈判,事实上被中断了。

至7月,东乡外相在波茨坦会议之前,决定通过苏联进行终战谈判,拟以近卫文麿为特使去苏联,其目的是企图利用日益激化的美苏矛盾,将美英的无条件投降的要求,改为保持国体的有条件的投降。

然而7月26日,美、英、中三国发表《波茨坦公告》,要求日本无条件投降。当时因为苏联尚未参加对日作战,所以未签署此公告,但实际上参加了公告的讨论。东乡外相研究公告后认为:"苏联首脑在波茨坦参加了发布公告的商谈,尽管这是确切事实,却未在公告上签字。苏联可能至今还对日本保持法律上的中立。"③他对苏联还抱有一丝希望,在27日午后的内阁会议上补充说:"政府为使苏联不参战,已用尽一切办法,我方已向苏联提出了修改满洲和朴次茅斯条约问题的意向",主张等待苏联对派遣近卫特使的最后答复之后,再决定日本对公告的态度。东乡希望通过在满洲等问题上的"让步",获得苏联的居中调停。他认为通过苏联的调停,至少可使《波茨坦公告》的条件对日本缓和一些。然而与东

---

① 服部卓四郎:《大东亚战争全史》,原书房1973年版,第888页。
② 油桥重远:《战时日苏交涉小史(1941~1945)》,霞关出版1974年版,第201页。
③ 服部卓四郎:《大东亚战争全史》,第918页。

乡的判断和希望相反,苏联在8月8日参加对日作战,进兵满洲,打垮了关东军和伪满洲国。通过战争建立起来的伪满洲国,最后被战争摧毁了。从19世纪末开始,持续了半个世纪的"满洲问题"终于得到解决,满洲又归还于中国。1949年中华人民共和国成立后,苏联将根据《雅尔塔协定》而获得的在中国东北的各种权益,归还给中国,从而使"满洲国问题"得到了彻底解决。

在日本战时外交中的"满洲国问题",通过外交未能获得承认后,日本又通过战争,强制要求中国和列强予以承认。然而其方针和承认的方式,随着国际形势的变化而发生了变化。从1932年3月"满洲国"成立到1933年3月日本退出国际联盟时期,其方针是想先获得国联和欧美列强的承认,然后再强迫中国承认。这个方针失败后,日本则退出了国联。其后企图改善同中国的关系,以图先获得中国的承认。后来在侵华战争中,又以战争的一时"胜利"为后盾,强制要求中国承认。日本在中日战争中对中国的首要要求之一就是"承认满洲国"。从这个意义上来说,侵华战争是"九一八"事变的继续,"承认满洲国问题"是侵华战争的重要目的。然而到了开战外交的日美谈判时期,日本转换外交步骤,决定先要求美国予以承认,以此来迫使中国承认。不过这时开战外交的重点是南进问题,"承认满洲国问题"已退而成了次要问题。后美国在这个时期,曾一度想以牺牲"满洲国"来阻止日本南进。然而双方没有达成妥协,便开始了太平洋战争。

从1932年至1944年上半年的13年间,日本从争取国联、列强承认到争取中国承认"满洲国",改变了数次。屡次遭到失败的"承认满洲国问题",至1944年下半年,已不是承认的问题,而是变成了如何维持现状的问题。在1945年的日本终战外交中,更成了如何利用其作为筹码的问题。日本企图把"满洲国"作为对苏、对美外交的"礼物",同意对"满洲国"的国际共管、实行中立化或将北满铁路和旅顺让给苏联。另外,英美和中国也在对苏外交中利用了"满洲国"。这时,"满洲国"的地位有了很大变化。这个变化是由太平洋战争和第二次世界大战战局的变化而引起的。

从这种多变的转换中,我们可以了解到,"九一八"事变后的"满洲国问题",不是孤立的问题,而是日本外交的一个组成部分,是为日本外交的总目标而存在,又为达到其目标而被利用。当国际形势和战局对日本有利时,其他外交问题则被"承认满洲国"问题所利用,而当国际形势和战局对日本不利时,为了解决日本外交的主要课题,"满洲国"则成为讨价还价的筹码。不过在其变化和转换中,始终不变的是日本外交中的帝国主义利益。它是"九一八"事变后日本对"满洲国问题"外交的主轴,"满洲国问题"不过是装在这根主轴上的一轮。这是从考察"满洲国问题"和日本战时外交中得到的规律性结论。这个结论再一次证明了"满洲国"的傀儡性。

本章第一节原载于《抗日战争研究》,创刊号,1991年9月;

第二节原载于《日本近代外交论集》;

第三节原载于《抗日战争研究》1993年10月;

第四节原载于《首都师大学报》1995年第4、5期;

第五节原载于《抗日战争胜利五十周年纪念集》1995年8月。

第五章 美国对日政策与战后民主改革

一、美国对日政策与太平洋战争的爆发

太平洋战争是太平洋东西两岸的日本和美国争夺霸权的战争。当时日美争霸的态势是日本采取攻势,美国居于守势。美国对于步步南进的日本,采取具有两重性的政策:一面是采取抑止和制裁的措施;一面是推行绥靖政策,结果不但没有能制止太平洋战争的爆发,反而使自己吃了亏。本节试就太平洋战争前夕日本的南进和美国对日所采取的政策,尤其是对其绥靖的一面和为此牺牲中国的远东慕尼黑阴谋及其根源进行粗浅的论述。

1.

东南亚和西南太平洋诸岛,人口众多,资源富饶,盛产石油、橡胶、锡、铝和大米等;同时地处联结太平洋、印度洋及大洋洲的战略要冲,历来是殖民主义者及帝国主义者角逐之地。日本对它早就垂涎三尺。1936年8月7日,广田内阁在《国策基准》中决定,要"确保帝国在东亚大陆地位的同时,向南方海洋发展","海军军备,应配备和充实兵力,足以

对抗美国海军,确保西南太平洋制海权"①。这充分表明了日本在鲸吞中国的同时还想独霸东南亚和西南太平洋的野心。毛泽东同志1938年曾预言:"日本打了中国之后,如果中国的抗战还没有给日本以致命的打击,日本还有足够力量的话,它一定还要打南洋或西伯利亚,甚或两处都打。欧洲战争一起来,它就会干这一手"②。果然如此,1939年9月,德国悍然发动第二次世界大战,到次年春夏之交,挥戈西击,英法荷等国在欧洲战场上一败涂地,无暇东顾。日本认为,东南亚和西南太平洋成为"真空地带",正是南进的"天赐良机"。顿时,南进狂热在日本列岛上喧嚣起来。日本派遣专为南进新编的第四舰队开赴帛琉群岛,耀武扬威,跃跃欲试。

当时,法国政府曾于1940年4月16日建议美英法一致行动,向日本提出联合照会。但美国未加理睬。不仅如此,美国国务卿赫尔怕英国趁荷兰政府流亡伦敦之机占领荷属东印度,成为日本对荷印采取军事行动的借口,遂于5月10日对英国施加压力,要求"以英国提案的形式,由英美向日本保证荷属东印度地位的不变"③。第三天,罗斯福又向英国提议,"一、立即向日本正式承认英国没有干涉荷印的意图;二、立即(向日本)确认荷兰没有求援英国之必要和企图;三、发表关于登陆西印度群岛的英法军队④早日撤出该群岛的声明"⑤。在这种情况下,英荷驻日大使只好遵照罗斯福的意旨,先后登门拜访有田外相,做出有关保证。另一方面,美国也针对日本采取了一些相应措施。例如,5月宣布正在夏威夷海面作例行演习的太平洋舰队将不定期留驻该地,以加强太平洋的海军力量,牵制日本南进。但其真意不是准备对日作战。美陆军部长史汀生承认,他和海军部长诺克斯都认为,"在夏威夷的舰队并不是对日本的现

---

① 日本外务省编:《日本外交年表及主要文书》(1840—1945年)下卷,原书房1969年版,第344页。
② 毛泽东:《论持久战》,《毛泽东选集》合订本,人民出版社1967年版,第477页。
③ 日本国际政治学会编:《走向太平洋战争的道路》,第六卷,朝日新闻社1963年版,第323页。
④ 5月10日荷兰政府请英法联军登陆西印度群岛的荷属两个岛屿。
⑤ 日本国际政治学会编:《走向太平洋战争的道路》,第六卷,朝日新闻社1963年版,第323页。

实威胁……没有防务上的价值,因为它无力保护菲律宾"①。美国的软弱态度,助长了日本南进的气焰。10月,日本制定所谓《发展荷属东印度经济的政策措施》,明目张胆地提出:"帝国在荷属东印度的优先地位"②,赤裸裸地表露了独吞荷印的贪婪欲望。

在此种情况下,美国还对日本推行经济绥靖政策,为日本军国主义输血打气。日本是资源贫乏的国家,其经济在很大程度上仰赖于美国。尤其是扩军备战所需的石油、废铁、飞机零件等多半从美国进口。日本石油自给率仅为百分之十,其余都靠进口。仅以1939年为例,日本进口石油的百分之九十点八来自美国。至于日本钢铁工业的主要原料废铁,从1933年到1940年美国输往日本的达一千万吨以上,占同时期美国废铁输出总量的百分之五十三。1940年7月3日美国国会授予总统对输出物资实行许可制的权力,罗斯福总统也宣布将对武器、军事器材和铝、镁等物资实行输出许可制,但对日本为南进最急需的石油和废铁并没有实行许可制。迟至7月26日才勉强规定对航空汽油、飞机润滑油以及高质废钢铁实行许可制,而对普通石油和其他废铁依然没有实行。就运往日本的废钢铁而言,至8月19日为止,申请书的百分之九十九皆获得美国政府批准。1940年输往日本的汽油为391.8万桶,1941年截至8月初为222.5万桶,都超过1939年214.6万桶的对日输出量。③

在美国的姑息之下,日本南进的欲望越趋强烈。1940年7月22日,近卫文麿在军部的支持下再次组阁。他上台伊始,就抛出《基本国策纲要》和《适应世界形势发展的时局处理纲要》,宣称"建立以帝国为核心、以日满华的牢固结合为基础的大东亚新秩序",为此要"在内外诸形势所允许的情况下,抓住良机行使武力"④。接着,外相松冈洋右发表臭名昭

---

① 史汀生:《在和平与战争中的积极服务》,纽约1947年版,第386页。
② 日本外务省编:前引书下卷,第462页。
③ 安德森:《美孚真空石油公司与美国的东亚政策》(1933—1941年),普林斯顿大学出版社1975年版,第136~138、143、224页。
④ 日本外务省编:前引书下卷,第436~438页。

著的大东亚共荣圈声明,妄图建立东到新西兰、西到印度、南到澳大利亚、北到中国的大东亚殖民帝国,确立日本在亚洲及太平洋地区的霸权。

为此,日本首先要入侵法属印度支那。印度支那是日本南进的必经之地,是侵入泰国、缅甸、马来亚及荷印的桥头堡。早在6月19日即法国向德国投降的第二天,日本便趁势胁迫法国政府封闭中越边界的国际通道。法属印度支那当局立即通过法国驻美大使于19日和20日两次向美告急求援,但美国劝法国屈服,拒绝向法印出售飞机和武器。① 法国维希政府屈服于日本的军事压力,于8月30日签署了松冈—亨利协定,保证向日本"提供军事上的特殊便利",保障在经济上给日本"较其他第三国优越的地位"②。9月9日,罗斯福召开会议讨论日本侵入印度支那北部问题。摩根索要求对日实行包括石油在内的全面禁运。但罗斯福等仍拒不采纳。美国还拒绝了英国关于美英联合给印度支那以军事援助的建议。9月19日日本向维希政府提出最后通牒,限于23日零时前答复日本侵入印度支那北部的要求。在这种情况下,国务卿赫尔才被迫于19日的会议上提出了对日实行废铁禁运的意见,却不立即付诸实施,而对石油禁运则噤若寒蝉。维希政府在日德的压力下,于23日接受了日本的通牒。这样,日军便一口吞下了印度支那北部,在南进的道路上又迈出了新的一步。26日即日军侵占完毕后,罗斯福才慢腾腾地宣布了对日的废铁禁运。

1940年9月27日,日本、德国和意大利在柏林签署了三国军事同盟条约。条约规定:"在三个缔约国之中的任何一国受到目前未参加欧洲战争或日中冲突的一国攻击时,三国以一切政治、经济及军事手段相互援助。"③不言而喻,这是矛头指向美国的。可是美国政府时至此时依然不采取果断的应急措施。罗斯福和赫尔于10月初研究决定,"在太平洋

---

① 兰格等:《对孤立的挑战》,纽约1952年版,第598页,琼斯:《日本的东亚新秩序的兴起和崩溃》,牛津大学出版社1954年版,第225页。
② 日本外务省编:前引书下卷,第447页。
③ 日本外务省编:前引书下卷,第459页。

避免公开的冲突""敞开讨论和订立协定的大门"①,等等,妄图以旷日持久的日美谈判阻止日本南进。

于是,从1940年12月起,与各自政府首脑有密切联系的所谓日美民间代表井川忠雄、岩畔豪雄和美国两位神父沃尔希、德劳特开始进行谈判,于1941年4月16日抛出了《日美谅解案》,作为两国政府进一步谈判的基础。它写道,"鉴于日本保证在西南太平洋的活动将不诉诸武力而是用和平手段,日本在该地区所欲得的自然资源例如石油、橡胶、锡、镍等物资的生产和取得,能得到美国的合作和支持"②。在美国一再退让的政策前,日本法西斯势力更加猖狂,在5月12日的提案中公然删去"保证"和"不诉诸武力"等词句,并以强硬的语气要求美国无条件地协助日本在南洋取得资源。

1941年6月22日,德苏战争爆发。日本外相松冈等主张立即北进,配合德国攫取西伯利亚。可是,日本统治阶级中的实权人物却认为,德苏战争解除了日本的北方牵制,是南进的"千载难逢"的时机。于是在6月25日联席会议上决定侵占印度支那南部;7月2日的御前会议又决定"做好对英美的战争准备","不辞与英美一战"③。当时,美国内务部长伊克斯认为,"日本利用德苏战争,准备进攻荷印,是应对日全面禁运石油的时候啦",并建议罗斯福立即实行。④ 罗斯福不予采纳,认为当日本正在选择进攻苏联或者荷印时,禁运石油就会促使日本做出南进的决定。⑤ 这就暴露了他要把日本法西斯的侵略矛头引向苏联的绥靖政策的本质。

在美国的绥靖下,日本迈出南进的决定性一步。日本外相松冈7月12日向法国维希政府提出日本在印度支那南部索取八个机场和使用西贡、金兰湾海军基地的强硬要求,并限定在二十日前答复。7月18日和

---

① 赫尔:《科德尔·赫尔回忆录》,纽约1948年版,第911~912页。
② 加濑俊一:《日本外交史——日美谈判》,第23卷,鹿岛和平研究所出版会1970年版,第70页。
③ 日本外务省编:前引书下卷,第531页。
④ 日本国际政治学会编:前引书第七卷,第400页。
⑤ 日本国际政治学会编:前引书第七卷,第400页。

20日美国领导人开会研究对策。摩根索、伊克斯等早就主张对日本立刻实行包括石油在内的全面禁运,以严厉的经济制裁警告日本停止南进。但罗斯福认为,"现在完全切断石油,大概会激起太平洋战争的爆发和危及英国同澳大利亚及新西兰的交通"①。海军作战部长斯塔克等也反对石油禁运,说什么"禁运会促使（日本）对马来亚、荷印的进攻,使美国参加太平洋战争。美国即使参加太平洋战争,应等到日本对苏开战"②。当美国领导人正打着绥靖主义的如意算盘时,日本政府业已命令南进主力二十五军进犯印度支那南部。维希政府在23日接受了日本的要求。眼看日本就要鲸吞整个印度支那了,罗斯福才在25日无可奈何地签发了冻结日本在美资产的命令。28日,日军大摇大摆地侵入印度支那南部,占据了向东南亚和西南太平洋扩张的桥头堡。迫于形势,美国于8月1日宣布：对日实行除大米和棉花之外的全面禁运,但仍不敢全面禁运石油。接着,英国、印度、缅甸、荷印等也相继冻结日本资产,废弃通商条约,限制对日贸易。这对疯狂南进的日本是个打击。但为时太迟,日本已为发动太平洋战争贮备了足够用两年的4270万桶石油,而且大部分是美国供给的。

日本的步步南进,日益威胁英国在东方的殖民权益。1940年以来,英国曾数次要求美国派遣军舰到新加坡。可是美国却认为,"派遣舰队会刺激日本,有促进日本积极行动之虞,此际不应派遣"③,拒绝了英国的要求。1941年8月在大西洋会议上,丘吉尔提出《美英荷政府关于日本太平洋政策的联合宣言草案》,并要求美国发表声明宣布："日本在西南太平洋的任何进一步侵犯会造成一种局势,在这种局势下,美国政府将不得不采取反措施,纵然这些措施可能导致美国和日本之间的战争。"④

---

① 《史汀生手稿》,第三八七号函件箱,1941年7月18日帕特森致史汀生备忘录,转引自安德森,前引书,第175页。
② 美国国会两院联合调查珍珠港事件委员会编：《袭击珍珠港事件听证会记录》,第五卷,第2382页,转引自日本国际政治学会编：前引书第七卷,第401页。
③ 日本防卫厅防卫研究所战史室编：《大本营陆军部·大东亚战争开战经纬》第二卷,第290页。
④ 德拉蒙德：《美国中立的消逝》,密执安大学出版社1955年版,第281页。

但美国没有采取这种立场。参加大西洋会议的副国务卿韦尔斯带回美英首脑准备发表的对日警告声明。赫尔和远东司认为声明会招致日本的误解,予以删改。8月14日罗斯福第四次接见野村时,先宣读了警告声明:"如果日本政府根据以武力或武力威胁对邻国进行军事统治的政策或方案,采取任何进一步的措施,合众国将不得不立刻采取它认为必要的任何一切手段。"①接着,他又改换语调,宣读了第二个声明,说"日本愿意并能够停止扩张主义者的活动,改变立场,并沿着美国所提出的那些方案和原则的路线参加一项太平洋和平方案,美国政府准备考虑恢复于7月中旬中断的非正式的探讨性会谈"②,并且对野村8月8日提出的日美首脑会谈建议表示兴趣。这样,第二个声明就完全冲淡了所谓警告的意义,使警告声明成了一纸空言。对此,野村是心领神会的,第二天向外相汇报会见情况时就说,"罗斯福是友好的,不是想把日本排出去。警告是参考资料,美国的重点是关于恢复谈判和举行首脑会谈问题"③。近卫听到这一汇报后喜出望外,于26日亲自给罗斯福写信,正式提出了日美首脑举行会谈的建议。罗斯福28日接到此信时,表示"希望和近卫举行三天左右的会谈"④。这样,由于日本侵占印度支那南部而一度中断的日美谈判重新开张。

日本把日美谈判和首脑会谈问题作为烟幕,积极策划对美英的战争。9月6日御前会议决定:"在不辞对美(英、荷)作战的决心下,拟以十月下旬为目标,完成战争准备","通过外交谈判,到十月上旬尚未达到我方要求时,立即下对美(英、荷)开战的决心"。⑤ 10月16日,近卫的文官内阁辞职,成立了以陆军大将东条英机为首的战争内阁,11月5日的御前会议上决定:"决心对美、英、荷开战","将发动武装进攻的日期定为12

---

① 美国国务院编:《美国对外关系文件》(日本,1931—1941年),第二卷,第556~557页、第559页。
② 同上。
③ 日本国际政治学会编:前引书第七卷,第421~422页。
④ 美国国会图书馆复制:《日本外务省档案》(缩型胶卷),UD四一卷。
⑤ 日本外务省编:前引书下卷,第544、554页。

月初"。① 接着,日本的太平洋联合舰队发出《作战命令第一号》,命令南云忠一指挥的特遣舰队从内地基地出发,经择捉岛的单冠湾,偷袭珍珠港的美国太平洋舰队主力。同时,为了掩护偷袭珍珠港的军事行动,海军军令部次长要求东乡外相,"为了增加开战效果,直到开战不要停止谈判"②。

此时,美国也预感日美战争在逼近。美国截获了11月4日东乡外相就11月5日御前会议即将通过的甲乙两个方案给野村大使的密电。密电说,"本交涉是最后一次尝试。我方复案无论在形式上或实际上都是最后的方案","如美国政府采取无视帝国的立场,可谓谈判已无余地","两国关系终于面临破裂"。③ 这个密电是战争即将爆发的信号。可是,美国政府还想尽力避免战争。11月5日,陆军参谋长马歇尔和海军作战部长斯塔克向罗斯福建议,"在远东还在建立防卫力量时期,应该避免美日战争","不应发出对日的最后通牒"。④ 罗斯福企图和日本达成暂时协定,来避免或推迟战争。

美国沉湎于绥靖主义美梦之时,野村于11月20日向赫尔提出了日本的最后一个方案即乙案。该案要求美国不得向东南亚及太平洋地区实行扩张,解除对日的"经济封锁",不得阻挠日本对蒋介石的诱降活动,等等。一句话,就是要求美国把整个中国、东南亚及西南太平洋地区统统奉送给日本。美国当然不能接受日本的这一要求。美国国内舆论和英国等盟国也不同意美国过分地姑息日本。同时,美国又获悉日本在印度支那和西南太平洋地区大量增兵的情报。根据这些情况,美国看到谈判已到了最后的时刻。11月25日,罗斯福、赫尔和陆海军首脑召开会议,赫尔起草《美日协定基础概略》即《赫尔备忘录》,并于26日交给野

---

① 日本外务省编:前引书下卷,第544、554页。
② 东乡茂德:《东乡茂德外交记》,原书房1967年版,第269页。
③ 东乡茂德:《东乡茂德外交记》,原书房1967年版,第232页。
④ 美国国会两院调查珍珠港事件委员会编:前引书第十四卷,第1061~1062页,转引自菲斯:《通向珍珠港的道路》,纽约1967年版,第302页。

村。该备忘录要求日本从中国和印度支那撤出全部军队,废弃三国军事同盟条约,不承认"满洲国"和汪精卫傀儡政权。27日东条接到该备忘录时说,这"显然是对日本的最后通牒"①,绝对不能接受。日本的乙案和《赫尔备忘录》针锋相对,说明了日美在亚洲及太平洋地区的战争是不可避免的。

11月26日,集结在单冠湾的偷袭珍珠港特遣舰队秘密启航,驶向了夏威夷。12月1日,日本政府决定八日对美英荷开战。战火即将烧到美国的门槛上。可是罗斯福在2日又提出了致函日本天皇,一同寻求驱散乌云的方法的意见。6日下午致天皇的信发出。美驻日大使格鲁把信亲自交给东乡外相时,正是东京时间8日零时三十分,偷袭珍珠港的飞机从瓦胡岛北部海面上的六艘航空母舰上起飞。尤其富有戏剧性的是当日本的战火已扑向美国时,罗斯福还在白宫向蒋介石的大使胡适宣读致日本天皇的信,并对胡适说"这是我的最后一次和平努力"②。话音刚落,由183架飞机组成的日本特遣舰队的第一攻击部队象晴天霹雳,偷袭了珍珠港。数以千计的炸弹和鱼雷,犹如倾盆大雨,一股脑倾泻在机场和港内。珍珠港浓烟四起,火团升腾,飞机在猛烈燃烧,军舰不断地喷出火舌。瓦胡岛变成了一片火海。美国太平洋舰队在一小时五十分钟的狂轰滥炸中,几乎全军覆没。主力舰被击沉四艘,重创一艘,巡洋舰等其他舰艇被炸沉、炸伤十多艘。陆军的三个机场全部被摧毁。美军官兵死伤四千五百多名。

与此同时,日本侵略军按既定作战计划,分路进犯泰国、马来亚、菲律宾、关岛等地,占据战略要地,扩大侵略战果。美国对日绥靖政策终于在炸弹和鱼雷的爆炸声中破产了。

2.

当时美国对日政策和美国对中国的政策有着密切联系。太平洋战

---

① 日本国际政治学会编:前引书第七卷,第362页。
② 芦田均:《第二次世界大战外交史》,时事通信社1960年版,第385页。

争前夕美国一面为了从背后牵制日本的南进,继续"援助中国",借一点款①,供给军需品,使中国有可能与日本进行消耗战;另一面却又搞牺牲中国的远东慕尼黑阴谋,妄图以出卖中国为诱饵,去满足日本侵略者的欲望,从而达到阻止日本南进,进而使它北进的目的。因此,牺牲中国的远东慕尼黑阴谋是美国对日绥靖政策的重要组成部分。

1940年底,美国的所谓民间代表即两位神父抵日时,曾向近卫首相进言:"日本有可能从既成事实出发来处理日中战争,可以不用怎样让步,就同美国所主张的门户开放(政策)相协调"②,暗示了出卖中国之意,而急于南进的日本,其陆军总兵力五十个师的百分之七十八陷入中国人民抗日战争的汪洋大海,急切希望通过美国对蒋介石施加压力,迫使他投降。1941年春,松冈外相通过美驻苏大使向罗斯福表示,"通过罗斯福的斡旋,在蒋介石所希望的时间和所希望的地方,开诚布公地和他谈一谈。至于地点,重庆也可,但华盛顿更好"③。日本于二、三月先后派井川和岩畔,和德劳特神父进行远东慕尼黑的交易。双方经过秘密谈判,于3月17日就中国问题提出,"中国领土的地理定义,由日中相互协商而定"④。4月9日的方案,干脆要求"承认满洲国",由罗斯福"请蒋介石政权同日本议和","如果蒋介石政权拒绝罗斯福总统的请求,美国政府将停止对中国人的援助。"⑤ 经双方讨价还价,4月16日的《日美谅解案》就中国问题规定八项条件,打着"中国独立"的幌子,公然要求"承认满洲国""蒋介石政府和汪政权合并""门户开放",由日美共同宰割中国。⑥ 至于停止"援助"中国问题,美国不愿明文规定,因此该案予以删除。

日本接到《日美谅解案》后,18日开大本营和政府联席会议进行讨论。日本领导人认为,"今日之重庆,殆完全依赖于美国,故与重庆交涉,

---

① 截至1941年底,美国对中国的贷款有1.715亿美元。
② 加濑俊一:前引书,第24页。
③ 斋藤良卫:《被欺骗的历史》,读卖新闻社1955年版,第172~173页。
④ 美国国务院编:前引书第四卷,第100~102页。
⑤ 美国国务院编:前引书(日本)第二卷,第400页。
⑥ 加濑俊一:前引书,第67~68页。

势非以美国为中介不可"①,因此同意由罗斯福居中调停。可是,松冈外相在5月12日提出的方案中,将所谓八项条件完全删去,并以强硬的语气提出:要"美国政府承认近卫声明所示的三原则和基于这一原则同南京政府所缔结的条约以及日满华共同宣言所明示的原则,而且相信日本政府的睦邻友好政策,立即对蒋政权进行和平劝告"②。这就是说,美国只有迫使蒋介石和日本进行乞降谈判的义务,而没有基于它所同意的条件进行调停的权利,表现了日本独吞整个中国的野心。

对此,美国虽然不满,但赫尔对野村说,日本"不在南洋发动进攻英美属地的战争,如果做到这一点,要美国帮助日本从不幸的中国战争脱身……是不难办到的"③。6月21日,美国又要求日本事先给美国通报日中谈判的条件,并替日本列举了和《日美谅解案》大同小异的条件,表示在此条件下"将建议重庆政府为结束敌对行为及恢复和平关系,参加同日本政府的谈判。"④对此,松冈断然表示拒绝接受赫尔的方案,不能继续和美国进行谈判。⑤ 同时,由于日本侵入印度支那南部,谈判于7月下旬一度暂停。

9月6日,日本的御前会议决定,谈判到10月上旬尚不能达到日本提出的目的时,要"立即下对美开战的决心"。9月22日,日本向美国提出《日中和平基本条件》:"承认满洲国","蒋政权和汪政权的合一","在中国进行以重要国防物资的开发利用为主的日中经济合作","日本国军队和海军舰队,基于过去的规定和惯例,在必要时期驻扎于一定地区",等等。⑥ 这时美国,在日美战争一触即发的形势下,更加迫切地希望通过牺牲中国,阻止日本南进,于是,美日的远东慕尼黑阴谋也达到了高潮。11月6日,罗斯福向陆军部长史汀生表示,"可以提出停止军事行动六个

---

① 近卫文麿:《日本政界二十年—近卫手记》,国际文化服务社1948年版,第103页。
② 日本外务省编:前引书下卷,第505页。
③ 美国国务院编:前引书(日本)第二卷,第416页。
④ 美国国务院编:前引书(日本)第二卷,第475页。
⑤ 日本国际政治学会编:前引书资料篇,第472页。
⑥ 加濑俊一:前引书,第218页。

月,中日两国在此期间议和的方案"①。10日,罗斯福也对野村提出美日间的暂时协定问题。野村对此心领神会,立即报告国内说,这是"美国政府叫蒋介石向我国政府提议和平交涉的开始,是想起'桥梁'作用"②。此后,罗斯福和赫尔便指令国务院远东司起草暂时协定草案。该草案写道:美国"将提议中日政府和平解决它们的分歧,立即进行直接的友好谈判","日本政府向中国政府提出在友好谈判期间休战","在日中休战并进行友好谈判期间,美国停止对中国的军需品供应"。③ 罗斯福于17日接见日本新派来的特使来栖时表示,"本政府可以将日本和中国作互相介绍,并告诉他们去进行其余的或详细的调整"④,并且他本人也亲笔起草了如前所述的六个月暂时协定。由此可见,直至太平洋战争爆发的前夕,美国确实仍想以牺牲中国来达成日美妥协。对此,连罗斯福的心腹霍普金斯也承认,这是"一笔会使我们在远东很不得人心的交易"⑤。

那么,为什么美国在东方未能牺牲中国呢?这主要是因为中国人民在中国共产党和毛主席领导下,坚持抗战,反对投降,及时揭露和强烈反对远东慕尼黑阴谋。毛主席于1941年5月25日向全党全国人民发出《揭破远东慕尼黑的阴谋》的指示,一针见血地揭露"日美妥协,牺牲中国,造成反共、反苏局面的东方慕尼黑的新阴谋,正在日美蒋之间酝酿着。我们必须揭穿它,反对它"⑥。中国共产党机关报《解放日报》也从5月16日起接连发表社论,有力地揭露远东慕尼黑的阴谋,并严正警告:"日益发展着的中国广大人民的抗日战争,是绝对不允许被人出卖的,谁要在太岁头上动土,谁就得准备焦头烂额。"⑦因此,美国在密室里搞交易时,总是担心中国人民的反对。赫尔曾数次对野村说,"不希望由于美国

---

① 《史汀生日记》(11月6日),转引自日本国际政治学会编,前引书第七卷,第439页。
② 美国国会图书馆复制:前引档案,WT五三卷。
③ 美国国务院编:前引书第四卷,第581～582页。
④ 美国国务院编:前引书(日本)第二卷,第742页。
⑤ 舍伍德:《罗斯福和霍普金斯》,纽约1950年版,第429页。
⑥ 毛泽东:《揭破远东慕尼黑的阴谋》,《毛泽东选集》合订本,人民出版社1967年版,第762页。
⑦ 《解放日报》1941年5月30日社论:《为远东慕尼黑质问国民党》。

政府的行动,在中国发生爆发性事件"①。这"爆发性事件"不是别的,就是中国人民反对远东慕尼黑的斗争。

其次,日美争夺中国大陆的矛盾是不可调和的。日本要独吞整个中国,不许美国染指,这是美国不能同意的。

再次,美国在远东慕尼黑阴谋中也有进退维谷的问题。它既想出卖中国,但又怕日本将从中国抽出的军队调转南方,加速南进的步伐,美国还想利用中国的抗日战争牵制日本的南进。

基于这些原因,远东慕尼黑阴谋终于破产了。

3.

"'世界霸权'是帝国主义政策的内容。"②绥靖政策是帝国主义在一定时期争夺霸权的一种策略。太平洋战争前夕,美国对日本所采取的制裁措施是为了争夺亚洲及太平洋地区霸权,绥靖政策是为其在第二次世界大战中先争夺欧洲后争夺亚洲及太平洋地区的全球战略服务的一种策略。

美国地处大西洋彼岸,1939年9月世界大战爆发时尚未受到德国的直接威胁,采取了"坐山观虎斗"的政策。对此,毛主席1939年曾深刻地分析指出,在资本主义世界中除了英法和德意日这两大集团外,"还有第三个集团,这就是以美国为首的包括中美洲南美洲许多国家在内的集团。这个集团,为了自己的利益,暂时还不至于转入战争。美国帝国主义想在中立的名义之下,暂时不参加战争的任何一方,以便在将来出台活动,争取资本主义世界的领导地位"③。可是,1940年欧洲战局的急剧变化,对美国也产生了强烈的影响。当时,法国被打败,英国岌岌可危,于是,美国放弃坐山观虎斗的政策,介入欧战。这样,面对大西洋彼岸的

---

① 野村吉三郎:《出使美国》,岩波书店1946年版,第108页。
② 列宁:《论对马克思主义的讽刺和'帝国主义经济主义'》,《列宁全集》中译本,第二三卷,第26页。
③ 毛泽东:《关于国际形势对新华日报记者的谈话》,《毛泽东选集》合订本,第546页。

德国法西斯和太平洋彼岸的日本军国主义这两个劲敌,美国先要对付德国,先要争夺欧洲;对日本和太平洋地区则采取绥靖政策,避免对日的战争。赫尔曾经说,"总统和我一致认为,对我们来说,我们不能放过避免太平洋战争的任何机会。来自大西洋彼岸的希特勒主义的威胁,足以诱导我们采取一切可能的步骤去保持另一翼的和平"①。这就是对日绥靖政策的根源。

欧洲历来是各帝国主义国家争夺的中心。美国陆军部长史汀生也承认,"美国外交政策的原则:世界斗争的决定性舞台是欧洲"②。

从美国对欧洲和亚洲的投资和贸易关系来说,美国的主要经济利益显然在欧洲。1940年美国对外投资共有70亿美元,在欧洲14.2亿美元,如加上英国自治领加拿大就有45亿美元,占64%;③可是在亚洲主要国家的投资仅有2.6亿多美元,占3.7%。④对外贸易,1940年对欧洲的出口为16.45亿美元,占出口总额的41%;对亚洲是6.19亿美元,占14%。⑤

从战略上说,美国争霸世界的野心虽大,但力不从心,不利于在大西洋和太平洋同时开战。就海军来说,1941年12月太平洋战争爆发时,美国拥有军舰389艘142.6万吨,而日本拥有233艘97.6万多吨,占美国的68%,航空母舰和重轻巡洋舰日美大体相同,日本比美国还多两艘航空母舰。⑥就空军来说,美国海军拥有3500架飞机,日本海军也有3200多架。⑦从这一比较可以看出,如果美国两面开战时,则其海上军事力量远不及日本海军。

---

① 赫尔:前引书,第二卷,第985页。
② 史汀生:前引书,第383页。
③ 美国商业部人口调查局编:《美国历史统计,殖民时期至一九五七年》,华盛顿国家出版局1960年版,第556页。
④ 细谷千博等编:《日美关系史》第三卷,东京大学出版会,1971年版,第205页。
⑤ 美国商业部人口调查局编:前引书,第550页。
⑥ 日本产经新闻出版局编:《开战的原因——太平洋战争证言记录》,产经新闻社1975年版,第251页。
⑦ 服部卓四郎:《大东亚战争史》,原书房版,第201页。

基于这些原因,美国在军事上主要加强在大西洋的力量,不重视远东的防务。结果,太平洋战争前夕,以马尼拉为基地的美国亚洲舰队只有包括3艘巡洋舰在内的45艘舰艇。1941年7月成立的美国远东司令部只有4.2万人和3个飞行中队,海军陆战队900人,其余都是本地的国防军。至于以珍珠港为基地的美国太平洋舰队,其主力的1/4被调到大西洋,只有航空母舰3艘(日本有9艘)、战舰9艘(日本有10艘)、重轻巡洋舰21艘(日本有35艘)。不仅如此,夏威夷的侦察设备也极不完善。夏威夷的陆军,原计划配备180架B-17型飞机,但实际上只有12架,可供使用的只有6架。夏威夷的第十四海军战区,原计划增补100架侦察机,但实际上1架也没有补。罗斯福曾在给伊克斯的信中说,"对美国来说,为了支配大西洋而维护太平洋的和平是极为重要的。太平洋上出现的小事也会削减大西洋的舰艇"①。这正是欧洲和大西洋第一,亚洲和太平洋第二的战略思想带来的结果。

由于美国在远东及太平洋的军事力量不如日本,它在逐步介入欧战时,最担心日本遵照三国同盟条约所规定的第三条义务,从背后猛击美国,使它腹背受敌。而日本以三国军事同盟条约为军事后盾,疯狂南进。因此,三国军事同盟成为日美谈判中的重要焦点。

日本决定对美开战之前,为了引诱美国醉心于搞绥靖和远东慕尼黑,曾于1941年9月25日就三国同盟问题对美国表示:"合众国参加欧洲战时,日本国对日德意间的三国条约的解释及其义务的履行,完全自主地进行。"②弦外之音是日本不受德意的影响和压力,但也没有说不履行军事义务。可是,美国却对此抱有幻想。11月17日罗斯福和赫尔接见野村和来栖时,一而再,再而三地提出三国同盟问题。对此,来栖写道,"在谈判的三个难题中,美国最重视的是三国同盟问题。如17日总统所指出的那样,要订立一般性协定,应先废除三国同盟,以便今后不论

---

① 日本国际政治学会编:前引书第七卷,第400页。
② 日本外务省编:前引书下卷,第550页。

欧洲形势发生任何发展,美国可完全排除它从背后遭到日本一击的担忧"①。这说明美国为先争霸欧洲,是直到太平洋战争爆发前还在醉心于对日本实行绥靖主义的。可是此时,日本已决定对美英开战了。

1941年12月8日晨,日本偷袭珍珠港的爆炸声,击碎了美国妄图拆散三国同盟,回避太平洋战争的迷梦,冲击了美国的欧洲和大西洋第一、亚洲和太平洋第二的全球战略。美国在被动挨打中,不得不应战,被迫卷入太平洋战争。接着,11日德国和意大利也遵照三国军事同盟条约的第三条,向美国宣战,欧洲战场和亚洲及太平洋战场联结成一起,成为名副其实的世界大战。

二、美国对日占领政策转变与否辨析

近年来,在美国和日本,对美国对日占领政策的研究颇为盛行,而争论最大的是占领政策是否有转变的问题。美国的彼得·弗罗斯特等认为,美国对日占领政策没有转变。当年参加对日占领并执行过占领政策的人也赞同弗罗斯特的意见。但不少日本学者则认为对日政策有转变。本节认为,美国的对日占领政策有转变,但不是所有的政策都变了,而是转变中有不变,不变中又有变。在变和不变的错综现象中,美国争夺世界和亚太地区霸权的全球战略和远东战略始终没有变,这就是美国对日占领政策的实质。

1.

在研究占领政策是否转变时,首先碰到的是衡量转变的标准问题。我们认为,美国的对日政策是否有转变是根据反法西斯盟国和美国的对日占领初期政策而言。这是因为初期政策较客观地规定了反法西斯盟国对日占领政策的基本原则,反映了反法西斯盟国人民的一致愿望。初

---

① 来栖三郎:《日美外交秘话》,创元社1952年版,第129页。

期政策主要体现在以下三个文件之中:第一是《波茨坦公告》。① 该公告是美国起草并经修改得到其他盟国同意的。第二是美国政府 1945 年 9 月 22 日宣布的《战后初期的对日政策》。② 这是美国单独发表的对日占领政策文件,是美国占领政策的纲领性文献。第三是 1947 年 6 月 19 日(发表于 7 月 11 日)远东委员会制定的《投降后的对日基本政策》。③ 这一文件把《波茨坦公告》的内容更加具体化了。这一文件和美国的《战后初期的对日政策》大同小异。例如《战后初期的对日政策》第一部分规定占领政策的最终目的:"甲、日本政府确实不再成为美国的威胁和世界和平及安全的威胁;乙、最终建立和平的、负责任的政府,即尊重他国的权利,支持联合国宪章的理想和原则所显示的美国目的的政府。"④远东委员会制定的《投降后的对日基本政策》第一部分规定的占领政策的最终目标也有两项:"(甲)保证日本不再成为世界和平与安全之威胁。(乙)尽速树立一民主和平之政府,以履行其国际责任,尊重他国权利并支持联合国之目标。"⑤这就说明,这时期美国和其他反法西斯盟国对日占领的目标是基本上一致的。可是,美国对日的占领政策具有帝国主义性质。太平洋战争是日美帝国主义争霸太平洋及亚洲大陆的战争。因此,美国和其他反法西斯盟国之间又有显然不同的目的,两者的对日占领政策具有本质上的区别。虽然如此,在短暂的历史时期内,两者在铲除日本法西斯军国主义,建立和平民主国家上是可以一致的。因此,在衡量美国的对日占领政策是否有转变时,应从美国也包括在内的反法西斯盟国的一致目标来衡量,应从上述三个文件的精神来衡量。

  体现上述三个文件主要精神的是非军事化和民主化。非军事化是占领政策的核心。是指铲除日本法西斯军国主义军事力量,解散一切军

---

① 详见世界知识出版社编:《日本问题文件汇编》,1955 年版,第 6~7 页。
② 外务省特别资料部编:《日本占领及管理重要文书集》第 1 卷,东洋经济新报社 1949 年版,第 92~108 页。
③ 同上书,第 180~200 页;世界知识出版社编:前引书,第 12~19 页。
④ 外务省特别资料部编:前引书第 1 卷,第 92 页。
⑤ 世界知识出版社,《日本问题文件汇编》,第 13 页。

事机构,拆散军火工厂,肃清战犯和军国主义分子。我们对非军事化的概念和衡量它是否转变看法大体一致。但对民主化则有分歧。反法西斯盟国中既有资本主义国家,又有社会主义国家,因此衡量民主化的根据必然不同。而新的民主制度,由于当时日本的具体历史条件的限制和美国的单独占领,不可能是无产阶级的,而是资产阶级的。因此衡量美国民主化政策是否转变的标准是初期政策所体现的这种资产阶级民主主义。

有人说,美国对日的占领政策是美国的政策,而不是反法西斯盟国的政策,因此,应从美国一国的对日政策来衡量。这是否有道理?美国是对日作战的主要盟国之一,因此,它在对日军事占领和执行盟国所规定的对日政策中起重要作用。但其他反法西斯盟国也为打败日本法西斯军国主义做出了应有的贡献,并通过对日理事会和远东委员会对占领政策发生一定的影响。而且《波茨坦公告》和《投降后的对日基本政策》是由包括美国在内的反法西斯盟国共同制定的。因此,如果以美国一国的对日政策来衡量,那势必站在美国的立场,而不是站在反法西斯盟国一致的立场,必然得出错误的结论。

下面,按上述标准辨析美国对日占领政策是否有转变。

2.

军事上铲除日本法西斯军国主义是反法西斯盟国对日占领政策的重要组成部分,对日占领政策的三个文件就此分别作了明确的规定。美国占领军在占领初期,仅用两个来月时间解除700多万日军武装,解散大本营、陆军省、陆军参谋本部、海军省、海军军令部等一切军事机构,废除《兵役法》《国防保安法》等军事法令,摧毁了日本军国主义的武装力量。而且以宪法第九条明确规定日本"不保持陆海军及其他战争力量,不承认国家的交战权"[①]。可见,美国在占领初期基本上执行了三个文件所规定的有关非军事化的诸项要求。可是,朝鲜战争后,美国重新成立了日本的军事武

[①]《日本国宪法》,有斐阁1961年版,第6页。

装力量。1950年7月8日,美国政府通过麦克阿瑟指令吉田内阁成立7.5万国家警察预备队,增加海上保安厅人员8000人,并给了12亿日元的军费。接着,1952年10月又把预备队改称保安队,1954年7月进一步改编为自卫队。这显然是对占领初期政策的改变,违背了日本国宪法的第九条。

这种转变,是否倒退到战前日本军国主义的复活?建立警察预备队,不是历史现象的简单重复,而是在铲除日本法西斯军国主义的基础上建立的。美国一度想利用服部卓四郎等旧军人来建立警察预备队。而服部等有借此重新复活昔日皇军的倾向。因此,美国没有依靠他们,而是另起炉灶,从文官中招募预备队的干部。军队的指挥权是决定军队性质的重要因素。因此,美国在建立警察预备队时,非常重视对它的指挥权。日美《安全条约》草案就写道:"在日本领域发生敌对行为时,根据合众国政府的决定,警察预备队及日本的其他一切武装部队,……将置于合众国政府任命的最高司令官指挥的统一司令部之下。"[1]这便说明,警察预备队或自卫队名义上是日本的,但实际上是附属于美军,为美国的战略服务的。在建立日本的武装力量时,美国对昔日劲敌——战前的日本军国主义是有警惕的。美国曾考虑缔结包括日本、东南亚、大洋洲的太平洋安全条约。其目的之一是防范日本再次变成侵略性国家。因此,建立警察预备队或建立自卫队不是复活昔日的日本法西斯军国主义,因此不能说是倒退。

日本赔偿盟国在战争中的损失,是铲除日本法西斯军国主义的重要措施,成为占领政策的重要组成部分。美国根据波利中间赔偿计划,1946年1至8月,先后指定1100多家企业为拆迁赔偿对象。可是到1949年5月美国不顾中国、菲律宾等反法西斯盟国的反对,根据美国国家安全会议的NSC-13-3文件的决定,公然停止中间赔偿计划。其结果,只拆迁5万台机械。这仅占赔偿总额的7%,[2]应被拆迁的850多个

---

[1] 《朝日杂志》,1981年5月22号,第24页。
[2] 小林义雄:《战后日本经济史》,日本评论社1964年版,第30页。

工厂原封不动地保存下来。停止拆迁就意味着美国的占领政策已经从铲除军国主义转向恢复日本经济。

关于严惩战犯问题,占领政策的三个文件都作了明确规定。占领初期,美国和反法西斯盟国设立远东国际军事法庭,逮捕东条英机等甲级战犯嫌疑分子,整肃21万法西斯军国主义军政人员。可是,1948年11月12日远东国际军事法庭只判决东条英机等7人处以绞刑,无期徒刑者16人,有期徒刑者2人。12月2日又释放起诉的甲级战犯19人。设在中国、缅甸等地的军事法庭也在美国的唆使下释放大量的战犯。1949年1月,美国指令蒋介石释放侵华军司令冈村宁次等260余名侵华战犯。接着,1949年底和1950年初又以"行为良好,减轻罪行"为借口,提前释放了业已判决的战犯。被整肃的军国主义分子,1951年除5700人之外,先后都被解除。美国提早释放战犯,提早解除对军国主义分子的整肃,这显然是新的变化。

美国对日占领政策的转变在军事上又表现在把日本列岛变成其军事基地和美军继续驻扎在日本的问题上。占领政策的三个文件规定,包括美国在内的盟国对日本实行军事占领的目的是为铲除日本军国主义,建立和平民主的日本。完成这两项任务后,占领军理应撤出日本。可是美国在推行单独媾和过程中,为使美军继续驻扎日本,把日本变成美国的军事基地,进行种种活动。美国的这种活动显然违背盟国的对日政策,必然遭到其他盟国的强烈反对。因此,负责对日讲和的特使杜勒斯1951年1月25日和4月16日专程来日两次解决这一问题。杜勒斯和吉田茂会谈后,决定在签订和约后美军继续驻扎日本和美国在日本建立军事基地。于是1951年9月4日在签订对日和约即《旧金山和约》的同时,根据该和约第五、六条又签订了《日美安全条约》。该条约第一条规定,"在和约和本条约生效之日,由日本授予,并由美利坚合众国接受在日本国内及其周围驻扎美国陆、空、海军之权利"[①],而且未经美国的同

[①] 斋藤真等编:《战后日美关系资料》,日本评论社1970年版,第35页。

意,不得把基地提供给第三国。1952年2月28日,根据《安全条约》第三条,又签订《日美行政协定》,具体规定了美军驻扎日本的具体事宜。这样,签订和约后应该撤走的美军继续留驻日本,应该恢复国家主权的日本却成为美军的军事基地。这无疑是美国对日占领政策转变的结果。

在经济方面,占领政策的三个文件都要求铲除日本军国主义经济基础,建立和平、民主的经济体制。为此,美国在日本采取解散财阀、农地改革、制定《禁止垄断法》和《经济力量过度集中排除法》(简称《集排法》)等一系列措施。这些措施在摧毁日本法西斯军国主义经济体制上无疑起了积极的作用。可是后来在执行中有变化。

财阀是日本军国主义的经济支柱。因此,美国开始解散财阀的决心很大,指定83家财阀为被解散对象,并指定三井、三菱、住友等十大财阀的56人为财阀家族。可是在执行中只解散三井、三菱、住友等42家,[①]其余的没有被解散。可见解散财阀的工作,由于占领政策的转变,没有执行到底。但被解散的主要财阀业已解体,他们交出的75.71多亿日元的1.6567亿股票也转售处理,财阀家族56人也退出财界。这说明解散财阀的工作只执行了一半。

为了防止日本垄断资本的重新复活,美国指令日本政府1947年4月和12月分别制定《禁止垄断法》和《集排法》。根据《集排法》,325个企业被指定为经济力量过度集中的企业,理应分散。可是,1948年5月美国政府又派五人委员会,重新审查《集排法》。其结果,被指定分散的大部分企业先后被解除指令。最后只分散改组了三井矿山、日立制造所等11家企业。1949年1月和6月又先后指令王子造纸和三菱重工业分散改组为三个企业。至于垄断法,由于占领政策的转变,1949年6月修改一次,缓和了一些限制,并允许日本输入外资。但在1950年日本希望更大幅度修改该法时,美国则不同意。

至于农地政策,美国则始终坚持占领初期拟定的农地改革法。农地

---

① 楫西光速:《续日本资本主义发达史》,有斐阁1957年,第327页。

改革结果基本上消灭了寄生地主制,建立了以自耕农为主的小农经济。1952年7月还制定《农地法》,以新的法律维护农地改革的成果。这是因为农地改革具有两重性:一、它是铲除日本军国主义的一种经济措施,是和占领初期美国摧毁日本军国主义的政策是一致的;二、它又是为复兴和发展日本经济必不可缺的,因此,它和占领后期美国复兴日本经济的政策又相吻合,所以无须改变农地改革的政策。

关于复兴日本经济问题,美国初期政策和其他文件都没有做具体的规定,只是允许日本发展非军事的和平、民主的经济。美国政府1945年11月制定的《占领初期的基本指令》还规定,盟军司令官麦克阿瑟"对复兴日本经济或加强日本经济不负任何责任"[1]。可是到1948年下半年,美国却公然干预,而且积极复兴日本经济。12月18日,美国提出《稳定经济九原则》。该原则要求:一、平衡预算;二、加强税收;三、严格限制贷款的发放;四、稳定工资;五、统制物价;六、加强对外贸易和外汇管理;七、改善物质分配;八、增加重要的国产原料和制成品的生产;九、改善征粮。[2] 麦克阿瑟在下达《九原则》时强调指出,日本政府"对此不能容许从思想、立场上加以反对",要求无条件地执行。[3] 美国为贯彻这一原则,指派底特律银行的道奇专程来日,拟定1949财政年度预算,实行财政紧缩政策。接着又派索普改革日本的税制。其结果,年年巨额赤字的日本财政预算从1949年度起变成黑字,同时恶性通货膨胀也基本被制止。这样,日本经济以《稳定经济九原则》为起点,逐渐走上稳定和复苏的轨道。这是战后日本经济的一个转折点,是美国对日经济政策转变的结果。

在政治方面,美国通过新宪法的制定,改革天皇制、议会、内阁、司法及地方行政机构,建立了资产阶级民主政治体制。这是占领初期政策和战后改革的成果。这种成果,如今依然保存下来,没有什么变化。

可是,对人民运动的态度却发生了变化,宪法中有关国民权利的条

---

[1] 小林义雄:《战后日本经济史》,日本评论社1964年版,第22页。
[2] 有泽广巳、稻叶秀三编:《战后二十年史资料——经济》,日本评论社1970年版,第68页。
[3] 袖井林二郎:《麦克阿瑟的两千日》,中央公社1974年版,第270页。

款虽然没有修改,但对人民运动尤其是对日共和左翼团体却采取了公然镇压的措施。占领初期日本政府成立了整肃军国主义分子的特别审查室。1948年10月吉田内阁上台后把它升级为特别审查局,其任务正如吉田所说,"是管辖以对付共产党为中心的治安问题"①。把整肃军国主义分子的机构变成镇压日共和左翼团体的机构。1949年4月,吉田内阁公布《团体等规正令》。根据这一法令,美军和日本政府迫使日共和左翼团体登记其党员、会员以及领导人和组织情况。1950年美国发动侵朝战争前后,即6月6日日本政府根据该法令整肃德田球一等24名日共领导人,26日查封《赤旗报》,并整肃该报编辑17人。接着整肃日共党员和党的同情者,截至1950年11月被整肃的有12151人。② 被查封的报刊,截止1951年7月达1700多种。它们不仅镇压日共,而且镇压左翼工会。这些措施和镇压显然是剥夺了日本国宪法所规定的国民的资产阶级民主权利,和占领初期的政策形成明显的对照。占领初期,美军迫使日本政府释放德田球一等在狱中18年的日共领导人,在资产阶级民主所允许的范围内支持工人和农民成立工会和农会,开展工人运动和农民运动。当时美国这样做的目的是利用群众的力量,对日本统治者施加压力,迫使他们在政治、经济、文化教育等领域按美国的要求实行改革。可是美国达到占领初期的目的后,则反过来镇压人民。这显然是美国对日占领政策的转变。1946年4月7日,美军派6辆坦克和吉普车,协助日本警察驱散围住币原首相官邸的群众。1947年2月1日,日本工人阶级和政府机关的公务员要举行600万人参加的全国性罢工,这时占领军司令麦克阿瑟亲自出面镇压即将爆发的这一罢工。1948年下半年起美国和吉田内阁继续采取反共反人民的措施。

从以上分析中看出,美国对日的占领政策,如农地改革、对日本政治制度的改革等确实没有变化;如重建日本的武装部队、镇压日共和人民

---

① 吉田茂:《十年回忆》,第2卷,新潮社1958年版,第137页。
② 历史学研究会编:《太平洋战争史》第6卷,青木书店1977年版,第267页。

运动确有变化；如解散财阀，限制垄断资本的复活等政策，变了一半又维持了一半。

在变和不变的错综复杂的占领政策中，始终不变的是美国对亚洲及太平洋地区的霸权主义。占领初期的政策也好，占领后期的政策也好，都是为达到这一目的服务的。从这种含义来说，后来转变的占领政策是初期政策的继续和发展。继续就是连续性，但连续性是在不间断的阶段性中实现的。没有变化则没有连续和发展，当这种变化构成阶段时，这一变化就称为转变。

3.

美国的对日占领政策为什么产生这种转变？在转变中为什么又有不变？对这种现象如何解释？

在第二次世界大战中，德意日三个法西斯国家遭到溃败，英、法大为削弱，而美国却依仗其在战争中膨胀起来的经济、军事实力，爬上了资本主义世界的霸主地位。1946年4月6日，杜鲁门在芝加哥公开叫嚷，"美国今天是个强大的国家，没有任何一个国家比它更强大了。这不是自吹自擂。……这意味着，我们拥有这样的力量，就得挑起领导的担子并承担责任"[1]。所谓挑起领导的担子或"承担责任"就是称霸世界的同义语。美国的全球战略由三个部分组成。毛泽东同志说，"美国侵略政策的对象有好几个部分。欧洲部分、亚洲部分、美洲部分，这三个是主要的部分"[2]。

欧洲历来是帝国主义角逐之地，是美国全球战略的重点，是美国抗衡社会主义阵营的前哨基地。因此美国对德的占领政策的转变，比对日政策的转变早一二年，且其深度和广度都超过日本。

那么，在全球战略中如何处理欧亚关系？当时，以周以德为中心的共和党议员主张"欧亚并重"论，甚至以"援助亚洲"为重点。周以德宣

---

[1]《基辛氏当代文献——1946—1948》，第7826页。
[2]《毛泽东选集》第4卷，第1380页。

称,"我们必须在亚洲取胜,否则我们最终将丢掉欧洲"①。麦克阿瑟也说,"与欧洲可能发生的任何事情相比,中国共产党的胜利,对美国来说是一个更大的威胁"②。可是杜鲁门、马歇尔等美国实权人物把欧洲作为全球战略的重点,竭力主张优先"援助欧洲",以便既争夺欧洲,又抗衡苏联和社会主义阵营。因此,美国是在优先"援助欧洲"的前提下才对蒋介石提供"援助"的。可是中国人民解放军1948年9月至1949年1月发动震撼世界的辽沈、平津、淮海战役,在短短的四个月歼敌154万,沉重地打击了美蒋。美国企图把蒋介石统治下的中国变成其反对社会主义阵营和称霸亚洲的前哨基地和反共堡垒的远东战略即将崩溃。在这种紧迫形势下,美国不得不重新考虑日本在美国远东战略中的地位。1948年12月即将派道奇来日时,杜鲁门总统召见他,并谈了中国形势和美国改变对日占领政策的关系。他说,"中国事态的进展,使日本的重要性倍增"③。而道奇1949年在国会作证时也说,"过去一年,尤其是最近在这一地区事态的倾向,就强调了我们加强在日本的地位的必要性。我们将来的远东政策的发展,要求把日本作为今后向远东地区援助扩张的跳板和供应基地加以利用"④。这样,日本取代蒋王朝在远东的地位,成为美国在远东推行其战略的前哨基地和反共堡垒。对此,麦克阿瑟也直言不讳地说,"日本成为维护美英两国权益的前线基地",⑤成为"拦住共产主义东进和南进的壁垒"。⑥

从以上分析中看出,美国全球战略和远东形势的变化,使日本在美国战略中的地位相应地发生了变化。这一变化要求改变对日的占领政策,使它更符合于美国的新的远东战略。于是在占领政策中,和这种变化相吻合的部分没有发生变化,而与此相违背的则要改变。这样就出现

---

① 邹傥:《美国在中国的失败1941—1950》,第449页。
② F. R 杜勒斯:《美国对中共的政策》,第75页。
③ 朝尾直弘等编:《岩波讲座·日本历史》第22卷,岩波书店1977年版,第340页。
④ 冈义武编:《现代日本的政治过程》,岩波书店1978年版,第211页。
⑤ 信夫清三郎:《战后日本政治史》第3卷,劲草书房1968年版,第923页。
⑥ 同上书,第981页。

了占领改革的转变中有不变,不变中又有变的复杂现象。

其次,美国对日占领政策的转变是反法西斯盟国关系破裂的必然结果。苏联和美英等结成盟国的基础是打败共同的敌人德意日法西斯,铲除这三国的法西斯军国主义。反法西斯战争的胜利和战后对这些国家实行的改革,使反法西斯盟国达到预期的共同目的。苏联和美英等结盟的基础随之消失。于是反法西斯盟国内部存在的固有矛盾,即社会主义苏联和资本主义美英的矛盾,由于美国在世界各地的争霸而逐渐激化,成为世界的主要矛盾。这一矛盾随着两个阵营的形成,又变成社会主义阵营和资本主义阵营的矛盾。

反法西斯盟国关系的破裂和利用昔日劲敌日德反对昔日盟国苏联及社会主义阵营各国的政策,相辅相成,有其发展的过程。早在1946年年底,美国商务部长哈里曼(前驻苏大使)就强调复兴德国和日本的经济在美国战略中的重要性。1947年3月美国海军部长福莱斯特尔又提出振兴日德经济在美国抗衡苏联中的重要性。同月,杜鲁门抛出杜鲁门主义时也暗示把日德纳入反苏阵营的用意。4月29日参谋长联席会议战略委员会提出的报告,在强调德国在欧洲的重要性的同时,认为在亚洲能遏制意识形态上敌人的唯一国家是日本,因此应对复兴日本经济和军事力量予以最大的关心。① 在这种叫嚣中,7月22日美国国务院和陆军部分别向国务院、陆军部、海军部协调委员会提出《日本经济的再复兴》和《美国关于日本经济问题的单独行动》的报告。这些报告都强调复兴日本经济的重要性和迫切性,但两者在是否和远东委员会协调的问题上有分歧,国务院强调和该委员会协调,而后者则反对。可见,陆军部的态度比国务院更为强硬。

如上所述,这时期美国对日政策中较为突出的是复兴日本经济问题。这有两个原因:第一,这时期美国对外争霸的一种形式,犹如马歇尔计划一样,是以"经援"的形式进行的。第二,日本工矿业生产指数,如以

---

① 中村隆英编:《占领时期的日本经济与政治》,东京大学出版会1979年版,第40页。

1930年至1934年平均为100,1948年则为64.4,恶性通货膨胀,物价飞涨。这便引起日本工人和广大群众提高工资,改善生活的斗争,这一斗争日益威胁日本统治阶级和美国对日占领政策。因此,美国允许日本从1947年8月开始实行民间的对外贸易,以便复兴经济。

重新开放日本的民间贸易后,美国大企业的顾问丁·加夫曼于同年8月赴日考察,回国后便提出一项报告。他在报告中说,经济领域中所实行的整肃和《集排法》等阻碍日本经济的复兴,盟军总司令部所实行的民主化政策使日本接近"社会主义理想",日本有共产化和亲苏化的倾向。他建议美国政府修改对日的民主化政策。加夫曼把这一报告散发给美国政府要人,进行政治性煽动。这便引起美国政府的重视。美国政府便派陆军部副部长德雷珀抵日,重新考察加夫曼报告的真伪。经考察,德雷珀完全赞同和支持加夫曼的意见。于是政策设计委员会主席凯南,① 于10月31日向国防部长福莱斯特尔提出日本可能"社会主义化"的警告。翌日,福莱斯特尔立即指令陆军部长罗亚尔重新估计日本经济在美国军事战略上的地位和作用。接着,凯南于11月5日向国务卿马歇尔提出《世界形势摘要》的报告,1948年2月24日又提出《对现状趋势的探讨》的报告。他在报告中说,日本是美国在亚洲可以依赖的唯一国家,是美国的桥头堡,为遏制苏联及社会主义国家应利用日本潜在的工业力量。他认为,现行的对日政策,在解除军国主义方面颇有成效,但对遏制苏联和共产主义方面没有予以充分的考虑,因此应该重新研究对日政策。②

凯南于提出第二个报告后的第三天,即2月26日飞抵东京,就有关对日占领政策,和麦克阿瑟进行了会谈。第二次会谈中,凯南便提出:一、准备日本的"对外防备"力量;二、建立有效的经济复兴政策;三、为

---

① 政策设计委员会是国务院的"参谋部",在制定美国对外政策中起重要作用。凯南是该委员会主席。他曾任美国驻苏大使馆馆员及代办。1947年4月,他在《外交季刊》上发表《苏联行为的根源》一文,极力主张遏制政策。
② 《美国的外交关系》1948年第1卷,第2期,第525页。

恢复日本政府的自主性,缓和占领政策。① 在会谈中,凯南和麦克阿瑟在日本是否有"共产主义威胁"等问题上虽有分歧,但在限制远东委员会的活动等方面达成了一致意见。

凯南回国后,3月25日向国务卿马歇尔提出一份报告。他认为,日本有"共产主义化"的危险,因此应采取遏制政策。为此他建议:一、永久性地占据冲绳;二、重建一定限度的军备;三、为防止共产主义化,加强警察力量;四、恢复日本政府复兴经济的权利;五、限制远东委员会的权利;六、缓和赔偿;七、不提出新的民主化措施,对已实施的不加压力;八、整肃军国主义分子和排除经济力量过度集中,会阻碍日本经济的复兴,因此应该批评修改;九、缓和对新闻的检查;十、及早发现和处理乙级、丙级战犯嫌疑中的无罪分子;十一、日本文化的亲美化。② 凯南的报告,从政治、经济、军事方面都提出了改变对日占领政策的具体意见。这意见成为在对日政策转变中的主导性意见。这样,以凯南为中心的美国国务院掌握了这一政策转变中的主导地位。

美国陆军部也不甘落在国务院后头。4月底,陆军部便提出比凯南报告更激烈的意见:一、无限期地推迟对日媾和;二、允许日本再军备;三、停止远东委员会的职能;四、关于缩减总司令部人员、排除经济力量过度集中的政策,对总司令部提出协助意见。③ 这样,陆军部的意见从单纯的经济复兴扩大到政治、军事方面。此后,陆军部副部长德雷珀于5月中旬又提出报告。这一报告除重整军备问题之外,和国务院的意见大致相同。

可是,国务院和陆军部在赔偿和远东委员会的问题上发生分歧。陆军部主张大幅度地减轻赔偿,而国务院坚持赔偿原赔偿总额的30%。对远东委员会问题,国务院虽然主张限制远东委员会的职权,但表面上和远东委员会保持一定的协调关系。而陆军部则要明确宣布远东委员会

---

① 中村隆英编:前引书,第72页。
② 中村隆英编:前引书,第74~76页。
③ 中村隆英:前引书,第76页。

的工作业已完成，没有存在的必要。远东委员会是根据1945年12月苏美英三国外长会议的决定成立的。它是由11个反法西斯盟国组成，是决定对日占领政策的决策性机构，是维护战后盟国关系的纽带。当美国单独改变对日政策时，它却变成障碍。因此，极力主张转变对日政策的陆军部索性要取消它，进而使盟国关系最后破裂。而负责美国外交的国务院虽然同意限制该委员会的职权，摆脱战时形成的盟国关系，但为保持美国的所谓国际信义，主张和它协调。

为了早日解决对日政策的转变，政策设计委员会在重新研究各方意见的基础上又草拟了《美国对日政策的劝告》，即NSC—13号文件，并于5月28日向国家安全委员会提出。这一报告基本上继承了凯南3月25日的报告内容，在对日媾和及远东委员会问题上没有采纳陆军部的意见，对赔偿问题也采取暂时回避的态度。国务卿马歇尔和陆军部长罗亚尔，8月底至9月初，进行数次会谈，力图调整和统一两个部门的分歧，但没有得出统一意见。于是，国务院和陆军部于9月24日分别向国家安全委员会提出各自的报告，即NSC—13—1号。在这一报告中，国务院虽然同意结束战时形成的盟国关系，但依然主张和远东委员会的协调。

这时，在欧洲，美苏就柏林问题的矛盾更加激化。在远东，中国人民解放军发起了辽沈战役，中国革命形势开始发生根本变化。在这种形势下，美国国家安全委员会从9月以来一直把中国问题和日本问题一并进行研究，并于10月9日通过了转变对日占领政策的NSC—13—2号文件。NSC—13—2号文件，基本上继承了以凯南3月25日报告为蓝本的NSC—13号文件精神，只是把远东委员会和赔偿等问题暂时搁浅。可是，时隔不久，中国人民解放军又发动平津和淮海战役，并获得了伟大胜利。在中国人民解放军节节胜利的新形势下，国民党要举行和平谈判。但两党的北京和谈，于4月20日破裂，百万雄师横渡长江天险，相继解放南京、上海。在这一新形势下，美国国家安全委员会于1949年5月又通过了NSC—13—3号文件，就搁浅的远东委员会和赔偿问题，完全同意了陆军部的意见。

NSC—13—2、3号文件标志着美国和苏联、中国等反法西斯盟国关系的破裂和美国对日占领政策的正式转变。从此美国不顾反法西斯盟国的反对,大力推行对日的单独媾和。1951年9月4日在旧金山召开有52个国家参加的对日和会。结果占反法西斯盟国总人口70%的12亿人民没有参加或者拒签和约。这样,旧金山和约成为名副其实的单独讲和。这是反法西斯盟国关系破裂和美国转变对日占领政策的必然结果。

这里有一个问题是美国对日占领政策的转变时间和标志问题。通常把1948年1月6日陆军部长罗亚尔在旧金山的演讲作为美国转变对日占领政策的时间和标志。罗亚尔说,"广泛地非军事化的原来概念同建设一个自立国家的新目标之间出现了不可避免的冲突"。他结束讲演时说,希望日本"能充当对今后远东可能出现的任何其他极权主义战争威胁的障碍物"①,即成为美国称霸亚洲的前哨基地。他的这次讲演虽反映了美国政府,尤其是军部力图改变对日占领政策的企图,但并不是美国政府最后的决定性意见。这时,以凯南为中心的国务院也正在研究对日政策的转变,其意见和陆军部尚有分歧。而且这时日本问题由国务院和陆军部的职能机构在研究,还没有提到美国政府首脑部。美国首脑这时主要处理欧洲和德国问题,无暇顾及远东问题。此外,决定美国对日占领政策转变因素之一的中国人民解放战争虽然从1947年夏天开始进入战略进攻阶段,但决定战争全局的三大战役尚未开始,因此,这时美国虽然在研究对日政策的转变,但还没有作出最后的决定。如上所述,美国正式决定对日政策的转变是1948年10月9日国家安全委员会通过NSC—13—2号文件之时,因此把1948年1月6日罗亚尔的演讲作为转变的时期和标志是不恰当的。

三、试论日本的战后改革

1945年8月日本帝国主义无条件投降后,反法西斯盟国对日本实行

---

① 辻清明:《战后二十年史资料——政治》,日本评论社1970年版,第59页。

军事占领,对日本的政治、经济、军事、教育、司法等进行改革。史称此次改革为战后改革。对这次改革,日本史学界众说纷纭,莫衷一是。20世纪50年代,日本史学界一般都否定或者低估战后改革的历史意义,侧重于揭露改革的局限性。60年代,日本经济高速增长,成为位居资本主义世界第二位的经济大国。于是,日本史学界重新回顾战后改革的全过程,重新分析战后改革的性质及其在资本主义发展史上的历史地位,但依然存在着不同观点的对立和争论。争论的主要问题为战后改革的性质是资产阶级民主主义革命,还是国家垄断资本主义的一次变革?是具有质变的革命,还是仅仅有量变的改革?

本节拟就日本战后改革的内容、性质、意义、动力及其和占领政策的关系等问题,加以论述。

1. 宪法、政治、经济等方面的改革

反法西斯盟国在军事占领时期,对日本的宪法、土地制度、财阀、司法、教育等进行了一系列的改革。这是一次带有资产阶级民主主义性质的改革,使日本的历史从法西斯军国主义的时代跨入资产阶级民主主义的时代,在日本资本主义社会的发展史上具有划时代的意义。

宪法是国家的大法。它规定了一个国家政治、经济、军事制度的基本原则。明治维新后,日本没有立即制定宪法,在自由民权运动的冲击下,1889年才制定了《大日本帝国宪法》。这一宪法是钦定宪法,带有浓厚的封建残余和军国主义色彩。因此,1945年10月,盟军最高司令官麦克阿瑟指令当时日本首相币原喜重郎修改这部宪法,1946年11月3日公布了新的《日本国宪法》,翌年5月3日正式生效。通过修改宪法,日本的政治制度发生了新的变化。

过去总揽统治大权的天皇,变成象征性的天皇。天皇是日本古代的统治者。后来,由于武士阶级的兴起,天皇的统治大权旁落,幕府相继掌权,天皇的统治已徒具形式。可是到19世纪60年代,西南诸藩的下级武士们,推翻德川幕府的武家统治,建立新政府,宣布由天皇亲自执政。

1889年制定的《大日本帝国宪法》规定,"大日本帝国是由万世一系的天皇统治""天皇是国家的元首,总揽统治权""天皇神圣不可侵犯""统帅陆海军",并拥有裁决法律、拟定法律的权力。① 天皇类似于古代统治者皇帝,在世界各国的资产阶级革命中,除少数的国家之外,类似于天皇的皇帝都被推上断头台。但在日本的明治维新中,由于倒幕派力量的微弱,把天皇当作"王",借天皇的旗号,推翻了德川幕府封建统治,而且给予天皇以统治国家的大权。天皇的这种统治大权是终身的,而且是世袭的,因此称它为万世一系的统治。这是封建皇帝所拥有的权力在维新政权中的重新出现,是明治维新不彻底的产物,是日本政治制度中的封建残余。

随着日本资本主义的发展和资产阶级力量的壮大,应对带有封建残余的天皇制进行改革。但是,30年代日本的法西斯分子却利用天皇制,建立天皇制法西斯统治,更加强了天皇的专制主义统治,并以天皇的名义发动侵华战争和太平洋战争。这样天皇进一步成为日本法西斯军国主义的精神支柱和发动侵略战争的工具,给亚洲各国人民和日本人民带来了深重的灾难。于是战后改革天皇制成为迫不及待的问题。

在修改宪法时,如何改革天皇制成为争论的焦点。日本统治者以种种理由要保留天皇制,维护天皇总揽大权的政体。而美国则要在保存天皇制的形式下,加以改革。结果,按着美国的意见对它进行了重大的改革。

通过修改宪法,剥夺了天皇总揽统治大权的权力,天皇变成国家的象征。新宪法第一条就规定:"天皇是日本国的象征,是日本国民整体的象征,其地位,以主权所属的全体国民的意志为依据。"②宪法虽然规定天皇行使公布宪法修改案、法令和政令及条约、召集国会、解散众议院等有关国事的行动的权力,但又严格地规定这些权力的行使须"根据内阁的

---

① 《日本国宪法·附录大日本帝国宪法》,有斐阁1961年版,第28页。
② 《日本国宪法》,第4页。

建议与承认",而不得擅自行使。这就说明,天皇行使国事是形式上的、礼仪性的,天皇本身不拥有行使国事的大权。而且辅佐天皇的枢密院、贵族院等天皇专制主义的特权机构也都被废除,天皇专制主义的支柱——军部也被摧毁,只剩了象征性的天皇。裕仁天皇本人也于1946年1月1日发表所谓"人格宣言",宣布自己是人,而不是下凡到人间的神,自我否定了天皇拥有的神权。

这是对明治以来的天皇制的重大改革,具有资产阶级民主主义性质。这一改革不仅革除了类似于封建皇帝的天皇专制主义大权,而且革除了封建血缘家族的世袭统治,为日本政治制度的"近代化"开辟了道路。

随之,对日本的议会制度也进行了改革,战前的日本议会分为众议院和贵族院。贵族院是身份议会,由皇族、华族的男性和天皇任命的议员组成。他们都是封建公卿和领主遗老,有封建身份的特权阶级。众议院是由25岁以上的男子选举产生的议员组成的,其权限极为有限。贵族院的权力大于众议院,如众议院通过的议案遇到贵族院的反对或者否决时,此案就无效。众议院中占据多数议席的政党,无权组织自己的内阁。议会不是对选民负责,而是对天皇负责,是辅佐天皇的机构,是天皇专制主义的装饰品,而且常常受到军部的牵制。到40年代,随着日本法西斯体制的建立,议会也变成大政翼赞会的"翼赞"议会,成为天皇制法西斯主义体制的附属品,法西斯分子聚集的场所。因此,战前日本虽然有议会,1924年至1932年曾一度实行过所谓的议会政治,但还没有确立较为完整的资产阶级议会制,议会制度中依然夹杂着封建的残余和军国主义的、法西斯主义的因素。

通过修改宪法,革掉了封建的残余和军国主义的、法西斯主义的因素。首先取消了贵族院,建立众议院和参议院。两院均由国民选举产生,横扫了血缘的、身份的封建关系。而且众议院的权力大于参议院。其次,取消了天皇以敕令、敕语立法的权力和天皇对议会的控制。宪法第四十一条明确规定,"国会是国家的最高权力机关,是国家唯一的立法机关",修改宪法、制定法律、审议预算、任命内阁总理大臣等国家的一切重大问题,均由国会讨论决定。① 这样,通过战后改革建立了较为完整的资产阶级议会制度。

议会制度的改革必然引起内阁制度的改革。战前,日本的总理大臣是由元老和重臣会议提名,由天皇任命的。这种内阁被称为天皇的"敕令内阁"。这样建立的内阁理所当然地对天皇负责。而且内阁的成立和权力常常受到统帅于天皇的军部的干涉和牵制,军部不支持或者反对的内阁不是流产就是倒台。日本自1885年成立第一届内阁以来的60年中,在43届内阁、30个总理大臣中,有15人是陆、海军人,政党出身的首相为数很少。这是军国主义日本特有的现象,是军国主义在政治体制上的反映。这种内阁不是资产阶级的议院内阁,而是一个从属于天皇、军部的行政机构。

通过修改宪法,内阁成为议院内阁,众议院中占据多数席位的政党组织内阁,一般由众议院议员中人数最多的政党的总裁任内阁总理大臣。宪法第六十五条和六十六条规定,"行政权属于内阁""内阁行使行政权,对国会负连带责任"。内阁除执行一般的行政事务外,执行法律,总理国务,处理外交,缔结条约,掌管有关官吏的事务,提出预算,制定政令,决定大赦、特赦,有关行政的一切问题均由内阁处理。② 这样,内阁变成名副其实的资产阶级内阁。

与此同时,对天皇专制主义的中央集权制也进行了改革。宪法第八章规定地方自治。实行地方自治后,都、道、府、县、市、町、村在宪法和法律规定的范围内实行自治,地方的各级领导人均由居民直接选举,中央和上级机构无权任命。在地方设议会,制定预算,甚至制定地方性的法律。这一改革调动了地方的积极性,在日本政治制度史上是颇有意义的。

---

① 《日本国宪法》,第12～16页。
② 《日本国宪法》,第17～19页。

改革司法制度,健全了资产阶级法制。战前,日本司法机关根据宪法的规定,"以天皇的名义"进行审判。天皇高于法律,司法机关是从属于天皇制的一个机构,而不是和国会、内阁鼎立的独立的机构。经改革,最高法院成为和国会、内阁并列的独立机构,废除控制司法部门的司法省,扩大司法机关的自治权。最高法院有权审议法律及法令是否符合于宪法规定的权力,一切司法权属于最高法院及下级法院。废除法院对检察官和辩护士(律师)的统制,扩大他们的独立性。

通过修改宪法,扩大了日本国民的资产阶级民主权利。宪法规定,"国民享有的一切基本人权不能受到妨碍","保障集会、结社、言论、出版及其他一切表现的自由"。[①] 日本国民享有的这种民主自由,虽然不是无产阶级性质的,但和法西斯专制主义时期相比,确实要民主得多,自由得多。

通过修改宪法,改革了日本政治制度中的封建专制主义、法西斯军国主义的因素,确立了立法、司法、行政三权分立的资本主义政治体制,建立了与资本主义共和制相近的君主立宪制。这是明治维新以来的一次重大的改革,完成了明治维新未能完成而遗留下来的历史任务,从此日本建立了较为纯粹的、较为完整的资本主义政治体制。这在日本资本主义政治制度发展史上无疑是进步而不是倒退。

日本的教育制度也进行了相应的改革。明治维新后,一方面,虽然对德川时期的以国学、儒学为主体的封建教育实行了改革,"破旧来之陋习""求知识于世界",学习西方教育,引进西方科学技术,为日本的资本主义发展培养了各种人才。但是,另一方面,战前教育明显地具有封建的、军国主义的、法西斯国家主义教育的性质,直接为天皇专制主义统治和对外侵略战争服务。为了铲除日本法西斯军国主义,对这种教育进行了改革。1945年10月10日盟军总司令部发布《关于日本教育制度的政策》的备忘录,"禁止普及军国主义的和极端的国家主义思想,废除军事

---

① 《日本国宪法》,第7~12页。

教育学校和军事训练"①。接着30日又发布《关于教员和教育行政官的调查、解职、任命问题》的指令,要立即罢免具有军国主义思想和过激的国家主义思想以及反对占领政策的教职员工,不许军队中复员的人在学校任职。12月15日,盟军总司令部又发出指令,把宗教尤其是神道与国家分离,禁止用神道进行军国主义和国家主义宣传,禁止用神道欺骗群众进行侵略战争。紧接着,31日又宣布了停止充满神道和法西斯军国主义思想的修身课、日本历史和日本地理课的指令。

在此基础上,1947年3月31日制定《教育基本法》,建立了以个人为中心的资本主义教育体系。《教育基本法》规定教育的目的是:"教育必须以完成陶冶人格为目标,培养出作为和平的国家及社会的建设者,爱好真理和正义,尊重个人的价值,重视劳动与责任,充满独立自主精神的身心健康的国民。""为此目的,采取'尊重学术自由',在生活实践中培养自发精神,互相尊敬和合作,努力为文化创作和发展作出贡献的方针。"②以资本主义的个人主义取代封建的、军国主义的、法西斯主义的教育,具有相对的进步意义。另外,相对地贯彻教育机会均等的原则,规定"所有国民都应当有按其能力接受教育的机会,不能根据人格、信仰、性别、社会身份、经济地位、门第等给予差别教育","国民对其受保护的子女,有义务实行九年普遍教育"③,实行男女同校。同时,改革中央集权的教育体制,实行和地方自治相适应的地方分权制。文部省由历来的监督机关变为行政指导机关,由民选的各级教育委员会负责学校设置、教职员任免等具体行政工作,调动了地方的积极性。日本文部省于1950年8月提出的《日本教育改革的进展》的报告指出,通过教育改革彻底铲除了国家主义的、封建的、神话般的错误,把教育的基本点"确立在民主主义的、近代的、科学的、自由主义的理想之上"④。战后的教育改革,利用教育开

---

① 海后宗臣编:《战后二十年资料——教育、社会》,日本评论社1973年版,第2页。
② 海后宗臣编:《战后二十年资料——教育、社会》,第17页。
③ 海后宗臣编:《战后二十年资料——教育、社会》,第17、29页。
④ 海后宗臣编:《战后二十年资料——教育、社会》,第17、29页。

发"人的资源",使日本的资本主义经济得到长足发展。

作为一次改革,仅仅对上层建筑实行改革是不够的,必须对其经济基础也进行相应的改革。日本的政治制度、文化教育等上层建筑中所存在的封建的、军国主义的、法西斯主义的因素,有其牢固的经济基础。如不铲除其经济基础,就不能彻底达到改革的目的,而且不能巩固改革的成果。因此,盟军对日本的上层建筑进行改革的同时,对其经济基础也进行了改革。

解散财阀是改革日本经济的重要措施。财阀是日本特有的垄断资本集团,是德川时期的封建的特权商人在维新后与明治政权结合而形成的。它不是封建社会末期从工场手工业发展起来的产业资本,而是以血缘和家族的主从关系形成的。例如三井财阀是以三井家族为中心,三菱财阀是以岩崎家族为中心的。这些家族以它所拥有的股票控制财阀的总公司和子公司,建立总公司和子公司间的金字塔形的主从关系,形成一种康采恩式的垄断集团。这显然是由于幕府末期日本资本主义发展不成熟而造成的,以血缘为基础的家族关系是封建社会的残余,与近代化的垄断资本主义是不相称的。但它作为垄断集团,成了日本法西斯军国主义的经济基础、对外经济侵略的急先锋。例如,三菱重工业公司在七七事变后的8年中生产各种军用飞机1.8万多架,占同时期军用飞机总产量的1/4;其生产的军舰占同时期私人企业生产的军舰总量的40%。同时,它还对中国、东南亚地区大肆进行经济侵略。所以,要铲除日本的法西斯军国主义,不仅要解散日本的军队,废除军事机构,还要摧毁其经济基础。美国财阀调查团团长科温·爱德华兹说得清楚,"解散财阀,目的在于从心理上和制度上破坏日本的军事力量"[①]。

解散财阀是分为两个阶段进行的:第一阶段是成立控股公司整理委员会(1946年8月),指定三井、三菱、住友、安田等83家公司为控股公司(所属子公司为4500家),又指定三井、三菱、住友等十大财阀的家族56

[①] 楫西光速等著:《日本资本主义的发展》,下卷,东京大学出版会1953年版,第456页。

人为财阀家族,并且勒令他们交出手中的股票。结果,83家公司和56个财阀家族交出价值达75.71亿日元的1.6567亿多股票。交出的股票由整理委员会转售处理。财阀和财阀家族失去了股票,就失去了资本,他们占有一半左右股份的总公司也被解体,靠股票和家族关系来对子公司进行控制的统辖关系就被切断了,金字塔形的控股主从关系彻底瓦解。另外,财阀的家族一律退出财界,财界的1800名领导人相继被整肃。

第二个阶段是防止日本垄断资本的复活。盟军总部指令日本政府于1947年7月发布《关于禁止垄断和保证公平交易的法律》(简称《禁止垄断法》),同年12月又发布了《经济力量过度集中排除法》(简称《集排法》),其目的是禁止用卡特尔协定之类的形式进行垄断,排除经济力量过度集中的企业。根据这一法律,325家公司被指定为经济力量过度集中的企业,理应分散。

解散财阀的第一个阶段的工作较为彻底,而第二个阶段的工作则虎头蛇尾。

解散财阀具有两重性质:一方面革掉了日本垄断资本主义中的血缘的、家族的、带有封建因素的前近代的关系;另一方面,革掉了财阀家族以股票垄断经济的控股关系即垄断关系,并且预防垄断的再次复活。这一改革显然具有反封建的、反垄断的性质。第二次世界大战后,盟军在联邦德国也进行了反垄断的改革,但没有采取日本这样的形式,它是按地区分散垄断资本,具有纯粹的反垄断的性质,而没有反封建的因素。

解散财阀的工作虽然执行得不彻底,但对日本的经济发展产生了积极的影响。家族的、保守的财阀家族退出或者被整肃后,具有实际管理能力的中上层管理人员登上财界的领导岗位。他们不拥有或者拥有少量的股票,这样资本和经营结合成一体的体制变成资本与经营相对分离的新体制。这一变革,在日本称为"经营者革命",对改善日本的经营管理起了良好的作用。同时,由于控股关系被切断,子公司成为独立公司。它拥有独立性和灵活性,对战后日本产业结构的变化即重化工业的发展,起了良好的作用。

对日本的土地制度也进行了改革。当时日本的土地状况据1945年11月的统计,地主出租的土地有220.9万多町步(占耕地面积的43.46%)。① 有5町步以上的地主仅占土地所有者的3.2%,但却占有耕地总量的30%;而不满五反地的农民虽占土地所有者的49.6%,但只占耕地总量的15.5%,②无地或者少地的101.6万户农民替地主耕种出租地,交纳五至八成的高额地租,受着和封建年贡差不多的剥削。这种残酷的剥削不仅使农民过着饥寒交迫的生活,而且无法进行扩大再生产,严重地阻碍了农业生产的发展。由于地主的剥削,农民的消费力低,国内市场狭小,这使日本军国主义向外扩张的欲望更加强烈。而且农村是日本军国主义兵源地,大部分士兵来自农村。对此,美国陆军部长罗亚尔说道:"在战争结束和战前长时期内,土地所有权一直在少数人手里。这种制度类似于过去一些世纪的封建制度。在日本,土地贵族运用他们的权力来鼓励战争。"③因此要铲除日本军国主义非改革地主土地所有制不可。加上战后日本爆发了空前的粮食危机,土地和粮食问题变得更为尖锐,农民运动和城市人民的粮食斗争风起云涌。

在这种形势下,日本政府于1946年10月制定第二次农地改革法,实行农地改革。农地改革法规定:(一)由国家征购下列土地:不在村地主的全部出租地;在村地主的1町步以上的出租地(北海道为4町步);虽然是自耕地但农地委员会认为不宜耕种的土地;出租地和自耕地超过3町步(北海道为12町步)以上的土地;虽然不是耕地但系经营上所需的房地、草地、未开垦地。(二)国家将征购来的土地卖给佃农。(三)成立由地主3人、自耕农2人、佃农5人组成的市町村农地委员会。(四)残存出租地的地租改为货币地租,地租率是水田25%以下,旱田15%以下。④

---

① 农地改革记录委员编:《农地改革颠末概要》,农政调查会1957年版,第600页。
② 同上书,第596页。
③ 辻清明编:《战后二十年史资料——政治》,日本评论社1970年版,第58页。
④ 东京大学社会科学研究所战后改革研究会编:《战后改革——农地改革》,第6卷,第184页。

根据农地改革法,日本政府征购了地主、寺院、教会、神社的土地174.19万多町步,加上旧军用地和其他国有地,成为改革对象的土地共有196.8万多町步。①

在农地改革中,176万户地主的土地被征购,475万多户佃农或半佃农买到了193.8万多町步的土地。② 结果,不在村地主阶级完全被消灭,在村地主也基本上被消灭。据统计,改革后,拥有1町步以内租地者有118万户,土地总数44万町步,拥有租地1町步者有26万户22万町步,两者共计144万户66万町步,一户平均不到半町步,而且租地只占耕地总面积的10%多一点。③ 与此相反,自耕地大幅度增大,1950年增长到551.4万多町步,占耕地面积的88%。④

随着土地所有制的变化,农村阶级关系也发生了很大变化。自耕农和以自耕为主、佃耕为辅的农户显著增长,两者共有541.1万多户,占农户总数的87%。佃农和以佃耕为主、自耕为辅的农户72.2万户,只占13%。农地改革后,自耕农继续增加,佃农继续减少。这样,日本农民中耕种1町步以内的占73%,从而建立了以自耕农为主的小农经济。

农地改革,消灭了寄生地主及半封建的土地所有制,建立了以自耕农为主的小农经济。但农地改革不是消灭私有制的社会主义革命,而是建立耕者有其田的资产阶级的民主主义改革。它改革了日本农村中半封建的生产关系,解放了生产力,促进了日本农业的发展。日本农业于1950年恢复到战前水平,改革后的十年里农业产量增长60%。同时为日本工业的发展提供了劳动力,如仅1951年至1965年的15年中,便提供了571万个劳动力。⑤ 同时,农业的机械化和农民消费水平的提高,也为日本工业发展提供了广阔的市场。

---

① 有泽广巳、稻叶秀三编:《战后二十年史资料——经济》,日本评论社1970年版,第126页。
② 《战后改革——农地改革》,第6卷,第66页。
③ 农地改革记录委员会编:前引书,第594页。
④ 农地改革记录委员会编:前引书,第658~659页。
⑤ 东京大学社会科学战后改革研究会编:前引书,第6卷,第375页。

此外，对家族制度、选举法、警察等问题也进行了相应的民主主义改革。对这些问题，不拟一一涉及。

社会历史发展是具有连续性的，任何改革都是社会历史发展中的一个阶段，是和改革前的历史发展紧密联系在一起的。战后改革是明治维新后日本近代化的继续和发展，是和明治维新联系在一起的。因此，对明治维新的不同看法，就会导致对战后改革的不同评价。这是必然的。如果认为明治维新是资产阶级革命，那么战后改革是日本垄断资本主义从20世纪30年代开始向国家垄断资本主义发展中的一次变革，而不是对社会结构的一次改革，更不是一次革命。① 如果认为明治维新是不彻底的资产阶级革命，那么就会认为战后改革革除了其不彻底的残余。如果认为明治维新是资产阶级革命与改良，那么就会认为战后改革革除了其因改良而产生的遗留问题。如果认为明治维新是资产阶级改革运动或者资产阶级变革而不是一次革命，那么就会认为战后改革革除了改良或者变革所遗留的问题。总之，战后改革革除了基于种种原因而遗留的历史问题。所谓遗留问题无非是封建残余或半封建的东西。由于这些残余和因素的存在，日本在政治、经济、文化教育等各个领域未能建立起较为完整的资本主义政治制度和经济体制。不仅如此，这些封建的或者半封建的东西在特定的历史条件下，和资本主义结合成为军国主义，进而发展为法西斯主义。这样日本最后成为军事封建的法西斯帝国主义。这个军事封建的法西斯帝国主义，对内实行残暴的法西斯统治，阻碍日本社会历史的发展；对外发动大规模的侵略战争，给日本人民、亚洲各国人民带来了深重的灾难。

战后改革是明治维新最终的归宿，完成了维新以来日本近代化的历史过程，因此它在日本历史上是个划时代的改革。其改革的性质是反封建、反军国主义、反法西斯的资产阶级民主改革。在垄断资本主义的历

---

① 东京大学经济学部大内力教授就主张此说，并把它说成"机能论"，认为战后改革是由于国家垄断资本主义机能起作用的结果，是国家垄断资本主义发展的一个阶段。

史阶段里进行一次资产阶级民主改革,按垄断资本主义发展的阶段性来说是不好理解的,但是具有特殊性的日本垄断资本主义在战败的特定历史条件下进行资产阶级民主改革,不能不说是一种例外的独特的历史现象。但它革除了封建的、军国主义的、法西斯主义的因素,搬掉了日本社会发展史上的绊脚石,铲除了亚洲及太平洋地区不安宁的军国主义,使军事封建的法西斯帝国主义国家日本,变成资产阶级民主主义的国家,日本的历史也从法西斯军国主义阶段跨入资产阶级民主主义阶段。这无疑是日本资本主义发展史上的进步而不是倒退,是日本资本主义发展史上的一个里程碑。因此,日本的一些史学家把战后改革称为日本现代史的起点,说战后日本是在战后改革的基础上建立起来的。

2. 改革的动力与领导

推动战后改革的动力是什么？又是由谁来领导这一改革的？

如前所述,战后改革是资产阶级民主主义改革,理应由日本的资产阶级民主主义者来领导并完成。他们曾经开展自由民权运动、大正民主运动,力图改革日本的政治制度。不过这种努力虽然直接或者间接地推动了日本社会的发展,但未能完成这一改革的历史使命。这是因为日本的资产阶级民主主义力量薄弱,以天皇和军部为中心的顽固势力强大,封建的、军国主义的势力反对和阻碍这一改革。

20世纪20年代,新崛起的无产阶级登上了日本的政治舞台。1922年7月建立了日本共产党。日本共产党在1922年纲领(草案)、1927年纲领、1932年纲领中把实现资产阶级民主革命作为最低纲领,为实现资产阶级民主革命进行了可歌可泣的斗争。但是由于天皇专制主义和法西斯主义的镇压,未能完成这一历史使命。

这就说明,在日本应该完成资产阶级民主主义改革或者革命的资产阶级民主主义者和无产阶级尚未成长到完成这一改革或者革命的程度。但是,历史的发展是不等人的,它按照自己发展的规律,不停地向前发展。那么,又是由谁来推动这一历史发展的呢？

这一推动力,首先是由苏、美、英、法和中国等组成的国际反法西斯联盟。1929年至1932年的世界经济危机后,德国和日本相继变为法西斯国家,并跟意大利结成法西斯三国同盟,成为世界战争的策源地。日本法西斯是和天皇专制主义及军国主义相结合而成的,因此它又被称为天皇制法西斯或者军部法西斯。反法西斯盟国的共同任务是消灭法西斯,铲除法西斯的一切政治、经济和军事势力。因此,反法西斯盟国从对日战争的第一天起就肩负着铲除日本封建的、法西斯军国主义的历史使命。而且反法西斯盟国对日战争的军事胜利,为实现这一历史使命创造了条件。如果没有这一胜利,没有日本法西斯军国主义的战败,战后改革是根本不可能的。这是战后改革的历史前提。从这种意义上来说,战后改革是反法西斯战争胜利的直接产物。

1945年8月15日日本投降后,反法西斯盟国对日本实行军事占领。美国占领本州、北海道、四国、九州;苏联占领千岛群岛和库页岛南部;英联邦的军队驻扎四国、中国(日本地区名)一带。日本未像德国那样被大块地分割占领,而主要是由美国占领。反法西斯盟国进驻日本后成立盟军驻日占领军总司令部,占领军总司令部与其说是盟国驻日占领军总司令部,还不如说是美军总司令部。总司令部的司令官和具体工作人员均由美军担任。美国总统杜鲁门任命美国太平洋陆军司令官麦克阿瑟为盟国驻军的最高统帅,并授予他至高无上的特权:"天皇和日本政府统治国家的权限,隶属于作为盟国最高司令官的贵官。贵官可行使为执行其使命而认为适当的贵官的权限""贵官的权限是最高的"。[1] 麦克阿瑟也得意扬扬地说,"我对日本国民事实上具有了无限的权力。历史上,任何殖民总督也好,征服者也好,总司令官也好,都没有拥有过我对日本国民所拥有的那样程度的权力","我是八千多万日本国民的绝对统治者"。[2] 这样,麦克阿瑟君临于日本,美军掌握了对日军事占领的主导权。

---

[1] 末川博编:《战后二十年史资料——法律》,日本评论社1971年版,第13页。
[2] 福井林二郎:《麦克阿瑟的两千日》,中央公论社1974年版,第88页。

麦克阿瑟和美国首先铲除日本军国主义的武装力量。美军用了不到两个月的短暂时间，就解除了在日本本土和海外的711万日军武装，使他们解甲归田。同时解散大本营、陆军省、海军省、军需省、陆军参谋本部、海军军令部、军事参议院、教育总监部等军事机构，废除《兵役法》《国防保安法》《国家总动员法》等有关军事法令，禁止军事科学研究和军需生产。总司令部还设立远东军事法庭，逮捕东条英机等108名战犯，整肃曾经猖狂鼓吹和积极支持侵略战争的法西斯军国主义分子20余万人；取缔法西斯军国主义团体147个；而且在教育、文化、宣传领域中铲除了法西斯军国主义思想及其鼓吹者。不仅如此，在宪法中还规定，日本"永远放弃作为国家主权发动战争、武力威胁或使用武力解决日本国际争端的手段"，为此日本"不保持陆海空军及其他战争力量，不承认国家的交战权"。① 可见，美军在占领初期铲除日本军国主义的政策是较为彻底较为坚决的。

日本军国主义武装力量是维护天皇专制主义的支柱。天皇统帅军队，依靠军事警察力量来巩固其专政，维护日本政治、经济、军事、文化教育中封建的、军国主义的、法西斯主义的因素。因此，铲除军国主义武装力量就是铲除了天皇专制主义的支柱，使日本统治者屈服于美军，使他们对美国占领军唯命是从。在这种前提下，美国对日本未像德国那样实行军政，而是实行间接统治，向日本政府发出一系列改革命令，并且迫使他们实行。如果日本政府不接受或者拖延，美国便施加强大的压力。这一压力便是推动战后改革的动力。下面举例说明美国是如何推动战后改革的。

1945年10月麦克阿瑟接见日本首相币原喜重郎时，指令日本政府修改《大日本帝国宪法》。要修改宪法就必然牵涉天皇制问题。币原内阁想原封不动地保存天皇制，因此迟迟不动手，消极怠工。后在美国的敦促和压力下，日本成立以国务大臣松木熏治为首的宪法调查委员会，

---

① 《日本国宪法》，第6页。

起草宪法草案，于1946年2月8日呈报总司令部。该草案仅对旧宪法做了词句上的修改，依然保留了天皇及其特权。例如把旧宪法中的"天皇神圣不可侵犯"改为"最高不可侵犯"；把"天皇统帅陆海军"改为"天皇统帅军队"。① 并在草案说明中写道，"日本国由天皇统治的事实，是自从日本国历史开始以来不断地继承下来的。而且认为维持这一制度是我国多数国民的不可动摇的坚定信心"，因此"要保持天皇总揽行使统治权制度"。② 对此草案，美国非常不满意，并谴责道："修改草案不过是对明治宪法的最温和的修改""天皇的权威及权力事实上没有什么更动""天皇制依然保存下来了"。③ 美国对天皇的态度是"希望对天皇制实行民主改革，但反对废除"④，把天皇变成象征性的天皇。总司令部民政局随后起草了和日本草案针锋相对的草案。该草案写道，"皇帝是国家的象征，又是国民统一的象征""不拥有政治上的权限""皇帝关于国事的一切行动，需要内阁的辅弼及协助"。⑤ 该草案还规定，日本"绝对不允许设置陆军、海军、空军及其他战斗力""废弃作为国家主权的战争"。⑥ 2月13日，民政局局长惠特尼把这一草案交给日本国务大臣松本及外相吉田茂，并以恫吓的口气说："如果拒绝此草案，对天皇的人格则进行重大的变更。"⑦ 可是日本政府不仅不接受，反而于18日向总司令部提出《关于修改宪法案的补充说明》，坚持己见。对此总司令部不仅不理睬，还威胁日本政府说："对松本方案没有再考虑的余地。是否有按司令部的方案起草〔宪法〕之意？请于20日前予以回答。如不答复，则要公布司令部方案。"⑧ 在盟军总部的压力下，日本政府无路可走，不得不接受民政局起草的方

---

① 末川博编：《战后二十年史资料——法律》，第62页。
② 末川博编：前引书，第63页。
③ 末川博编：前引书，第65～66页。
④ 朝尾直弘等编：《岩波讲座·日本历史》，第22卷，岩波书店1977年版，第66页。
⑤ 末川博编：前引书，第68页。
⑥ 末川博编：前引书，第68页。
⑦ 信夫清三郎：《战后日本政治史》，第1卷，劲草书房1972年版，第257页。
⑧ 信夫清三郎：《战后日本政治史》，第1卷，第278～279页。

案,重新起草宪法草案,并对神圣不可侵犯的天皇制进行了改革。该草案经总司令部的审查,3月6日公布于世。

对于农地改革,日本政府在战后粮食危机深重和城市人民运动蓬勃兴起的形势下采取主动,于1945年12月抢在司令部之前,制定了第一次农地改革法。该法规定,成为改革对象的是地主的5町步以上的土地,5町步以内的依然由地主所有。根据这个法案,地主仍可以拥有总量为160万町步的出租地,①成为改革对象的土地只占出租地的37.5%。这与其说是改革,还不如说是重新确认地主和土地所有权。

对这种改革方案,总司令部表示不满意,于12月9日发表了关于农地改革的备忘录,指出了日本农业的五大祸根,并要求铲除它。但日本政府依然坚持第一次改革法,只是把5町步改为3町步。于是总司令部经对日理事会的讨论,于1946年6月17日又发表了关于农地改革的第二次劝告:地主"拥有出租地的限度是内地平均1町步,北海道4町步""限度以上的土地将强制征购";把实物地租改为货币地租,地租率为水田25%以下,旱田15%以下;限日本政府两年内完成。② 日本政府在这一敦促和压力下,按总司令部的劝告起草第二次农地改革法,并于10月21日公布。

至于解散财阀也是总司令部即美国占领军来推动的。1945年10月20日,总司令部指令三井、三菱等15家财阀向其提交有关营业内容和资本结构的报告书,并于11月2日冻结了它们的资产。对此日本政府和财阀一开始就进行了抵制。币原内阁的外相吉田茂说:"解散这些财阀究竟对国民是否有利还是个疑问。"三菱财阀的头头岩崎弥太郎也说,"三菱绝没有和军部勾结挑起战争的事……不易承认解散的理由"③。但是在总司令部的压力下,11月4日日本政府发表了《关于解散控股公司的备忘录》,表示同意解散财阀。接着三井等财阀也发表了解散计划,并

---

① 东京大学社会科学研究所战后改革研究会编:《战后改革——农地改革》,第6卷,第120页。
② 有泽广巳、稻叶秀三编:《战后二十年史资料——经济》,第123页。
③ 历史学研究会编:《战后日本史》,第1卷,青木书店1964年版,第113页。

交出手中的股票,退出了财界。

美国之外的其他反法西斯盟国,虽然没有直接参加盟国驻日占领军司令部,但通过远东委员会和对日理事会,对美国的占领政策和战后改革也起了敦促的作用。就修改宪法问题来说,美国之所以迫不及待迫使日本政府接受民政局草案,就是因为背后有中国、苏联、菲律宾、澳大利亚等国的敦促。这些盟国坚决主张废除天皇制,他们都是远东委员会的成员国。远东委员会于1946年2月26日召开第一次会议,要行使其职权,而这必然会给美国保存天皇制带来麻烦。因此,美国抢先在会议之前,以新宪法的形式把天皇制确定下来,以便将这一事实强加给远东委员会。麦克阿瑟2月21日对登门的币原首相说:"远东委员会对日本造成极为不利的形势。苏维埃和澳大利亚……最为激烈地反对天皇制。我是想维持天皇制的。因此日本政府现在必须早日接受[美国的]这一宪法的基本原则。"①币原心领神会,向天皇上奏宪法问题的交涉始末。天皇同意麦克阿瑟的意见,接受了美国起草的草案。如果没有远东委员会的压力和推动,日本是不会立即接受民政局的草案的。

在农地改革中,苏联和英国起了积极的作用。日本政府的第一次改革方案流产后,对日理事会从4月13日至6月17日讨论农地改革问题四次。苏联代表在5月29日的理事会上提出改革方案:由国家征购1945年9月2日前地主出租的一切土地和不在村地主的全部土地;3～6町步的租地,以公定价格的二分之一征购;6町步以上的无偿没收;征购的土地,由国家以公定价格的一半优先卖给佃农或者少地的农民。这一方案虽然没有被接受,但无疑对美国和日本是一种压力。6月12日的理事会上英国代表提出了改革方案。美国则接受了英国的方案。第二次农地改革是以英国方案为蓝本的。这就说明英国推动了美国,进而推动了第二次农地改革法的制定。我们不可忽视这些盟国的作用。由此可见,如果没有其他反法西斯盟国的压力和敦促,战后改革也是不可能实

---

① 家永三郎等编:《昭和的战后史》,第1卷,汐文社1976年版,第72页。

现的。

那么,战后改革是美国占领军和反法西斯盟国强加给日本的吗? 答案是否定的,就算是强加的话,那也是日本政府不接受改革指令时才强加的。从日本社会发展的历史来说,这并不是强加的,而是符合日本社会发展的客观规律的。如果美国占领军和反法西斯盟国违背这一客观规律,硬把改革强加于日本的话,那么军事占领结束时,即外部压力消失时,日本社会自然地又会回到旧的、原来的社会体制下去。但是,事过几十年的今天,日本仍然保留和发展了战后改革的成果,并取得了经济的高度发展。可以说,如果没有战后的改革,日本是不可能实现这种高度发展的。

美国占领军和反法西斯盟国是外因。外因是通过内因起作用的。所谓内因就是日本本身所具有的改革的要求和因素。这种要求和因素是在日本近代化过程中由于社会内在矛盾运动而自然地形成的。就以农地改革而论,它是战后改革中最深刻的改革,是带有质变性质的经济结构的改革。维新后确立的寄生地主土地所有制,从日俄战争前后起,即日本资本主义进入帝国主义阶段起,就与资本主义发展产生了显著矛盾。1918年米骚动和20年代农民运动的蓬勃兴起就是这一矛盾激化的表现。为了解决这一矛盾,日本政府于1926年5月制定《建立、维持、补助自耕农规则》,力图在不变更地主土地所有权的情况下,增加自耕农,减少佃农。此后,又制定《农地调整令》(1938年4月)、《地租统制令》转变(1939年12月)、《临时农地管理令》(1941年12月)、《粮食生产奖励金规则》等一系列法令,限制地主,减轻佃农的负担。其目的是为战争多生产粮食,但是客观上限制了地主的剥削,使地主权益有所下降。1945年12月,日本政府拟定的第一次农地改革法是日本政府战前所执行的土地政策的继续和发展。这是一个缓慢的量变过程。美国占领军和反法西斯盟国就以外部压力加快了这一量变的进程,直至它成为带有质变性质的变革。日本政治体制的改革也是这样,20世纪20年代的大正民主运动就是改革政治体制,实现议会政治,建立政党内阁。这是日本资产阶级随着其经济实力的增长,要求提高其政治地位的表现。但是由于其力量微弱,运动只能打着护宪的旗号进行,因此运动极为不彻底。尽管如此,大正民主运动还是反映了日本的资产阶级民主主义者改革或者改良天皇专制主义的一定要求。这便是修改宪法、改革政治体制的前提,两者具有一定的内在联系。以上这些例子都说明了战后改革的内因和外因的关系。

唯物史观认为,人民群众是推动历史发展的动力。日本的战后改革,如果只有美国占领军和反法西斯盟国的推动,而没有广大日本人民的斗争,是不可能实现的。美国占领军也认为,占领政策成功与否在于对劳动群众的政策,"工人和其他各阶级[地位]的提高是将来防止军国主义和侵略复活的最好的保证之一"①,因此鼓励工人成立工会,开展工人运动。至于工人的斗争形式,"作为司令部,不论采取何种斗争形式,只要不威胁盟国的占领目的,就采取不予干涉的方针"②。对于农民运动,美国占领军和反法西斯盟国为了推行农地改革,支持农民的斗争,同时释放了包括日本共产党领导人在内的一切政治犯。

就制定宪法来说,日本政府对总司令部修改宪法的指令消极怠工。当时负责宪法调查委员会工作的国务大臣松本说,"胸无成竹,仅作调查就是了",不立即动手。可是当时对天皇制的议论四起,以日本共产党为首的革命力量要求废除天皇制。在这种形势下,松本等认为,现在要求废除天皇制的人虽然不多,但今后必定是有增无减,因此趁早修改宪法,以便把天皇制问题以宪法的形式规定下来。于是,他们才动手起草宪法。在修改宪法的过程中,日本各政党都发表了宪法草案或者修改原则。日本共产党则发表了《日本共和国宪法草案》,主张废除天皇制,建立人民共和国。草案写道,"日本人民共和国的主权在人民""废除封建的寄生土地所有制,解散垄断财团。对重要企业及金融机关,由人民共

---

① 末川博编:《战后二十年史资料——法律》,第270页。
② 大河内一男编:《战后二十年史资料——劳动》,日本评论社1971年版,第6页。

和国加以民主主义的限制"。① 这一草案反映了广大日本人民的民主主义要求,对日本政府来说是一个强大的革命压力,总司令部便利用这一压力,敦促日本政府。当日本政府不接受总司令部民政局起草的宪法草案时,民政局局长惠特尼就威胁日方说,"如果你们无意支持这种形式的宪法草案,麦克阿瑟元帅将越过你们直接诉诸日本国民"②,终于迫使日本政府接受了该草案。由此可见,日本人民在修改宪法中起了推动作用。

在农地改革中农民所起的作用更为明显,更为突出。在农地改革中,地主阶级采取强行夺佃的形式,抵制或者逃避农地革命。据统计,截至1947年5月,地主夺佃的事件竟然发生了50万次;公然违反农地改革法的事件,截至1948年6月发生了11700多起。以佃农为主体的日本农民奋起反击地主的猖狂反扑,推进农地改革。据不完全统计,1945年8月至1947年底,他们进行了反对夺佃的斗争93500多次,仅1948年就进行了3万多次。③ 在这一斗争中,山形县出羽村的农民,成立土地管理委员会,夺回地主半泽强行收回的23户佃户出租地。长野县盐尻村农民也成立了土地管理委员会,把全部租地置于农民的共同管理之下,如无管理委员会的同意,不得动用这些土地。此外,冈山县藤田农场、青森县田部村、新潟县佐渡、福井县栗野村的农民也进行了可歌可泣的斗争。日本农民的这种斗争对农地改革起了推动作用。因此,日本农林大臣在对各地事务局局长的训令中指出:"实行它(指农地改革——笔者注)的主体是农民,没有农民的自觉,彻底实行改革是难以指望的,因此领导的重点必须放在让农民自己彻底地实行它。"④

可是,日本农民尚未成长到独自进行农地改革的程度,农民只有在其他阶级的领导下才能解决自己的土地问题。日本共产党第四次、第五

---

① 末川博编:《战后二十年史资料——法律》,第77页。
② 井上清等著:《战后日本》,世界知识出版社1955年版,第55页。
③ 东京大学社会科学研究所战后改革研究会编:《战后改革——农地改革》,第6卷,第79页。
④ 东京大学社会科学研究所战后改革研究会编:《战后改革——农地改革》,第6卷,第188页。

次代表大会都提出过无偿没收地主土地,将之无偿分配给农民的彻底的土地纲领,领导农民进行土地斗争,等等。但其力量有限,不可能成为主导的力量。至于日本统治阶级,如前所述,由于第一次农地改革法的流产,就丧失了对农地改革的领导权。

农民是小私有者,它具有两重性:一方面作为劳动者,它可以接受无产阶级的领导,在无产阶级领导下进行土地斗争;另一方面,它作为小私有者,又可以接受资产阶级的领导,在资产阶级领导下进行争取土地的斗争。这就必然引起资产阶级和无产阶级对农民的争夺。在这一争夺战中,美国占领军以君临于日本民族之上的特权,掌握了对农民的领导权,压制日本无产阶级对农民的领导和影响,破坏工农联盟的形成,进而把农民拉到自己一边。负责农地改革的总司令部官员拉德金斯基曾直言不讳地说:"在普遍地建立自耕农方面取得成就的日本农村,简直成为共产主义不能渗透的金城汤池,使金字塔形的巨大根基从过去的脆弱变为强大,'给无地者以土地'这个共产党的保证对农民再也没有吸引力了。"[1]麦克阿瑟也说,农地改革形成的"这一体制成为阻止共产主义向日本农村渗透的强有力的堤防"[2]。事实证明,通过农地改革,美军和日本统治阶级压制了日本共产党等革命势力领导的农民斗争,在农村建立了它的稳固的统治体制,从此日本农民运动陷入了低潮。

不仅如此,当日本人民的斗争超出美国占领政策容忍的限度,直接威胁美国占领军和日本统治阶级利益时,他们就和日本统治阶级一起镇压人民运动。1946年4月7日,美军出动第一骑兵师的6辆坦克和宪兵的吉普车,镇压围住币原首相官邸的群众;5月,美国代表艾奇逊发表"不欢迎共产主义"的叫嚣;1947年,公然镇压"二一"大罢工。

美国在日本所进行的改革是美国对日本占领政策的重要部分,也是反法西斯盟国对日占领政策的重要内容。那么,这两者具有什么关系呢?

---

[1] 山崎春成:《农地改革和日本农业》,大月书店1957年版,第91页。
[2] 福井林二郎:前引书,第194页。

反法西斯盟国的共同目标是打败日、德、意法西斯，铲除法西斯主义，使它们变成爱好和平的民主国家。盟国签署的《波茨坦公告》基本上反映了反法西斯盟国的这一共同目标。美国是反法西斯盟国的成员国之一，为打败日本帝国主义起过重要的作用。《波茨坦公告》是美国起草的，而且得到了其他反法西斯盟国的同意。美国政府从太平洋战争的第二年起，就成立了专门机构，研究对日政策。占领日本后，于1945年9月24日便发表了《战后初期的对日政策》。这是美国对日占领政策的纲领性文件。这一政策的第一部分规定了占领政策的最终目的："甲、日本确实不再成为美国的威胁和世界和平及安全的威胁；乙、最终建立和平的、负责任的政府，即尊重他国的权利，支持联合国宪章的理想和原则所显示的美国目的的政府。"[①]当时的美国陆军部长罗亚尔曾解释美国的占领政策："根本思想是预防未来的日本侵略，解除军备，进行直接的预防；建立一个不再发动侵略战争的政府，进行间接的预防。"[②]应当看到，美国的这一政策具有两重性：一方面，美国作为反法西斯盟国的成员，反映了《波茨坦公告》所规定的反法西斯联盟各国要铲除日本法西斯军国主义，将日本变成和平民主国家的共同任务；另一方面，美国作为帝国主义从它自身的利益和目的出发，消灭在太平洋和亚洲大陆上跟它争夺霸权的劲敌日本帝国主义，以便在这一地区建立自己的霸权。这种两重性和太平洋战争的性质是一致的。太平洋战争，一面是反对日本法西斯的战争，一面是日美帝国主义争霸太平洋及亚洲大陆的战争。美国之所以在占领初期基本上执行《波茨坦公告》所规定的政策，是因为执行《波茨坦公告》对其有益无害，以此装饰门面，名正言顺；既可标榜它是在执行《波茨坦公告》，又可达到消灭其劲敌日本帝国主义的目的，可谓一箭双雕。

可是，在实现反法西斯盟国对日占领政策的基本目标过程中，美国却公然追求其帝国主义目的，推行冷战政策，争夺世界霸权。为此，美国

---

① 日本外务省特别资料部编：《日本占领及管理重要文书集》，第1卷，东洋经济新报社1949年版，第92页。
② 辻清明编：前引书，第58页。

重新复活日本垄断资本,建立军队,镇压革命运动,逐渐转变对日的占领政策,把日本变成了从属于美国的附庸国,变成了反对社会主义中国、苏联、朝鲜及亚洲民族解放运动的"反共堡垒"和"远东工厂"。从这一转变中可以看出,贯彻占领政策始终的是美国的帝国主义目的,而这也是美国对日占领政策的本质。

人类历史的发展进程并非简单的机械运动,而是错综复杂的矛盾运动。当年美国的占领政策和战后改革的主要目的是消灭其争霸劲敌日本帝国主义,但这一目的却客观上促进了日本社会的发展。如今日本虽在军事上受美国的保护,但在经济上却与美国形成竞争之势,不仅与美国争夺东南亚市场,还打入了美国国内市场,与其国内资本进行竞争。这些后果是美国没有想到的。这便说明,动机和效果在一定的历史条件下不仅不一致,而且是相互矛盾的。

四、日本对中东的新政策

中东位于欧、亚、非三洲之间,石油资源丰富,是美苏两霸争夺的焦点地区之一。1973年10月中东战争的炮声和阿拉伯国家石油武器的威力,打破了超级大国在中东制造的不战不和的沉闷局面,打击了以色列及苏美两霸。

阿拉伯人民的石油斗争,加剧了资本主义世界经济危机的发展,使资本主义制度的固有矛盾愈发凸显。石油是日本工业的血液。1970年日本能源消费量为3.32亿吨标准煤,占世界能源总消费量的4.9%,是仅次于美国的第二能源消费国。石油在日本一次能源供给结构中占74.9%,日本石油消费总量的79%作为原料和燃料用在产业和交通运输方面。但是,日本石油的自给率却为0.3%,石油消费总量的99.7%依赖进口,其中阿拉伯石油占43%,包括阿拉伯在内的中东石油占83.7%,因此,石油战争对日本经济不能不说是一个威胁和冲击。日本政府为了摆脱困境,于1973年11月22日以官房长官二阶堂谈话的形式宣布了新中东政策,寻求出路。

新中东政策是日本在中东十月战争和所谓石油危机爆发后外交上采取的一个新步骤,在国际上产生了一定的影响。这里拟对这一政策的主要内容、产生原因及其政治意义进行初步的探讨。

1. 新中东政策"新"在哪里

二阶堂的谈话是日本宣布实施新中东政策的开始,其主要内容是:"我国政府认为,为了解决中东争端必须遵从下述各项原则:(一)不许以武力获得或占据领土;(二)以色列军撤出1967年战争的全部占领地区;(三)必须尊重这个地区内所有国家的领土完整与安全,并为此而采取保障措施;(四)当在中东实现公正而又持久的和平的时候,要承认和尊重巴勒斯坦人基于联合国宪章的正当权利。"接着,他宣布"我国政府对以色列继续占领阿拉伯领土表示遗憾,强烈希望以色列遵从上述各项原则。我国政府将以重大的关心继续注视中东形势,同时,将根据今后形势的演变如何,不得不重新研究对以色列的政策"。

当天,大平外相召见阿拉伯九国驻日大使,传达了日本对中东的这一立场,外务省次官法眼向以色列驻日大使通知了日本新中东政策的内容,并劝以色列撤出占领的阿拉伯领土。

1973年12月14日,日本外务省又以情报文化局局长黑田谈话的形式,敦促以色列撤回到10月22日停火线,指出这是以色列撤出1967年战争以来占领阿拉伯领土的第一步。

为了说明和实行对中东的新政策,日本接连派出特使和各种代表团访问中东,加强对中东国家的双边关系和经济援助。1973年12月,三木武夫特使带着田中首相的亲笔信,访问了中东七国。这是战后日本第一次向阿拉伯国家派出特使。1974年1月,政府又派特使小坂善本郎访问阿拉伯八国。四月,通产相中曾根出访中东四国。此外,日本还数次派遣经济代表团访问中东;自民党、社会党的代表团也先后访问了阿拉伯国家。与此同时,从1973年12月到1974年5月,叙利亚副总理兼外长

439

哈达姆、阿布扎比国务部长、沙特阿拉伯石油部长、阿尔及利亚工业能源部长和约旦王太子等也先后访问了日本。

1974年12月，三木组建新内阁。他在1975年1月召开的七十五届国会上发表的施政方针讲话中又重申"日本强烈要求有关国家执行联合国安理会《二四二号决议》。但是，这项决议在巴勒斯坦人的问题上，仅仅涉及难民问题。应该根据联合国宪章承认巴勒斯坦人的正当权利。而且，耶路撒冷问题，应该通过谈判求得解决"。此外，三木还在1月16日日本记者俱乐部午餐会上就外交政策问题发表了谈话，主张"产油国和消费国必须进行对话……我们对中东，不能采取对峙的态度。日本要在经济、技术方面，站在对方的立场上，尽可能地提供合作"。这些讲话表明，三木内阁继续执行田中内阁制定的新中东政策。

新中东政策"新"在哪里？与过去的政策有何区别？

过去，在表面上，日本对中东问题采取中立态度，同阿拉伯各国和以色列都建立外交关系，在历届联合国大会上对双方保持平衡，但实际上纵容了以色列，适应了支持以色列的美国的需要。1967年以色列发动侵略阿拉伯国家的"六五"战争后，联合国安理会于11月22日通过了英国关于中东问题的提案，即《二四二号决议》。这个决议既不区别侵略者和被侵略者，又把巴勒斯坦问题当成"难民"问题，实际上包庇和纵容以色列，并妄图以此迫使阿拉伯人民和巴勒斯坦人民放弃为收复失地、恢复自己民族权利而进行的正义斗争，要他们向侵略者妥协。当时，日本是安理会的议长国，带头投票赞成，为通过这一方案出了一把力。在此后的六年里，日本基本上维持这一立场，没有谴责过以色列，没有公开支持过阿拉伯人民和巴勒斯坦人民，因此，日本过去对中东的政策遭到了阿拉伯人民和巴勒斯坦人民的批评。大平外相也承认"受到了批评，说我国的这种态度未必是明朗的，是缺乏积极性的"。

新中东政策虽然没有完全超出安理会《二四二号决议》的框框，但与过去相比，有新内容，采取了中间偏阿拉伯的立场。正如田中首相所说，"采取了亲阿拉伯政策"。新中东政策"新"在以下几方面。

第一,明确谴责了以色列,支持阿拉伯人民收复被占领土的要求。二阶堂谈话强烈要求"以色列军撤出1967年战争的全部占领地",宣布"我国政府对以色列继续占领阿拉伯领土表示遗憾,……将根据今后形势的演变,不得不重新研究对以色列的政策"。这是对以色列的明确谴责和公开的警告。三大特使在访问中东时也说,"以色列霸占阿拉伯领土达六年以上,应受到谴责"。他还说,"正义在阿拉伯方面""日本应当站在正义的一方"。

第二,把巴勒斯坦问题由"难民"问题提高为巴勒斯坦人的正当权利问题。二阶堂谈话中宣布,"要求承认和尊重巴勒斯坦人基于联合国宪章的正当权利";当天日本内阁决定对巴勒斯坦人民提供五百万美元的援助,以表示同情和支持;三木访问约旦时,还亲自到巴勒斯坦人居住区进行访问。三木上台后,在施政演说中更明确指出《二四二号决议》在巴勒斯坦问题上的不足,认为它"仅仅涉及难民问题。应根据联合国宪章承认巴勒斯坦人的正当权利"。

第三,日本加强了与中东各国之间的双边关系。宣布新中东政策后使节往返频繁,经济"援助"和技术"协作"骤增。截至1973年3月底,日本在中东的投资共有6.06亿美元(其中沙特阿拉伯和科威特占5.85亿美元)。但实行新中东政策后,日本对中东的贷款、投资在数月内猛增了几倍,而且几乎同所有的中东国家建立了双边的经济关系。

第四,面对阿拉伯石油武器,日本抑制了美国妄图拉拢日本和西欧共同体抗衡阿拉伯产油国的态度,主张双方对话和协商。三木在1975年1月16日的谈话中说:"产油国和消费国必须进行对话……消费国不应当聚集起来向中东施加压力。"

2. 日本为什么采取新中东政策

日本的新中东政策是阿拉伯各国人民运用石油武器进行斗争,使日本经济受到严重威胁的产物。

当1973年10月阿拉伯人民奋起收复被以色列占领的领土时,阿拉伯各国驻日大使于10月19日要求会见大平外相，"希望积极支持中东战争中的阿拉伯立场"。对此，日本外务省于10月26日以口述记录的形式，重申了安理会《二四二号决议》的精神，表示"绝对反对靠武力扩张领土""阿拉伯各国想收复领土的愿望是十分可以理解的"。11月6日，二阶堂官房长官发表谈话，还是重弹口述记录的老调，并呼吁苏美两霸为解决中东问题做出一切努力，把希望寄托在激烈争夺中东的美苏身上。11月中旬基辛格访日，与田中、二阶堂、大平外相等就中东问题进行会谈。会谈后，二阶堂泛泛地说，"通过各种手段，进行外交上的努力"。可见，在十月战争爆发伊始，日本的态度仍与过去一样，对于以色列不予谴责；对于阿拉伯人民仅表示"理解"，不予支持；笼统地讲实施《二四二号决议》关于撤出占领领土的规定，回避先全面撤军还是先谈判后撤军（实际拖延撤军和部分撤军）这一阿、以双方争论的实质问题。

阿拉伯国家为了打击美国及其追随者对以色列的支持和保卫石油资源，决心使用石油武器，实行石油减产、禁运、提价等措施。10月17日，阿拉伯石油输出国组织决定每月减产石油5%，11月5日进一步决定比9月份削减石油生产25%，此后逐月再减5%。日本进口石油的40%以上来自阿拉伯国家，减产石油和限制供应的措施对于依靠和掠夺中东廉价石油恶性膨胀起来的日本经济不能不是一个威胁。但是由于对日本未实行禁运，日本国内尚有一定的石油储备，因而日本政府没有立即转变过去的中东政策。可是，与日本同属第二世界的欧洲共同体国家于11月6日发表了从中间偏阿拉伯的共同政策声明，改变了过去的中间偏以色列的立场。根据这一情况，阿拉伯国家本着区别对待的原则，于11月18日决定对除荷兰之外的欧洲共同体八国解除逐月减5%的措施。

与此同时，阿拉伯国家加紧对仍不改变中东政策的日本施加压力。1973年11月20日，埃及的主要报纸在第一版刊登了"对日本采取更加严厉的态度"的标语，要求日本"明确对阿以纠纷的政策"。同日，阿拉伯石油输出国组织的主要成员国沙特阿拉伯的石油部长发表谈话，要求

"日本对以色列采取包括断绝外交关系在内的制裁措施"。当天,参加阿拉伯石油输出国组织董事会议的日本阿拉伯石油公司经理水野从沙特阿拉伯回国,向田中首相告急。他说,如果日本在11月24日召开阿拉伯各国外长会议之前不改变对以色列的政策,握有阿拉伯石油输出国组织削减生产关键的沙特阿拉伯将[把日本]作为敌对国来对待,这"大致是确实的",日本"政府面临必须在这几天内改变对以色列政策的极端紧迫的形势"。这就是说,日本如果再不谴责以色列,就会遭到阿拉伯国家向敌对国实行的石油禁运待遇。

严酷的形势迫使日本政府不得不从严重依赖阿拉伯石油的日本的国家利益出发,重新考虑对中东的政策。田中内阁在阿拉伯国家的压力及其区别对待的影响下,经紧急磋商,终于在11月22日宣布了对中东的新政策。正如英国《卫报》的文章所说,"日本被迫放弃骑墙的态度"。这是第三世界的阿拉伯人民运用石油武器进行的胜利,说明第三世界是推动历史车轮前进的动力。

新中东政策是日美在中东和石油问题上的分歧和矛盾的产物。

中东地区是美国垄断资本利益之所在。美国垄断资本控制了中东石油租借地的2/3以及石油生产的54.8%、炼油能力的38.1%。在垄断中东石油的八家国际石油垄断公司中,美国占五家,其中四家皆属于美国最大、最有势力的洛克菲勒财团,而美国时任副总统洛克菲勒和国务卿基辛格就是这个财团的主要成员。中东石油是美国垄断资本营利的源泉,其利润高达18.5亿多美元,占美国石油利润的46.6%。美国中东政策的实质就是要通过支持以色列,达到控制和独霸中东石油资源的目的,以保证美国垄断资本,特别是洛克菲勒财团的利益。因此,在阿拉伯国家的石油武器面前,美国妄图把日本和西欧石油消费国捆绑在一起,采取共同对抗的态度。

然而,日本与美国不同。一方面,它虽然参加了国际石油垄断资本掠夺中东廉价石油的行列,但始终处于配角的地位。在第二世界人民力量不断壮大,美国日益衰退的20世纪70年代,日本采取了对话和协商

443

的态度,不肯为美国火中取栗。而且日本和美国的能源结构也不同,在日本的一次能源供应中石油占74.9%,而其石油的43%来自阿拉伯国家;美国在一次能源供应量中自阿拉伯进口的石油只占2%。如果日本追随美国,对抗阿拉伯国家,必定遭到石油禁运的待遇,整个经济就会受到不可估量的损失。因此,日本不愿意也不可能完全追随美国。另一方面,美国垄断资本控制了日本石油企业总资本的67%、炼油能力的59%、石油制品销售额的53%,日本进口的石油80%以上都要通过以美国为首的国际石油垄断资本。因此,日美垄断资本之间不断地发生控制和反控制、转嫁与反转嫁等利害冲突。1973年10月在阿拉伯国家宣布减产5%、提价21%后,国际石油垄断资本对日本的石油供应削减10%—30%,提价30%。这就说明国际石油垄断资本不但把阿拉伯国家石油武器对它的打击转嫁到日本,而且从中谋取更多的利益。据统计,1973年10月至12月埃克森等四家国际石油垄断资本共得利16亿美元,比1972年同期增长了58%,其中很大部分是来自日本。因此,日本也想摆脱以美国为首的国际石油垄断资本的控制,直接与产油国发展双边的经济关系。这就是日本违反美国的意愿,自主地宣布新中东政策的经济根源。田中首相说:"面对着石油这样一个重要问题,美国对以色列,有美国的立场。日本也有对阿拉伯的立场……日本与美国的立场不同。日本为了维护国家利益,对阿拉伯的政策,在措辞上就要有所不同。日本需要这样做。美国表示遗憾的心情,我是理解的。"这些话婉转地、清楚地道出了日美双方在中东和石油问题上的分歧和矛盾。而新中东政策则是这一矛盾的产物。

  新中东政策是日本推行多边自主外交政策的新步骤。1972年田中内阁上台前后,在尼克松的新经济政策和"越顶外交"的冲击下,已发展为"经济大国"的日本提出了多边自主外交政策。这是资本主义发展不平衡规律和日美矛盾在外交上的反映。"多边"是针对过去向美国一边倒而言,"自主"是针对美国的从属而言,两者是一个政策的两个方面。但在日美"安全条约"依然是日本对外关系的基础的情况下,多边自主是相对的、有限的。1972年日中邦交正常化是日本推行多边自主外交的第一步,而新中东政策则是多边自主外交的又一个新步骤。在日本宣布新中东政策前夕,基辛格于11月14日访日,田中在同他会谈时表示了"不得不在某种程度上倾向于阿拉伯方面"和向阿拉伯主要国家派遣政府特使的想法。对此,基辛格要求日本"慎重考虑",采取"暂时静观"的态度,"希望包括日本的第三国克制新的活动"。基辛格还恐吓说,如果日本采取比现在更为亲阿拉伯的姿态,就会刺激美国犹太系势力,恐怕日美关系也会再次产生裂痕。日本在基辛格的压力下,一度有所动摇,但在阿拉伯石油武器的威力面前,还是违背美国的愿望,自主地宣布了新中东政策。据二阶堂说,"在发表这次谈话时,事前与美国(就其内容)没有谈过"。大平外相也说,"这是按日本政府的判断而采取措施的事情,不是同美国协商决定的事情"。日本政府是在宣布新中东政策后才通过驻日美使馆通知了美国的。可见,新中东政策在某种程度上确实体现了日本外交的自主性。对于日本的新中东政策,美国国务院发言人发表谈话,表示遗憾。国务卿基辛格也认为,"日本如果屈服于阿拉伯的压力,发表靠拢阿拉伯的声明的话,就会中阿拉伯的计,其要求将会逐步升级"。但是,时代变了,美国一手完全控制日本的时代已经过去,美国的指挥棒对日本不大灵了。日本如此"得罪"美国,这是由资本主义发展不平衡规律所导致的。

新中东政策是日本垄断资本加强经济扩张、开展资源外交的组成部分。所谓资源外交就是20世纪60年代畸形、恶性膨胀的日本经济在70年代通过外交努力和经济扩张寻找新的、更多的资源,并保证这些资源稳定供应,其反映了日本经济结构的特点和垄断资本家的急切需求。田中执政两年多来,先后访问了东南亚、西欧、中美、北美、苏联、大洋洲等地,其主要目的就是寻找资源。在"石油危机"期间,三木和小坂特使接踵访问中东,与其说是"寻求实现中东和平的道路"(三木语),还不如说是为了争得石油的稳定供应。日本《产经新闻》评论他们出访的目的时说,"这些实权者共同的课题是'资源'问题"。田中首相也承认,"资源问题是我国外交的一个重要因素","为了保证石油和日本赖以保持其经济运转的其他原料的供应,必须加紧进行外交努力"。日本对中东的外交努力立即得到了阿拉伯各国的欢迎。1973年12月25日阿拉伯石油输出国组织石油部长会议"决定以特殊方式对待日本,使它不受全部石油减产措施的影响",把日本列为友好国家,从1974年1月起恢复1973年9月的石油供应水平。对此,中曾根通产相说:"这个决定就是承认了我国派遣三木特使等对阿拉伯国家表示的诚意,我非常高兴。对给予这样关照的阿拉伯国家深为感谢。"

日本为了长期、稳定地进口中东石油,政府和垄断资本双管齐下,以伊朗、沙特阿拉伯、科威特、埃及等国为重点,签订经济、技术协定,输出资本、技术专家,大搞经济渗透。据不完全统计,在宣布新中东政策后数月内,日本给予中东国家的经济援助有:对埃及2.8亿美元,对伊朗10亿美元,对叙利亚3000万美元,对阿尔及利亚4000万美元,对约旦、苏丹、摩洛哥等1000万至4000万美元。仅几个月的投资、贷款等,就超过战后28年的好几倍。这对日本垄断资本来说,起到了一箭双雕的作用,既能从资本输出中得利,又能保证稳定的石油供应。以往日本对中东只派过几名技术专家,现在仅向沙特阿拉伯就派了100多名专家,同时还接受它的研究生300余人。不仅如此,日本还借"回收"中东石油美元的方法,把中东国家和日本经济紧密联系在一起。这说明日本对中东的新政策本质上仍然是为垄断资本利益服务的。

总之,在日本采取新中东政策的原因中,阿拉伯人民的石油武器是根本的原因,它进一步加剧了日美在中东和石油问题上的分歧和矛盾,加速了日本推进多边自主外交和资源外交的步伐。

3. 日本的新中东政策在国际关系中具有什么政治意义

中东国家是第三世界国家。中东问题的实质是苏美两个超级大国在这一地区的争霸,苏美争夺是该地区不得安宁的根源。中东的几次战争,说到底,就是美国、苏联争夺石油和战略要地的战争,是苏美与阿拉伯国家之间矛盾激化的表现。属于第二世界的日本,独立自主地实行新中东政策,有利于中东第三世界国家联合第二世界国家反对超级大国的斗争。

日本的新中东政策强烈要求以色列从"六五"战争中侵占的约8.65万平方公里的阿拉伯领土上全部撤出。日本宣布新中东政策后,11月28日居美犹太人组织向日本驻美使馆提出抗议书,并组织反对日本中东政策的示威游行,要求日本重新考虑。11月25日,以色列外交部亚洲局局长召见日本驻以大使,提交了抗议声明。声明说,"日本对以色列从全部占领地撤出的要求,……等于对以色列要求放弃保卫其存在和独立的权利",承认巴勒斯坦人基于联合国宪章的合法权利,意味着"扼杀以色列"。声明表示,日本采取新中东政策是"我们做梦也没有想到的",并要求日本考虑对中东政策,修正其诸原则。当时以色列最怕的是日本同它断交,而阿拉伯各国也为了在外交上孤立以色列,要求日本对以采取断交的制裁手段。在这种情况下,二阶堂的"将根据今后形势的演变如何,不得不重新研究对以色列政策"的谈话,对以色列是个将断交的威胁。因此,以色列外长"希望[日本]不要因屈服于石油禁运而与以色列断交"。美国财界犹太人也威胁日本,说什么如果日本与以色列断交,则与以色列友好的企业将抵制日本商品。《耶路撒冷报》也于11月23日发表以《日本的投降》为题的社论,攻击日本对中东的新政策。以色列如此强烈的反对,恰恰说明了日本的新中东政策影响到了美国盟友以色列。

新中东政策打在以色列身上,疼在苏美两霸的心上。美国在中东实施基辛格的穿梭外交,极力兜销"分阶段解决"的方案。这与以色列的分阶段局部撤军一脉相承。因此,新中东政策在政治上,无异是对美国的一击,而美国也怕这一击。另一个超级大国苏联也反对日本的新中东政策,说什么"东京的外交家时至今日在近东问题上仍在以阿拉伯国家为一方和以色列为另一方之间玩弄手腕",妄图挑拨阿拉伯国家与第二世界日本的关系。其实,在中东玩弄手腕的是莫斯科的外交家。他们对阿拉伯国家打着"军事援助"和"经济援助"的幌子,输出资本,掠夺资源,牟取暴利，以"友好合作"为名侵犯阿拉伯国家的主权，欲把中东变成苏联的新殖民地。其对以色列"假反对真支持"，输送大批苏联犹太人去以色列充当侵阿战争的炮灰。苏联的目的是要维持一个强大的以色列来威胁阿拉伯国家，迫使它们不得不依赖苏联的"援助"，从而加强苏联对它们的控制。苏联既不愿意阿拉伯国家的力量有一分壮大，也不愿意以色列的力量有丝毫的削弱。可是，日本对中东的新政策却打击了以色列，支持了阿拉伯人民。这当然不利于苏联在中东的霸权。

新中东政策是对阿拉伯人民恢复失地和巴勒斯坦人民争取民族权利的支持，它有利于阿、巴人民联合第二世界国家反对苏美和以色列。如前所述，新中东政策以谴责以色列的形式支持了阿拉伯人民和巴勒斯坦人民。《耶路撒冷报》的社论也承认日本的新中东政策是对阿拉伯人民的支持。阿拉伯人民对日本的新中东政策确实表示欢迎。阿布扎比石油工业部副部长说，"所有阿拉伯各国表示感谢"；黎巴嫩首相也表示欢迎；科威特也表示"日本对阿拉伯的政策为进一步加强阿拉伯与日本的关系有好处"，埃及各报都发表文章表示欢迎。1973年12月25日，阿拉伯石油输出国组织石油部长会议基于日本对中东政策的变化，解除了对日本削减石油供应的措施，给予特别待遇。当时，阿拉伯国家对日本的要求是：一、同以色列断绝包括外交在内的一切关系；二、不要追随美国支持以色列；三、日本敦促美国迫使以色列撤军。第一点要求，日本没有做到，但第二、三点要求基本上做到了。三木特使回国后，转身访美，按阿拉伯的要求敦促了美国。这种努力虽然不能奏效，但是，对在中东和能源问题上偏袒以色列的美国不能不增加一分压力。这些都说明日本对中东的新政策支持了阿拉伯人民和巴勒斯坦人民的斗争。

日本的新中东政策，在石油问题上，是第二世界国家反对超级大国控制、威胁和欺负斗争的组成部分，有利于阿拉伯等第三世界产油国的石油斗争和改变旧的经济秩序的要求。

中东问题的实质是石油问题，石油问题又和苏美争夺中东紧密地联系着。阿拉伯国家石油武器的运用是历史创举，大长了第三世界人民的志气,大灭了帝国主义的昔日威风。在石油武器的打击下,美国政府在1973年10月中旬一度被迫宣布从11月1日起对部分石油产品实行强制性的定量供应。这是第二次世界大战后美国第一次实行石油配给制。但是,美国不甘心失败。它除了威胁恫吓之外,试图谋求一个由美国控制的、包括西欧和日本在内的所谓石油消费国的"神圣同盟",统一行动,加强合作,一起对抗第三世界产油国的石油斗争。为此,美国从1973年12月以来,不断地建议成立能源行动小组等国际能源机构,召开石油消费国会议,筹备国际能源基金,强化国际石油储备,共同开发能源,规定最低石油价格,节省石油消费,减少石油进口,不单独与石油生产国对话和发展双边贸易等等。美国的这些建议和活动,其目的主要是,联合第二世界石油消费国抗衡第三世界石油生产国,乘机加强对第二世界国家的控制和渗透。

针对美国的这些活动,第二世界的国家,特别是法国,进行了针锋相对的斗争。日本也从自身利益出发,对美国在能源问题上玩弄的种种花招持谨慎的态度,不轻易随声附和,在一定程度上进行了抵制和斗争。这表现在如下几个方面。

1. 1973年12月,美国国务卿基辛格在伦敦建议成立石油消费国的能源行动小组。对此,二阶堂官房长官发表谈话说,"这个建议还存在着应该解释清楚的问题。正好是三木特使出访阿拉伯国家的时候,我国将注视这些国家的反应,从所有的角度慎重进行研究",不予以支持。

2. 1974年1月三木访美时,基辛格提出了召开石油消费国会议问题。三木就此提出了两点希望:(1)会议不要成为产油国和消费国对立的场所;(2)保证像美国那样能源对外依赖低的消费国的主导权不要过大。这样,从侧面抵制了美国企图控制发达的石油消费国,以便对抗第三世界产油国的打算。

3. 在1974年2月石油消费国华盛顿会议上,日本始终坚持产油国和消费国对话和协商的原则。日本代表大平在会议上强调,"尽快实现同产油国的对话是最重要的,应该按照这一方向,尊重主要产油国的意向,并考虑发展中消费国的意向,进行最妥善的调整";"关于石油价格标准问题,在现阶段,只在先进的消费国之间进行议论未必是建设性的,早日实现产油国参加的讨论是妥善的"。为此,大平建议成立产油国和消费国代表参加的联络组,具体筹备两者之间的会议,否定了美国提出的成立能源行动小组的意见。

4. 对于美国反对消费国与产油国直接对话和双边贸易的问题,日本坚持履行对于同产油国达成的双边协议的权利,逐步地、积极地发展双边贸易,取得了新的成果。日本的这种对话和双边贸易的态度,符合了阿拉伯产油国的要求,有利于第三世界人民保护自己的石油资源和改变旧的国际经济秩序的斗争,有利于日本逐步地摆脱国际石油垄断资本控制。1974年1月布迈丁对访问阿尔及利亚的小坂特使说,"日本的真正利益不在于美国,日美……是处于竞争关系",并指明"不依赖国际石油资本的直接贸易是最终目标"。1974年1月访日的沙特阿拉伯石油部长也曾劝日本说:"如果日本想得到中东石油的稳定供应,则同阿拉伯产油国签订供应石油的长期协定,这是解决日本能源的捷径。"这反映了阿拉伯人民在石油斗争中对日本的争取和希望,指明了日本解决石油稳定供应问题的方向。

5. 日本公开反对美国节约石油消费、减少进口的建议。当时的石油问题的主要焦点是石油价格问题。阿拉伯石油输出国组织根据形势的变化,取消了减产、禁运等措施,转为合理提价,使过去廉价的石油恢复了其应有的价格。这对美国垄断资本所获得的石油利润是个沉重打击。对此美国大为恼火。代表世界最大石油财团洛克菲勒的基辛格绞尽脑汁炮制了压低石油价格的灵丹妙药,即节约石油消费,减少石油进口。他认为,石油危机是由于"需求的爆炸性增长超过了对供应的刺激而造成的必然后果"。因此,对石油需求的减少,必然引起石油供过于求,进而能压低石油价格。为此,基辛格建议石油消费国在1975年年底前每天少进口石油300万桶(相当于总进口量的10%),在今后的十年内把石油的进口量限制到能源总消费量的2%,并达成一项规定消费国限量目标的国际协议。1974年11月,基辛格随福特总统访日时,极力兜销其建议,要求日本予以支持。但日本仅仅表示同情。日本外相木村说:"每天减少几十万桶石油进口这种设想不适用于日本,那种设想是不适当的,所以我们没有同意。"中曾根通产相也当着基辛格的面就说:"我国想以独自的方法加以推进。"这是因为日本石油消费量的99.7%是靠进口,而美国只占30%。基辛格的建议实质上是卡日本的脖子,日本反对它是理所当然的。

此外,新中东政策的实行也加强了日本在开发西伯利亚问题上对苏联讨价还价的力量。一些年来,苏联一直企图利用日本垄断资本的资金和技术来开发西伯利亚资源,增强苏联在远东和太平洋地区争霸的实力。但后来苏联出尔反尔,利用日本能源紧张的情况来压日本。在最初谈判开发西伯利亚秋明油田时,苏联说要供应日本4000万吨石油,可是在1973年8月就降为2500万吨。1973年11月中旬,苏联趁日本之危,拒绝以横田久生为团长的南雅库特原料煤开发访问团访苏,以施加压力。日本实行新中东政策和阿拉伯国家解除对其的石油供应限制后,日本对西伯利亚资源需求的迫切性相对减弱,因而提高了对苏讨价还价的实力。例如,对开发南雅库特原料煤,苏联要求日本投资5.5亿美元,日本则还价3.9亿美元,而且把煤的供应量从500万吨增加到550万吨。

最后我们必须指出,日本对中东的新政策仍具有局限性、不彻底性、软弱性和动摇性,和同属第二世界的法国相比更是如此。

日本反对超级大国控制、威胁和欺负的斗争是软弱的。作为多边自主外交的继续和发展的新中东政策,仍然以日美"友好合作"为基础,而且日本进口石油的80%来自中东,而以美国为首的国际石油资本控制了中东石油的90%;日本石油进口总量中阿拉伯石油占40%以上,而其中90%以上是通过国际石油资本运作。况且,国际石油资本控制和掌握了日本石油资本以及炼油、石油制品销售额的一半以上。因此,日本在石油问题上,既依存于美国,又依赖中东和阿拉伯国家,

451

不敢与美国闹翻。正如田中首相所说,虽然实行新中东政策,"日本对美政策不变。不要以为日美关系变坏。我要明确地说,日美关系是不变的,是友好亲善的"。

新中东政策仍旧局限在安理会《二四二号决议》的框框之内,没有直接点名和区别侵略者和被侵略者,对阿拉伯、巴勒斯坦人民的支持是不彻底的。而且随着形势的发展还经常动摇不定。例如,在联合国大会投票表决《巴勒斯坦人民享有自决、独立和国家主权的不可剥夺的权利》和《巴勒斯坦解放组织以观察员身份参加联合国大会及其所属机构的活动》两个议案时,日本都弃权了。

日本的新中东政策充分体现了第二世界国家所具有的两重性。这是资本主义本性所决定的。日本对超级大国,特别是美国,有千丝万缕的联系和依从的一面,又有受超级大国控制、威胁、欺负的一面;对第三世界国家有一起反对超级大国的一面,又有对其剥削掠夺的一面。因此,新中东政策的"新"是相对的,是对比过去而言的。而且在经济上,新中东政策是为垄断资产阶级利益服务的,具有为摆脱战后空前深刻的经济危机向外经济扩张的性质。这就是新中东政策的阶级本质。

日本的新中东政策是第二世界国家反对超级大国控制、威胁和欺负斗争的组成部分,有利于阿拉伯等第三世界国家的斗争,不利于超级大国推行的强权政治。因此,我们对日本的新中东政策在政治上表示赞赏。正如阿拉伯石油输出国组织石油部长会议声明所说,"希望日本政府珍视这一立场,继续对阿拉伯的事业采取公平正义的立场"。

本章第一节原载于《历史研究》1979 年第 12 期,与王敦书合著;
 第二节原载于《日本史论文集》,辽宁人民出版社 1985 年;
 第三节原载于《世界历史》1980 年第 5、6 期;
 第四节原载于南开大学历史研究所日本史研究室编印:《日本历史问题》1975 年第 4 期。

后　记

躬耕南开度春秋

俞辛焞自述

今年(2019)年,母校南开大学迎来了百年华诞,日本研究院要出版这套文集以示纪念,我非常高兴,觉得很有意义。屈指算来,今年是我来南开的第六十一个年头,从一个朝气蓬勃的青年,成为年过八十的老者。想想这六十年来的点点滴滴,感慨万千。自己总算没有辜负师长的期望,没有因个人的原因而虚度光阴。看着自己辛勤汗水凝结的一篇篇论文发表,一部部著作问世,一个个学生脱颖而出,在由衷欣慰的同时,也想借此机会对自己这六十年来的学习和研究工作做个简单的总结。希望自己这些年的心得和感悟能给年轻学子以启发,自己的经验和教训可以使青年才俊少走弯路。

1932 年 9 月,我出生在朝鲜咸镜北道素青。我们的父辈曾在朝鲜半岛深受日本的殖民统治,当他们辗转迁移至中国东北后,日本的殖民统治很快就延伸到这里。孩提时代的我既不能接受朝鲜语的教育,也不能接受汉语教育,而只能在日本教官的强迫下,背诵枯燥乏味的日语课文。1945 年日本投降,在中国共产党的领导下东北解放后,我才开始接受朝语教育。1947年7月中学毕业后参加土地改革。1950年高中毕业时，适逢朝鲜战争爆发，我毅然参加抗美援朝的战斗，并荣立战功。转业后于1955年考入南开大学历史系，1958年提前一年毕业留校任教。

在南开最初的工作是担任助教，因为是朝鲜族，又懂日语，便被著名日本史专家吴廷璆先生选中做助手，也正是因为有这段经历，才奠定了自己一生的方向。南开大学历史系是以学风严谨著称于世的，那时除经常得到吴先生的指点外，还深受历史学家郑天挺教授等史学前辈的影响，为自己以后的学术研究打下了扎实的基本功。

1964年根据国务院关于加强外国问题研究的指示，我协助业师吴廷璆先生创建了日本史研究室，开始了长达40多年的日本史研究生涯。建室之初，研究条件非常艰苦，资料奇缺，又无对外交流。即便如此，我还是和我们研究室的其他同志一起，克服困难，进行了一些适应时代要求的日本研究，并从1974年起，编印了《日本问题研究》（共8期）杂志，我也发表了11篇论义，为我校的日本史研究打下了基础。

1978年起，我国开始实行改革开放政策，学术研究的环境也变得开放活跃，研究条件也得到明显的改善，自己在史学前辈熏陶和潜移默化下形成的学术研究潜能才真正得以发挥。开始研究日本外交史，或者说是从日本史的角度研究中日关系史，这在当时我国史学界可以算是一股清风，后来有人评论说我开阔了研究视野，拓宽了研究领域，其实我信奉"勤能补拙"的古训，自己不过比别人早起一步。研究历史，方法的更新与史料的发掘同等重要。研究日本外交史和中日关系史，日方档案的使用自然必不可少。1979年是五四运动六十周年，我在国内首次利用日本外交档案，从北京获得外交文书和档案胶卷撰写了《巴黎和会与五四运动》（后发表于《历史研究》1979年5期），弄清了与五四运动关系最深的日本对运动的态度，为国内研究五四运动开辟了一个新视角。

搞外交史研究或国际问题研究，最要紧的是能同时使用相关国家的语言，材料的使用自不必说，成果的发表似乎更为重要，比如搞美国研究，不用英语在美国公开发表，其影响自然打折扣，搞日本问题研究同样如此。自己出于特殊的历史原因,能很熟练地使用日语,我常要求我的学生也能很好地使用日语,最好将自己的成果在日本发表。这既便于学术交流,也有利于提高中国学者在日本学界的影响。特别是改革开放初期,因为多年的闭塞,国际学术界几乎淡忘了中国(大陆)的存在,日本作为中国的邻国和与中国有特殊历史关系的国家,日本问题的研究没有了中国的声音实在是一件很悲哀的事情。1983年9月,我利用日本最新解密的外交档案,第一次用日语撰写的论文《九一八事变与币原外交》在日本权威历史学杂志《日本史研究》上发表,在日本学界引起不小的波澜。此后,我又连续发表了《李顿调查团与日本外务省的对应》(《历史评论》)、《第一次上海事变与日本外务省》(日本爱知大学《法经论集》)等系列文章。尽管一些学者并不赞同我的观点,但他们对我鲜明的学术立场和缜密的史料论证仍表示钦服,作为中国学者,我在日本学界崭露头角。

应该说,自己比较满意的第一本书是日文版的《九一八事变时期中日外交史研究》,这本书也可以算作我的成名之作。那是在1985—1986年,当时我在日本早稻田大学研修,受早稻田大学教务长的鼓励,为申请早稻田大学的博士学位,我在前几年研究的基础上,又经过近两年的努力,撰写了《九一八事变时期中日外交史研究》,在以出版中国问题和中日关系问题著称的日本东方书店出版(1986年9月)。这部著作无论在研究角度、研究方法,还是在资料使用和观点上都很有新意,它改变了以往偏重从军事史角度研究九一八事变的弊端,而是主要从外交史的新角度出发,运用中日两国的原始档案和外交文书等翔实的材料,提出了自己的独到见解。本书运用辩证唯物主义的分析方法,透过"九一八事变"时期及其错综复杂的国际国内关系,论证了外交和军事在战前日本对外侵略中的相互关系,深刻揭示了日本军国主义对外侵略的本质。

《九一八事变时期中日外交史的研究》当时被誉为是一部在"九一八事变"时期中日外交史研究中代表国内外最新水平的论著。该书出版后首先在日本学术界引起了强烈的反响。中国新华社驻日记者曾以"研究'九一八'前后中日外交史观点独到——俞辛焞新著在日本获得好评"为题,从东京向国内发回消息,《天津日报》(1986年12月9日)也特意做了报道,称赞该书"从外交和军事是战前日本对外侵略的两个车轮的观点出发,揭露和论证了日本军国主义国家对外政策的侵略本质。这与日本史学界在研究中强调日本军部与外务省之间存在对立和矛盾的观点则大不相同"。同时,由日本外交史专家、国际大学副校长细谷千博等知名学者联合发起,专门举行了该书出版纪念会。《朝日新闻》《史学杂志》《日本史研究》等日本重要报纸杂志,先后发表了7篇书评,认为该书的出版"具有划时代的意义","大大提高了中国在该领域的研究水平","充分运用了在日本尚未引起重视的各种史料,是一部具有独到见解的高密度的研究成果;作为外国人能如此驾取日本史料,并用日文发表成果,近年来实属绝无仅有的壮举","指出了日本外交史研究中存在的闭锁性和漏洞",在一些问题的研究上"超过了以往的水平","对日本史学界是一次强烈的冲击","无疑是'九一八'事变时期外交史研究的新的必读文献"。随后该书也获得了国内专家的高度评价,"是一部颇具特色的专著,以精辟的论证,丰富的史料,探微索幽,求深创新,在中日关系史研究中跨出了新的步伐,将我国中日关系史的研究推向了一个新的起点"。先后荣获第三届天津市社会科学优秀成果一等奖,首届中国社会科学日本研究基金会优秀成果奖,全国高校人文社会科学二等奖等多项奖项。

孙中山研究历来是我国学术界的研究热点,但在以往研究中,还很少有人用第一手资料研究孙中山及其领导的革命运动与日本的关系问题。从1980年代后期起,我开始将日本史研究与孙中山、辛亥革命的研究结合起来,努力挖掘整理日文原始档案材料,并在此基础上展开深入研究,先后撰写了《二次革命时期孙中山的反袁策略与日本的关系》(《历史研究》1988年第1期)等22篇有影响的论文。后来我又根据在日本外务省档案馆发现的大量原档材料,主持编译出版了《孙中山在日活动密录》(南开大学出版社,1990年)和《黄兴在日活动密录》(天津人民出版社,1998年)等史料价值较高的译著。这些研究成果,拓宽了孙中山及中国近代史研究的新领域,在边缘学科的研究上做了成功的尝试。这不仅在孙中山研究方面起到了拾遗补阙的作用,而且其许多独到的观点也受到了内外学界的好评。在此基础上,1989年我用日文撰写了《孙中山的革命运动与日本》(日本东京六兴出版社,1989年),该书因大量运用了日本档案中新发掘的史料,系统地研究了孙中山几十年革命生涯中与日本的关系。它"以孙中山为中心,但又不就孙中山论孙中山,而是把孙中山作为一个群体的代表,刻意分析资产阶级的对日态度,探讨中国人对日政治思潮的演变对孙中山思想的影响,同时从国际环境、日本政府及朝野的各种政治变幻中,去探讨孙中山与日本的微妙关系"。由于我在孙中山的研究中"善于从大系统去探求子系统,从子系统去反求大系统",所以在该领域的研究中提出了孙中山对日态度一贯性和策略性并存等许多新观点。我还很注意比较研究,把孙中山与黄兴、孙中山的早年与晚年、日本的政府与民间、日本对华政策的前期与后期等多层次比较。这种比较容易发现问题,加深理解。日本学者评论说,"作为中国研究工作者撰写的孙日关系的专著,超过了以往水平,是一部优秀的实证性研究成果";中国学者评论说,是"孙中山研究的新突破",是"孙学研究的新贡献",是"可誉为研究孙中山与日本关系的最佳代表作之一"。

继《孙中山的革命运动与日本》在日出版后,我又一鼓作气,进一步深化对孙中山与日本关系的研究,于1996年出版了《孙中山与日本关系研究》(人民出版社,1996年),进一步系统阐述了孙中山与日本关系的历程,探讨了日本决定对孙中山政策的因素、孙中山与日本关系的多样性和复杂性,以及孙中山对日政策是否有转变等重要问题。本书在资料上主要利用了日本的外交档案资料,突破了以往主要靠《孙中山全集》研究孙中山与日本关系的局限,在资料方面胜人一筹。在研究方法上,引入了国际关系理论和矛盾论来探讨孙中山与日本的关系,把孙中山与日本的关系定位为一国外革命团体与日本国家的关系,"给人以耳目一新之感",为孙中山与日本关系的研究"开拓了新的理论、方法与视角"。正如有的专家所言,我的书既有深度,又"观点新颖""具有说服力"。我还提出"双重三角国际关系"理论,我认为,围绕中国问题,日本、欧美、中国形成了双重三角关系,欧美和日本都是帝国主义国家,在侵略中国,保护和扩大殖民权益方面他们有共同的利益,为此他们相互合作,彼此同情和支持对方;但日本和欧美在侵略中国的过程中,也可能因扩大各自的权益和势力范围而产生矛盾,相互排斥、相互争夺也在所难免,为此他们常常支持或利用中国统治者的抵抗来限制对方权益的过分膨胀;同时中国统治者也会为了维护自身的生存,采取"以夷制夷"的策略,借此制彼。具体来说,欧美一方面借支持、纵容日本对中国的侵略,来维护和扩大帝国主义在华的殖民权益,压制中国民族主义的觉醒;另一方面,又利用中国的抵抗,限制日本在华权益的过分膨胀。日本则一方面利用帝国主义的共性,寻求欧美对其侵略中国的同情;另一方面,又与欧美展开争夺,积极扩大在华权益,攫取在华优势地位。中国则一方面利用欧美及国联,缓解日本侵略带来的压力;另一方面又对日妥协,换取日本放缓侵略的步伐。在研究孙中山与日本的关系时,我又将中国因素分解为孙中山领导的革命运动和革命的对立面(清政府、袁世凯政府等),我认为:孙中山寄希望于日本,并力争其援助革命,并非出自孙中山的主观意志或对日本侵略本质认识不清,而是出于中国与列强间国际关系的双重性。日本与欧美在维护在华既得侵略权益方面一致行动;但在扩大新权益方面常常相互争夺、相互牵制。日本利用甲午战争、义和团运动和日俄战争的有利时机,急剧扩大其在华权益,与欧美产生矛盾。欧美便通过支持控制北京政权的实力人物来牵制日本,而中国当时的统治者也希望"以夷制夷",利用欧美列强牵制日本。这样,欧美列强与中国当时的统治者在共同牵制日本方面暂时取得一致。所以,当孙中山争取在政治思想上与其接近的欧美等国援助时,屡屡遭到拒绝。换句话说,欧美支持控制北京政权的实力人物牵制日本急剧扩张在华权益,孙中山则想利用日本的支持促使革命尽快成功。孙中山把国内革命作为首要任务,他利用国内外敌人的矛盾推进革命只是一种策略。而日本支持孙中山的革命也是从自己的利益考虑,是想借孙中山的势力牵制和打击当时中国的统治者。多数研究者常常困惑于孙中山对日认识的矛盾和多变,困惑于日本对孙中山的态度,只要循着思想认识论和国际关系论两种不同研究方法的仔细梳理,循着《孙日关系和矛盾论》的展开,困扰孙中山研究的难题也就迎刃而解了。

另外我在书中指出,孙中山把依靠日本援助作为达到革命目的的手段和策略,是导致"革命尚未成功"结局的重要原因。被学界评论为"这种结论,可以说是大胆的、新颖的,也是基本符合历史实际的"。该书"不能不说是中国近代史及中日关系史研究领域出现的一部有价值的力作"。

辛亥革命时期的中日关系史研究,是我倾心的又一重要研究领域。2000年和2002年,中日文版本的《辛亥革命时期的中日关系史研究》先后由天津人民出版社和日本东方书店出版问世,该书的原版日文版厚达768页,74.5万字,是国内外第一部系统研究辛亥革命时期中日外交史和国际关系史的重头巨著。我对于辛亥革命时期的中日外交史和国际关系史研究,与在其他时期的中日关系史研究一样,是建立在坚实的史料基础之上的。该书使用了大量日本外交档案资料、防卫研究所及其他第一手原始资料,以及保存在台湾的辛亥革命时期的原始资料,充分保证了论从史出和本书较高的史料价值。该书把辛亥革命时期的中日关系史放到纷纭复杂的国际关系中去分析、研究,运用"双重三角国际关系论",阐明了孙中山与日本、袁世凯、北洋政府与日本、列强与中国及日本等关系中的"双重性"特征。同时还注重中日外交活动的连续性和互动性,"使历史的结论尽可能地避免了偏失"。本着唯物主义和实事求是的观点,该书没有沿袭袁世凯对日卖国外交的定论,而是对袁世凯及北洋政府在对日外交活动中的一些积极表现及作用,进行了客观的评价,表现了一个史学工作者求真务实的追求。国外学界对该书给予了高度的评价,认为该书是"具有先驱性的中日外交史研究"。认为该书不受传统观点束缚,观点"客观、灵活、新鲜","是中国近代史、中国革命史、中日关系史研究的重要著作,也是日中学术交流中具有纪念意义的著作"。国内学界的书评说:"视野宽广,从大处落笔,强调运用国际关系的方法论",是"一部具有鲜明特点,有开创性的佳作",是"继往开来的杰出代表"。

现在粗略算来,自己在科研方面取得的成绩还算满意,迄今为止,已独立出版专著8部(其中用日文撰写3部),共300多万字,其中有2部日文著作被译成韩文、中文出版;论文110多篇(其中37篇在日本、美国、英国、新加坡等国外杂志上发表)。因为这些成绩,得到了国内外学界的认可。

我所取得的科研成就,与我多年从事教学实践是密不可分的。从1962年到1997年,我先后为本科生、研究生开设了日本近现代史、日本现代史、朝鲜史、日本现代外交史研究、战后日本史研究、国际关系论、史学方法论等13门课程。我常喜欢给学生讲我的"挖坑理论"、"360度理论"和"接力赛跑理论"。我喜欢用通俗的例子讲一些蕴涵哲理的治学之道,我说:治学犹如挖坑,要想把坑挖深,没有足够的直径是不行的,治学欲求其深,必先以博为基础。研究问题、分析问题,脑子里要有360度的概念,"横看成岭侧成峰、远近高低各不同",要从不同角度思考,要换位思维。从事学术研究,犹如接力赛跑,接棒的运动员,应在接棒之前就先起跑,在跑动中完成交接,学术研究才能快速进步。

我常教导学生治学一定要严谨,不要满足眼前的成就,我们研究的是国际问题,我们的成果就不能仅仅满足于在国内填补空白,而应当在国际学术界占一席之地。我要求学生必须打好外语基础,为此我一方面在课堂上尽量使用外语进行教学,另一方面我又创造更好的条件,让我们走出去,或把外国专家请进来。迄今为止,我的所有学生都具有了在日本学习和研究的经历,他们中大部分已成长为研究日本问题的专家学者和从事中日交流的骨干。我要求学生一定要较好地掌握史学研究的基本理论、方法和运用史料的基本功,强调学生一定要独立思考。我根据外国史研究的要求和特点,率先采用外语教学和讨论式教学法,收到了提高学生分析解决问题能力、教学相长的实效。在教学中,我特别注意历史学习要与现实结合,随时掌握日本和中日关系的动向。为此我课前总要用一段时间与学生讨论中日关系的最新动向。我是一位严师,但我更希望是学生的益友,我懂得教学相长的道理,学生自己举办的各种讲座和讨论会我都尽可能地参加,并虚心地聆听。我信奉"三人行必有我师"的古训,我常与不同专业的年轻学生交流,以致与许多年轻学生成为忘年至交。我先后培养了16名硕士和博士研究生,为国家的教育事业和中国日本研究做出了自己的贡献。

我深深懂得搞学术研究离不开学术交流,尤其是搞国际问题研究。为此我倾注自己的巨大精力从事国际学术交流。早在改革开放不久的1980年,我就应邀到日本访问研修,前后加起来有5年多的时间。先后20多次到日本、韩国、美国、加拿大、俄国等国家以及我国台湾、澳门地区访问、讲学。先后出席过东京裁判、日本历史科学大会、辛亥革命、孙中山、朝鲜半岛统一、中日关系、东亚问题等方面的国际学术会议34次,并多次在国际学术会议上用汉语、日语、韩语做基调报告。还应邀在日本早稻田大学、爱知大学、国学院大学、美国堪萨斯大学、加利福尼亚大学、亚特兰大大学、加拿大温哥华大学、韩国汉城大学、韩国社会科学院等学校和科研单位发表学术演讲,扩大了我国学者在国际上的影响,树立了中国学者对日本研究的形象,并由此及时掌握国外研究的新成果、新动态,指导自己的科研和教学工作。在我的示范和带动下,我们研究室(后来的研究中心、日本研究院)的对外交流十分活跃,所有教师和许多研究生都曾赴日参加过学术交流或在日本进行过学习和研究,南开大学的日本研究也受到世界各国的关注。

在学习和研究中,我不仅提倡走出去,还努力把国外的著名学者请进来。在我主持日本史研究室和日本研究中心工作期间,就曾先后邀请了日本著名史学家京都大学教授井上清、朝尾直弘,早稻田大学教授木村时夫,名古屋大学教授芝原拓自,庆应大学教授池井优、山田辰雄,爱知大学教授江口圭一,联合国大学副校长细谷千博教授以及日本驻华使馆渡边公使,日本国际交流基金北京事务所所长小熊旭,日本兴业银行常务理事吉永正藏等40多位日本著名学者、外交官和实业家来校讲学、访问,促进了我校日本史研究水平的提高和与日本的交流。

同时,我还积极促成我校与日本、韩国等大学的国际交流,为我校与日本早稻田大学、爱知大学、国学院大学等多所大学建立校际交流牵线搭桥。1983年和1994年,我还分别陪同当时的滕维藻校长和母国光校长访日,为促进我校与日本和韩国教育界的交流做出了自己的贡献。

我校的日本研究从无到有,从小到大,一直发展到今天成立了国内第一所日本研究院,作为当事人和见证人,我感到由衷的欣慰。我在南开学习和工作的五十年,是南开大学日本史研究及对日学术交流的五十年,1960、1970年代,我与日本史研究室的同仁一道艰苦创业,为我校的日本史研究打下了良好的基础。改革开放以后,我们又百尺竿头,更进一步,一方面拓展对日交流,走出去请进来;一方面积极引进人才,壮大研究力量,使我校的日本史研究和对外交流走在了全国的前列。1980年代后期,我又与大家一起,审时度势,在1988年将单纯研究日本历史的科研机构改组为一个跨学科的综合性研究机构和学术交流机构——南开大学日本研究中心,使我校的日本研究走上一个新的台阶。

一个学科的发展不仅需要人才,还需要物质基础保证。为开辟财源,我不辞辛劳,多方奔走,自1993年以来,先后为日本研究中心争取到了日本国际交流基金、大阪万国博览会协会两机构和江口圭一、吉永正藏两位日本友人的资助,共计金额15500万日元(其中日本国际交流基金资助6500万日元,大阪万国博览会协会1500万日元,江口圭一5000万日元、吉永正藏2500万日元)。利用争取到的这些宝贵的资助,日本研究中心在学校的大力支持下,先后建成了独立的研究中心大楼,设立了江口圭一日本研究基金,为南开大学日本研究的发展,打下了坚实的基础。为了利用好来之不易的捐款,保证施工质量,在日本研究中心大楼的建设中,我从选址到设计、施工、监理,到落成仪式,全程参与、负责,倾注了心血。为了施工的顺利进行,我几乎天天到施工现场监督指导,为使工程进展顺利,我甚至用自己的存款垫付工程用款。1994年日本研究中心大楼顺利建成并投入使用,为我校的日本研究打下了良好的硬件基础,在国家"211"评审中受到了教育部专家组的好评,被称之大学研究机构的样板。

对于自己的努力,党和国家给了我很高的荣誉,1977年,获得"天津市第二届教师先进工作者"的称号。1993年,我被授予天津市劳动模范称号,并当选为中国工会第十二次全国代表大会代表,参加了10月在北京举行的全国工会十二大,受到了党和国家领导人的接见。1994年,又荣获天津市民族团结进步先进个人称号。作为朝鲜族人民的杰出代表,入选了《中国朝鲜族名人录》。南开历史学科建立八十年纪念时,我被誉为"国内外知名的日本外交史、中日关系史研究学者"。还被编入《中国社会科学家大辞典》、剑桥国际传记中心编的《国际名人传记辞典》、美国传记协会编的《有影响的五百名带头人》。

现在自己年纪大了,身体也有病,做不了什么研究了,但我无限期待南开后辈更加奋发努力;祝愿百年南开,更加发展,再创辉煌。